이화여자대학교 국어문화원 연구총서 ③

한국어 분류사 연구

저자 소개(집필순)

최형용 이화여자대학교 국어국문학과 교수
박민희 이화여자대학교 국어국문학과 박사과정 수료
김정인 이화여자대학교 국어국문학과 박사과정
김혜지 이화여자대학교 국어국문학과 박사과정 수료
김종현 이화여자대학교 국어국문학과 박사과정
심유경 이화여자대학교 국어국문학과 박사과정 수료
이승아 이화여자대학교 국어국문학과 박사과정
정현숙 이화여자대학교 국어국문학과 박사과정
신연수 이화여자대학교 국어국문학과 박사과정 수료
리우 완잉(劉婉瑩) 이화여자대학교 국어국문학과 박사과정 수료
SAKHABUTDINOVA LUIZA 이화여자대학교 국어국문학과 박사과정

한국어 분류사 연구

초판 1쇄 인쇄 2017년 7월 21일
초판 1쇄 발행 2017년 7월 28일

저　자 최형용 외
펴낸이 이대현
편　집 권분옥
디자인 안혜진

펴낸곳 도서출판 역락
주소 서울시 서초구 동광로 46길 6-6 문창빌딩 2층
전화 02-3409-2058, 2060
팩스 02-3409-2059
등록 1999년 4월 19일 제303-2002-000014호
이메일 youkrack@hanmail.net
역락블로그 http://blog.naver.com/youkrack3888

ISBN 979-11-5686-922-1 94710
　　　 979-11-5686-225-3 (세트)

* 책값은 표지에 있습니다.
* 파본은 구입처에서 교환해 드립니다.

이 도서의 국립중앙도서관 출판예정도서목록(CIP)은 서지정보유통지원시스템 홈페이지(http://seoji.nl.go.kr)와 국가자료공동목록시스템(http://www.nl.go.kr/kolisnet)에서 이용하실 수 있습니다.(CIP제어번호: CIP2017018212)

이화여자대학교 국어문화원 연구총서 ③

한국어 분류사 연구

최형용·박민희·김정인·김혜지·김종현·심유경·이승아·정현숙
신연수·리우 완잉(劉婉瑩)·SAKHABUTDINOVA LUIZA

역락

창간사

이화여자대학교 '국어문화원'은 1972년 11월 25일 인문과학대학 부설연구소로 설립된 '한국어문학연구소'를 전신으로 하여 국어문화의 실용화를 아우르고자 2008년 5월 국어상담소를 흡수하면서 탄생하였다. 따라서 그 기반은 이화여자대학교 국어국문학전공의 전임교수와 대학원 이상 출신 연구원을 중심으로 한 국어학·고전문학·현대문학 분야의 축적된 연구 성과에 있다고 할 수 있다.

그런데 '한국어문학연구소'가 '국어문화원'으로 개칭되면서부터는, 안팎으로 연구 성과보다는 실용화에 무게가 옮겨진 것이 사실이다. 그러나 이론적 토대가 없는 실용화는 다만 시의(時宜)를 쫓는 데 급급할 뿐 시대를 선도할 수 없는 사상누각(沙上樓閣)에 다름 아니다.

이러한 점에서 '이화여자대학교 국어문화원 연구총서' 창간은 매우 중요한 의미를 갖는다고 할 수 있다. '국어문화원'이 그 전신인 '한국어문학연구소'가 지향하던 국어학·고전문학·현대문학의 심도 있는 연구 성과를 양분으로 삼아 시대적 요구에 부응하고 있다는 사실을 노정(露呈)하는 구체적인 결실이 바로 연구총서 창간이라고 할 수 있기 때문이다.

오늘은 연구총서의 창간을 선포하였지만 이 연구총서의 지속적인 발간이 '한국어문학연구소'의 전통을 발전적으로 계승한다는 것을 의미함과 동시에 머지않아 자료총서 창간, 학위논문총서 창간 등으로 확대될 수 있기를 기원하는 바이다.

2015년 7월 31일
이화여자대학교 국어문화원 원장 최형용 삼가 적음.

머리말

한국어 연구에서 '분류사'라는 말이 쓰이기 시작한 것은 그리 오래되지 않았다. 그러나 '분류사'라는 말로 일컬어지는 대상에 대해서는 한국어에 대한 연구가 본격적으로 시작된 때부터 관심을 가졌던 것으로 보인다. 그리고 근래에는 '수량사구' 혹은 '수량 표현'이라는 이름 아래에 분류사에 대한 연구가 크게 증가하였을 뿐만 아니라 최근에는 중국어나 일본어를 비롯한 다른 언어와의 비교·대조 연구도 활발하게 진행 중이다.

이러한 측면에서 이 책은 한국어의 분류사에 대한 그동안의 연구 성과를 일정한 관점 아래에 묶고 그 폭과 깊이를 점검하면서 쟁점을 도출하고 이에 대한 의견을 제시함으로써 앞으로의 분류사 연구에 대한 작은 디딤돌이 되려는 목적을 가지고 있다.

연구 성과에 대한 일정한 관점이란 분류사에 대한 정의와 범위, 분류사에 대한 연구의 역사, 분류사의 품사 여부와 단어 형성 참여, 분류사 구성의 범위와 의미적 특성, 분류사의 의미적 분류, 분류사의 통시적 발달 과정, 한국어와 다른 언어들에서의 분류사의 공통점과 차이점으로 구체화할 수 있다.

한국어의 분류사에 대한 정의와 범위를 제시하기 위해서는 먼저 분류사에 대한 일반 언어학적 정의를 검토하고 이것이 한국어와 가지는 관련성을 검토할 필요가 있다. 이에 따라 한국어의 분류사는 '수 분류사'에 해당하며 '단어'의 지위를 가지는 것임을 확인할 수 있기 때문이다. 또한 이 과정에서는 분류사가 '단위성 의존 명사'와 가지는 관계에 대해서도 검토하여 결과적으로 한국어 분류사가 어떤 범위를 가지는 것인가를 검토할 필요가 있다.

분류사에 대한 연구의 역사를 살펴보려는 것은 한국어의 분류사가 언제부터 어떤 관점 아래 주목받게 되었는지를 추적하기 위한 것이다. 이 과정에서 특히 중요한 역할을 하는 것은 수사이다. 그동안의 연구는 분류사 자체를 중심에 두기보다는 수사에 대한 관심 속에서 분류사의 존재에 대해 간접적으로 관심을 가지는 경우가 일반적이었기 때문에 수사에 독립된 품사의 자격을 부여하는지가 매우 중요한 변수가 된다.

　분류사의 품사 여부와 단어 형성 참여는 '분류사의 형태론'이라는 이름으로 다룰 수 있다. 한국어의 분류사는 단어의 자격을 가지고 있고 품사는 단어를 일정한 성질에 따라 묶은 것이므로 과연 분류사가 독립된 품사의 자격을 가지는지 따져볼 필요가 있다. 물론 이때 중요한 것은 품사 분류 기준을 어느 정도의 비중과 순위로 적용하느냐 하는 점일 것이다. 한편 분류사는 수량 표현과 공기하는 일이 일반적이고 수량 표현은 열려 있다는 점에서 그 결합체가 단어화하는 일에 대해서는 그동안 관심이 많지 않았다. 그러나 분류사 결합체가 단어화하는 것은 일종의 재구조화의 측면에서 조명할 수 있는데 이를 단어 형성의 테두리에서 살펴볼 필요가 있다.

　분류사 구성의 범위와 의미적 특성은 '분류사의 통사론'이라는 명칭 아래에 살펴볼 수 있다. 분류사 구성의 범위를 한정하려는 것은 분류사 구성이 그동안 수량사 구성이라는 이름 아래에서 다루어져 온 것과 관련이 있다. 이는 곧 수량 표현이 아니라 분류사를 중심에 둔 통사적 구성의 범위를 정립할 필요가 있음을 의미하는 것이다. 그리고 이에 따라 각각의 구성이 어떤 의미적 속성을 갖는지 천착할 필요가 있다.

　분류사의 의미적 분류는 '분류사의 의미론'이라는 이름으로 살펴볼 수 있다. 분류사는 그것이 분류하는 대상 즉 명사의 의미적 특성에 따라 다양한 관점에서 분류가 가능하다. 다만 의미적 특성은 객관적이고 일관적인 분류가 어려운 속성을 가지고 있다는 점에서 그동안 연구자마다 분류의 변폭이 작지 않았다는 사실을 감안할 필요가 있다.

분류사의 통시적 발달 과정은 분류사가 문법화와 관련되는 양상을 다루기 위한 것이다. 그동안의 연구를 참고하면 한국어는 통시적인 측면에서 분류사 언어였다고 보기 어려운데 시간의 흐름을 따라 때로는 자생적으로 분류사가 발달하고 때로는 외래의 것을 차용하면서 어떻게 그 범위의 차이가 있었는지 관심 대상으로 삼을 필요가 있다.

한국어와 다른 언어들에서의 분류사의 공통점과 차이점은 한국어와 중국어, 일본어를 한 묶음으로 하고 나머지 언어들을 다른 묶음으로 나누어 살펴볼 필요가 있다. 이는 언어의 측면에서 한국어와 중국어 그리고 일본어가 가지는 가깝고도 먼 관계를 그동안의 분류사 비교·대조 연구가 여실히 보여 주고 있다는 판단에 따른 것이다.

물론 이상의 논의가 한국어의 분류사가 가지는 전모를 망라하는 것이라고 보기는 어려울 수 있다. 그러나 적어도 현 단계에서 한국어의 분류사에 대한 관심을 일정한 관점에 따라 정리하고 있다는 점은 이 책이 가지는 작은 의의라고 할 수 있을 것이다.

끝으로 이 책을 이화여자대학교 국어문화원의 세 번째 연구총서로서 기획하고 편집하여 출판하기까지 큰 관심과 지속적인 지원을 해 주신 역락출판사 이대현 사장님과 박태훈 이사님 그리고 권분옥 편집장님께 이 자리를 빌려 심심한 감사의 말씀을 전하고자 한다.

2017년 7월 15일
저자들을 대표하여 최형용 삼가 적음.

차례

1.1. 들어가기

이 책은 한국어 분류사에 대한 그동안의 연구 성과를 한자리에 모으고 그 쟁점에 대해 검토함으로써 앞으로 한국어를 중심으로 한 분류사 연구의 기반을 다지는 데 일차적인 목적이 있다. 본 장은 이러한 목적을 달성하기 위한 문제 제기의 성격을 지님과 동시에 전체 책의 내용에 대한 개관의 성격을 갖는다.

1.2. 한국어의 분류사

'분류사'라는 말은 'classifier'를 번역한 말이다. 한국어 학계에서는 이

를 '분류사'라고 부르는 것이 보편적인데 아직 국립국어원의 『표준국어대
사전』에서는 표제어의 지위를 가지고 있지 못하며 학교문법에서도 다루고
있지 않다. 이것은 곧 분류사에 대한 정의와 그 범위가 아직 보편성을 얻
고 있지 못하다는 사실을 방증하는 것이기도 하다.

따라서 분류사에 대한 연구는 그 정의와 범위를 한정하는 것으로부터
시작되어야 하는데 이것은 바로 2장의 주제가 된다. 이를 위해 여기서는
먼저 국내에서 출판된 몇 가지 언어학 사전류에서 제시된 분류사 항목 검
토를 통해 한국어와 분류사를 연결시킬 때 생각해야 할 몇 가지 사항을
논의해 보기로 한다.

> (1) 가. ① 결합하는 어(word)의 의미상 또는 문법상의 특질에 관련
> 된 분류를 나타내는 어의 명칭. 예를 들면 five *heads* of
> cattle[sheep]에서 head는 후속하는 명사의 유형을 나타
> 낸다. 영어에서는 흔히 물질 명사와의 결합에 있어서 그러
> 한 종을 표시하는 분류사가 있다 : a *cake[bar]* of soap ;
> a *grain* of sand ; a *loaf* of bread ; a *sheet* of paper.
> 집합을 의미하는 명사에도 그것에 유사한 것이 있다 : a
> *herd* of cattle ; a *fleet* of colliers. 수에 관한 것을 특
> 히 수 분류사(numerative classifier)로 부른다. 언어에
> 따라서는 접사(affix)가 그 역할을 한다.
> ② Bloomfield(1933 : 286)의 용어. 표어적(logographic)인
> 표기법에서 의미를 구별하기 위하여 부가된 표음적 문자를
> 말한다. 예를 들면, 중국어의 馬[ma³], 媽[ma¹](=母)에
> 서 고저(³, ¹)을 제외하면 음은 동일하지만 후자에서는 '女'
> 가 구가되어 의미상의 차이를 명백히 하게 된다. 그 문자
> '女'를 분류사라 부른다.
>
> (조성식 1990)

나. ① 단어들의 의미론적 또는 형태론적 종류를 가리키기 위해
　　쓰이는 보조적 기호(예 : 새 한 '마리', 연필 두 '자루' 등,
　　'human beings', 'animals', 'gods', 'plural' 등).
　② 그것이 속해 있는 단어의 범주를 가리키는 형태(예 :
　　-mente는 서반아어, 이태리어에서 부사를 가리킨다).

(이정민·배영남 1993)

다. 개체화된 명사의 지시 대상이 가진 외연적 특성에서 복사되어
　　나오는 어휘적 의미를 가지고 있는 형태소를 말한다. 국어의
　　분류사는 다음과 같은 5개의 기본 범주와 14개의 하위범주로
　　분류될 수 있다.

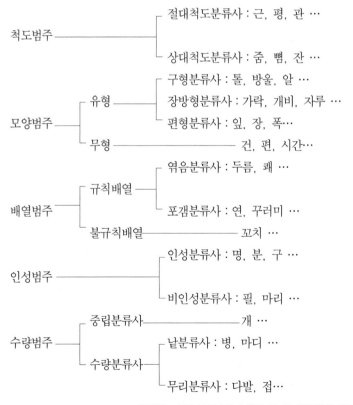

(유동준 : 국어 분류사와 수량화 53-63, 한글학회 1995)

(1가, 나)는 일반 언어학적 관점에서 분류사에 대한 설명을 베풀고 있고 (1다)에서는 특히 한국어에 초점을 맞추어 분류사를 정의하고 그 범위를 제시하고 있다. 따라서 우선 이 책에서 관심을 가지는 '분류사'가 무엇인지에 대해서부터 논의를 시작할 필요가 있다. 이러한 점에서 (1가②)와 (1나②)는 (1다)를 고려할 때 매우 이질적이라는 사실을 알 수 있다. 즉 (1다)의 한국어를 기준으로 할 때 이와 관련된 분류사는 (1가①), (1나①)이 동일한 대상을 지시하고 있음을 알 수 있다.

다음으로는 한국어의 분류사의 범위를 한정짓기 위해 고려해야 할 점이 무엇인가에 대해 살펴볼 필요가 있다. 이와 관련하여 특히 (1가①)에서 제시된 정보를 바탕으로 한국어의 분류사에 대해 검토해 보아야 할 점은 다음 세 가지로 정리할 수 있다.

(2) 가. 한국어의 분류사는 무엇을 분류하는 데 쓰이는 말인가?
나. 한국어의 분류사는 분류사 가운데 어디에 속하는가?
다. 한국어의 분류사는 단어인가?

(2가)는 '분류사'가 포괄적인 의미에서 '분류하는 말'이라고 할 때 '무엇'을 분류하는 말에 해당하는 것인가를 문제 삼기 위한 것이다. (1가①), (1나①), (1다)를 보면 이때 '무엇'은 모두 명사에 해당한다는 것을 알 수 있다. 따라서 한국어 분류사도 마찬가지로 '명사를 분류하는 말'에 해당한다는 것을 알 수 있다.

(2나)는 (1가①)에서 "수에 관한 것을 특히 수 분류사(numerative classifier)로 부른다."라는 언급과 관련된 것이다. '수 분류사'라는 말이 존재한다는 것은 수와 관련되지 않은 것도 분류사로 부를 수 있다는 것을 의미하며

'수 분류사'는 분류사 가운데 하나라는 사실을 뜻하기 때문이다. 2장에서 후술하는 바와 같이 Aikhenvald(2000)에서는 명사 범주화 장치를 포괄하는 표현으로 '분류사'라는 말을 사용하고 있는데 이러한 관점에 서면 명사나 대명사를 문법적으로 구분하는 '성(gender)'도 분류사에 해당할 수 있다.[1] 이러한 측면에서 (1가①)에서 제시된 영어의 예에 주목할 필요가 있다. 영어의 예는 물질 명사와 집합 명사 곧 셀 수 없는 불가산 명사들을 셀 수 있도록 만들어 주는 데 사용되는 것이 분류사의 역할이므로 이 말들은 '수 분류사'가 될 수 없기 때문이다.

(2다)는 "언어에 따라서는 접사(affix)가 그 역할을 한다."라는 말과 관련된 것이다. 영어에서 제시된 분류사의 예들은 모두 명사에 해당한다. 즉 명사를 분류할 때 명사를 사용하는 것이다. 그러나 언어에 따라서는 명사 즉 단어가 아니라 단어보다 작은 단위 즉 접사가 분류사의 역할도 할 수 있다는 점에서 분류사가 단어에만 한정되는 것은 아니다. 앞서 '성(gender)'도 분류사가 될 수 있음에 대해 언급하였는데 이때 '성'은 접사로 나타나는 경우가 적지 않다. 다만 이러한 측면에서 (1다)의 정의에 대해 생각해 볼 필요가 있다. (1다)에서는 분류사를 '형태소'로 정의하고 있기 때문이다. 그러나 그 예로 제시된 것들을 보면 '시간'과 같은 것도 속해 있는데 '시간'은 형태소의 결합으로 이루어진 단어일 수는 있어도 형태소일

---

1) 분류사에 대한 유형론적 연구인 Aikhenvald(2000)에서는 분류사를 '명사류 또는 성', '명사 분류사', '수 분류사', '소유 분류사', '관계 분류사', '동사 분류사', '처소 분류사', '화시 분류사' 등으로 나누어 제시하고 있다. 분류사에 '명사류 또는 성'을 포함시킨 것은 Aikhenvald(2000)의 부제가 '명사 범주화 장치에 대한 유형론'인 데에서 그 이유를 짐작할 수 있다. 한편 Aikhenvald(2000)에서는 한 언어에서 여러 가지 분류사가 존재하는 경우에 대해서도 관심을 기울이고 있는데 이를 분류사 부류가 출현하는 환경이 서로 다른 경우와 같은 환경에서 여러 개의 분류사 부류가 출현하는 것으로 나누어 살피고 있다.

수는 없기 때문이다. 따라서 적어도 (1다)에 제시된 분류사의 예들을 포괄하기 위해서는 한국어에서의 분류사는 형태소나 접사가 아니라 단어라고 보아야 할 것이다.

한편 (1나)에서 제시된 한국어 분류사의 예인 '마리', '자루' 등에 대해서는 '단위성 의존 명사'라는 명칭도 널리 쓰이고 있다. 『표준국어대사전』에서는 '단위성 의존 명사'에 대해 다음과 같은 뜻풀이를 제시하고 있다.

> (3) 단위성^의존^명사(單位性依存名詞)
> 『언어』
> 수효나 분량 따위의 단위를 나타내는 의존 명사. '쌀 한 말, 쇠고기 한 근, 굴비 한 두름, 북어 한 쾌, 고무신 한 켤레, 광목 한 필'에서 '말', '근', '두름', '쾌', '켤레', '필' 따위이다. ≒단위 명사·명수사·셈낱이름씨.
> 「참고 어휘」단위어(單位語).

여기서 생기는 의문은 '분류사'가 '단위성 의존 명사'의 다른 이름인가 하는 점이다. '단위성 의존 명사'는 그 초점이 '수효나 분량'에 맞추어져 있기는 하지만 '의존 명사'로 그 범주가 분명하다는 점에서 '분류사'와는 차이가 있다. 그러나 '분류사'를 '명사를 분류하는 말'이라고 본다면 그 외연은 '단위성 의존 명사'에 한정되는 것이라고 보기는 어려울 것이다. 이러한 측면에서 다음 예문들을 살펴보기로 하자.

> (4) 가. 새 두 마리가 나무 위에 앉아 있다.
> 나. 물 한 병이 냉장고에 들어 있다.

주지하는 바와 같이 (4가)의 '마리'는 '머리'와 모음 교체 관계에 있으나 현대 한국어에서는 '마리 수' 같은 경우가 아니면 의존 명사로만 사용된다는 점에서 '머리'와 차이가 있다. 따라서 (4가)의 '마리'는 단위성 의존 명사로서 분류사에 해당한다. 그런데 (4나)의 '병'은 사정이 다르다. (4나)의 '병'도 (4가)의 '마리'와 마찬가지로 분류사의 역할을 하고 있지만 '의존 명사'라 보기는 어렵기 때문이다. 이러한 사정은 '병'에 대한 『표준국어대사전』의 뜻풀이에도 그대로 반영되어 있다.

> (5) 병05 (瓶)
> 「명사」
> 「1」주로 액체나 가루를 담는 데에 쓰는 목과 아가리가 좁은 그릇.
> ¶ 목이 기다란 병/병이 깨지다/어머니는 보리차를 병에 부어 냉장고에 넣었다./그는 아내한테서 병에 든 술과 달걀 한 꾸러미를 받아 들고 집을 나섰다./나는 고추장, 간장, 여러 가지 양념을 작은 병에 담아 주었다.≪박완서, 도시의 흉년≫
> 「2」((수량을 나타내는 말 뒤에 쓰여))액체나 가루 따위를 「1」에 담아 그 분량을 세는 단위.
> ¶ 물 한 병/콜라 네 병/주량이 소주 세 병이다.
> 「3」((일부 명사 뒤에 붙어))'용기'를 나타내는 말.
> ¶ 농약병/링거병/요구르트병/참기름병/플라스틱병.

분류사로서의 '병'은 「2」에 해당하지만 그 범주는 '의존 명사'가 아니라 '명사'임을 알 수 있다. 따라서 단위성 의존 명사가 분류사인 것은 맞지만 그 역이 성립하는 것은 아니라고 할 수 있다. 또한 Aikhenvald(2000)에 따르면 한국어는 수 분류사를 가지는 언어로 분류하고 있는데2) 한국어의

---

2) Aikhenvald(2000)에서는 영어를 분류사 언어로 간주하고 있기는 하지만 한국어와 같은 수 분류사 언어로 분류하고 있는 것은 아니라는 점에 주의를 요한다. 곧 (1가)에 제

분류사는 그동안 연구자마다 규모의 범위 차이가 적지 않았다.

이 두 가지 사실은 곧 한국어에서 분류사를 판정하는 기준이 필요하다는 것을 뜻하며 그 기준을 통과한 것은 의존 명사가 아니라도 분류사의 자격을 부여할 수 있다는 것을 아울러 의미한다. 따라서 2장에서는 이 책에서 다루려는 분류사의 범위를 한정하기 위해 판정 기준과 함께 그 목록을 한정하는 작업을 진행하기로 한다. 다만 '단위성 의존 명사'가 분류사의 전형이고 명사 가운데서 분류사의 자격을 가지는 것은 명사의 확대된 용법이라고 할 수 있다는 점에서 부록에서 단위성 의존 명사와 별도로 분류사의 기능을 하는 명사를 제시하기로 한다.

한국어의 분류사는 한국어 어종(語種)의 영향을 고스란히 받고 있다. 따라서 분류사에도 고유어, 한자어, 외래어가 존재하는 것은 어찌 보면 지극히 당연한 일이다. 특히 고유어와 한자어는 지시 대상이 같을 경우 일종의 경쟁 관계에 놓여 있게 된다. 분류사도 마찬가지인데 이는 빈도수를 통해 그 양상을 짐작할 수 있다. 2장에서는 이러한 양상에 대해서도 간단히 살펴보기로 한다. 이를 통해 빈도수가 분류사의 분류사성과도 모종의

시된 'head', 'cake', 'grain', 'loaf'는 수량사(quantifier)일 뿐 수 분류사의 한 종류인 도량(mensural) 분류사로 보지 않는 입장을 견지하고 있다. 이때의 수량사는 셀 수 없는 명사를 셀 수 있는 것으로 만들어 주는 것이 주된 역할이라고 보는 것이다. 수량사와 분류사를 구분하는 것은 쉽지 않은 문제인데 이에 대해서는 Aikhenvald(2000 : 115-116)을 참고할 것. 대신 영어를 분류사 언어로 간주하는 이유는 영어가 성(gender)을 가지고 있다고 판단한 때문인데 영어는 성(gender)이 다른 유럽 언어들에 비해 매우 한정적으로 나타나기 때문에 분류사 언어 가운데서도 매우 주변적인 언어로 간주된다. Gil(2005)에서는 아예 수 분류사를 '도량 수 분류사'와 '종류 수 분류사'로 나누고 있는데 이때 '도량 수 분류사'는 가산성을 가지지 않는 명사들을 셀 수 있게 만들어 주는 것이고 '종류 수 분류사'는 이미 명사가 가산성을 가지는데도 부가되는 수 분류사에 해당한다고 보았다. 역시 Gil(2005)에서도 영어는 수 분류사가 존재하지 않는 언어로 분류되어 있고 한국어는 수 분류사가 필수적으로 나타나는 언어로 분류되어 있다.

상관관계에 놓여 있음도 언급하기로 한다.

1.3. 분류사 연구의 역사

그렇다면 우리가 분류사에 대해 주목하기 시작한 것은 언제부터였을까? 한국어 연구에서 '분류사'라는 명칭을 명시적으로 쓰게 된 것은 이익섭(1973)에서부터인 것으로 보인다. 그러나 분류사에 해당하는 대상들에 관심을 보인 것은 그보다 훨씬 이른 시기부터였다. 이러한 측면에서 3장은 우리의 전통 문법에서 분류사에 언제부터 어떤 관심을 기울여 왔는가를 추적해 보기 위해 마련한 것이다.

한국어의 분류사는 분류사 가운데 '수 분류사'에 해당한다고 하였는데[3] 이는 곧 분류사가 수량 표현과 매우 밀접한 관련을 가진다는 것을 알 수 있게 한다. 따라서 처음에는 분류사 자체에 대한 관심과 수량 표현에 대한 관심이 품사로서의 수사(數詞) 안에서 종합적으로 다루어져 왔다. 결국 분류사에 대한 연구는 수사에 대한 관심과 일정한 상관관계를 지닌다는 점에 주의할 필요가 있다. Aikhenvald(2000)에서 '수 분류사'가 발달한 언어에서는 수사가 독립된 품사의 자격을 가지는 일이 많다는 언급에 주목할 필요가 있는 것도 이 때문이다.[4]

---

3) 따라서 유형론적으로 한국어의 분류사를 다른 언어의 분류사와 구별할 필요가 없을 때는 '수 분류사'의 의미로 '분류사'를 사용하기로 한다.

4) 이것은 곧 영어와 같이 수 분류사가 존재하지 않는 언어에서는 수사가 독립된 품사로 다루어질 가능성이 크지 않다는 것을 의미하는 것이라고 할 수 있다. 이렇게 보면 수사를 독립된 품사로 인정하지 않는 학자들이 더 많았던 우리 문법 연구의 흐름을 감안할 때 1963년 학교문법통일안에서 수사를 인정한 것은 시사하는 바 크다고 할 수 있다.

우리 문법에서 수사를 설정한 것은 외국인이 먼저이며 이는 Underwood (1890)까지 거슬러 올라간다. Ridel(1881)에서는 수사가 형용사에 편입되어 있었으나 Underwood(1890)에서는 한국어의 품사를 명사, 대명사, 수사, 후치사, 동사, 형용사, 부사, 접속사로 나누었다. Scott(1893)에서도 수사가 설정되어 있다. Scott(1893)은 '언문말칙'이라는 제목이 붙은 Scott(1887)의 수정재판이다. Scott(1887)에서는 명사, 형용사, 대명사, 동사, 부사, 후치사, 접속사의 품사가 제시되어 있었는데 Scott(1893)에서는 명사, 대명사, 수사, 형용사, 동사, 부사, 후치사와 같이 품사의 순서가 바뀌었을 뿐만 아니라 Scott(1887)에서는 없었던 수사가 새로 추가되었다. 前間恭作(1909), 高橋亨(1909)에서도 한국어의 품사에 수사를 설정한 바 있다.

한국인으로는 안확(1917)에서부터 수사를 인정한 것으로 보인다. 그런데 최형용(2014)에서 주장한 바와 같이 안확(1923)을 통해서 판단할 때에는 기존의 논의처럼 수사의 설정이 일본인에게서 직접적인 영향을 받았다고 할 수 있지만 최근에 새롭게 모습을 드러낸 안확(1917)의 수사 체계를 염두에 둘 때는 Underwood(1890)에서 직접적인 영향을 받은 것이라 할 수 있다. 이들에 대한 자세한 언급은 3장에서 베풀기로 하고 여기서는 최형용(2014)를 참고하여 Underwood(1890)의 수사 체계와 그 속에서 분류사에 어떻게 관심을 보이고 있는가 하는 것을 안확(1917)과 비교하여 보기로 한다.

Underwood(1890)에서는 수사 아래에 다음과 같은 내용들을 다루고 있다.

(6) Underwood(1890)에서의 수사

    가. 기수의 두 계열 - 고유어 기수, 한자어 기수

    나. 고유어 수사의 두 용법 - 명사적 용법과 형용사적 용법

    다. 특칭 분류사

    라. 한국의 돈

    마. 서수 형성법

    바. 시간과 계절

    사. 분수와 배수

    아. 무게와 척도

(6)을 전체적으로 볼 때 Underwood(1890)에서의 수사는 지금까지 알려진 어떤 학자의 수사보다 그 내용이 포괄적임을 알 수 있다. (6라, 바, 사, 아)의 내용이 이를 단적으로 보여 준다. 이러한 체계는 일본 문법이나 안확(1923)에서도 찾아보기 어려웠기 때문에 기존의 논의에서는 Underwood(1890)과의 연관성에 주목하지 못하였다.[5]

Underwood(1890)에서 또 하나 주목할 것은 (6나)와 (6다)이다. 먼저 (6나)에서 명사적 용법이라고 한 것은 고유어 기수 '흐나, 둘, 셋, 넷, 다슷, 여슷'처럼 자립적으로 사용되는 것을 일컫는 것이고 형용사적 용법이라고 한 것은 '흔, 두, 세, 네, 닷, 엿'처럼 수식적 용법으로 사용되는 것을 지칭한 것이다. 물론 한자어의 경우에는 두 용법이 구별되지 않는다는 점도 기술되어 있다.

다음으로 (6다)의 '특칭 분류사'는 'specific classifiers'를 번역한 것인

---

5) 藥師寺知矓(1909)에서도 '돈', '눌, 둘' 등이 출현하지만 이것은 어디까지나 이들과 수사의 결합에서 나타나는 수사의 변화에 주목하기 위한 것이라는 점에 주의할 필요가 있다.

데 이에는 다음과 같은 것들이 제시되어 있다.

(7) Underwood(1890)에서의 특칭 분류사
개, 곳, 권, 켜리, 마리, 명, 낫, 립, 벌, 부, 병, 필, 편, 쌍, 셤
(석), 쎄, 덩이, 동, 자로, 쨕, 쟝, 좌, 쪽, 척

Underwood(1890 : 56)에서는 (7)의 예들이 'numerals', 'auxiliary numerals', 'classifying numbers', 'classifiers'라고도 불리는데 'specific numerals'로 부르는 것이 제일 나아 보인다고 하였다. 이 가운데 우리의 눈에 띄는 것은 'auxiliary numerals'라는 명칭이다. 이것은 후술하는 안확(1917)의 수사 체계에 자리하고 있는 '조수사'와 일치하는 것으로 보아 크게 문제가 없기 때문이다.

그렇다면 이제 안확(1917)에서의 수사 체계에 대해 살펴보기로 하자.

(8) 안확(1917)에서의 수사
가. 기본수사(基本數詞)
① 명적(名的) 수사
하나, 둘, 셋, 넷, 다섯, 여섯, 닐곱, 여덟, 아홉, 열, 스믈, 설
흔, 마흔, 쉰, 예순, 닐흔, 여든, 아흔, 백, 천, 만, 억
一, 二, 三, 四, 五, 六, 七, 八, 九, 十, 二十, 三十, 百, 千,
萬, 億
② 형용적(形容的) 수사
한, 두, 세(석), 네(넉), 닷(다섯), 엿(여섯)
한두, 두세, 세네(서너), 너덧, 예닐곱, 닐여덟, 엿아홉
나. 서수사(序數詞)
첫재, 둘재, 第一, 第二
다. 시수사(時數詞)

　　　한 시, 두 시, 초경, 이경, 일초, 일분
　　　하로, 이틀, 사흘, 나흘, 닷세, 엿세, 닐에, 여들에, 아흘에, 열
　　　흘, 보름, 스므난, 금음, 어적게, 그젹게, 오늘, 래일, 모레
　　　정월, 이월, 동지달, 섣달, 봄, 여름
　　　상년, 그럭게, 올해, 래년, 한 살
　　라. 양수사(量數詞)
　　　더, 배, 번, 갑절, 왼
　　　반, 홋, 겹, 쌍, 얼
　　마. 조수사(助數詞)
　　　짐, 목, 치, 자, 뭇, 동, 켜레, 짝
　　　厘, 圓, 張, 升, 斗

　　(8가①)의 '명적 수사'란 명사와 같이 홀로 쓰이는 것을 일컫는 것이고 (8가②)의 '형용적 수사'란 현행 학교문법의 수 관형사를 지시하는 것이다. 그리고 '엿' 다음부터는 '명적 수사'와 모양이 같다고 하였다. (8가②)의 '한두' 이하는 부정(不定) 수 관형사를 의미한다. (8다)의 '시수사'는 '연, 월, 일' 등을 세는 말이고 (8라)의 '양수사'는 가감되는 수를 계산하는 말을 따로 수사의 범위에 포함시킨 것인데 '더, 배, 번, 갑절, 왼'은 부사와 통용되고 '반, 홋, 겹, 쌍, 얼'은 형용사와 통용된다고 하였다.6) (8마)는 바로 분류사에 해당한다.

　　이러한 수사 체계는 (6)에서 제시한 Underwood(1890)의 수사 체계와 적지 않은 부분에서 공통된다는 사실에 주목하지 않을 수 없다.

　　첫째, Underwood(1890)에서는 (6나)에서 제시한 바와 같이 고유어 수

---

6) 품사의 '통용'은 홍기문(1927)에서 처음으로 본격적인 논의가 있는 것으로 알려져 있으나 이미 안확(1917)에서 '통용'이라는 말이 나오고 있다는 점은 매우 흥미롭지 않을 수 없다.

사를 두 가지로 나누어 '명사적 용법'과 '형용사적 용법'으로 나누었다고 하였는데 이것은 (8가①, ②)에서 확인한 것처럼 안확(1917)에서 기본수사를 '명적 수사'와 '형용적 수사'로 나눈 것과 정확히 일치한다.

둘째, Underwood(1890)에서는 수사의 범위를 포괄적으로 보아 (6바, 사, 아)에서처럼 '시간과 계절', '분수와 배수', '무게와 척도'도 수사의 테두리에서 살펴보았다고 언급하였는데 이것은 (8다, 라)에서 확인한 것처럼 안확(1917)에서 '시수사'와 '양수사'로 나눈 것과 대부분 일치한다.

셋째, 이미 언급한 바와 같이 Underwood(1890)에서의 '특칭 분류사'는 경우에 따라 'auxiliary numerals'로도 불리는데 이는 (8마)에서 살펴본 바와 같이 안확(1917)의 '조수사'와 명칭뿐만이 아니라 세부 내용에 있어서도 큰 차이가 없다.[7]

3장에서는 이러한 내용을 바탕으로 분류사에 대한 그동안의 연구를 크게 '수사를 독립 품사로 다루지 않은 논의에서의 분류사'와 '수사를 독립 품사로 인정한 논의에서의 분류사'로 나누고 다시 '수사를 독립 품사로 인정한 논의에서의 분류사'는 '분류사를 설정하지 않은 논의', '분류사를 설정한 논의'로 나누어 살펴보기로 한다.

---

7) 이러한 측면에서 보면 본격적인 문법서라 하기 어려운 Underwood(1890)이 가지는 한국어에 대한 통찰력을 다시 한 번 음미할 필요가 있어 보인다. 기존의 논의에서 Underwood(1890)에 주목한 가장 큰 부분은 Underwood(1890)에서는 다른 외국인들과는 달리 한국어에서 곡용을 인정하지 않은 것이었다. 그런데 여기에 더하여 수사가 독립된 품사로 인정되지 않는 영어의 체계와 달리 한국어에서는 수사를 인정하고 그 속에서 분류사에 대해 주목하고 있다는 것은 Underwood(1890)이 한국어의 구조적 특성에 대해 매우 정확하게 파악하고 있었다는 것을 의미하기 때문이다.

1.4. 분류‘辭’와 분류‘詞’

앞서 분류사는 '명사를 분류하는 말'이라고 한 바 있다. 따라서 이때의 '분류사'는 분류'辭'로서 (1가①)에 제시된 바와 같이 언어에 따라서는 접사일 수도 있다. 그러나 한국어의 '분류사'는 그것이 의존 명사이든 명사이든 단어의 자격을 가지고 있음을 알 수 있다.

여기서 생기는 의문은 한국어의 분류사가 그야말로 '명사를 분류하는 말'의 한 종류인지 아니면 단어의 자격을 가지고 있는 이상 '명사를 분류하는 품사'인가 하는 점이다. 만약 한국어의 분류사가 독립된 품사의 자격을 지닐 수 있다면 이는 '분류사'를 '分類辭'가 아니라 '分類詞'라고 할 수 있는 가능성을 가지고 있기 때문이다.

사실 앞서 언급한 바와 같이 한국어에 대한 기존의 연구에서 수사에 독립된 품사로서의 지위를 부여할 수 있는가에 대해서는 적지 않은 논의가 있어 왔으나 분류사를 독립된 하나의 품사로 간주한 경우는 찾아볼 수 없다.

그럼에도 불구하고 분류사의 품사성을 검토하려는 것은 다음 두 가지 이유 때문이다. 하나는 이익섭·채완(1999 : 139)에서 언급한 바와 같이 의존 명사 가운데 분류사는 다른 의존 명사들과 구분되는 분포를 가진다는 점이다. 즉 단위성 의존 명사들은 자립성을 가지지 못한다는 점에서는 전형적인 의존 명사와 차이가 없지만 선행 요소로 수량 표현과만 어울린다는 점에서 전형적인 의존 명사와는 차이가 있는 것이 현실이다.

> (9) 가. 먹을 것
> 　　가'. *먹을 마리

    가″. 먹을 사과

    나. *두 이

    나′. 두 마리

    나″. 두 사람

(9)에서 볼 수 있는 바와 같이 전형적인 의존 명사들은 '-ㄴ'이나 '-ㄹ' 관형어가 선행어로 오고 수 표현이 선행어로 오는 데 제약을 보이는 반면 수량 표시 의존 명사들은 '-ㄴ'이나 '-ㄹ' 관형어가 선행어로 오지 못한 다.[8)]

다른 하나는 최형용·劉婉瑩(2015)에서 언급한 바와 같이 중국어 학교 문법에서는 한국어의 분류사에 해당하는 것을 '量詞'라 하여 독립된 품사 유형으로 간주하는 경우가 있기 때문이다. 이는 곧 품사 분류 기준을 어떻게 적용하느냐에 따라 그리고 아울러 유형론적인 사실을 어떻게 반영할 것인가에 따라 분류사에 독립된 품사의 자격을 부여할 수 있는가 하는 것이 결정될 수 있다는 것을 의미한다. 이때 중요한 품사 분류 기준은 '의미'라고 할 수 있다. 품사 분류 기준으로 흔히 간주되는 '형식'은 고립어인 중국어에는 적용될 수 없고 '기능'은 '분포'에 크게 좌우된다. 따라서 (9)와 같은 차이를 '분포'에 따른 '기능' 차이로 간주하게 되고 명사나 대명사와 구분되는 '수사'의 인정은 '의미'의 측면을 강조한 결과임을 염두에 둔다면 '분류사'에도 별도의 품사 자격을 부여하는 것은 가능성이 전혀 없다고 보기는 어렵다.[9)]

---

8) 물론 '분'과 같은 의존 명사는 '드실 분', '두 분'처럼 수량 표현과도 결합할 수 있다.

9) 이러한 측면에서 최형용·劉婉瑩(2015)에서 한중일 세 언어의 품사 대조를 위한 품사 분류 기준을 검토하고 품사 분류 기준으로서의 '의미'에 큰 비중을 두어 학교문법의 품사 분류 체계를 '명사, 대명사, 수사, 양사, 동사, 형용사, 부사, 상징사, 조사, 감탄사'

한편 분류사는 수량 표현과 결합하여 통사적 구성을 이루는 것이 일반 적이다. 그러나 경우에 따라서는 단어 형성에 직간접으로 관여하는 경우가 없는 것은 아니다. 여기서 '직간접'이라는 표현을 사용한 것은, 첫째, 분류사가 후행하는 단위가 결합하여 하나의 단위로 기능하는 경우를 위한 것이고 둘째, 분류사가 선행하는 단위와 결합하여 하나의 단어를 형성하는 경우를 위한 것이다.

이 가운데 앞의 경우의 가능성은 이영제(2011)에서 논의된 바 있다. 이영제(2011)에서는 '-년생', '-년산', '-인승', '-인분', '-회용', '-원권' 등을 수 분류사 구성과 접사 결합형의 형태론적 구성으로 간주한 바 있기 때문이다.

뒤의 경우는 그동안 특별히 주목한 바 없는 것이다. 수량 표현은 기본적으로 열린 속성을 지니고 있기 때문에 이들과 결합한 분류사가 단어 형성에 참여하는 경우에 대해서는 크게 관심을 기울이지 않았기 때문이다.

이처럼 분류사가 의존 명사이든 명사이든 단어로서 별도의 품사 자격을 가질 수 있는가 하는 문제와 결과적으로 새로운 단어 형성에 참여하는 양상에 대해 검토하려는 것이 4장의 목적이다. '품사'와 '단어 형성' 두 가지를 묶어 '형태론'이라는 이름을 붙인 것도 이러한 이유 때문이다.

1.5. 문장 속에서의 분류사 구성

한국어의 분류사가 가장 많은 관심의 대상이 된 것은 단연 '수량사구'라

로 제시한 바 있음을 참고할 필요가 있다.

는 이름 아래에서였다고 해도 과언이 아니다. 따라서 그 연구 성과도 가장 많이 축적된 분야가 이 분야라고 할 수 있다. 이를 '분류사구'라고 하지 않고 '수량사구'라고 한 것은 Aikhenvald(2000)에서 언급한 바와 같이 결국 한국어의 분류사는 수 분류사이고 수 분류사는 그 문법적 기능이 수화(enumeration)와 수량화(quantification)에 있음을 간파한 때문이라고 할 수 있다.10)

'수량사구'의 '수량사'란 가령 '사람 한 명'에서 '한'에 해당한다. 따라서 '수량사구'라는 말의 초점은 '수량사'에 맞추어져 있으나 전형적인 수량사구에는 명사와 분류사가 함께 출현한다. 따라서 분류사와 관련하여 먼저 문제가 되는 것은 '수량사구'가 분류사 없이 실현되는 것도 분류사 구성의 범위 내에서 다룰 수 있는가 그리고 그러한 경우에는 어떠한 특징이 존재하는가 하는 점일 것이다.

> (10) 가. 사람 세 명
> 　　가′. 사람 셋
> 　　나. 세 명의 사람
> 　　나′. 세 사람

(10가, 나)는 한국어 분류사의 전형적인 구성이라 할 수 있다. 그러나

---

10) 이에 대해 Aikhenvald(2000)에서는 명사 부류 곧 성(gender)의 문법적 기능이 '일치(agreement)'에 있다고 보았는데 이는 곧 성이 문법 범주가 아닌 한국어에서는 일치를 찾기 어려움을 의미하는 것으로 해석할 수 있다. 최형용(2013 : 47)에서는 한국어의 경우에서 일치를 보이는 것으로 중세 한국어의 선어말 어미 '-오-'와 1인칭 주어, 설명의문문에 '-오'계 어미가 결합하고 판정의문문에 '-아'계 어미가 결합하는 것을 들수 있다고 보았다. 그러나 이들은 현대 한국어에서는 자취를 찾기 힘들다. 한편 뒤의 경우에 대해서는 이를 이형태의 교체 가운데 통사적으로 조건된 이형태로 해석하는 일도 있으나 이에 대한 비판적 견해에 대해서는 최형용(2017 : 34)를 참고할 것.

이들은 각각 (10가′, 10나′)으로도 가능하다.11) 따라서 그동안의 수량사 구성에서는 이들도 포함시켜 다루는 것이 일반적이고 분류사가 실현되지 않은 경우도 분류사가 실현된 경우와 의미상의 공통점이 적지 않으므로 이를 분류사 구성에 포함시키는 경우도 적지 않았다.

그런데 만약 분류사에 초점을 둔다면 이번에는 수량사가 존재하지 않는 다음과 같은 구성도 생각해 볼 수 있다.

(11) 가. 나이 살이나 먹고 무슨 짓이냐
나. 돈푼이나 만지고 있다.

(11가, 나)는 명사가 수량사의 개재 없이 바로 분류사와 결합하고 있는 양상을 보이고 있다. 이들은 수량사구로는 (10)의 예들보다 결격 사항이 많지만 분류사 구성의 측면에서는 오히려 주목할 만한 것이라고 할 수 있다.

따라서 분류사가 문장에서 보이는 통사적 속성에 주목하고자 하는 5장에서는 이러한 사정을 염두에 두고 (10가′, 10나′), (11가, 나)와 같은 것들에도 관심을 기울여 분류사 구성으로 간주되는 것들의 범위를 제시하는 것으로부터 논의를 시작하고자 한다. 그런데 분류사 구성은 그 자연스러움이 빈도와도 밀접한 관련을 가지고 있다. 이것은 곧 한국어에서 가능한 분류사 구성이 전형성의 측면에서 정도의 차이가 있다는 것을 의미한다.

다음으로는 한국어의 분류사 구성이 다양한 모습을 가진다고 할 때 이

---

11) 물론 이러한 구성이 언제나 가능한 것은 아니다. '사람 셋'은 자연스럽지만 특정한 문맥이 전제되지 않는다면 '책 셋'은 불가능하거나 지극히 부자연스럽다. 이러한 점에서 전술한 바와 같이 Gil(2005)은 한국어를 수량사 구문에서 분류사의 출현이 필수적인 언어로 분류하고 있음에 주목할 필요가 있다.

들 각각이 가지는 의미적 특성이 어떠한가 하는 데 궁금증이 생길 수 있다. 이때의 의미적 특성이란 일차적으로는 분류사 구성에서 핵이라고 할 수 있는 명사와 나머지 구성이 가지는 관계가 어떠한 것인가를 따지는 것이 된다. 그리고 결과적으로 분류사 구성 사이의 통사적인 특성과 의미적인 특성을 고찰하는 것도 포함하게 될 것이다.

이상의 두 가지 의문은 결국 한국어의 분류사 구성이 다양하게 나타나는 것은 어떠한 요인에 기인하는지를 살펴보려는 의도를 담고 있다는 것을 의미하는데 이를 살펴보려는 것이 바로 5장의 목표가 된다. 이는 또한 한국어의 분류사 구성이 다른 언어들과 어떠한 차이가 있는지에 주목하게 된다는 점에서 유형론적 측면에서도 의미 있는 작업이 될 것이라는 점을 짐작할 수 있게 한다.

1.6. 분류사의 의미론적 분류

분류사는 명사를 분류하는 말이라는 점에서 명사와 일정한 의미론적 관계에 놓여 있다.

> (12) 가. 세 명의 사람
> 　　　가′. *세 명의 책
> 　　　나. 세 권의 책
> 　　　나′. *세 권의 사람

(12가, 가′)에서 알 수 있는 바와 같이 분류사 '명'은 '사람'과 어울릴 수

는 있어도 '책'과는 어울릴 수 없고 (12나, 나')에서 볼 수 있는 바와 같이
분류사 '권'은 '책'과 어울릴 수는 있어도 '사람'과는 어울릴 수 없다. 이것
은 한국어의 분류사를 일정한 의미적 선택 관계에 따라 부류화할 수 있다
는 것을 의미한다.

　그런데 이러한 양상을 보이는 분류사들을 나누는 방법도 여러 가지가
있을 수 있다. 우선 '명'은 유정물, '권'은 무정물로 나누면 이 두 가지는
'유정성'이라는 보다 상위의 기준으로 한데 묶어 처리할 수 있다. 그러나
앞서 (1다)에서 한국어의 분류사는 5개의 기본 범주와 14개의 하위범주
로 분류될 수 있다고 하였는데 여기서는 유정성을 인성과 비인성으로만
나누고 있고 비인성도 유정물이므로 이러한 체계 내에서는 '명'과 '권'은 서
로 별개의 영역에 속하는 것으로 분류될 것이다.12)

　이처럼 의미 부류의 '의미'는 그 속성상 객관적이고 이분적(binary)으로
나뉘기 어려운 성격을 가지기 때문에 그동안 연구자들마다 그 견해의 차
이가 적지 않았던 것으로 보인다. Aikhenvald(2000)에서도 이 부분에 적
지 않은 지면을 할애하고 있음을 볼 수 있다. 앞서 언급한 바와 같이
Aikhenvald(2000 : 306)에서는 분류사를 '명사류 또는 성', '명사 분류사',
'수 분류사', '소유 분류사', '관계 분류사', '동사 분류사', '처소 분류사', '화
시 분류사' 등으로 나눈 바 있는데 의미 부류를 위한 의미적 속성도 이들
각각으로 나누어 살펴보고 이를 다음과 같이 정리하고 있다.

　　(13) 가. 명사류 또는 성 : 유정성, 물리적 속성, (드물게) 성질(nature)
　　　　　　혹은 기능
　　　　나. 명사 분류사 : 사회적 지위, 기능적 속성, 성질

---

12) (1다)의 유동준(1983)의 분류에 대해서는 6장에서 보다 자세히 살펴보기로 한다.

다. 수 분류사 : 유정성, 사회적 지위와 친족 관계, 방향성과 지향
　　성, 물리적 속성, 성질, 양자(quanta), 배열, 기능적 속성
라. 소유 분류사 : 물리적 속성, 성질, 유정성, 기능적 속성
마. 관계 분류사 : 기능적 속성, 성질
바. 동사 분류사 : 물리적 속성, 방향성과 지향성, 성질, 기능, 양
　　자, 배열, (드물게) 유정성
사. 처소 분류사 : 물리적 속성, 성질, (드물게) 유정성
아. 화시 분류사 : 방향성과 지향성, 물리적 속성, 성질

(13)을 살펴보면 우선 분류사의 의미 분류를 위한 조건 가운데 유정성, 물리적 속성, 기능적 속성, 성질 등이 공통적이라는 사실을 알 수 있지만 이들이 해당 분류사의 분류에 있어 미치는 영향은 일률적이지 않다는 사실을 알 수 있다.

한편 우리의 주된 관심사는 한국어가 속한 (13다)의 수 분류사인데 다른 분류사 유형의 경우보다 분류사의 분류에 작용하는 의미적 조건이 가장 다양하다는 것이 눈에 띈다. 또한 (13)에 제시된 의미 분류를 위한 조건은 전형적인 것들만 가려 뽑은 것이므로 결국 해당 언어에서의 조건과 우선순위는 훨씬 더 다양한 모습으로 나타날 것으로 예측할 수 있다.

이러한 점을 염두에 두고 의미 부류에 대해 그동안의 국내외의 논의를 살펴보는 것으로 6장의 논의가 시작된다. 그리고 Aikhenvald(2000)에서 수 분류사의 의미 부류에 대해 제시한 것을 바탕으로 한국어 분류사의 의미 부류를 제시해 보려는 것이 6장의 주된 목표이다. 다만 6장에서는 분류사가 관용적 표현으로 사용되는 양상에 대해서도 따로 자리를 마련하고자 하는데 이는 분류사가 단어 형성은 아니지만 특정한 의미를 전달하는 표현으로 굳어지는 경우가 적지 않다는 사실을 포착하기 위한 것이다. 6

장의 제목을 '분류사의 의미 분류'가 아니라 '분류사의 의미론'으로 명명한
것은 이 때문이다.

1.7. 분류사와 통시성

언어는 멈추지 않고 변화하는 역사성을 지닌다. 분류사도 예외는 아니
다. 이와 관련하여 품을 수 있는 질문은 두 가지이다. 하나는 현대 한국어
가 수 분류사 언어라고 할 때 이것이 한국어가 애초부터 수 분류사 언어
였다는 것을 보장하는가 하는 점이다. 그러나 지금까지의 연구는 이에 대
해 긍정적인 대답을 제공한다고 보기 어렵다. 채완(1982)이 이러한 연구의
대표라고 할 수 있는데 이에 따르면 한국어는 분류사 없는 언어로 출발하
여 현대 한국어로 이르는 사이에 분류사가 출현하여 발달한 언어임을 밝
히고 있기 때문이다. 그리고 향가를 대상으로 할 때 그 출발은 '한 가지'
〔一枝〕처럼 수량사와 명사의 순서였던 것임을 실증하고 있다.13)

그렇다면 현대 한국어에서는 매우 자연스러운 '가지 한 개'와 같은 분류
사 구성이 가능하기 위해서는 '개'와 같은 분류사의 도입이 어느 순간 이
루어졌다고 보아야 한다. 그렇다면 여기서 생기는 다른 한 가지의 의문은
새롭게 도입된 분류사의 근원(source)이 어디인가 하는 점이다.

이에 대한 대답은 두 가지로 나누어 찾을 수 있다. 하나는 원래는 분류
사가 아니던 것이 분류사로 변화하였다고 볼 수 있다는 것이다. 이 점에

---

13) 물론 이것은 향가가 산문이 아니라 운문이라는 특수성에 기반한 때문이라고 볼 가능
성도 있다. 그러나 7장에서 자세히 언급하겠지만 중세 한국어를 기반으로 볼 때 산문
의 경우에도 이러한 경우가 지배적이었던 것으로 보인다.

서 주목할 수 있는 것은 Aikhenvald(2000)에서 언급한 문법화이다. 주지
하는 바와 같이 문법화란 전형적으로 어휘 형태소가 문법 형태소로 변화
하는 것을 일컫는다. (1가①)에서 언급한 바와 같이 분류사는 접사로 나
타나는 경우도 있고 이 접사는 명사에서 발전한 경우가 가장 대표적인데
이러한 과정은 전형적으로 문법화에 포함된다고 할 수 있다.

한국어의 경우 전형적인 분류사는 의존 명사이다. 그리고 이러한 의존
명사는 명사에서 기원한 것이 적지 않다. 결국 명사가 의존 명사화한 것
이라고 보아야 하고 이를 문법화의 범위에서 처리하기 위해서는 문법화를
보다 자세히 나누어야 할 필요가 있다. 이러한 측면에서 최형용(1997)에서
제시된 문법화를 참고할 필요가 있다.

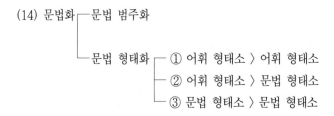

(14)에서 우선 문법화를 문법 범주화와 문법 형태화로 나눈 것은 문법
화가 문법 범주가 아니던 것이 문법 범주화하는 경우도 포함할 수 있음을
드러내기 위해서이다. 주지하는 바와 같이 현대 한국어 '-었-'은 '-어 잇-'
으로부터 문법화한 것이다. 이때 '-었-'은 '과거 시제'라는 문법 범주라고
할 수 있지만 '-어 잇-'은 그렇게 보기 어렵다. 따라서 한국어의 '과거 시
제'는 문법 범주화의 예가 된다고 할 수 있다.

여기에서 분류사와 관련하여 주목하고자 하는 것은 (14①)의 경우도 문
법화의 테두리에 들어올 수 있다는 점이다. 중세 한국어의 의존 명사 '이'

는 '사람'과 '사물'의 의미 모두를 가지고 있었지만 현대 한국어에서는 '사람'의 의미만 가져 '사물'의 의미를 가지는 '이'는 '하느니'의 '-느니'에 그 흔적을 남기고 있다. 이처럼 어휘 형태소라도 그 분포나 의미의 변화 양상을 문법화의 테두리에서 살펴볼 수 있다는 것이 (14①)이라고 할 수 있다. 이를 염두에 둔다면 명사가 의존 명사로 분류사화한 경우도 (14①)에 해당하는 문법화의 경우에 포함시킬 수 있다.14)

다른 하나는 한국어에는 없던 분류사가 외부로부터 유입될 가능성이다. 앞서 제시한 '가지 한 개'의 '개(個)'가 바로 이러한 예인데 주지하는 바와 같이 이때 '개'는 한자어로서 중국으로부터 도입된 것이다.15) 2장에서 후술하는 바와 같이 현대 한국어에도 적지 않은 한자어 분류사가 존재하는데 이들은 기원적으로 모두 중국으로부터 유입된 것이라고 보아 좋을 것이다. 다만 유입된 것이라도 그 용법이 중국과 모두 같은 것이라고 단정하는 것은 위험하다. '개'는 현대 중국어에서는 사람과 사물 모두에 사용할 수 있는 분류사이지만 한국어에서는 사람의 경우에는 사용할 수 없는 분류사이기 때문이다.16) 이것은 곧 분류사로 발전한 경우에도 그것이 쓰이는 범위가 변화할 수 있다는 것을 의미한다.

---

14) 물론 명사만 분류사로 발달하는 것은 아니다. 한국어만 하여도 동사도 분류사로 발달한 경우를 살펴볼 수 있는데 이에 대해서는 7장에서 언급하기로 한다. 그러나 이 경우도 역시 문법화의 테두리에서 다룰 수 있는 것은 마찬가지이다. 동사가 바로 분류사로 변화한 것이 아니라 명사화소를 통해 명사의 단계를 거친 것이 대부분이고 그대로 분류사로 변화한 경우로 볼 수 있는 것도 명사와 품사 통용의 관계에 놓여 있는 것으로 해석할 수 있기 때문이다.

15) 이에 대한 자세한 논의는 채완(1996)을 참고할 것.

16) Aikhenvald(2000 : 409-411)에서는 중국어와 일본어 분류사의 의미적 변화 과정에 대한 연구를 소개하고 있는데 이에 따르면 '개'는 처음 출발은 '대나무'를 지시하는 것이었는데 사람과 사물에 두루 쓸 수 있는 분류사로 발전한 것은 청나라 시기부터라고 한다.

그런데 이처럼 분류사를 통시적으로 고찰해 보면 시기에 따라 분류사의 목록도 다를 것이라는 점을 쉽게 예측할 수 있다. 따라서 이에 대한 기존의 논의를 살펴보는 것도 매우 의미 있는 작업이 될 것이다.

7장은 바로 이러한 측면에서 한국어 분류사의 통시성과 관련된 양상을 다루고자 한다. 그러나 아직은 한국어 분류사의 통시적 고찰이 충분하지 않음을 깨달을 수 있는데 이는 곧 앞으로의 연구 필요성을 제시하는 것으로 간주할 필요가 있다.

1.8. 분류사 대조를 통한 유형론적 검토

그동안 한국어를 중심에 두고 다른 수 분류사가 존재하는 언어들과의 비교 혹은 대조 작업이 적지 않게 진행되어 왔다. 이러한 경향은 특히 최근에 와서 활발한 양상을 띠고 있다. 한국어와의 비교 혹은 대조를 위해서는 수 분류사가 전제되어야 한다는 점에서 모든 분류사를 연구 대상으로 삼고 있는 Aikhenvald(2000)의 유형론적 논의와는 차이가 있을 수 있다. 그러나 어순이나 언어의 형태론적 분류의 차이가 수 분류사와 관련하여 어떤 특성을 보이는지를 따져 보는 것은 그 나름대로 의미를 지닐 수 있을 것으로 보인다.

먼저 한국어와 중국어, 일본어를 한데 묶을 필요가 있다. 이들 세 언어는 수 분류사가 매우 발달되어 있다는 공통점을 지니고 있으면서 §1.4에서 언급한 바와 같이 분류사를 품사 인정 여부와 관련하여 함께 논의할 수 있기 때문이다. 중국어에서는 분류사가 '量詞'라는 독립된 품사로 다루어지고 있고 일본어에서는 안확(1917)의 수사 관련 논의에서 확인할 수 있는 것처럼 '助數詞'라는 명칭으로 분류사를 포착하고 있다. 8장에서는 기존 논의를 중심으로 이러한 품사 논의와 함께 이들 세 언어 분류사의 통사적 구성, 의미적 분류에서의 이동(異同) 양상을 살펴보기로 한다.

다음으로는 한국어와 미얀마어, 베트남어, 태국어를 다른 한 묶음으로 나누어 살펴보기로 한다. 다만 한국어, 중국어, 일본어의 경우와는 달리 이들은 '한국어와 미얀마어', '한국어와 베트남어', '한국어와 태국어'로 나누어 그 하위에 분류사의 통사적 구성과 의미적 분류에 대해 살펴보는 방법을 취하기로 한다. 중국어나 일본어는 한자라는 동일한 구심점을 가지지만 미얀마어, 베트남어, 태국어는 이러한 공통점을 찾기 어렵다는 판단에서이다. 따라서 논의의 초점은 공통점보다는 차이점에 놓이게 될 것임을 짐작하기 어렵지 않다.

이처럼 '수 분류사'에 초점을 두어 여러 언어들의 양상을 살펴보는 데 한정되면서 8장의 제목에 '유형론'을 명시한 것은 이들 양상이 분류사 전체를 포괄하기는 어렵지만 수 분류사 언어들이 가지는 특성을 유형론적으로 살피는 데 도움을 줄 수 있으리라는 판단 때문이다. 이는 곧 수 분류사를 가지는 다른 언어와의 비교 혹은 대조 작업이 앞으로도 지속적으로 전개될 필요가 있다는 것을 의미하는 것이기도 하다.

1.9. 나가기

앞서 언급한 바와 같이 본 장은 이 책 전체의 개관에 해당하는 것이면서 내용 조직에 대한 소개의 성격을 아울러 지니고 있다. 내용의 조직은 이를 다시 다섯 가지로 나눌 수 있다. 첫째는, 연구 대상이 되는 분류사의 정의와 범위 확인이다(2장). 둘째는 연구사적 검토를 통한 분류사의 위상 정립이다(3장). 셋째는 분류사에 대한 층위별 연구이다. 이때 층위란 문법의 하위 분야를 의미하는데 형태론(4장), 통사론(5장), 의미론(6장)이 이에 해당된다. 넷째는 분류사에 대한 통시적 연구이다(7장). 다섯째는 한국어 분류사를 중심에 둔 유형론적 연구이다(8장).

이들 외에도 한국어 분류사에 대한 연구가 적지 않을 것으로 보이나 이것만으로도 그동안 한국어의 분류사에 대한 연구가 일정한 기준에 따라 정리될 수 있다는 것은 이 책의 작은 성과라고 할 수 있다. 이를 통해 앞으로도 한국어 분류사에 대한 관심이 지속적으로 전개되길 바라며 이제 분류사의 정의와 범위에 대한 것으로부터 구체적인 논의를 시작해 보기로 한다.

참고문헌

고영근(2001), 『역대한국문법의 통합적 연구』, 서울대학교 출판부.

김민수·고영근·최호철·최형용(2015), 『역대한국문법대계(Ⅱ)』, 도서출판 박이정.

김민수·고영근(2008), 『역대한국문법대계』(102책)(제2판), 도서출판 박이정.

김민수·하동호·고영근(1977-1986), 『역대한국문법대계』(102책), 탑출판사.

안　확(1917), 『조선문법』, 유일서관(역대한국문법대계 ① 175).

안　확(1923), 『수정 조선문법』, 회동서관(역대한국문법대계 ① 24, 25).

이영제(2011), 「수 분류사 구성과 파생접사 결합형의 구조와 기능」, 『한국어학』 53, 313-334.

이익섭(1973), 「국어 수량사구의 통사기능에 대하여」, 『어학연구』 9-1, 46-63.

이정민·배영남(1993), 『언어학사전(개정증보판)』, 박영사.

조성식(1990), 『영어학사전』, 신아사.

채　완(1982), 「국어수량사구의 통시적 고찰」, 『진단학보』 53·54, 155-170.

채　완(1996), 「국어 분류사 '개'의 차용 과정과 의미」, 『진단학보』 82, 193-215.

최형용(1997), 「형식명사·보조사·접미사의 상관관계」, 국어연구 148.

최형용(2013), 『한국어 형태론의 유형론』, 박이정.

최형용(2014), 「안확과 수사-초판본<조선문법>(1917)을 중심으로-」, 『한중인문학연구』 44, 231-254.

최형용(2016), 『한국어 형태론』, 역락.

최형용(2017), 「현대 한국어 주격 조사 '이/가'의 교체는 보충법적 교체인가」, 『형태론』 19-1, 25-46.

최형용·劉婉瑩(2015), 「한중일 품사 대조를 위한 품사 분류 기준 설정」, 『어문연구』 43-2, 117-149.

한글학회(1995), 『국어학사전』.

홍기문(1927), 「조선문전요령」, 『현대평론』 1-5(역대한국문법대계 ① 38).

홍기문(1946), 『조선문법연구』, 서울신문사(역대한국문법대계 ① 39).

高橋亨(1909), 『韓語文典』, 東京 : 博文館(역대한국문법대계 ② 33).

藥師寺知矓(1909), 『韓語研究法』, 龍山 : 印刷局(역대한국문법대계 ② 34).

前間恭作(1909), 『韓語通』, 東京 : 丸善株式會社(역대한국문법대계 ② 32).

Aikhenvald, A. Y.(2000), *Classifiers : A Typology of Noun Categorization Devices*, New York : Oxford University press.

Gil, D.(2005), Numeral Classifiers, In Haspelmath et als.(eds.), *The World Atlas of Language Structure*, Oxford : Oxford University Press, 226-227.

Ridel, F.(1881), *Grammaire Coréenne*, Yokohama(역대한국문법대계 ② 19).

Scott, J.(1887), 『언문말칙』(En-moun Mal Ch'ǎik) *A Corean Manual, or Phrase Book with Introductory Grammar*, Shanghai : Statistical Department of Inspectorate General of Customs(역대한국문법대계 ② 08).

Scott, J.(1893), *A Corean Manual, or Phrase Book with Introductory Grammar*(2nd), Seoul : English Church Mission Press(역대한국문법대계 ② 09).

Underwood, H. G.(1890), An Introduction to the Korean Spoken Language, Yokohama, Shanghai, Hongkong, Singapore : Kelly & Walsh, L'd(역대한국문법대계 ② 11).

한국어 분류사의 정의와 범위

2.1. 들어가기

각 언어마다 명사를 언어학적으로 분류하는 방법이 있는데 구체적인 표현 방식에 있어서는 개별 언어 사용자가 세계를 인식하고 있는 기준이 되는 의미 특성이 무엇인지에 따라 다르게 실현된다. Aikhenvald(2000)는 이러한 명사 범주화 장치들을 모두 포함하는 광의의 개념으로 '분류사(classifier)'라는 용어를 사용한다. Lyons(1977 : 46)에 따르면 분류사는 명사가 지시하는 사물을 언어 사용자의 세계 인식의 기준에 따라 일정하게 범주화하는 언어 형태로, 지시 대상이 되는 실재 사물(entity) 또는 그것의 집단(group)의 성격에 의존하여 선택되는 언어 요소라고 정의내릴 수 있다. 그렇기 때문에 언어에 따라 표현 방법과 의미, 형태 목록의 크기, 형태-통사적인 지위, 화용론적 용법이 매우 다양하다는 데 특징이 있다.[1]

Aikhenvald(2000)에서는 이러한 분류사를 유형별로 '명사류 또는 성2)', '명사 분류사', '수 분류사', '소유 분류사', '관계 분류사', '동사 분류사', '처소 분류사', '화시 분류사' 등으로 나누어 제시하고 있다. Allan(1977)의 경우 언어별 특성에 따라 문법적으로 두드러지게 분류사가 나타나는 언어, 즉 분류사가 특정 형태를 가지고 있고 다른 문법 범주와 관련되어 나타나는 언어를 분류사-언어(classifier language)로 보고 이를 다음의 네 유형으로 나눈다.

> (1) 가. 수 분류사 언어
> 나. 일치적 분류사 언어
> 다. 술어 분류사 언어
> 리. 처소-내적 분류사 언어
>
> (Allan 1977)

네 유형 중 수 분류사 언어는 수사(numeral) 또는 수량사(quantifier)와 함께 밀접한 통합 관계를 이루는 특정 형태소가 있는 언어로, 명사의 유정성, 모양, 또는 내재된 속성을 범주화하며 한국어는 이러한 수 분류사 언어에 속한다. 한국어 외에도 주로 티벳어, 타이어, 미얀마어 등의 동남아시아 제어나 중국어, 일본어 등의 동아시아 제어, 중앙아메리카의 마야어, 일부 오세아니아 언어 등이 수 분류사 언어라고 할 수 있다.

이러한 관점에서 한국어 연구에서 소위 '분류사'라고 하는 것은 '수 분류사'에 해당하는 개념으로 볼 수 있다. 그런데 진려봉(2012)의 경우 한국어

---

1) 우형식(2001)에서 재인용.
2) 본 장에서는 '성'이라는 용어로 혼용되어 왔던 생물학적 성별(sex)과 문법적인 성 (gender)을 구분하여 사용한다.

의 분류사 유형에는 수 분류사뿐만 아니라 명사 분류사, 처소 분류사, 화시 분류사 등으로 볼 수 있는 언어 형태도 있다는 것을 주장하였는데 다음을 그 예로 제시하고 있다.

> (2) 가. 명사 분류사
>
> ① 후배 분, 조가 놈, 도둑 녀석, 계집 년, 경찰 양반
>
> ② 진달래 꽃, 진달래 나무
>
> ③ 1일 날, 토요일 날, 1월 달, 몇월 달
>
> 나. 처소 분류사
>
> ① 이 꽃을 친구{에게/한테, *에} 줄 것이다.
>
> ② 돼지{에게/한테, *에} 먹이를 준다.
>
> ③ 할머니{께, *에게} 물을 갖다 드려라.
>
> ④ 엄마는 꽃{에게/한테, *에, *께} 물을 주었다.
>
> 다. 화시 분류사
>
> ① {이, 요} 동네에 냥이 예뻐라 하시는 분들이 은근 계셔서...
>
> ② 그녀의 {그, 고} 갸름한 얼굴이 생각난다.
>
> ③ 그들 중에 몇 사람은 달려가서 {저, 조} 섬을 끌어내어 마
> 개를 뽑고...
>
> (진려봉 2012)

진려봉(2012)는 분류사가 특정 형태소로 나타나 명사를 보다 구체적으로 세분화 시켜주는 역할을 하는 분류사의 기능적 의미에 초점을 두고 수 분류사 외에 위의 세 분류사도 한국어 분류사로 존재한다고 보고 있는 것이다. (2가)의 명사 분류사의 경우 명사는 언제나 분류사의 기능을 할 수 있는 가능성은 가지고 있다. 하지만 수 분류사 구성에서만 분류사의 기능을 한다고 보는 본서의 입장에서는 분류사로 보지 않는데 이에 대한 더 자세한 사항은 후술하도록 한다. 그리고 (2나)의 경우 유정과 무정을 분

류하기 때문에, (2다)는 담화 지시적으로 분류가 이루어지기 때문에 분류사로 보고 있다. 이는 분류사를 품사와는 다른 층위에서 분류사를 볼 것인지 또는 명사(名詞)의 하위 부류로서의 분류사로 볼 것인지 또는 체언의 하위 부류로 볼 것인지 등에 따라 논의의 초점이 달라지는 것이라 할 수 있다. 진려봉(2012)의 경우 분류하는 기능을 하면 모두 분류사가 된다고 보는 관점이라고 할 수 있는데 그렇게 보았을 때 엄밀한 의미에서 분류사에 속하지 않는 것이 없게 될 수도 있고, 또한 그렇게 되면 분류사의 범위가 너무 넓어진다. 그렇기 때문에 본서에서는 명사의 하위 부류로 분류사를 보고자하는 입장에서 '수 분류사'만을 한국어 '분류사'로 지칭하고자 한다.

본 장에서는 이러한 한국어 분류사의 분류사성을 판별하는 기준틀을 제시해보고자 한다. 이를 위해 우선 2절에서는 한국어의 분류사 용어와 관련된 연구사를 간략하게 살펴보고, 3절에서는 한국어 분류사의 특성을 살펴볼 것이다. 4절에서는 목록을 제시한 후 한국어의 분류사를 모두 포괄할 수 있는 기준에 따라 하위 범주로 분류해보고자 한다. 5절에서는 이러한 분류사 목록의 말뭉치의 빈도수 분석을 통해 어떤 분류사가 많이 쓰이는지에 따라 정리해보고 전형적인 분류사, 과도기적 분류사, 분류사화 될 가능성이 있는 분류사에 대한 논의를 해보고자 한다. 본 장에서는 분류사를 하나의 연속체로 보고 정도성에 따라 전형적인 분류사로 볼 수 있는지 여부가 결정되는 것으로 보고, 한국어의 분류사 목록으로 제시한 분류사들의 '분류사성'과 한국어의 전형적인 분류사에 속하는지 여부를 판별하는 기준틀을 제시하는 것으로 본 장의 논의를 마무리하고자 한다.

2.2. 한국어 분류사의 명칭

한국어 분류사의 특성과 범위를 살펴보기 전에 기존 연구들에서는 한국어 분류사를 어떻게 보아 왔는가를 간단하게 살피고 넘어갈 필요가 있다. 이는 분류사의 특성이나 범주를 어떻게 인식하고 있는지와 깊은 관련이 있기 때문이다. 이에 대한 자세한 연구사 논의는 3장에서 이루어지겠지만 본 장에서는 그동안 어떤 명칭으로 쓰여 왔는가를 간단하게 살피도록 한다. 채완(1990 : 167)에 의하면 한국어의 분류사가 언급되었던 초기 논의는 Ramstedt(1939)에서 발견할 수 있으며, 불완전한 이름씨(최현배 1946), 의존 명사(고영근 외 1985) 등에서 명사의 하위 부류로 부수적으로 언급되다가 이익섭(1973)에서 분류사라는 명칭이 처음 사용되었다. 그 후 80년대에 들어서야 김영희(1981)에서 분류사 자체가 거론되면서 본격적으로 논의되기 시작하였다. 한국어의 수 분류사 구성은 다음과 같이 여러 가지 용어로 논의되어 왔다.[3]

> (3) 가. 셈낱덩이안옹근이름씨 : 최현배(1961)
>
> 나. 수량단위/수단위 : 서정수(1969, 1996), 김하수(1976), 서광수(1975) 등
>
> 다. 수량사 : 김민수(1971), 김영희(1976, 1981, 1984), 노대규(1977) 등
>
> 라. 양사 : 성광수(1975)
>
> 마. 셈가름말 : 김영희(1981, 1984)
>
> 바. 단위어/단위명사 : 박성훈(1986), 김병운(1998), 조현룡(1998),

---

3) 진려봉(2012 : 4-5) 참고하여 목록을 추가하였다. 전술하였듯이 수 분류사와 관련하여 분류사를 보는 관점에 따라 정리한 연구사는 3장에서 다룬다.

최정혜(1999), 정제한(1998), 박진호(2011) 등
사. 수량단위형식명사 : 임동훈(1991)
아. 분류사 : 이익섭(1973), 임홍빈(1979, 1991a/b), 이남순(1995),
석주연(2009), 채완(1983, 1990, 1996), 우형식(2001, 2005,
2015), 곽추문(1995), 유동준(1983), 최민우(2000), 황순희
외(2010) 등

이들은 모두 수량 단위를 나타내는 기능에 초점을 둔다는 점에서 같은
경향을 띤다고 볼 수 있다. 다만 전술한 바와 같이 분류 방식에 있어서 분
류사를 하나의 품사로 인정하는지 또는 인정하지 않는지에 따라, 또는 분
류사를 어떤 하위 부류로 보는지에 따라 용어가 달리 나타나는 것이라 할
수 있다. 본 장에서는 '분류사'라는 용어를 사용하겠지만 전형적인 분류사
로 보고자 하는 대상은 수량이나 단위를 나타내는 '의존 명사'에 가깝다고
볼 수 있다. 즉, 본 장에서 가장 전형적인 분류사로 보고자 하는 분류사는
의존적 형태가 수량사와 함께 명사의 부류를 세분화하여 특정지어주는 것
으로 보기 때문에 명사의 하위 부류로 본다고 할 수 있겠다.[4]

2.3. 한국어 분류사의 특성

수 분류사가 발달된 언어는 명사가 수량과 관련하여 중립적인 집합적
성격을 띠는 것이 특징이다. 한국어의 복수 표현 '들'이 수의적으로 사용되
는 경우만 하더라도 이를 보여준다. 우형식(2015 : 125)에서는 이러한 특징

---

4) 이러한 분류사가 독립된 품사인지에 대한 여부는 4장에서 더 논의하기로 한다.

이 나타나는 언어는 명사의 수량을 표현하기 위해 명사 지시물에 대한 개체화가 요구되며 수 분류사가 이러한 기능을 실현하는 것이라 보고 있다. 그런데 이러한 언어에서는(적어도 한국어의 경우) Aikhenvald(2000 : 120)에서 언급하고 있는 바와 같이 수량사와 분류사를 구분하기가 쉽지 않은데 이는 수량사와 분류사가 양 극단에 있는 연속체이기 때문이라고 할 수도 있지만 한국어 명사가 수량과 관련하여 중립적인 특성을 지니는 것과도 관련된다.

명사의 특성과 분류사와의 관련성에 대해서는 최형용(2013)에서도 언급하고 있다. 최형용(2013 : 173-174)에서는 한국어 기수사가 가지는 유형론적 특수성과 관련해서 분류사를 보고 있는데, 우선 Gil(2005b : 226)에서 제시하고 있는 가산성(countability)이 높은 명사와 수사가 함께 쓰일 때 분류사 동반되기도 하고 그렇지 않기도 한 다음의 예를 들고 있다. (4가)는 수사가 명사와 쓰일 때 분류사가 사용되지 않는 경우, (4나)는 수의적인 경우, (4다)는 필수적인 경우의 예이다.

> (4) 가. 타갈로그어
>   dalawa=ng   aso
>   둘=접어   개
>   두 마리의 개
>
>   나. Minangkabau
>   duo (ikue)   anjiang
>   둘   (분류사) 개
>   두 마리의 개
>
>   다. 베트남어
>   hai con   chó
>   둘   분류사   개

두 마리의 개

(Gil 2005b : 226)

그리고 수 분류사가 없는 언어, 있는 언어 중 수의적으로 사용되는 언어, 필수적으로 사용되는 언어 등 세 유형으로 나누어 사용되고 있는 언어별 수치를 제시한다.

> (5) 가. 수 분류사가 없는 언어 260개
> 나. 수 분류사가 수의적인 언어 62개
> 다. 수 분류사가 필수적인 언어 78개
> 총 400개

(Gil 2005b : 226)

한국어는 (5다)에 해당하는 언어로 되어 있다. 그런데 최형용(2013 : 174)에서도 언급하고 있는 바와 같이 (4)의 '두 마리의 개'에 대한 번역이 '개 두 마리'가 된다면 '개 둘'도 가능해진다. 그렇기 때문에 이러한 특성을 고려한다면 수가 나타나는 통사 구성에 따라 분류사가 필수적인 요소가 될 수도 있고, 그렇지 않을 수도 있기 때문에 이에 대한 문제는 간단하지 않다.5) 그러나 한국어의 분류사는 수사 또는 수량사와 밀접한 통합 관계를 가지는 문법 형태이며 쓰임에 따라 가산 명사이든 불가산 명사이든 셀 수 있는 특정 부류로 한정시켜주는 역할을 한다는 점에 있어서는 논란의 여지가 없다.

수 분류사가 사용되는 경우 수량사(Quantifier : Q), 분류사(Classifier :

---

5) 분류사의 통사 구성에 대한 더 자세한 사항은 5장 '한국어 분류사의 통사론'에서 다루기로 한다.

CL), 명사(Noun : N)를 구성 요소들의 연쇄 구성으로 나타나며 이들은 언어마다 그 배열 순서가 다르게 나타나는데 Allan(1977)에서는 다음의 네 유형으로 구분한다.

> (6) 가. Q-CL-N형 : 아메리카 인디언 언어, 벵갈어, 중국어, 셈어, 베트남어
> 나. N-Q-CL형 : 미얀마어, 일본어, 타이어
> 다. CL-Q-N형 : 오세아니아 키리위나어
> 라. N-CL-Q형 : 오세아니아의 아키펠라고어

이 네 가지 구성 중 한국어 분류사의 기본 구성은 (6나)의 '(N)-Q-CL형'에 속한다고 할 수 있는데 (6가) 'Q-CL-(N)'의 구성도 용법에 따라 나타나기도 한다. 그런데 명사와 분류사가 지닌 각각의 어휘적 특성은 분류사 구성에 영향을 미치기 때문에 (6가)와 (6나)의 구성에서 수량사, 분류사, 명사 등이 생략된 구성도 나타난다. 그러나 이러한 분류사의 구성과 관련된 논의는 5장에서 살펴볼 것이며 본 장에서는 분류사의 사용 빈도수를 살펴볼 수 있는 유형에 주목하여 가장 전형적인 분류사 구성에 해당되는 (6가)와 (6나)의 유형을 중심으로 논의해보고자 한다.

2.4. 한국어 분류사의 목록과 분류사성 판별 기준

분류사의 경우 다른 문법 형태들에 비해 가장 유동적인 특성을 갖는다. 다시 말해 어떤 시기에 명사의 어떤 특성이 초점화 되었는지에 따라 분류사 사용 여부가 결정되고 그 형태가 얼마나 사용되는지가 분류사의 분류

사성을 결정하는 기준이 되기 때문에 다른 형태들보다 변화할 가능성이 높다. 그렇기 때문에 전형적인 분류사 목록을 설정한다는 것은 상당히 까다로운 작업이라 할 수 있다. 그럼에도 불구하고 현 시점에서 어떤 분류사들이 사용되고 있는지, 그리고 그들 중 어떤 분류사가 보다 전형적인 분류사인지를 따져보기 위해서는 분류사로 발전 가능한 분류사부터 전형적인 분류사까지의 넓은 범위에서의 분류사 목록이 필요하다.

우선 분류사의 목록을 설정하기 전에 수 분류사의 특징을 살펴볼 필요가 있다. 수 분류사가 수 명사구의 수와 수량 표현과 인접한 곳에서 나타난다는 특징과 수 명사구 구성 성분을 넘어서서 나타나지 않는다는 특징 외에 Aikhenvald(2000 : 98)에서 분석하고 있는 수 분류사의 특징을 요약하면 다음과 같다.

> (7) 가. 수 분류사 선택에 있어서 의미적 요소가 주가 된다.
> 나. 수 분류사 체계는 문법화에 따라 그 규모가 다르다.
> 자립적(어휘) → 의존적(문법 형태)
> 다. 모든 명사와 수 분류사가 관련되는 것은 아니다.
> 명사의 어떤 특성이 초점화되는지 여부에 따라 분류사를 선택하는 것
>
> (Aikhenvald 2000 : 98)

그리고 수량사(quantifier)와 분류사의 특성을 구분할 필요가 있는데 Aikhenvald(2000 : 116)에서는 수량사로 표현된 경우 다음과 같은 이유로 수 분류사가 아니라는 것을 주장한다.[6]

---

6) 이러한 이유들은 한국어 분류사의 분류사성을 판별하는 데 참고할 수 있는 기준이 되며 후술할 판별 기준에 이 이유들을 반영하였다.

(8) 가. 수-명사 구성에서 필수적(obligatory)으로 나타나야 하는 자
　　리에 나타나지 않는다.

　　나. 보통 (도량 분류사와 달리) 자체적으로 어휘적 의미를 갖는다.

　　다. 보통 불가산 명사와 가산 명사의 구분과 관련된 용법을 갖는다.

　　라. 다른 목적(속격 구성 등)을 위한 구성 유형으로 사용된다.

　　마. 비분류사 언어에서는 해당 단어들의 수가 제한되어 있으며 그
　　분포도 제한된다.

(Aikhenvald 2000 : 116)

우형식(2015 : 128)에서는 한국어의 분류사는 형태적으로 대부분 명사에서 기원하기 때문에[7] 어휘적인 의미를 지니고 있던 형태가 점차 그 의미를 잃고 문법적 기능만을 나타내는 형태로 바뀌어 가는 문법화의 과정을 겪게 된다고 밝힌 바 있다. 이는 (7나)에서의 수 분류사의 특성과도 관련되는 현상으로 한국어 분류사는 다른 수 분류사 언어에서처럼 그 실현 형태가 언제나 개방적이라고 할 수 있으며 명사와의 관계를 나타내는 의미 범주가 달라질 수 있다는 것을 함의한다.[8] 명사 목록 중 분류사로 사용되거나 분류사로 발전 가능한 목록을 살펴보면 이들이 대부분 총칭 분류사를 사용하기 애매하고, 지칭하는 명사가 여러 개로 묶일 수 있는 최소 단

---

7) 분류사 중에는 동사에서 기원한 경우도 있는데 이와 관련하여서는 7장에서 보다 자세히 다루기로 한다.

8) 이는 같은 수 분류사 언어라고 하더라도 개별 언어에 따라 특정 부류의 구성원에 대한 분류사 체계가 달리 나타날 수 있다는 것을 함의하는 것이기도 하다. 우형식(2001 : 38-39)에서는 이에 대한 예로 한국어와 일본어 예를 들고 있다.

한국어			일본어		
속성	분류사		속성	분류사	
네 발 짐승	두(頭)	마리	큰 짐승	tou(頭)	없음
	필(匹)		작은 짐승	hiki(匹)	
두 발 짐승	수(首)		물고기		
물고기	미(尾)		날개 있는 짐승	wa(羽)	

위인 경우에 분류사로 사용될 수 있는 것으로 보인다.

Aikhenvald(2000)의 경우 명사가 반복하여 나타나는 경우 수량사 뒤에 오는 동일 명사는 분류사 중 반복소(repeater)라 칭하고 있다. 이는 위치가 수량사 뒤로 고정되면서 하나의 어휘라기보다 지시하는 명사의 구체성을 높이기 위한 한 방법으로 문법적인 기능을 지니는 요소로 사용되는 것인데(우형식 2001 : 68-69) 이제 대한 예는 다음에서 볼 수 있다.

> (9) 가. 사람 두 사람(반복소) → 사람 두 명(분류사)
> 나. 부대 두 부대(반복소) → 부대 두 군데(분류사)
> 다. 그릇 세 그릇(반복소) → [?]그릇 세 개(분류사)
>   N Q N   N Q CL

이렇게 사용되는 경우는 넓은 의미에서의 분류사로 사용되었다고 볼 수는 있지만 전형적인 분류사라고 보기는 어렵다.[9] 우형식(2001 : 70)에서는 주로 인간성 명사에서 보통 명사가 분류사적으로 쓰이는 현상이 일어난다고 하였는데, (9나, 다)에서 볼 수 있듯이 인간성 명사에만 한정적으로 나타나는 현상은 아니라는 것을 확인할 수 있다. 그리고 사용 빈도를 모두 살펴보아야 정확하겠지만, 명사 중 '수량을 나타내는 말 뒤에 쓰여'라는 추가 설명과 함께 뜻풀이가 되어 있는 경우는 그만큼 수량을 나타내는 말 뒤에 붙는 구성 요소로 많이 쓰인다는 것을 나타낸다. 이러한 경우 총칭하는 분류사(예를 들어 개(個)-그릇)가 지칭하고자 하는 명사를 보다 구체화하여 나타내고자 할 필요가 있을 때 명사가 반복소로 사용되며, 이러한

---

9) 이에 대한 자세한 논의는 5절 분류사의 분류사성을 판별하는 기준 설정 부분에서 이어진다.

사용이 빈번해지면 분류사로 발전할 수 있는 경우라 할 수 있다. 이러한 반복소에서 과도기적 상태에 있는 단어들이 많이 발견될 것이라는 사실을 예상할 수 있다. 그러나 이들은 수량을 나타내야 하는 필요성과 실제 사용 빈도에 따라 분류사로 발전할 가능성이 결정되기 때문에 분류사가 될 것이라고 단정할 수는 없다.

본 장에서는 이러한 유형론적 수 분류사의 특성과 한국어 분류사가 명사에서 기원한다는 특성 등을 고려하여 분류사의 분류사성을 판단할 것이다. 그 전에 우선 전형적인 분류사로 발전 가능한 분류사부터 전형적인 분류사까지의 포괄적인 분류사 목록을 설정하였다.

이를 위해 먼저 국립국어원에서 제공하는 『표준국어대사전』에서 분류사 범위에 포함될 가능성이 있는 단어 목록을 검색하였다. 본 논의에서 보고 있는 가장 전형적인 분류사의 경우 의존 명사에 해당되는 단어 목록 총 1072개 중 분류사 구성으로 쓰일 수 있는 단어들만 추려서 262개로 추릴 수 있었고, 자립 명사로도 쓰이고 분류사의 용법으로도 쓰이는 단어들도 있으므로 '단위'라는 단어를 뜻풀이에 포함하고 있는 단어10) 총 1210개 중 238개를 추릴 수 있었다.11) 방언, 북한어, 옛말, 비표준어, 화폐 단위, 생소한 전문 용어(주로 외래어)는 제외시켰으며 야드법, 미터법에 의한 단어 또한 기준이 되는 야드와 미터를 제외한 나머지는 제외시켰다.12)

---

10) 명사의 뜻풀이에 '단위' 외에 '개수(86개), 수량(264개), 횟수(99개)'를 포함하는 단어도 검색 대상이었으나 모두 '단위'를 포함하고 있는 단어들이었다.

11) 해당 자료는 2016년 11월에 검색한 자료이며, 책의 마지막 장 뒤에 부록으로 제시하였다. 쓰임에 따라 '명사'와 '의존 명사'의 품사적 특징을 가지는 단어의 경우 뜻풀이에 이를 반영하여 제시하였다.

12) 제외시킨 단어들의 예

그리고 본서에서 설정한 분류사 목록을 설정할 때에는 정제한(1998),[13] 우형식(2001),[14] 진려봉(2012)[15]에서 제시한 분류사 목록을 참고하였다.[16] 우형식(2001)이나 진려봉(2012)의 경우 고유어와 한자어를 따로 구분하여 제시하지 않았는데 정제한(1998)의 경우 분류사를 고유어와 한자어 중 하위 부류로 의존 명사인지 또는 명사와 의존 명사로 같이 사전에 등재되어 있는지에 따라 고유어 단위명사, 고유어 의사단위명사, 한자어 단위명사, 한자어 의사단위명사로 나누어 목록을 제시하였다. 본서에서도 이러한 방식으로 나누어 살펴보면 분류사의 특성을 이해하는데 보다 유용할 것으로 판단되어 분류사 유형을 고유어 의존 명사, 고유어 명사, 한자어 의존 명사, 한자어 명사, 외래어 의존 명사, 외래어 명사로 나누어 보았다. 그리고 이들 목록을 다시 다른 논의에서 제시된 목록들과 어떤 차이점이 있는지 살펴보고, 분류사의 분류사성을 분석하여 전형적인 분류사를 구별할 수 있는 판별 기준을 제시하는 데 참고하였다.

---

① 방언 : 커래(켤레02), 켜리(켤레02), 적(모금), ……
② 북한어 : 집매((대여섯 미만의 수 뒤에 쓰여) 몇 집들이 이웃하여 모인 것을 세는 단위), 창(얼레를 세는 단위), 체(두부, 묵 따위를 세는 단위), 웅큼(움큼), ……
③ 옛말 : 져붐(움큼), 좌(채), 힘(활의 탄력을 나타내는 단위), 짐03(논밭 넓이의 단위), ……
④ 비표준어 : 척06(자03-약 30.3cm), 저범(자밤), 착06(벌02), 커레(켤레02), ……
⑤ 화폐 단위 : 센트(미국), 밧(태국), 실링(우간다, 케냐, 탄자니아 등), ……
⑥ 생소한 전문 용어 : 켈빈01(물리), 큐섹(물리), 테라바이트(컴퓨터), 재07(건설), ……
⑦ 미터법, 야드법 단위 : 센티미터, 센티그램, 킬로미터, 킬로칼로리, ……
13) 총 369개(고유어 단위명사 99개, 고유어 의사단위명사 95개, 한자어 단위명사 126개, 한자어 의사단위명사 49개)
14) 총 465개
15) 총 319개
16) 비교 대상으로 삼은 논의들은 모두 부록으로 분류사 목록을 따로 제시하고 있는 논의들만을 참고하였다. 예를 들어, 최정혜(1999)의 논의에도 목록을 의미 범주에 따라 제시하고 있지만 분류사 목록 전체를 제시한 목록은 따로 없어서 참고하지 않았다.

분류사를 살펴보는 데 있어서 고유어, 한자어, 외래어의 유형 구분은 해당 분류사가 본래부터 한국어에서 분류사로 사용되었는지, 나중에 명사의 특정 부분을 초점화하기 위해 필요하게 되어 차용하게 되었는지 여부를 살펴보는 데 유용한 정보를 제공하기 때문에 필요하다. 예를 들어 한국어의 시와 분을 나타내는 표현이 이를 보여주는 전형적인 예라고 할 수 있다. 이 경우 시에 관한 정보만 필요하고, 분의 구분이 따로 필요하지 않다가 시간 표현이 점점 세분화 되면서 시간을 분류하는 명칭이 필요하게 되었고, 이에 따라 한자어를 차용하여 분류사로 사용하게 된 것이라고 할 수 있다. 그렇기 때문에 시간을 표현하는 구성 안에 분류사에 따라 앞에 올 수 있는 수량사의 성격이 달라지는 것이다.

(10) 10시 20분 30초 → 열(고유어) 시 이십(한자어) 분 삼십(한자어) 초

본서에서 분류한 목록17)과 위에서 언급한 세 논의의 분류 목록에서 고유어, 한자어, 외래어의 개수를 정리하면 다음과 같다.

(11)

단어 유형	본서18)		우형식(2001)	정제한(1998)	진려봉(2012)
고유어	116	113	237	194	202
한자어	140	116	223	174	108
외래어	6	9	-	-	6
합계	262(의명)	238(명)	460	36819)	460

---

17) 명사의 경우 분류사로 발전하고 있는 과도기적 형태이거나 분류사로 발전 가능한 분류사로 보았는데 이도 해당 목록에 포함시켰다.
18) 본서에서는 의존 명사만을 전형적인 분류사로 보았지만 분류사로 발전 가능한 단어도 목록에 포함시켰기 때문에 편의상 의존 명사와 명사를 나누어 제시하였다.
19) 정제한(1998 : 211)에서는 한자어 단위명사에서 번호가 밀려(26번이 없음) 한 단어가

한편, 분류사의 목록을 나누는 의미론적 기준은 학자마다 다른데, (7
가)에서 언급한 바와 같이 분류사는 의미론적 측면이 큰 영향을 미치기
때문에 분류사의 의미론적 범주 설정 기준은 상당히 중요하다. 이에 대해
서는 6장에서 더 자세히 살펴보겠지만 본 장에서는 어떠한 범주로 나뉘는
지 간단하게 보고 넘어가기로 한다.

김영희(1981)의 경우 중립적 분류사와 세분화된 분류사로, 유동준(1983)
의 경우 척도, 모양, 배열, 인성, 수량 등의 범주로, 채완(1990)의 경우 기
능(의생활, 식생활, 주생활, 문자 생활, 기계나 기계류), 사건이나 행위, 모양, 인
체로 나누었으며, 임동훈(1991)의 경우 부류 형식 명사와 도량 형식 명사
로 나누고 있다. 우형식(2006)의 경우 분류사-언어에서 유정성과 인간성
이 분류사 체계를 구분하는 중요한 기준이 되는 것으로 보고, 다음과 같
이 5개의 범주로 분류사의 범주를 나누고 있다.

(12)

범주			분류사 형태
생물	인간	인간성	명(名), 분, 사람, 놈
	비인간	동물성	마리, 두(頭), 필(匹)
		식물성	그루, 포기, 뿌리
무생물		형상성	개(個), 줄기, 개비, 장(張), 모, 톨
		기능성(비형상성)	대(臺), 척(隻), 자루, 권(卷)

이렇게 분류사의 범주를 나누는 데 있어서 학자마다 차이가 있는 것을
알 수 있는데[20] 분명한 것은 유정성과 무정성으로 나눈 후 무정성을 어떻

더해진 수인 369개라고 하였지만 정리한 결과 총 368개였다. 정제한(1998)에서도 본
서와 같이 의존 명사와 명사를 구분하여 목록을 제시하고 있지만 모두 분류사로 보고
있기 때문에 따로 나누어 개수를 제시하지 않았다.
20) Aikhenvald(2000 : 292)의 경우 모양, 차원성, 경계성, 밀도 등에 따라 수 분류사 범

게 나누느냐(기능, 모양, 밀도 등)에 따라 달라지는 것으로 볼 수 있다.

한편, 우형식(2001 : 63)에서는 분류사의 일반적인 성격을 다음과 같이 요약하고 있다.

> (13) 가. 셈의 단위가 된다.
>   나. 명사 특히 의존 명사의 하위 부류이다.
>   다. 구성상 수량사의 수식을 받는다.
>   라. 용법상의 의미를 지닌다.
>   마. 명사의 의미 유형을 분류한다.
>
> (우형식 2001 : 63)

임홍빈(1991a)에서는 한국어 분류사의 정의적 조건을 다음과 같이 세 가지로 구분하여 제시한다.

> (14) 가. 범주적 조건 : 반드시 의존 명사에 국한되지 않는다.
>   나. 분포적 조건 : 양수 표현 뒤에 온다.
>   다. 성격적 조건 : 특유의 어휘 의미를 지니며, 어휘적 의미와 문맥적 조건에 의해 어떤 대상을 개체화하여 셀 수 있도록 하고, 선행 명사의 성격이 유지되도록 한다.

이에 대해 우형식(2001 : 107)에서는 (14가, 나)는 통사적 의존성과 관련되고 (14다)는 양적 범주화 기능과 유적 범주화 기능에 해당한다고 설명하고 있다. 그리고 임홍빈(1991b)에서 제시하고 있는 분류사인지를 분별하는 점검틀을 제시한다.

주가 나뉠 수 있다는 것을 Palikur를 예를 들어 설명하고 있다.

(15) 가. 어휘에 의한 검증 : '당(當)'

　　나. 지시 문맥에 의한 검증 : '저것(이것, 그것)은 ~이다'

　　다. 표현 단위에 의한 검증 : '~를 셀 때에는 [분류사]로 센다'

　　　　　　　　　　　　　'~은 [분류사]로 나타낸다(표시한다)'

(임홍빈 1991b)

　그러나 우형식(2001 : 108)에서도 언급하고 있는 바와 같이 (15나)의 경우 의존 명사는 만족할 수 없는데 이는 전형적인 분류사가 특정 사물의 개체를 지시하는 것이 아니라 부류 지시성을 띠기 때문이라고 지적하고 있다. 이는 본 장 1절에서 진려봉(2012)이 한국어에 수 분류사 외의 다른 분류사가 있다는 주장은 인정하기 어렵다고 한 관점과 맥을 같이 한다.

　이러한 논의들을 토대로 한국어 분류사의 분류사성을 구분하는 점검틀은 다음과 같이 설정할 수 있다.

(16) 가. 수사와 함께 수량사 구로 나타난다(구 범위를 넘지 않음).

　　　→ (N)-Q-CL 구성이나 Q-CL-(N)의 구성으로 나타나는가?

　　나. 명사의 의미 유형을 분류하는 셈의 단위이다.

　　　→ '~를 셀 때에는 [분류사]로 셀 수 있다'

　　다. 자체적으로 어휘적 의미를 갖지 못하고 의존적 형태로 나타난다.

　　　→ '저것(이것, 그것)은 ~이다'

　(16가, 나)에 해당하면 분류사로 볼 수 있으며, (16다)를 만족하여 제시된 문장 '저것(이것, 그것)은 ~이다'라는 문장에 대입할 수 없는 의존적 형태라면 전형적인 분류사라고 할 수 있다.

2.5. 사용 빈도에 따른 한국어 분류사의 분류사성

본 절에서는 21세기 세종계획 국어 말뭉치에서 몇 분류사 유형들이 사용된 빈도를 확인한 결과 발견할 수 있었던 특징을 간단하게 제시하고자 한다.

우선 빈도수 측정이 어떻게 이루어졌는지를 설명하면, 빈도수에는 분류사로 사용된 형태에 접미사로 배분사 '씩, 당, 분, 호, 쯤' 등이 결합되어 있는 경우에도 해당 분류사로 사용된 것으로 보고 빈도수에 포함시켰다. 분류사 구성에서 여러, 반 등이 수가 와야 하는 위치에서 사용된 경우 제외시켰다. 몇, 한두, 너덧 등은 부정수로서의 수로 보고 포함시켰고, 1/2과 같이 숫자 형태로 나타난 것은 모두 포함시켰으며 첫째, 둘째 등의 서수사와 함께 나타난 구성도 빈도수에 포함시켰다. 분류사로 기능할 수 있는 명사 목록 중에서는 의존 명사와 같은 형태로 사용되거나 유사한 의미의 분류사 용법으로 사용된 몇 예들만을 대상으로 빈도수를 살펴보았다.

분석 결과 다음의 특징을 찾아볼 수 있었다.

1. 명사가 분류사 용법으로 사용되다가 전형적인 분류사(의존적 문법 형태)로 발전하고 있는 경우 같은 의미로 쓰이는 명사 형태와 의존 명사 형태가 공존하는 경우가 많았는데, 대체로 의존 명사가 분류사로 사용되는 빈도수가 더 높았다. 분류사 용법으로 명사와 의존 명사 형태가 모두 쓰이는 경우는 명사의 형태에서 음절수가 줄어들어 의존 명사가 된 경우였다. 그리고 줄어든 형태에 접사가 붙는 빈도수가 높았다. (17가)의 '가마'와 같이 음절수가 줄어든 형태가 명사로 분류되지만 분류사로 사용되어 의존적 형태로의 쓰임이 잦은 경우는 전형적인 분류사로 발전하고 있는 과정을 보여주는 예라고 할 수 있다. 분류사는 한국어에서 명사를 '세기

위한 단위'로 나타내기 위하여 쓰이는 것이다. 그렇기 때문에 아래 예 중 '가마', '주먹'과 같이 단위가 절대적인 기준이 있는 것이 아니라 어림잡아 세는 단위를 나타내는 경우에는 현대로 오면서 많이 사용되지 않아 의존 적 형태로 완전히 발전하지 않은 상태로 사용되고 있는 것이다. 반대로 (17다) '숟가락'의 경우 '술'은 '큰술'과 '작은술'로 단위가 세분화되고 그 기 준이 절대적으로 바뀌어 액체나 가루를 세는 단위로만 쓰이기 때문에 그 쓰임이 활발해지면서 전형적인 분류사로서 의존 명사로 발전한 것을 확인 할 수 있다. 다음은 위의 특징들을 확인할 수 있도록 명사와 의존 명사 형 태가 분류사로 기능하고 있는 예를 보인 것이다.

(17)		N+Q+CL	Q+CL+N	Q+CL	접사가 붙은 경우	총(회)
가.	가마(명)[21]	27	3	11	8	49
	가마니(명)[22]	17	1	6	2	26
나.	발자국(명)	3		59	5	67
	발짝(의명)[23]		1	169	13	183
다.	숟가락(명)	15	4	10	3	32
	술(의명)[24]	275		14	7	296

---

21) 『표준국어대사전』에서는 '가마니'에서 음절수가 줄어든 형태인 '가마04'는 아래에서 제
   시하고 있는 바와 같이 명사로 처리하고 있으나 '가마04'는 의존적으로 사용되는 경우
   가 많았다. 본 장에서는 이 '가마04'는 '가마니'의 형태가 줄어든 것으로 보고 있기 때
   문에 다른 '가마'와는 어원이 다르다고 본다.

   가마04 「명사」
   「1」=가마니01「1」.
   ¶ 추수철이 되자 텅 비었던 광에 곡식 가마가 쌓였다.
   「2」((수량을 나타내는 말 뒤에 쓰여))=가마니01「2」.
   ¶ 쌀 다섯 가마/쌀을 가마니에 담으니 한 가마가 넘는다./너는 요즘 쌀 한 가마가 얼
     마인지 아니?
22) 명사
23) 유사한 의미의 분류사로 쓰인 '걸음(명사)'의 경우 253회가 사용되었다.

| 라. 주먹(명)25) | 11 | | 3 | 14 |
| 줌(의명) | 1 | 4 | 5 | 10 |

2. 고유어와 한자어가 분류사로 공존하는 경우 결합 가능한 수사 유형 (한자어, 고유어)에 따라 빈도수에 영향을 미친 것으로 보이며, 한자어 수사가 결합 가능한 분류사가 현저하게 높은 빈도로 사용되었다. 또한, 고유어와 한자어가 분류사로 공존하는 경우가 아니더라도 사용 빈도수에 있어서 고유어보다 한자어 분류사가 더 많이 사용된 것을 확인할 수 있었는데 이는 한자어 분류사가 접사와의 결합이 용이하기 때문이라고 볼 수 있다.

(18) 가. 개월(個月)   1586회
　　　 달　　　　 604회
　　 나. 명(名)　　 11548회
　　　 사람　　　 3547회
　　 다. 일(日)　　 17605회
　　　 날　　　　　 68회

3. 사용 빈도수가 높은 경우 주로 '한'과 '몇'이 수사 자리에서 분류사와 함께 나타났다.

4. 고유어 분류사가 한자어 수사와 쓰이거나 한자어 분류사가 고유어

---

24) '술' 형태로만 쓰인 경우는 총 30회였으나 술의 경우 '큰술, 작은술'의 형태로도 쓰이는 경우가 많아 이들도 같은 의미의 분류사로 쓰였기 때문에 이들이 분류사로 사용된 경우도 빈도수에 포함시켰다. '큰술'은 총 226회, '작은술'은 총 54회가 쓰였으며 이들은 모두 'N+Q+CL' 구성으로 쓰인 경우였다.

25) '주먹'이 분류사로 사용된 경우는 총 62회였으나 '줌'과 같은 용법으로 사용된 경우는 총 14회였다. 본 예는 음절수가 줄어든 형태와의 관계를 보기 위한 것이므로 '줌'과 같은 용법으로 사용된 경우만을 빈도수에 포함시켰다.

수사와 함께 나타날 수 없는 제약을 가지는 경우가 있었기 때문에 주로 고유어 분류사는 고유어 수사와, 한자어 분류사는 한자어 수사와 함께 나타나는 경향을 보였다.

2.6. 나가기

지금까지의 논의를 정리하면 한국어의 전형적인 분류사는 수사와 함께 나타나야 하며, 자립적으로 사용될 수 없고, 주로 명사 형태에서 분류사 형태로 문법화 한다. 분류사가 선택되는 것은 분류사가 분류하는 명사에 어떤 특성이 초점화되어야 하는지에 따라 기존 형태가 있으면 그 형태가 사용되거나, 없으면 명사 형태나 명사의 음절수가 줄어든 형태로 사용된다. 명사가 분류사로 사용될 수 있는 경우는 우선 명사 자체에 도량적 의미, 특정 단위를 나타내는 의미가 내포되어 있을 경우에 해당되며 이들이 사용 빈도수가 높아지면 전형적인 분류사로 발전하는 것으로 볼 수 있다. 또한 명사의 특성에 따라 분류사가 고유어가 될지, 한자어가 될지, 외래어가 될지에 큰 영향을 미치는 것으로 보인다. 그리고 현 시점에는 분류사 목록 중 고유어가 차지하는 비중이 높은데, 미터법이나 야드법과 같이 전문 용어 등이 다른 언어에서 차용된 경우 외래어 분류사의 수가 늘어날 것을 예상할 수 있다.

본 장에서는 빈도수가 분류사의 분류사성을 결정하는 큰 요인이 된다고 하였는데 이는 전형적인 분류사를 구분하는 기준이 된다기보다 분류사 기능으로 사용되던 명사가 보다 전형적인 분류사로 발전하고 있다는 것을 보여줄 수 있는 기준이 된다고 할 수 있다.

참고문헌

고영근·남기심(1985), 『표준국어문법론』, 탑출판사.

곽추문(1995), 「한국어 분류사 연구」, 성균관대 박사학위논문.

국립국어원(2001), 『표준국어대사전』 1.0, 두산동아.

김무림(2012), 『한국어 어원사전』, 지식과교양.

김민수(1971), 『국어문법론』, 일조각.

김병운(1998), 「현대 한국어 단위명사와 한어 양사 대비고」, 『조선학국제학술토론회 논문집』 5-4.

김영희(1976), 「한국어 수량화 구문의 분석」, 『언어』 1-2, 한국언어학회.

김영희(1981), 「부류 셈숱말로서의 셈가름말」, 『배달말』 6, 배달말학회.

김영희(1984), 「셈숱말 영역 중의성에 대한 통사론적 접근」, 『한글』 183, 한글학회.

김하수(1976), 「한국어 수량사 내포 구문의 통사론적 연구」, 연세대 석사학위논문.

노대규(1977), 『한국어의 화용 의미론』, 국학자료원.

박성훈(1986), 「단위어의 쓰임에 대하여(Ⅰ)」, 『동양학간보』 5, 단국대학교.

박진호(2011), 「소유 분류사와 한국어의 속격 표지」, 『한국어 유형론 연구회』 4.

백문식(2014), 『우리말 어원 사전』, 박이정.

서정수(1969), 「국어 의존 명사의 변성문법적 분석」, 『국어국문학』 42·43.

서정수(1996), 『국어문법』, 한양대학교 출판원.

석주연(2009), 「국어 분류사의 수량화 기능에 대한 일고찰-'뭉치류' 분류사의 기능과 발달을 중심으로」, 『우리말글』 47, 우리말글학회, 25-46.

성광수(1975), 「소위 불완전명사에 대한 몇 가지 검토」, 『어문학』 33, 한국어문학회.

손설매(2003), 「한·일어 분류사 비교 연구」, 전남대학교 박사학위논문.

우형식(2001), 『한국어 분류사의 부류 표시 기능 연구』, 박이정.

우형식(2005), 「한국어 분류사의 원형론적 연구」, 『우리말연구』 17, 71-95.

우형식(2006), 「국어 분류사의 의미와 용법」, 『새국어생활』 16-3, 155-173.

우형식(2015), 「이윤석의 『Classifiers in Korean』(2014) 다시 읽기」, 『형태론』 17-1, 123-141.

유동준(1983), 「국어 분류사의 수량화」, 『국어국문학』 89.

이남순(1995), 「수량사 구성의 몇 문제」, 『애산학보』 16, 43-67.

이익섭(1973), 「국어 수량사구의 통사기능에 대하여」, 『어학연구』 9-1, 서울대학교 어학연구소

임동훈(1991), 「현대 국어 형식 명사 연구」, 『국어연구』 103, 서울대 대학원 국어연구회.

임홍빈(1979), 「복수성과 복수화」, 『한국학 논총』 1, 179-218.

임홍빈(1991a), 「국어 분류사의 성격에 대하여」, 『국어학의 새로운 인식과 전개』, 민음사.

임홍빈(1991b), 「국어 분류사의 변별 기준에 대하여」, 『석정 이승욱선생 회갑기념논총』, 원일사.

정제헌(1998), 「단위명사」, 『문법연구와 자료-이익섭 선생 회갑기념논총-』, 태학사, 199-226.

조현용(1998), 「한국어 수량 단위명사의 어원연구」, 『어문연구』 99, 한국어문연구회, 47-62.

진려봉(2012), 「유형론적 관점에서 본 한국어 분류사 연구」, 서울대 박사학위논문.

채 완(1983), 「국어의 수사 및 수량사구의 유형론적 고찰」, 『어학연구』 19-1, 서울대 어학연구소

채 완(1990), 「국어 분류사의 기능과 의미」, 『진단학보』 70, 진단학회, 167-180.

채 완(1996), 「국어 분류사 '개'의 차용 과정과 의미」, 『진단학보』 82, 진단학회.

최민우(2000), 「분류사와 명사 의미 부류-전산 어휘부 구축과 관련하여-」, 고려대 석사학위논문.

최정혜(1999), 「국어 명사의 단위성 연구-수량 표현에서의 의미를 중심으로-」, 고려대 석사학위논문.

최현배(1946, 1961), 『우리말본』, 정음사.

최형용(2013), 『한국어 형태론의 유형론』, 박이정.

황순희·권혁철·윤애선(2010), 「한국어 수 분류사 어휘의미망 KorLexClas1.5」, 『소프트웨어 및 응용』 37-1, 정보과학학회, 60-73.

Aikhenvald, A. Y.(2000), Classifiers : A Typology of Noun Categorization Devices, New York : Oxford University press.

Allan, K.(1977), Classifiers, Language 53-2, Linguistic society of America at the Waverly Press Inc. Baltimore, 285-311.

Lyons, J.(1977), Semantics 2, Cambridge University Press.

Ramstedt, G. J.(1939), A Korean Grammar, Helsinki : Suomalais-Ugrilainen Seura.

한국어 전통 문법에서의 분류사

3.1. 들어가기

2장에서 살펴보았듯이 한국어의 분류사는 수 분류사로 상정된다. 더하여 이제까지의 국어의 분류사 관련 연구를 살펴보았을 때, 분류사는 수량 표현에서의 셈을 위한 단위로 설명됨으로써 수 분류사로 전제된다는 점 (우형식 2000)을 토대로 본다면 전통 문법 상에서도 마찬가지로 분류사의 개념은 수 분류사에 한정되었다고 보는 것이 옳을 것이다.

수 분류사는 수사나 수량사와 밀접한 관련을 가지며 따라서 언어 내에 수 분류사가 있다는 것은 곧 해당어에서 수사가 특별한 품사임을 의미한다는 Aikhenvald(2000)의 논의는 자연히 한국어에도 적용된다. 그런데 최형용(2014)에서도 지적했다시피 한국어에서는 수사가 독립된 품사의 지위를 확보하기 위한 품사 분류 기준인 의미, 기능, 형식 등을 살펴볼 때,

기능면에서는 사실상 명사, 대명사와 함께 체언으로 분류된다는 점, 형식면에서는 명사, 대명사와 같이 변하지 않는다는 점 등, 수사만의 특성을 확보하기가 쉽지 않은 것이 확인된다. 설령 위의 세 기준 외에 분포를 토대로 하더라도 명사, 대명사와 변별력이 발생하지 않는 것은 마찬가지이므로 사실상 의미 외의 품사 분류 기준을 충족시키기는 여의치 않다. 그러나 이는 역으로 보면 한국어의 수사가 의미 외에 명사, 대명사와의 변별성을 확보하기 어려운 부담이 있음에도 불구하고 독립된 품사로 설정되어 있다는 사실은 한국어에서 수 분류사의 존재를 인정할 가능성이 충분하다는 것으로도 이해될 수 있다.

한국어 문법에서 수사에 대하여 최초로 언급한 논의는 Underwood (1890)이다. 그는 한국어의 품사를 명사, 대명사, 수사, 후치사, 동사, 형용사, 부사, 접속사로 분류함으로써 수사에 독립된 품사로의 지위를 부여했다. Underwood(1890)은 또한 한국어의 수 분류사를 제시한 최초의 논의이므로 이후 많은 논의에 상당한 영향을 끼쳤을 것으로 여겨지나 실제로 그 이후에 등장한 여러 다른 논의에서 수 분류사가 분류사 외에도 조수사, 명사 등의 용어로 나타나는 등 혼란스러운 양상을 보이는 점은 시사적이다. 수 분류사를 수사로 처리할 것인지 명사의 일종으로 보는 것인지 혹은 아예 별도의 품사로 간주하는 것인지 등으로 보여지는 논의상의 간극이 곧 전통 문법가들 사이에서부터 한국어의 수 분류사를 처리하는 데에 있어 여러 고민이 있었음을 방증하는 것이기 때문이다.

이에 본 장에서는 Underwood(1890) 이후, 한국어 수 분류사에 관한 논의를 정리하여 제시하는 작업을 진행한다. 이는 한국어 수 분류사 개념에 대한 전통 문법가들의 고민과 시각차를 명확히 할 수 있도록 하는 한편으로 한국어 수 분류사의 성격을 파악하는 작업에 상당한 도움이 될 것으로 생각된다.

3.2. 수사를 독립 품사로 다루지 않은 논의에서의 분류사

전술하였듯 수 분류사는 수사와 밀접한 연관을 가지고 있으므로 전통 문법상에서도 수 분류사를 다룬 논의는 대체적으로 수사를 독립된 품사로 처리한 경향을 확인할 수 있다. 반면 수사를 인정함에도 수 분류사에 대한 언급이 없는 논의가 존재한다.

초기 한국인 문법가의 논의를 살펴보면 수사를 독립된 품사로 인정하지 않고 명사나 대명사의 하위 부류에 포함시키는 견해 등이 확인되는데 이 경우는 수 분류사에 대해서는 다루고 있지 않다. 이처럼 수사에 독립된 품사로의 지위를 부여하지 않는 경우는 초기 한국인 문법가 논의에서 상당수 발견되는데 유길준(1906), 최광옥(1908), 김희상(1909) 등이다.

(1) 가. 유길준(1906) 품사 체계
　　　명사, 대명사, 동사, 형용사, 부사, 후사, 접속사, 감탄사
　　나. 최광옥(1908) 품사 체계
　　　명사, 대명사, 동사, 형용사, 부사, 후사, 접속사, 감탄사
　　다. 김희상(1909) 품사 체계
　　　명사, 대명사, 동사, 형용사, 부사, 감탄사, 토

이들은 공통적으로 명사와 대명사는 인정하고 있으나 수사는 인정하지 않는데 대명사가 인칭에 의해 세부 부류로 나뉨으로써(최형용 2014) 명사와는 다른 성격을 지니는 것과 달리 수사는 명사, 대명사와 분별될 만한

특징을 가지고 있지 않다는 판단의 결과인 것으로 보인다.

한편 (1)과 다르게 주시경의 경우, 그 품사 체계가 『국문문법』(1905)부터 『말의소리』(1914)까지 변천을 겪었음에도 대명사, 수사는 줄곧 명사에 포함되어 독립된 품사의 지위를 확보하지 못하였음이 (2), (3)에서 확인된다.

> (2) 가. 임, 엇, 움, 겻, 잇, 언, 억, 놀, 끗
>   나. 연습문제
>   ① 나임는겻 검은고임를겻 타움고잇 너임는겻 노래임을¹⁾겻 하움자끗
>   ② 한아임에겻 둘임을겻 더하움면잇 셋임이요끗
>
> (3) 가. 메임는겻 푸르엇고잇 내임는겻 맑엇다.
>   나. 나임는겻붓임을겻사움고잇너임는겻먹임을겻사움자끗

(2)는 주시경(1910)의 품사 체계 및 연습문제 일부이다. 여기에서 보듯이 주시경의 논의에서는 임, 즉 대명사, 수사가 아닌 명사만이 독립된 품사로 인정되며 대명사와 수사는 임의 하위 부류로 포함되어 있다. 주시경(1914)의 품사 분류 예시인 (3)에서도 (2)와 마찬가지로 수사에 품사를 설정한 논의가 발견되지 않는다. 이는 최형용(2014)에서도 언급했듯 주시경의 품사 분류 체계에 있어 가장 중요한 기준은 기능이었던 관계로 이 둘이 명사와 다른 차이점을 발견할 수 없었기 때문에 별개의 품사로 인정될 수 없었던 것이다.

주시경(1910) 이전에 명사 내에 대명사와 수사를 포함하는 논의로는 藥

---

1) 이는 '를'의 잘못이므로 고영근 외(2010)는 이러한 잘못을 수정한 바 있다.

師寺知朧(1909)가 있는데 그 품사 체계는 다음과 같다.

(4) 명사(대명사, 수사), 동사, 형용사, 조동사, 조사, 부사, 접속사,
감동사

수사를 독립된 품사로 인정하지는 않는 논의는 (3), (4) 등과 같이 명
사 내에 포함하는 경우도 있으나 대명사 내에 수사를 포함하는 경우, 혹
은 명사 내에 대명사가 포함되고 다시 대명사 내에 수사를 포함시키는 경
우 등 여러 양상으로 나타난다.

(5) 가. 명사 내에 대명사, 수사를 포함2)
藥師寺知朧(1909), 주시경(1910), 魯璣柱(1923), 김원우
(1922), 홍기문(1927), 조선어연구회(1930), 장지영(1932),
이상춘(1946), 장하일(1947), Rogers(1953), 김민수(1955)
등
나. 명사 내에 대명사가 포함되고 대명사 내에 수사를 포함
주시경(1911), 이규영(1913), 강매, 김진호(1925), 한결(1925),
신명균(1933), 김윤경(1948) 등
다. 대명사 내에 수사를 포함
이상춘(1925), 이희승(1949) 등
라. 명사 내에 수사를 포함
박승빈(1935), 심의린(1935), 박태윤(1948) 등

(5)에 제시된 논의를 바탕으로 하여 이들 논의 가운데 수 분류사를 다
룬 논의를 차례대로 살펴보도록 하자.

2) 분류사를 다룬 논의를 편의상 밑줄로 표시하여 구분하였다.

먼저 (5가)는 전술한 대로 명사, 대명사, 수사 중 명사만을 독립된 품사로 인정하며 대명사와 수사는 명사의 하위 부류로 취급한다.

藥師寺知朧(1909)는 분류사에 대한 별도의 언급은 없으나 수사와 관련하여 수사의 '음변화'[3]를 설명하면서 다음의 예를 제시하였다.

(6)

흐나	흔	흔돈(一錢)
		흔분(一分)
둘	두	두량(二兩)
		두돈(二錢)
		두분(二分)
셋	세	세번(三度)
	서	서돈(三錢)
	석	석장(三枚)
네	네	네면(四名)
	너	너분(四分)
	넉	넉상(四膳)
드섯	돗	돗량(五兩)
		돗돈(五錢)
		돗말(五斗)
여섯	엿	엿량(六兩)
		엿돈(六錢)
		엿말(六斗)
열	여	여남은벌(十餘組)
스물	스므	스므량(二十兩)
		스므장(二十枚)
		스므나지(二十個)

---

3) 후술할 '음편'과 동일한 현상이다.

藥師寺知朧(1909 : 54)에 따르면 한국어의 수사가 형용사의 형용태(현재의 수 관형사 형태)로서 어떤 단어에 선행할 경우, 그 음이 변화하는 경우가 있으며 이는 일본어의 '一匹'가 イチヒキ에서 イッピキ로, '三月'이 ミツツキ에서 ミツキ로 나타내는 것과 동일하다고 보았다. 곧 한국어 수사 '셋'은 후행하는 '번', '돈', '장'에 따라 그 형태가 각각 '세', '서', '석'으로 바뀌어 음이 변화함을 설명한 것인데 일본어 문법가들의 논의에서 이와 같은 설명이 빈번히 제시된다.

수사의 음변화 현상에 있어 필요한 수사 뒤의 요소는 현재의 수 분류사가 될 것인데 藥師寺知朧(1909)에서는 이에 대한 별도의 설명이 없이 단지 어떤 '단어'(或る語) 정도의 선에서만 그치고 있음이 확인된다.

魯機柱(1923)는 수사를 '일반의 수, 도량형의 수, 시일의 수, 기타명사/사물횟수 세는 방법' 등으로 분류하였는데 그의 논의 중 눈에 띄는 것은 오늘날의 도량 분류사(mensural classifier)로 정의되며 도량형, 화폐 등의 단위를 표시하는 '자/곤/치/발/길/아름(도), 섬/말/되/홉(량), 근/량중(형), 닙/량/푼/돈(화폐) 등에 '사'(詞)를 붙여 '도량형화폐사'라고 명명한 점이다. 그는 선행하는 이(二) 이상의 수의 형태가 '세, 석, 셔, 네, 넉, 너, 닷 다섯...' 등으로 다양한데 이에 따라 후행하는 도량형화폐사가 다름을 설명하였다. 魯機柱(1923)은 이와 같이 수 분류사 중 일부에 속하는 도량 분류사에 대한 기술만 이루어져 있으나 이는 수 분류사 존재에 대한 인식의 반영을 보여준다.

한편 魯機柱(1923)은 도량형의 수 세는 법에 준하여 세면 좋은 예를 제시하였는데 '죠희 흔장, 석기 흔발(새끼 한발), 긔게 흔틀, 궤 흔짝, 논 흔뱀이, 밥 흔그릇 약 흔첩, 그림 흔폭, 파출소 두 군듸, 사무원 흔자리, 소나무 흔쥬, 책 흔권, 붓 흔자루, 쉰 흔켤녀, 옷 흔벌' 등이며 이는 현재 분류사 구성 유형을 토대로 볼 때, N-Q-CL 유형이다. 이외에도 '연필 흐나, 모자 둘, 인부 다섯'과 같이 '도량형화폐사'를 포함하지 않고 세는 경우를 제시하였다. 魯璣柱(1923)에서 제시한 이러한 용례는 대다수 실생활에서 그 사용 빈도수가 높은 것이다.

한편 김원우(1922), 홍기문(1927), 장하일(1947), 김민수(1955)는 명사에 수사를 포함하고 있으나 수 분류사와 관련하여 언급한 부분은 발견되지 않는다.

조선어연구회(1930 : 38)는 수사에 관한 언급 중, '무슨 물건의 바탕에 따르어 한 머리, 두 개, 세 자루, 네 군대, 다섯 주 등의 이름말이 있으며 형편에 따라 지니라'고 설명하는데 '머리, 개, 자루, 군대, 주' 등에 대한 별도의 언급이 없으므로 수 분류사를 설정한 논의로 볼 수 없으나 수 분류사를 분류하는 기준 및 범주가 다양할 수 있음을 보여주는 대목으로 이해가 가능하다.

장지영(1932)은 명사를 성별 명사, 종류 명사로 분류하고 종류 명사를 다시 원명사, 대명사, 수명사로 분류하였는데 수명사는 현재의 수사로 '사물의 수량을 이르는 것'(센님)으로 정의하였으나 분류사와 관련한 언급은 제시하지 않았다.

(5가)에서 현재의 수 분류사에 해당하는 부류를 명시적으로 제시한 논의로는 이상춘(1946)이 있다. 그는 품사 체계를 명사, 동사, 형용사, 부사, 감탄사로 설정하고 명사 내에 원명사, 대명사, 수명사(수사)를 포함하였으며 수사를 다시 ① 완전한 셈(하나, 둘, 셋..) ② 어림칠 셈(서넛, 너덧..) ③ 셈의 차례(첫째, 둘째..) 등으로 세부적인 분류상을 제시하였다.

이상춘(1946)은 원명사는 다시 보통명사, 고유명사, 불완전명사로 이루어지는 것으로 파악하였는데 이 가운데 현대의 수 분류사에 속하는 부류

를 '셈의 단위를 표하는 불완전한 명사'로 제시하였으며 그 목록은 (6)과
같다.

> (7) 자, 치, 푼, 셈, 말, 되, 홉, 량, 돈, 푼, 원, 전, 채, 간 평, 홉, 작
> 중, 자루, 순배, 잔, 근, 점, 벌, 습, 필, 끌, 마, 켜레, 쌍, 필, 마
> 리, 바리, 접, 개, 거리, 다발, 그루, 주, 포기, 송이

이상춘(1946)은 (7)에 제시한 어휘가 어떠한 것과 함께 쓰이는지, 함께
쓰이는 것들의 성질에 따라 어떠한 방식으로 분류가 되는지, 제시한 기준
이 무엇인지 등에 대한 기술이 없어 다소 불완전하나 최소한 해당 어휘가
'셈의 단위'를 표시하는 기능이 있음을 분명히 제시하였다는 점에서 의의
를 찾을 수 있다.

(5가)에 해당하는 서구 문법가의 논의로는 Rogers(1953)가 있다. 그는
명사의 하위 부류로 수(number)를 포함시켰는데 수사를 독립된 품사로 인
정하지 않은 연구 가운데 드물게 수 분류사에 대한 명확히 기술을 제시한
논의다.

그는 'numerical classifier', 곧 오늘날의 수 분류사와 동일한 용어를
사용했는데 이는 '수(number)와 함께 쓰이는 의존 명사(bound noun)이며
대상(object)의 특정 범주를 지시'한다고 정의하며 영어의 'head of
lettuce, sheet of paper' 등의 경우와 유사한 것으로 파악하였다. 그러나
엄밀히 보았을 때, 영어의 'head'나 'sheet'는 손한(1994)에서의 지적과 같
이 각각 'lettuce', 'paper'와만 결합하는 고정된 형식을 가지며 이러한 단
어와 수의 용법이 매우 한정되어 있다는 점(우형식 2004)에서 보았을 때 한
국어의 수 분류사와는 다른 개념이다. 하지만 영어에는 이러한 수 분류사

가 존재하지 않기 때문에 당시 Rogers · 1953)에서 이와 같은 예를 제시
했던 것은 읽는 이들의 이해를 돕기 위한 측면에서 의도된 것으로 이해해
야 할 것이다.

> (8) 가. '분류사+수' 결합(combination)은 보통 세어지는(being counted)
>   명사 뒤를 따름.
>   예) 슨상(선생) 일곱 분, 책 몇 권,
>   나. 일반적 분류사로는 마리(동물), 분(시간), 자루(길고 가는 물
>   건), 장(평평한 물건), 채(건물), 개(일반적 분류사), 대(차량)
>   등이 있음.
>   다. 분류사는 수(number)가 명사 뒤에 오는 경우, 쓰이지 않을
>   수도 있음.
>   예) 책 둘, 걸 셋(의자 셋) 등.

(8)은 Rogers(1953)에서의 수 분류사 관련 기술인데 여기에는 제시된
분류사의 수가 많지 않으나 간략하게나마 수 분류사의 결합 형식이나 해
당 분류사가 어떠한 범주나 성격을 갖는지를 기술하였다는 점에서 의의를
찾을 수 있다.

다음으로 (5나)에 속하는 논의는 명사 내에 대명사를 포함되고 다시 대
명사 내에 수사를 포함시킨 논의로 주시경(1911), 이규영(1913), 강매, 김
진호(1925), 한결(1925), 신명균(1933), 김윤경(1948) 등이 있다.

주시경(1911)에서는 앞서 주시경(1910)에서 대명사와 수사를 명사 내에
포함하고 있는 것은 동일한데 헴(수사)를 대임(대명사) 내에 포함시키고 이
대임은 제임과 함께 임의 하위 부류가 된다. 하지만 수 분류사에 대한 기
술은 없으며 이규영(1913), 한결(1925), 신명균(1933)은 김윤경(1948)에서

도 역시 동일하게 이에 관한 언급은 보이지 않는다.

한편 강매, 김진호(1925)는 명사가 대명사를 포함하고 대명사 내에 인칭대명사, 수대명사 곧 '셈대신이름'을 포함하였다.

> (9) 가. 하나, 둘, 셋, 넷, 다섯, 여섯....스물, 설흔, 쉬흔..백, 천, 만, 한둘, 두셋, 예닐곱 등
>
> 나. 무슨(어떤) 물건을 헤이름에는 낮셈말 뒤에 무슨 일이나 물건의 이름을 붙여 쓰는 것이니 이렇게 할 때에는 셈말이 얼마쯤 변화가 있음.
>
> ① 한(자, 치, 푼, 길, 간) 일마장, 서말, 서되, 서홉, 석섬, 석되, 네근, 너(근, 돈, 푼), 넉량, 다섯근, 닷 (근, 량, 돈), 오푼, 여섯닢, 엿(량, 돈), 륙푼, 닐곱(자, 치, 길, 간), 칠(마장, 푼), 여듧(섬, 말, 되, 홉), 팔홉, 아홉(근,량,돈), 구푼 등
>
> ② 하루, 초하루, 잇흘, 잇흘날, 사흘, 사흔날, 나흘, 나훗날, 엿새, 엿내날, 닐헤, 닐헷날, 여들헤, 여들헤날, 아흘헤, 아흘헤날, 열흘, 열흘날, 열하루, 열하루날, 열닛흘, 열닛흘날, 볼음, 볼음날, 스므날, 한시, 두시, 세시, 네시, 다섯시, 여섯시, 닐곱시, 여듧시, 아홉시, 열시, 열한시, 열두시

강매, 김진호(1925)는 '셈대신이름'은 '낮셈의 헤이름'(9가), '물건의 헤이름'(9나)으로 분류하고 '물건의 헤이름'은 다시 '기리, 부피, 무게, 돈들을 헤아름'(9나①)과 '때를 헤아름'(9나②) 두 가지로 분류하였다.

(9)를 바탕으로 본다면 (9가)는 현재의 수사, (9나①)은 현재의 수 관형사에 관한 기술인데 (9나)에서 주목되는 부분은 물건의 헤이름에 대한 예로 제시된 '한(자/치/푼/길/간. 섬/말/되/홉. 근/량/돈/푼. 량/돈/푼/닢 등), 일

(마장)'이다. 해당 설명을 보면 '셈말(수 관형사)의 변화는 낮셈말(수사) 뒤에 무슨 일이나 물건의 이름을 붙여 쓸 경우에 발생한다'고 되어 있다. 곧 어떤 일이나 물건의 이름이 낮셈말에 선행하는 형태는 현재의 '수사와 수분류사' 동일하고 강매, 김진호(1925)에서의 '어떤 일이나 물건의 이름'은 명사를 의미하는 것으로 간주하기에 어려움이 없다. 그러나 별도로 이러한 유형의 명사에 대한 분석을 하지 않아 추가적인 논의는 불가능하다.

한편 대명사 내에 수사를 포함하는 (5다)에 해당하는 견해로는 이상춘(1925), 이희승(1949)가 있는데 이상춘(1925)에서는 수 분류사에 대한 별도의 기술은 발견할 수 없다.

이희승(1949)는 명사, 대명사, 조사, 동사, 형용사, 존재사, 관형사, 부사, 접속사, 감탄사로 품사를 분류하였고 대명사 내에 수량대명사, 즉 현재의 수사를 포함시켰다. 이희승(1949)에 따르면 수량대명사의 예와 그에 대한 기술은 (10)과 같다.

> (10)가. ① 하나 둘 셋 넷 다섯
> 　　　　　六 七 八 九 十
> 　　　　② 첫째 둘째 셋째 넷째 다섯째
> 　　　　　제一 제二 제三 제四 제五
> 　　　　③ (한)되 (두)말 (석)섬 (너)근 (닷)냥
> 　　　　　(三)분 (十)원 (百)명 (千)리 (萬)년
> 이와 같이 일이나 물건의 수효나 순서나 분량을 나타내는 말을 수량 대명사라 이른다.
> 이 중에서 예 ①과 같이 수효를 나타내는 말이나 예 ②와 같이 순서를 나타내는 말을 수대명사(數代名詞)라 이르고 예 ③과 같이 물건의 분량을 나타내는 말을 양대명사(量代名詞)라 일컫는다.

나. ① 하나 둘 셋 넷 다섯 여섯 일곱 여덟 아홉 열 열하나 스믈
　　　설흔 마흔 쉰 예쉰 일흔 여든 아흔

　　　一 二 三 四 五 六 七 八 九 十 十二 十五 二十 百 千

　　　만(萬) 억(億) 조(兆)

② 첫째 둘째 셋째 넷째 다섯째

　　　제一 제三 제五 제八 제十 제十二 제十七 제二十 제百

다. (한)자 (두)치 (닷)분 (세)길 (석)단 (서)홉 (네)명 (넉)장
　　　(너)말 (엿)돈 (예)자 (일곱)권

이희승(1949)는 수량대명사를 다시 수대명사(10나)와 양대명사(10다)로 분류하였는데 그 기준은 수효, 순서, 물건의 분량 등의 나타내는 대상에 따라 나뉘며 이중 '물건의 분량을 나타내는' 양대명사는 수량화 기능에 초점을 둔 결과이며 곧 현재의 수 분류사의 개념과 일치함이 확인된다.

한편 (5라)는 명사 내에 수사를 포함하는 논의로 박승빈(1935), 심의린(1935), 박태윤(1948) 등이 해당된다. 박승빈(1935)는 명사의 하위 부류로 보통명사, 고유명사, 무형명사, 표수(表數)명사를 제시하였다. 그는 표수명사를 수사로 명명하여 독립된 품사로 처리하기도 하지만 수 역시 사물을 표시하므로 명사에 포함되는 성질의 개념으로 파악한다고 언급하였으며 수 분류사에 대한 별도의 기술은 하지 않았다.

심의린(1935) 역시 명사 내에 수사를 포함하였는데 수사를 수량사와 서수사로 나눈 바 있다. 그의 논의에서의 수량사에는 '하나, 둘, 일, 이,십, 백, 천, 만...' 등이 포함되며 현재의 양수사에 속하며 서수사는 '첫재, 둘재..' 등으로 현재의 서수사와 동일한 의미를 갖는다.

눈에 띄는 점은 수량사 및 서수사에 대한 예시로 각각 '한사람, 두마리,

삼척, 일년, 이월, 삼일, 얼마, 몇, 몇일, 하로, 이틀..'과 '첫해, 제일, 제이
차, 일호, 이호, 일번, 이번, 일회, 이회, 백번지' 등을 제시하였다는 것인
데 이에 대한 별도의 기술이 보이지 않아 수 분류사에 관한 보다 자세한
사항은 확인하기 어렵다.

박태윤(1948)은 품사를 '명사, 대명사, 동사, 형용사, 관형사, 부사, 감
동사, 조사, 접두사/접미사'로 분류하며 명사의 하위 부류인 '불완전명사'
에서 '명수(命數)불완전명사'에 대하여 설명하는데 이는 현재의 수 분류사
와 동일함을 (11)을 통해 알 수 있다.

> (11) 가. 매일 쌀 이 홉 오 작씩 배급한다.
> 　　　나. 나의 키는 꼭 오 척 삼 촌이다.
> 　　　다. 십 월 구 일은 한글날이다.
> 　　　라. 우리 학급에는 십 오 세 되는 아이가 이십 육 명이 있다.
> 　　　마. 산이 삼 정보고 논이 오 단보나 된다.
> 　　　바. 나는 오늘 겨우 팔십 리를 걸었다.
> 　　　사. 서울 인구는 십 삼만 호에 백 오십만 명이라고 한다.
> 　　　아. 돈이 모두 일천 이백 삼십 사 원뿐이다.
> 　　　자. 십 회를 돌려면 아직도 두 번은 더 돌아야 한다.

(11)의 '홉, 짝, 척, 촌, 월, 일, 세, 정보, 단보, 리, 호, 명, 원, 회'를
가리켜 어떤 사물의 단위를 나타내는 명칭을 '명수불완전명사'라고 설명하
며 그 앞에 한자어 수사(一, 二, 三, 四, 五) 대신 고유어 수사(한, 두, 세, 네)
등을 쓰면 이들은 관형사 취급하는 현상을 추가적으로 설명하면서 '한 마
리, 두 개, 세 자루, 네 홉, 닷 단, 엿 채, 틀/시/살/근/접..'와 같은 예를
제시하였다.

박태윤(1948) 역시 명시적으로 수 분류사에 관한 설명을 제시한 논의라는 점에서 주목되는데 (5가)에 해당하는 이상춘(1946)과 마찬가지로 수 분류사를 단순히 나열식으로 제시함으로 인해 그 범주나 성격에 대한 기술이 없으나 '사물의 단위를 나타내는' 기능을 주로 갖는 명사라는 인식을 분명히 하였다.

이상 (5)의 논의 가운데 일부는 수사를 인정하지 않는 유길준(1906), 최광옥(1908), 김희상(1909) 등과는 달리 수사를 명사나 대명사의 하위 부류로 분류하고 수 분류사를 '셈의 단위를 표하는 불완전한 명사'(이상춘 1946), '도량형화폐사'(魯璣柱 1923), '어떤 일이나 물건의 이름'(강매·김진호 1925), '수 분류사'(Rogers 1953), '명수불완전명사'(박태윤 1948) 등으로 명명하고 있는데 명시적으로 수 분류사의 품사를 제시하지 않은 魯璣柱(1923) 외의 논의에서는 이를 모두 명사로 처리하며 셈의 단위라는 기능적 측면에 주목한 양상을 보인다. 이 가운데 Rogers(1953)에서만이 예외적으로 '수 분류사'라는 용어를 사용하였으나 '수사와 함께 쓰이는 의존 명사'로 정의함으로써 명사의 하위 부류에 수 분류사를 포함시킴을 알 수 있다. (5)에서 제시된 논의 가운데 수 분류사를 다룬 것을 별도로 제시하면 (12)와 같다.4)

---

4) 한편 (5)에 해당하지 않는 논의로 정렬모(1946)이 있는데 그는 명사, 대명사, 수사 중 명사만을 인정하며 수사에 대하여 기술하고 있지 않다. 그런데 명사의 하위 부류에 관한 설명에서 정렬모(1946)은 국어의 형식명사가 '것, 데, 바, 줄, 수, 리, 터, 뿐, 이, 짓, 적, 번, 셈..' 등 굉장히 많은데 "보통 쓰이는 '제(차례)', '번'(도쑤), '군대'(장소), '푼수(정도) 따위는 형식명사처럼 보이나 모두 도움낱뜻이다"라고 설명하였다. 이들은 현재의 수 분류사에 속하는 것들로 정렬모(1946)에서는 극히 일부만 제시되었으나 그는 수 분류사를 보조사(補助辭)로 인식함으로써 문장 내에서 독립하여 단독으로 쓰일 수 없는 개념으로 파악한 것으로 이해할 수 있다.

(12) 가. 명사 내에 대명사, 수사를 포함

魯璣柱(1923), 이상춘(1946), Rogers(1953)

나. 명사 내에 대명사가 포함되고 대명사 내에 수사를 포함

강매, 김진호(1925)

다. 대명사 내에 수사를 포함

이희승(1949)

라. 명사 내에 수사를 포함

박태윤(1948)

3.3. 수사를 독립 품사로 인정한 논의에서의 분류사

3.3.1. 분류사를 설정하지 않은 논의

수사를 독립된 품사로 인정하는 연구에서도 역시 수 분류사의 처리 여부가 논의마다 다르고 수 분류사를 설정하는 견해들도 그 용어가 다양하게 나타남이 확인된다.

먼저 수사를 설정하였으나 수 분류사를 별도로 다루지 않은 논의는 (13)과 같다.

(13) 安泳中(1906), 高橋亨(1909), 崔在翊(1918), 리필수(1922), 鄭國采(1926), 이완응(1929), 최현배(1930), 박상준(1932), 권영달(1941), 警察官講習所(1943), 박종우(1946), 박창해(1946), 김근수(1947), 이영철(1948), 이숭녕(1954)

安泳中(1906)은 수사에 관하여 기술하면서 수사의 뜻과 다른 어휘가 겹

칠 때에는 음편,5) 혹은 습관에 의지하여 혹은 생략이나 변음을 하여 정해서 불규칙해지는데 그 예를 몇 가지 제시하고 있다. '한 개, 두 가지, 세 번, 네 자루, 서너 씩, 네댓 분, 대여섯 명, 예닐곱 쟝, 닐여덜 권, 여남은 벌, 두어 군데' 등.

더하여 금전 또는 量의 호칭의 경우에는 수사가 다른 경우와는 호칭이 달라지는 경우가 발생하는 경우를 제시하는데 '한푼, 칠푼, 팔푼, ..한돈, 두돈, 서돈, 너돈..흔냥, 두냥, 석냥,....,쳔냥' 등이 그것이다. 이와 같이 安泳中(1906)은 '푼, 돈, 냥' 등을 금전 등으로 표현할 뿐, 구체적으로 기술하지 않는 것이 확인된다.

한편 高橋亨(1909)는 수사를 독립적 품사로 처리하였으며 사물의 수량과 사물의 순서로 분류하여 전자는 ① 흐나, 둘, 셋, 넷, 다섯, 여섯, 일곱, 여덜...스물, 설흔,...., 아흔 ② 一, 二, 三, 四, 五, 六, 七, 八, 九, 十, 十一, 十二, 二十, 三十, 오十,..,九,十, 百 千, 萬, 億 ③ 몟, 얼마로, 후자는 ① 첫지, 둘지.. ② 第一, 第二... ③ 몟지로 분류하여 제시하였으며 이는 각각 현재의 양수사, 서수사와 동일하다. 그러나 高橋亨(1909)에서는 이외에 수 분류사에 대해서는 논의하지 않았다.

崔在翊(1918)은 오늘날의 수사를 수칭으로 명명하였다. 한편 별도로 '수사'라는 표현이 나오는데 이는 오늘날의 수사가 아닌, '수 관형사+수 분류사'의 구성을 이르는 것으로 崔在翊(1918)은 그에 해당하는 예를 (14)에 제시한다.

---

5) 우형식(2000)에서는 음편, 즉 선행하는 수사의 음운적 특성에 따라 후행의 수 분류사가 여러 이형태를 보이는 현상에 대해서 일본어의 수사와 수 분류사가 형태론적으로 한덩어리로 인식되면서 나타나는 현상으로 수 분류사의 명칭이 조수사로 설정될 때, 그 이유 중 하나로 음편을 들고 있다.

(14) 한개, 두사람, 세마리, 네가지, 다섯쌍, 여섯벌, 일곱봉, 여덟타래,
아홉묵금, 열켜레, 열한권, 넉장, 세조각, 네통, 다섯잔, 여섯그릇,
일곱줄기, 여덟덩이, 아홉 번, 열츠레, 열한군데, 첫재, 둘재, 셋
재, 넷재, 데일, 세자루, 석자루, 네자루, 넉자루, 오십원, 이십견,
오리, 한필, 셕자, 넉자, 두치, 서푼, 너푼, 석섬, 넉섬, 닷섬, 엿
섬, 서말, 너말, 닷말, 엿말, 석되, 넉되, 닷되, 엿되, 서홉, 너홉,
닷곱, 일쟉, 서근, 너근, 닷근, 엿근, 석량, 넉량, 닷량, 잇량, 서
돈, 너돈, 닷돈, 엿돈, 서푼

崔在翊(1918)은 수 분류사에 대한 별도의 기술은 없으나 이것이 수사와
의 결합을 통한 한 구성체로 존재한다는 인식을 표방한다고 볼 수 있다.

리필수(1922)는 수사를 서수사와 개수사로 분류하고 서수사를 다시 ①
사물에 대한 서수사(첫째, 둘째, 셋째) ② 일(日)에 대한 서수사 : 초하로, 초
이틀, 초사흘,...,보름..스무날, 금음 ③ 월(月)에 대한 서수사 : 정월, 이월,
삼월, 동지달, 쉿달로 세분하고 개수사는 ① 명사체(하나, 둘, 셋, 넷..) ②
형용사체(한, 두, 세, 네...)로 분류하였는데 현재의 수 관형사 역시 수사의
범주에 포함하는 등 오늘의 수사와는 다소 차이가 남을 확인할 수 있다.

수 분류사에 대해서는 리필수(1922)에서는 별도의 논의가 보이지 않
는다.

한편 鄭國采(1926)은 수사를 사물의 수를 표시하는 수사, 사물을 세는
수사, 사물의 순서를 표시하는 수사로 분류하여 목록화하였다(15).

(15) 가. 사물의 수를 표시하는 수사 : 하나, 둘, 셋...
　　　　 나. 사물을 세는 수사
　　　　　　 ① 연령을 셀 때 : 한 살, 두 살..또는 하나, 둘..
　　　　　　 ② 일(日)을 셀 때 : 하로, 잇흘, 사흘, 나흘, 닷새..

③ 월(月)을 셀 때 : 류월, 시월 등이 형태가 다름

④ 도량형 화폐 : 한자음으로 읽는 것, 고유어로 읽는 것, 둘을 통용해서 읽는 것

　　한 간(間), 두 홉, 서 근(斤), 몇 원(圓)...

⑤ 기타 사물을 셀 때

⑥ 반(半)을 '가옷'으로 읽음. 자가옷(一尺半), 발가옷(一斗 半)

⑦ 몇 또는 얼마라고 말하는 어휘는 수를 물을 때 사용 : 돈 몇 圓 있소, 돈이 얼마오.

　다. 사물의 순서를 표시하는 수사 : 첫재, 둘재, 첫번, 두번, 처음, 다음, 마즈막, 두어, 여남은..

鄭國采(1926)은 (15나)의 '도량형 화폐'를 읽는 경우에 따른 차이를 각각 한자어, 고유어, 둘을 통용하는 것으로 분류한 예를 현재의 '수사와 수 분류사'의 결합 형태로 제시하였다. 이는 선행하는 수사에 기술의 초점이 맞춰져 있는 관계로 수 분류사에 관한 설명으로 볼 수는 없으나 수량화 기능에 따라 분류사의 범주를 비교적 세밀하게 분류하고 있다는 점에서 수 분류사에 대한 개념적 인식을 가지고 있었음을 짐작할 수 있다.

이 외에 이완응(1929), 최현배(1930), 박상준(1932), 권영달(1941), 警察官講習所(1943), 박종우(1946), 박창해(1946), 김근수(1947), 이영철(1948) 등에서는 수사를 독립된 품사로 다루기는 하였으나 수 분류사에 대한 별도의 기술은 발견되지 않는다.

3.3.2. 분류사를 설정한 논의

수사를 독립적 품사로 처리하며 수 분류사를 설정한 논의는 (16)과 같다.

(16) 가. 분류사 : Underwood(1890), Scott(1893), Ramstedt(1939)[6]

　　나. 명사 : 前間恭作(1909), 최현배(1937), 이숭녕(1954), 이숭녕
　　　　(1956)

　　다. 조수사 : 안확(1917), 朝鮮總督府(1917), 안확(1923), 奧山
　　　　仙三(1928), 정경해(1953)

　　라. 수사 부가어 : 선우학원(1940)

　　마. 수사의 연체보조 : 홍기문(1947)

전술하였듯이 한국어 문법에서 수 분류사를 최초로 언급한 논의는 Underwood(1890)이다.

Underwood(1890)에서는 품사를 명사, 대명사, 수사, 후치사, 동사, 형용사, 부사, 접속사로 분류하고 수사를 다룬 장에서 'Specific Classifier'를 설정하였는데 이에 대한 그의 기술을 옮겨보면 (17)과 같다.

(17) 한국어 수사는 형용사 형태로도 명사(substantive) 형태로도 사용된다. 형용사 형태는 그것이 한정하는 단어와 직접 연결되는데 형용사형 수사가 그에 선행한다. 그런데 한국어는 수사를 명사 뒤에서 한정된 명사와 동격인 다른 단어와 함께 쓰는 형태를 선호한다. 영어에서 우리는 "많은 소"(many head of cattle), "많은 종이"(many sheets of paper)라고 말하며 한국에서도 이러한 형태가 사용된다. (중략) 이에 대한 다양한 용어가 있는데 조수사(auxiliary numeral), 분류 수사(classifying numeral), 분류사(classifier) 등이 그것이다. 그런데 특칭 분류사(specific classifier)라는 용어가 이러한 경우, 많은 요구 사항에 답이 될 것으로 보인다.

---

6) Underwood(1890), Scott(1893), Ramstedt(1939)에서의 수 분류사를 가리키는 용어는 각각 specific classifier, numerative(=classifier), classifier로 다소 차이가 있으나 편의상 분류사로 묶어 분류하기로 한다.

'수사를 명사 뒤에서 한정된 명사와 동격인 다른 단어와 함께 쓰는 형태'는 분류사 구성의 유형 중, '개 두 마리' 등과 같은 전형적인 'N-Q-CL' 형에 관한 설명이다. Underwood(1890)은 한국어 수 분류사에 대하여 '특칭 분류사'라는 용어를 사용하였다. 그 역시 한국어 수 분류사를 영어의 불가산 명사를 세는 경우와 유사하다고 보았으나 전술하였듯이 둘은 다른 개념의 것이며 독자들의 편의를 위한 것으로 해석해야만 한다. 만일 이 둘이 동일한 개념이라면 영어에도 한국어와 마찬가지로 분류사가 존재해야만 그 논리가 성립하는 것이다. 그러나 영어에는 분류사 개념이 존재하지 않으므로 Underwood(1890)의 관련 기술은 정제하여 수용할 필요가 있다.

한편 '특칭 분류사'라는 용어는 Underwood(1890) 외의 논의에서는 보이지 않는 표현인데 이 외에 'auxiliary numeral', 'classifying numeral', 'classifier' 등의 용어로도 사용할 수 있다는 기술이 보인다. 이들 용어는 Underwood 이후의 문법가들 논의에서 등장한다. 개중 Scott(1893)은 분류사와 관련한 기술에서 Underwood(1890)의 영향을 받았음을 직접 언급하기도 하였다.

한편 Underwood(1890)에서는 한국어에서 자주 쓰이는 특칭 분류사를 제시하였는데 그 예는 (18)에 제시된 것과 같다.

> (18) 개(箇), 쏫(조각, 뭉치) 길(질; 책), 권, 켜리(켤레), 마리, 명, 낫
> (낟알;곡식), 립(모자), 벌, 부, 병, 필, 편, 쌍, 셤(섬), 석(섬),
> 떼, 덩이, 동, 자로, **짝**, **쟝**, 좌, 쪽, 척
> 예문) **개** : 배 훈 개 사 오너라, **마리** : 개 두 마리가 서로 싸호오,
> **켜리** : 집신 훈 켜리 사면 됴켓소, **명** : 일본 군수가 몃 명이
> 오, **낫** : 곡식을 훈 낫도 흘니지 마라, **쌍** : 뎌 집에 비둙이

두 쌍이 잇소. **동** : 나모 흔 동에 갑시 얼마오, **자로** : 붓시
흔 자로 도 쓸 것 업소, **쟝** : 오늘은 책 몃 쟝 썻느냐. 쪽 :
춤외 한 쪽 먹어라.

Underwood(1890)은 특칭 분류사의 범주나 분류 기준 등에 대한 상세
한 설명은 없으나 분류사를 설정하고 이에 대하여 최초의 언급이 있는 논
의라는 점에서 그 의의가 크다고 볼 수 있다.

역시 서구 문법가로 수 분류사를 다룬 논의로는 전술한 Scott(1893)이
있으며 한국어 수 분류사에 'Numerative'라는 용어를 사용하였는데 이에
관한 설명을 (19)에 제시한다.

> (19) 가. 영어에서 a flock of sheep, a sheet of paper, head of
> cattle이라고 하는 것처럼 한국어에서도 대상(object)의 각기 다
> 른 부류(class)를 가리키는 데 쓰이는 numerative(=classifier)
> 를 찾아볼 수 있다.
> 나. 일반적으로 잘 쓰이는 Numerative
> ① 분, 명, 놈 : 사람에 쓰임 ② 머리, 마리 : 일반적인 동물 따
> 위 ③ 필 : 일반적으로 말이나 소 따위 ④ 바리 : 말 무리나 짐
> 들 따위 ⑤ 필 : 옷감이나 피륙 따위 ⑥ 권 : 책, 종이 두루마
> 리 따위 ⑦ 쟝, 권, 축 : 종이 따위 ⑧ 켜리 : 신발, 스타킹 따
> 위 ⑨ 개 : 일반적인 물건 따위 ⑩ 낫 : 작은 물건이나 곡식 따
> 위 ⑪ 벌 : 옷 따위 ⑫ 뭇, 단 : 짚, 장작 따위 ⑬ 닙 : 모자, 매
> 트, 가방, 돈 따위 ⑭ 자로 : 연필, 부채 따위 ⑮ 척 : 작은 배,
> 큰 배 따위 ⑯ 짝 : 물건 한 쌍(신발 등)

Scott(1893)은 Underwood(1890)에서의 설명과 상당히 유사하게 한국
어에서의 분류사 개념을 영어의 불가산 명사를 셀 때 동원되는 'flock,

head, sheet'과 흡사한 것으로 설명하고 있으나 앞서 언급하였듯 한국어 수 분류사 개념을 부득이하게 영어에 대응시킴으로 인한 결과이다.

한편 'Numerative'라는 용어는 Scott(1893) 이후에는 보이지 않는 표현인데 위에 기술에 보이듯 Scott은 이를 'Classifier'와 동일한 개념으로 사용하였다. 그의 논의는 한국어의 수 분류사를 대상의 각기 다른 부류를 가리키는데 쓰이는 분류사로 정의하였으며 이는 분류사의 본질적 기능을 명사 지시물에 대한 부류화(우형식 2000)로 파악하는 견해라고 볼 수 있다.

Ramstedt(1939) 역시 수 분류사를 'Classifier'로 정의한 논의다. 그는 한국인의 경우 '다섯 말'과 같은 표현이 아닌 '말 다섯 두(斗)'와 같은 표현의 사용을 선호한다고 부언하였다. 더불어 Ramstedt(1939)는 해당 용어에 대한 기술에서 'Classifier'가 Underwood(1890)에서 유래된 것으로 Ramstedt 자신은 Underwood(1890)에 따라 'Classifier'(분류사)라는 표현을 사용할 것이며 이에 따라 'Auxiliary Numeral'(조수사)표현은 사용하지 않겠다고 하였다.

Ramstedt(1939)에서 제시된 분류사의 종류는 (20)과 같다.

(20) ① 분, 위 : 존경받는 사람 예) 의원 한 분이 ② 마리 : 모든 종류의 동물 ③ 필 : 조금 큰 가축 ④ 닢 : 모자나 매트리스 등 ⑤ 차 : 마차, 커버 등 ⑥ 좌 : 집, 대포 등 ⑦ 옹기 : 냄비 등 ⑧ 벌 : 의상, 커버 등 ⑨ 상 : 테이블, 의자, 가정용 기구 ⑩ 주 : 나무 줄기 ⑪ 자루 : 칼, 연필, 총, 펜 ⑫ 떼 : 새, 무리 등의 떼 ⑬ 쌍 : 짝으로 있는 물건이나 동물 ⑭ 길(질) : 책, 책갑 ⑮ 권 : 책들, 권 (volume) ⑯ 편 : 먹을 수 있는 것을 편으로 잘라두거나 그 일부 ⑰ 마다(마디) : 단어, 숙어, 문장, 노래 등 ⑱ 척 : 배나 보트 ⑲ 쪽/짝 : 보통 들 또는 그 이상 것들의 절반 ⑳ 동 : 다발, 덩이, 빵,

과일 등, 길고 둥근 것에 쓰임. 이 외에도 척도, 무게, 돌, 그 밖에
셀 수 있는 단위명이 올 수 있음.

Ramstedt(1939)는 수 분류사를 분류하는 기준에 대하여 기술한 바는
없으나 (20)을 토대로 본다면 Scott(1893)과 마찬가지로 〔유정성〕, 〔인간
성〕 등의 오늘날 일반적으로 적용되는 의미 기준을 바탕으로 하여 분류사
를 구분하고 있다는 점에서 의의가 있다고 볼 수 있다.

한편 수 분류사를 명사로 처리한 (11나)에 속하는 논의는 前間恭作
(1909), 최현배(1937), 이숭녕(1954), 이숭녕(1956) 등이다.

前間恭作(1909)는 수사를 별개의 품사로 분류하면서 '하나, 둘, 셋, 넷,
아흔' 등 외에도 어림수를 나타내는 것들은 '한둘, 두엇, 서넛, 다엿..' 등
이 있는데 이들은 명사로 사용되는 수사의 형태이고 그 외에는 명사(현재
의 수 분류사)가 후행하는 형태로 사용되는 것들을 '수기'(數基)로 명명하였
는데 '한, 두, 세, 네, 다섯, 여섯, 닐곱, 여들, 아홉, 열, 스므/스믈..' 등을
수기의 예로 제시하였다. 곧 이러한 수기와 명사가 결합하여 '한권 책, 두
마리 쇼, 세필 무명, 배 네척7)'과 같은 구성을 이루게 된다고 설명함으로
써 수 분류사를 명사로 처리하였다. 그러나 前間恭作(1909)에서는 그가 명
사라고 규정한 수 분류사에 대한 추가적 분석이 제시되어 있지 않다.

한편 최현배(1937)은 前間恭作(1909) 등에서 수 분류사를 단순한 명사로
처리한 것과는 달리 명사의 하위 부류로 다루되 보다 구체적으로 그 성격
을 파악하고자 했다.

그는 수사를 다루는 장에서 수 분류사를 다루고 있는데 이에 대해 일종

---

7) 前間恭作(1909)는 이때 사용되는 '세/네' 등은 서/녀, 석/넉 등으로 바뀔 수 있음을 첨
언하였다.

의 씨가지(접사), 즉 조수사로 파악하는 논의와는 달리 독립적인 씨의 자격을 부여하여 셈을 나타내는 매김씨(수 관형사) 뒤에 오는 안옹근이름씨, 곧 셈낱덩이안옹근이름씨(수단위불완전명사)로 정의하였다. 수사 및 수 분류사에 관한 최현배(1937)의 기술(21)을 살펴보자.

> (21) 셈씨는 셈을 들어내는 임자씨이니라. (중략) 셈씨는 셈(數)과 숱
> (量)을 들어내는 말이라고 하는 것이 예사의 생각이다. 그러나 나
> 는 여기에서 숱(량)을 넣지 아니하고 다만 셈을 들어낸다고만 하
> 였다. 원래, 숱을 들어낸다는 말은 "한 말" "두 되"...들이 몬의 숱
> (분량)을 들어내는 말이기 때문이다. 그러하나 이때의 셈씨는 셈
> 을 들어내는 것이요, 숱을 들어내는 것은 아니다. 왜 그러냐 하면
> "한 말" "두 되"는 숱을 들어내는 말이다. 그러나 이때 숱을 들어낸
> 말은 "말"과 "되"이니 "말"과 "되"는 도량형의 단위를 들어낸 것이요
> "한" "두"는 "말"과 "되"의 셈을 들어낸 것이다. 곧 셈씨는 숱을 어떠
> 한 단위로 셀 적에 그 단위의 셈을 들어내는 것이다. (중략) 넷째,
> 셈씨가 숱(량)을 들어낸다는 말의 한 가지 까닭은 "한 말" "두 되"
> 의 "말"과 "되"를 조수사라 하여 한 가지(일종) 씨가지(접사)로 보
> 는 때문이다. 그러나 나는 일몬(사물)의 실제와 글읽기의 심리와
> 를 고려하여 이에 찬동하지 아니하고 그것에다가 독립한 씨의 껌
> 목(자격)을 주어서 그 위의 셈씨와 따로 띄어 씨는(書하는) 것이
> 옳다고 생각한다.

기존에 셈씨(수사)가 수량을 가리킨다는 견해에 대하여 최현배(1937)은 '한 말, 두 되' 등의 예를 제시하며 '한, 두' 등은 양을 나타내는 것이 아니며 도량형 단위를 표시하는 '말, 되'가 양을 나타내는 기능을 한다고 보았다. 흔히 수사가 수량을 나타낸다고 간주하는 것은 이들 '말, 되' 등을 조수사로 판단한 것이 그 이유라고 본 것인데 최현배(1937)은 이러한 견해에

반대하며 접사 취급을 하지 않고 '한낱의 씨 곧 이름씨'(안옹근이름씨)로 처리함을 피력하였다. 이상을 토대로 본다면 최현배(1937)은 분류사를 수량화 기능에 그 본질이 있다고 판단한 논의로 해석 가능하다. (22)는 셈낱덩이안옹근이름씨에 대한 예시 및 그 사용상 쓰임을 제시한 것이다.

> (22) 새 한 마리, 나무 두 짐, 쌀 서 말, 베 넉 자, 길 다섯 마장, 논 여
> 섯 마지기, 옷 일곱 벌, 저 여덜 매, 돈 아홉 돈, 방 열 간, 편지
> 한 장, 약 두 끄람, 두부 세 모, 소 네 필, 책 다섯 권, 상 여섯 닢,
> 나무 일곱 주(그루), 집 열 두 채, 밥 아홉 상, 연필 열 두 자루,
> 서기 1934년. 의 ___과 같은 것들이다. 이런 따위의 말은 다 각각
> 그 숱(양)의 단위를 나타내는 이름씨이니 그 중에도 두 가지 갈래
> 가 있다. 곧
> 가. 이와 같이 낱덩이(단위)의 이름으로만 쓰히는 것 : 마리(匹,
> 頭), 마장(里), 마지기(斗落), 벌(件), 매(把), 장(張), 근
> (斤), 권(卷), 닢(葉), 주(株).
> 나. 낱덩이(단위)의 이름으로와 또 독립한 사물의 이름으로와의
> 두 가지로 쓰히는 것 : 짐(負), 말(斗), 되(升), 홉(合), 자
> (尺), 치(寸), 돈(錢), 간(間), 그루(株), 상(床), 해(年), 자
> 루(柄), 채(楝)

한편 최현배(1937)에서는 다른 논의들에서는 다루지 않은 수 분류사로 쓰일 수 있는 명사에 대하여 간략한 설명을 더했다. 곧 사물을 셀 때는 반드시 낱덩이말이 쓰여야 하는데 이름씨인 '사람, 집' 따위는 가능하나 '소, 말, 개, 새, 배, 연필' 등은 불가능하다 따위다. 더하여 이러한 낱덩이말의 작정(규정)은 언어마다 다른 것으로 외국어로 옮길 때에는 주의해야 함을 지적한 바 있다.

수 분류사를 명사로 취급한 또 다른 논의로는 이숭녕(1954)이 있다. 그는 수사를 기수, 서수로 분류하고 기수는 독립형(ᄒᆞ나), 절대격(ᄒᆞ나흔), 주격(ᄒᆞ나히), 처격(ᄒᆞ나해) 등, 뒤에 오는 조사에 따라 다시 세분화하면서 명사와 같은 격을 취한다고 설명하였는데 격을 기준으로 수사의 유형을 분류한 독특한 시각을 볼 수 있다.

이숭녕(1954)는 또한 수사가 다음에 오는 명사를 수적(數的)으로 한정시킬 때, 그 어미 변화는 간단하지 않으며 때로는 어간에도 변화가 일어남을 기술하면서 '혼터럭(一毫), 두사롬, 셋中에, 세 번, 석ᄃᆞ래(月), 서말, 넷中에, 네 번, 넉-래, 너말, 다숫가지(五檀), 닷되, 대자(五尺), 다엿해(五六年), 여슷다래, 엿되, 예자, 닐굽나리하(七回), 여듧자히라, 아홉자이오' 등을 제시하였다. 해당 예는 엄밀히 말하면 수 분류사에 집중한 기술은 아니나 이를 토대로 볼 때 현재의 수 분류사에 해당하는 '터럭, 사람, 번, 다래, 말, 가지' 등을 이숭녕(1954)에서는 명사로 분류하였음을 확인할 수 있다는 점에서 참고가 가능하다.

이숭녕(1956)에서는 이숭녕(1954)의 명사에서 조금 더 구체화시켜 수 분류사를 물건을 계산할 때 단위로 쓰이는 명사로 때로 불완전명사의 성격을 띠는 단위 명사로 규정하며 '환, 딸라, 자루, 대' 등의 예시를 제시하였다. 이는 곧 '환, 딸라, 자루, 대' 등의 분류사를 그 수량 단위 표시 기능에 초점을 두어서 단위 명사로 규정한 것이다.

한편 (15다)에 해당하는 논의는 수 분류사를 조수사로 파악한 견해인데 눈에 띄는 논의는 안확(1917)이다. 최형용(2014)에서 안확(1917)은 한국인 문법가로서는 최초로 수사를 설정한 논의라는 점을 확인한 바 있는데 마찬가지로 안확(1917)은 한국인 문법가 중에서는 수 분류사를 최초로 설정한 논의다. 안확(1917)은 수 분류사를 조수사로 명명하고 이를 수사의 하위 부류로 분류하였는데 그의 수사 체계는 (23)과 같이 정리할 수 있다.

> (23) 가. 기본수사
>   ① 명적 수사 : 하나, 둘, 셋, 넷, 다섯,…,열, 스믈, 셜흔, 마
>   흔, 예순, 닐흔,…,백, 천, 만, 억. 一, 二, 三,
>   四, 五,…,十, 二十, 三十, 百, 千, 萬, 億
>   ② 형용적 수사 : 한, 두, 세(석), 네(넉), 닷(다섯), 엿(여섯)
>   한두, 두세, 세네(서너), 너덧, 예닐곱, 닐여
>   덟, 엿아홉
>   나. 서수사 : 첫재, 둘재, 第一, 第二
>   다. 시수사 : 한시, 두시, 초경, 이경, 일초, 일분
>   하로, 이틀, 사흘, 나흘, 닷세, 엿세, 닐에, 여들에,
>   아흘에, 열흘, 보름, 스므난, 금음
>   어적게, 그적게, 오늘, 래일, 모레
>   경월, 이월, 동지달, 섣달, 봄, 여름
>   상년, 그럭게, 올해, 래년, 한 살
>   라. 양수사 : 더, 배, 번, 갑절, 읜
>   반, 훗, 겹, 쌍, 얼
>   마. 조수사 : 짐, 목, 치, 자, 뭇, 동, 켜레, 짝
>   厘, 圓, 張, 升, 斗

(23마), 곧 현재의 수 분류사에 속하는 것들에 관하여 안확(1917 : 33)은 '만물의 각 종(種)을 종(從)하야 유명수(有名數)를 현(現)하는 말이라'고 설명하며 조수사로 정의하였는데 이는 앞서 Underwood(1890)에서 언급된 바 있는 Auxiliary numeral와 동일한 표현으로 보아도 무방하다.

(24)에서 보는 바와 같이, 안확(1923)에서도 수 분류사를 수사에 포함시켜 조수사로 논의한 점은 안확(1917)과 동일하다.

(24) 가. 원수사 : 하나, 둘, 셋, 넷, 다섯, 여섯, 닐곱, 여덜, 아홉, 열,
　　　　　스믈,..., 백, 천, 만

　　나. 서수사 : 첫재, 둘재, 셋재,... 뎨일, 뎨이, 뎨삼, 뎨오, 갑, 을,
　　　　　병, 뎡

　　다. 조수사 : 짐(負), 자(尺), 뭇(束), 리(里), 되(升), 필(匹), 분
　　　　　(位), 개(箇), 달(月), 해(年)

　안확(1923)에서는 (24다)의 조수사의 용법으로 ① 상등한 형질에 취하야 통용하는 것 : 종의(紙) 한 장, 구들(煙突石) 한 장, 개와(瓦) 한 장, 새 열 마리, 소 열 마리, 붕어 열 마리, 두부 한 채, 묵 한 채, 집 한 채 ②비유에 의하야 전용하는 것 : 형뎨 한 씨(種), 나히 백 살(矢), 비 한 줄기, 쌀 열 섬, 암치 한 손(手) 등을 제시하였다.

　이러한 조수사라는 용어는 일본어의 수 분류사에 해당하는 것과 일치하는 표현이나 안확(1917, 1923)의 조수사가 일본어에서의 '조수사'의 영향을 받았을 가능성은 희박한데 실제 본 장에서 살펴본 한국어 수 분류사를 다룬 일본어 문법가 가운데 조수사로 처리함은 이미 살펴본 高橋亨(1909), 藥師寺知朧(1909) 등에서는 보이지 않으며[8] 설령 있다고 하더라도 후술된 것과 같이 朝鮮總督府(1917), 奧山仙三(1928) 정도가 보일 뿐인데 이들의 조수사에 대한 설명은 간략하게 예시만 제시되어 있는데다 무엇보다도 안확(1917, 1923)과 그 시기가 비슷하거나 오히려 뒤늦게 나온 논의이기 때문이다.[9]

---

8) 안확(1917, 1923)의 조수사, 수사 체계의 일본어 문법과의 관계에 대한 보다 자세한 사항은 최형용(2015) 참조.

9) 오히려 안확(1917, 1923)의 '조수사'는 auxiliary numeral을 최초로 제시한 Underwood (1890)의 영향을 받은 것으로 볼 수 있는데 추후 이에 대한 구체적인 논의가 필요할 것으로 보인다.

한편 朝鮮總督府(1917)는 수사를 독립된 품사로 설정하며 해당 장에서 수 분류사를 다루고 있는데 안확(1917), (1923)과 마찬가지로 이에 대하여 조수사라는 명칭을 부여하였다. 다만 별도의 설명 없이 조수사과 관련된 예시를 수사 '훈'을 붙인 형태로 목록으로 제시하였는데 (25)와 같다.

(25) 훈쟝(一枚), 훈자루(一本), 훈졍(一丁), 훈권(一冊), 훈자(一尺), 훈치(一寸), 훈푼(一分), 훈폼(一合), 훈되(一升), 훈말(一斗), 훈셤(一石), 훈번(一度) 훈돈쥼(一匁), 훈냥쥼(十匁), 백냥쥼(一貫), 훈근(一斤), 훈길(一尋), 훈마리(一尾, 一羽, 一頭), 훈필(一匹(마소 등), 훈단(一束), 훈바리(一馱), 훈켤내(一足), 훈벌(一襲), 훈갑(一箱), 훈군대(一箇所), 훈마듸(一節, 一句)

朝鮮總督府(1917)은 별도로 조수사에 대한 정의 등을 제시하지 않았으나 상기하였듯이 일본어의 조수사(auxiliary numeral)과 동일한 개념을 채택한 것임을 짐작할 수 있다.

朝鮮總督府(1917)을 제외하면 일본인 문법가 가운데 수 분류사를 조수사로 규정한 논의로는 奧山仙三(1928) 정도가 유일하다. 그는 수사를 독립된 품사로 다루며 해당 장에서 조수사에 대하여 (26)과 같이 기술하고 해당 예를 제시하였다.

(26) 가. 정의 : 수사에 따라붙어 필요한 것.
　　　나. 사용 실례 :
　　　　　종희를 멧쟝가저오릿가, 산양가서 쬥두마리와 톳기세마리를 잡어왓소, 소훈필에 갑시얼마ㄴ 호오, 이골녹을들어가서 모통이에서 둘지집이오, 쏘훈번 읽어보아라.
　　　다. 조수사 중 비교적 통속적으로 쓰이는 것(편의상 '한'을 붙임) :

훈권, 훈단, 훈개, 훈벌, 잔, 결내, 그릇, 갑(상자), 자루, 마
듸, 살(나이), 쥬(그루), 정, 군데, 줄, 근, 길, 채, 간, 자, 마
리, 치, 필, 셤, 푼, 말, 되, 홉, 냥쭝, 돈쭝

　　한편 국내 문법가 가운데 안확(1917, 1923) 외에 수 분류사를 조수사로
본 논의로는 정경해(1953)이 있다. 그는 앞서 살펴본 논의들이 수사를 독
립적 품사로 설정하고 그 하위장에서 분류사 관련 기술을 한 것과는 다르
게 수사를 독립적 품사로 설정하였으나 분류사를 부사의 하위 부류로 포
함된 관형사 장 아래에서 기술한다는 점이 특기할 만 하다. 곧 부사의 하
위 부류인 관형사의 종류로 수 관형사가 있는데 이를 네 종류로 분류하고
그 가운데 하나를 조수사로 설정한다(27).

　(27) 가. **날**고기, **풋**나물(一)
　　　 나. **한**사람, **두**달, **서**말(二)
　　　 다. **이**집, **저**동리, **그**째(三)
　　　 라. **노픈** 산, **기픈** 물(四)
　　　 기술) 부사나 형용사의 변한 것(二)의 경우인 째는 이것을 그대로
　　　　　　　數詞로 볼 것이니 한사람, 두달, 서말의 「스롬, 달, 말」은
　　　　　　　助數詞로서 위의 '한, 두, 세'라는 實數詞를 돕는 것이라고
　　　　　　　보고 실수사와 조수사를 어울러서 한 숙어로 본다.

　　(27나)에서처럼 정경해(1953)은 '사람, 달, 말'이 실수사에 후행하며 보
조하는 조수사로 기능함을 명시하고 있음이 확인된다. 그의 논의에서는
명사 '사람'을 조수사라고 파악하였는데 이는 기존의 논의에서는 현대의
단위성 의존 명사라고 알려진 것들 위주로 분류사로 규정한 것과는 다르
게 수 분류사의 기능을 하되, 명사에 속하는 어휘를 과감하게 수 분류사

의 범주로 포함시켰다는 의의가 있다. 다만 이러한 예로 정경해(1953)에서 제시된 것은 '사람' 하나뿐인 관계로 과연 그가 이렇듯 수 분류사로 기능할 수 있는 명사 일체를 수 분류사로 간주한 것인지에 대하여서는 더 이상의 확인이 불가능하다.

한편 (16ㄹ)에 해당하는 논의로는 선우학원(1940)이 있다. 그는 수사를 다루면서 수 분류사에 대하여 언급하고 있는데 한국어 명사 가운데 영어의 수사 부가어(numeral adjunct)와 동일한 개념이 있으며 이에 대하여 korean numeral adjunct(한국어 수사 부가어)라는 용어를 부여하고 해당 예시를 (28)과 같이 제시하였다.

> (28) ① 새 한 마리 : one head of bird(모든 종류의 동물에 쓰임)
> ② 나무 두 짐 : two bundles of wood
> ③ 쌀 서 말 : three mals of rice(mal : a measure of capacity, 39703 gallons)
> ④ 무명 넉 자 : four jar of cotton
> ⑤ 길 다섯 마장 : five majang of road
> ⑥ 논 여섯 마지기 : six majigi of ricefield
> ⑦ 양복 일곱 벌 : seven suits
> ⑧ 저 여덟 매 : eight pairs of chopsticks
> ⑨ 돈 아홉 돈 : nine pennies of money
> ⑩ 방 열 칸 : ten rooms(of space)
> ⑪ 종이 열 한 장 : eleven sheets of paper
> ⑫ 두부 열두 모 : twelve pieces of bean-cake
> ⑬ 소 열세 필 : thirteen head of cow.
> ⑭ 책 열세 권 : fourteen books.
> ⑮ 집 열다섯 채 : fifteen houses
> ⑯ 밥 열여섯 상 : sixteen meals of cooked rice

⑰ 연필 열 자루 : ten pieces of pencils or ten pencils
⑱ 나무 열 주 : ten trees

선우학원(1940)은 이에 더해 classifier(Ramstedt 1939)나 special classifier (Underwood 1890) 등의 용어는 수사 부가어도 아니요, 분류사도 아니며 이들은 수사와 밀접한 관련이 있는 명사이고 많은 경우, 다른 한국어 명사와 같이 형용사 형태로 쓰인다고 보았다.

끝으로 홍기문(1947)은 홍기문(1927)에서 수 분류사에 다루지 않은 것과 달리, 수 분류사를 수사의 연체보조로 설정하였다. 홍기문(1947)은 이를 수량 단위를 표시하는 것으로 그 성질상 수량접두와 가장 긴밀한 연계를 가지며 간혹 명사와 연접하여 명사의 복성10)(複成)을 이루기도 한다고 설명하면서 수량연체를 선행하는 수의 성격에 따라 세 종류로 구분하였다.

(29) 가. 고유수에 쓰이는 것 : 단, 동, 길, 치, 배미, 마리, 접
　　 나. 외래수에 쓰이는 것 : 년, 월, 척, 리, 모, 인, 전, 원
　　 다. 고유와 외래 통용하는 것 : 권, 명, 간, 푼

홍기문(1947)에서 제시한 수량연체의 종류(29)를 보면 앞서 살핀 논의들이 주로 의미를 바탕으로 분류사를 구분하여 예를 제시하였던 것과는 달리, 분류사를 '고유수에 쓰이는 것, 외래수에 쓰이는 것, 고유와 외래를 통용하는 것'으로 구분한 것이 특기할 만하다. 홍기문(1947)의 해당 분류

---

10) 홍기문(1947)은 '복성'에 대하여 본래 하나의 명사가 아니라 명사, 대명사가 서로 중첩하는 경우이며 그 예로는 '입심, 칼날' 등이 있다고 설명하였다.

방식은 수 분류사 그 자체의 특성을 바탕으로 한다기보다는 선행하는 수
사의 특성을 기반으로 한다는 점에서 수사와 수 분류사 가운데 실질적인
비중은 수사에 있다는 홍기문의 생각을 반영한 것으로 볼 수 있을 듯하다.

　이상을 토대로 한국어 전통 문법에서의 수 분류사 논의를 연도순으로
정리하여 목록화하면 (30)과 같다.

(30)　specific classifier(Underwood 1890)
　　　numerative(=classifier)(Scott 1893)
　　　명사(前間恭作 1909)
　　　조수사(안확 1917)
　　　조수사(朝鮮總督府 1917)
　　　도량형화폐사(魯磯柱 1923)
　　　조수사(안확 1923)
　　　명사(강매, 김진호 1925)
　　　조수사(奧山仙三 1928)
　　　셈낱덩이안옹근이름씨(최현배 1937)
　　　classifier(Ramstedt 1939)
　　　수사부가어(선우학원 1940)
　　　셈의단위를표하는불완전한명사(이상춘 1946)
　　　수량연체(홍기문 1947)
　　　명수불완전명사(박태윤 1948)
　　　양대명사(이희승 1949)
　　　numerical classifier(Rogers 1953)
　　　조수사(정경해 1953)
　　　명사(이숭녕 1954)
　　　단위명사(이숭녕 1956)

3.4. 나가기

이상으로 본 장에서는 한국어 전통 문법에서 다루어진 수 분류사에 대하여 살펴보았다. 전반적 경향으로 보았을 때, 수 분류사와 밀접한 관계에 있는 수사를 독립된 품사로 처리한 논의 중에서 수 분류사를 다룬 경우가 수사를 독립 품사로 처리하지 않은 논의에서보다 많음이 확인되었다.

(30)은 수 분류사를 어떻게 규정했는지를 연도순으로 제시한 것인데 이는 그 명칭의 다양성에서 볼 수 있듯이 수 분류사에 대한 전통 문법가들의 고민을 그대로 반영하고 있다.

서구 문법가들의 경우, 대체적으로 'classifier'를 선택한 경향을 보이는데 수 분류사를 명사의 일부로 본 Rogers(1953)을 제외한다면 대체로 오늘날의 분류사라는 개념으로 파악한 것으로 판단되나 문제는 해당 개념 설명을 위하여 영어의 불가산 명사의 세는 방식을 동원하는 경우가 대다수였다는 점이다. 이를 바탕으로 본다면 결국 이들 서구 문법가의 분류사에 대한 개념이 오늘날의 한국어의 수 분류사와 일치한다고 보기는 어렵다.

한편 수 분류사를 명사나 명사의 하위 범주로 본 논의들이 상당수 보이는데 현재 한국어 문법에서 수 분류사는 단위성 의존 명사로 분류된다는 점에서 볼 때, 해당 용어에 대한 시각은 상대적으로 그 역사가 오래되었음을 짐작할 수 있다. 이에 대한 논의로는 前間恭作(1909), 강매, 김진호(1925), 최현배(1937), 이상춘(1946), 박태윤(1948), 이숭녕(1954), 이숭녕(1956) 등이 속하는데 수 분류사를 어떠한 이유로 명사(또는 명사의 하위범주)로 분류한 것인지에 대하여 구체적으로 기술한 논의는 없으나 이는 달리 말하면 당시 문법가들이 분류사가 수 분류사의 기능, 의미 등에 기반하여 개념 규정을 하기보다는 명사와의 품사적 유사성을 중심으로 수 분류사를 정의하였기 때문으로 보인다. 최현배(1937), 이숭녕(1956), 그리고 분류사를 별도로 설정하지는 않았으나 이에 대하여 기술한 바 있는 鄭國采(1926) 등에서는 현대 문법에서의 분류사에 대한 논의만큼 정밀하게 이루어지지는 못하였으나 그 의미적 분류 측면에 있어 분류사는 수량화 기능을 주로 수행하는 것임을 전제로 한 논의이며 이 외에도 다양한 기준을 토대로 한 분류사 논의가 이루어졌음을 확인할 수 있는데 이러한 전통 문법상의 논의를 시발점으로 하여 이후 분류사에 대한 본격적인 논의가 이루어졌음을 어렵지 않게 짐작할 수 있다.

한편 수 분류사를 조수사로 설정한 논의로 일본인 문법가와 안확(1917, 1923), 정경해(1953) 등이 보이고 이들 논의와 수 분류사에 대한 용어는 차이가 나지만 수 분류사를 수사의 보조적 개념으로 파악한 것으로 보이는 논의로 홍기문(1947)이 있음이 확인된다. 조수사는 Underwood(1890)에서 최초로 'auxiliary numeral'로 제시된 바 있는 용어11)로 한국어의 수 분류사에 대하여 조수사를 채택한 이유에 대해서 일본어 문법가의 논의에서는 구체적으로 기술된 바가 보이지 않는다. 다만 해당 용어의 채택이 일본어에 조수사(助數詞)는 이미 존재했으며 수 분류사가 후행할 때 선행하는 수사의 형태가 바뀌어 이형태로 나타나는 '음편' 등의 현상이 한국어 수 분류사에서도 유사하게 발생한다는 분석에 기반한 것이라는 추정만이 가능하다. 한국인 문법가로는 안확(1917, 1923), 정경해(1953) 등에서 조수사라는 용어를 채택하였는데 안확(1917)에서는 수 분류사를 설정한

---

11) 사실상 '조수사'라는 용어가 Underwood(1890)에서 비롯된 것으로 보았을 때, 한국어에서 조수사라는 용어를 사용한 견해 및 일본어 문법에서의 조수사 개념 역시 근본적으로는 Underwood(1890)의 영향을 받았을 가능성을 배제할 수 없을 것으로 보인다.

최초의 한국인 문법가에 의한 논의이며 정경해(1953)은 현재 자립 명사로 분류되며 수 분류사로 규정되지 않으나 엄연히 그 기능을 수행하는 '사람' 등을 수 분류사로 포함시켜 분류사적 용법을 지닌 자립 명사 역시 분류사로 포함시킨 것으로 추정되는 논의라고 볼 수 있다. 수 분류사를 조수사로 설정함은 선행하는 수 분류사가 명사의 종류에 따라(안확 1917) 달리 선택됨으로써 명사 지시물의 부류화라는 실질적 기능을 수행한다는 관점에서 기인한 것으로 볼 수 있다.

이처럼 각자의 관점에 따라 수 분류사에 대한 개념의 차이는 용어의 차이로 나타남으로써 수 분류사에 대한 다양한 명칭이라는 결과를 낳게 된 것이다. 현대 한국어 문법에서 수 분류사가 수사의 일종인지 혹은 명사의 일부로 파악해야 하는지, 이 둘 다가 아니라면 아예 별도의 품사로 지정을 해야 하는지에 대하여 명확하게 결정된 바가 없는 것 역시 전통 문법에서부터 시작된 수 분류사에 대한 다양한 논의의 연장선이라고 볼 수 있을 것이다.

보다 현실적인 시각에서 본다면 수 분류사에 대하여 최초로 언급한 Underwood의 논의가 1890년에 이루어진 이래로 100여 년이 넘는 시간 동안 한국어 문법에 있어 수 분류사에 대한 논의는 정립되지 않은 채 남아있는 것이며 이는 곧 형태, 의미, 통사론적 측면에서의 전면적인 분석에 기반한 한국어 수 분류사의 특성의 파악을 위한 작업이 무엇보다 시급함을 시사한다.

참고문헌

강매, 김진호(1925), 『잘뽑은조선말과글의본』(역대한국문법대계 ① 31).

警察官講習所(1943), 『朝鮮語敎科書』(역대한국문법대계 ② 44).

권영달(1941), 『朝鮮語文正體』(역대한국문법대계 ① 58).

김근수(1947), 『중학국문법책』(역대한국문법대계 ① 71).

김두봉(1916), 『조선말본』(역대한국문법대계 ① 22).

김두봉(1922), 『깁더 조선말본』(역대한국문법대계 ① 23).

김민수(1955), 『국어 문법』(역대한국문법대계 ① 97).

김원우(1922), 『朝鮮正音文典』(역대한국문법대계 ① 28).

김희상(1909), 『初等國語語典』 卷1, 2, 3(역대한국문법대계 ①16, 17, 18)

김희상(1911), 『朝鮮語典』(역대한국문법대계 ① 19).

김희상(1927), 『울이글틀』(역대한국문법대계 ① 21).

김윤경(1948), 『나라말본(고급용)』(역대한국문법대계 ① 54).

魯璣柱(1923), 『應用自在 朝鮮語法詳解』(역대한국문법대계 ② 40).

리필수(1922), 『朝文通解』(역대한국문법대계 ① 34).

박상준(1932), 『改正綴字準據 朝鮮語法』(역대한국문법대계 ① 51).

박승빈(1935), 『朝鮮語學』(역대한국문법대계 ① 50).

박승빈(1937), 『簡易朝鮮語文法』(역대한국문법대계 ① 49).

박종우(1946), 『한글의 文法과 實際』(역대한국문법대계 ① 64).

박창해(1946), 『쉬운 조선말본』(역대한국문법대계 ① 65).

박태윤(1948), 『중등 국어문법(하급용)』(역대한국문법대계 ① 73).

손　한(1994), 「한국어와 영어의 단위명사」, 『한국말교육』 5, 51-60.

신명균(1933), 『朝鮮語文法』(역대한국문법대계 ① 57).

심의린(1935), 『中等學校 朝鮮語文法』(역대한국문법대계 ① 59).

安泳中(1906), 『韓語』(역대한국문법대계 ② 31).

안 확(1917), 『朝鮮文法』(역대한국문법대계 ① 26).

안 확(1923), 『수정 조선문법』(역대한국문법대계 ① 26).

우형식(2000), 「수 분류사의 특징과 한국어 분류사」, 『언어과학』 7-2, 127-146.

우형식(2004), 「수 분류사의 형태 실현과 부류화 기능」, 『외대논총』 28, 509-532.

유길준(1906), 『朝鮮文典』(역대한국문법대계 ① 03).

유길준(1907), 『大韓文典』(역대한국문법대계 ① 106).

유길준(1909), 『大韓文典』(역대한국문법대계 ① 04).

이규영(1913), 『말듬』(역대한국문법대계 ① 113).

이규영(1920), 『現今 朝鮮文典』(역대한국문법대계 ① 27).

이상춘(1925), 『朝鮮語文法』(역대한국문법대계 ① 36).

이상춘(1946), 『국어 문법』(역대한국문법대계 ① 37).

이숭녕(1954), 『古典文法』(역대한국문법대계 ① 88).

이숭녕(1956), 『고등국어문법』(역대한국문법대계 ① 90).

이영철(1948), 『중등 국어 문법』(역대한국문법대계 ① 78).

이완응(1929), 『中等教科 朝鮮語文典』(역대한국문법대계 ① 40).

이희승(1949), 『초급 국어 문법』(역대한국문법대계 ① 85).

장지영(1932), 『朝鮮語典 抄本』(역대한국문법대계 ① 56).

장하일(1947), 『중등 새 말본』(역대한국문법대계 ① 74).

정경해(1953), 『國語講義』(역대한국문법대계 ① 87).

鄭國采(1926), 『現行朝鮮語法』(역대한국문법대계 ② 42).

정렬모(1946), 『신편고등국어문법』(역대한국문법대계 ① 61).

정승철·최형용(2016), 『안확과 국어연구』, 박이정.

조선어연구회(1930), 『精選朝鮮語文法』(역대한국문법대계 ① 32).

朝鮮總督府(1917), 『朝鮮語法及會話書』(역대한국문법대계 ② 36).

주시경(1905), 『國文文法』(역대한국문법대계 ① 107).

쥬시경(1906), 『대한국어문법』(역대한국문법대계 ① 07).

주시경(1906), 『국문』(역대한국문법대계 ① 108).

주시경(1909), 『高等國語文典』 卷一(역대한국문법대계 ① 09).

주시경(1910), 『國語文法』(역대한국문법대계 ① 11).

주시경(1911), 『朝鮮語文法』(역대한국문법대계 ① 111).

주시경(1914), 『말의 소리』(역대한국문법대계 ① 13).

채 완(1990), 「국어 분류사의 기능과 의미」, 『진단 학보』 70, 167-180.

최광옥(1908), 『大韓文典』(역대한국문법대계 ① 05).

崔在翊(1918), 『朝鮮語の先生』(역대한국문법대계 ② 38).

최현배(1930), 『朝鮮語의 品詞分類論』(역대한국문법대계 ① 44).

최현배(1937), 『우리말본』(역대한국문법대계 ① 47).

최형용(2014), 「안확과 수사-초판본<조선문법>(1917)을 중심으로-」, 『한중인문학연구』 44, 231-254.

한 결(1925), 『조선말본』(역대한국문법대계 ① 52).

홍기문(1927), 『朝鮮文典要領』(역대한국문법대계 ① 38).

홍기문(1947), 『朝鮮文法硏究』(역대한국문법대계 ① 39).

Aikhenvald, A. Y(2000), Classifier : A Typology of NOun Categorization Devices, NewYork : Oxford University press.

Lyons, J.(1977), Semantics 2, Cambridge University Press.

Ramstedt, G. J.(1939), 『A Corean Grammar』(역대한국문법대계 ② 18).

Scott, J.(1891), 『Introduction(English-Corean Dictionary)』(역대한국문법대계 ② 10).

Scott, J.(1893), 『A Corean manual』(역대한국문법대계 ② 09).

Underwood, H. G.(1890), 『An Introduction to the Korean Spoken Language』(역대한국문법대계 ② 11).

高橋亨(1909), 『韓語文典』(역대한국문법대계 ② 33).

藥師寺知朧(1909), 『韓語硏究法』(역대한국문법대계 ② 34).

奧山仙三(1928), 『語法會話 朝鮮語大成』(역대한국문법대계 ② 43).

前間恭作(1909), 『韓語通』(역대한국문법대계 ② 32).

한국어 분류사의 형태론

4.1. 들어가기

2장과 3장에서는 한국어에서의 분류사의 정의를 알아보고 그 범위를 규정한 다음 분류사를 전통 문법의 관점에서 어떻게 다루어 왔는가를 살펴보았다. 본 장은 한국어 분류사를 형태론적인 관점에서 고찰하는 것을 목적으로 한다. 여기서 말하는 '형태론'은 다시 품사론과 단어 형성론의 둘로 나뉜다.

우선 본 장의 2절에서는 품사론의 측면에서 한국어의 분류사 구성을 살펴보도록 한다. 2장에서도 본 바와 같이 유형론적으로 분류사의 구성은 'Q-CL-N', 'N-Q-CL', 'CL-Q-N', 'N-CL-Q'의 네 가지로 나누어진다. 분류사 구성에 참여하는 단위들은 수량사(Q), 분류사(CL), 명사(N)인데 이때 수량사와 분류사를 품사의 문제와 관련지어 생각해 볼 수 있다. 기존의 연구들에서는 분류사 구성에 참여하는 수량사의 처리 문제에 대한 논의가 있어 왔는데 이에 대한 재고찰이 필요하다. 2절의 앞부분에서는 분류사 구성에 참여하는 수량사를 수사와 구분하여 수 관형사라는 별개의 품사로 나누어 처리할 것인지 혹은 일괄적으로 수사로 처리할 수 있을지에 대한 문제를 살펴보도록 한다. 또한 한국어에서 분류사를 개별 품사로 인정할 수 있을지에 대한 문제, 분류사를 개별 품사로 인정할 수 없다면 어떤 품사의 하위 부류로 다룰 수 있을 것인지에 대한 문제도 살펴볼 필요가 있다. 3장에서 본 것과 같이 전통 문법서에서 일찍이 분류사를 개별 품사로 인정한 견해는 없었으며 대부분은 분류사를 명사의 하위 부류로 다루어 왔다. 그러나 명사의 하위 부류로 취급하더라도 학자에 따라서는 이를 수사의 일종으로 처리하기도 하고 의존 명사의 일종으로 처리하기도 하여 그 처리 방식에 일관성이 없다. 이 장에서는 이러한 문제에 주안점을 두고 분류사의 특성과 분포를 다시 살펴 분류사의 품사 문제를 고찰해 보고자 한다.

3절에서는 분류사와 단어 형성론의 문제를 살펴보도록 한다. 기존의 논의들에서는 분류사가 참여한 수 구성에 접미사가 결합하였을 때, 그러한 단위의 형태론적 지위가 무엇인가에 대한 문제를 살펴보았다. 다시 말해 '그날까지 [돈 백만 원쯤] 필요하다'나 '학교에는 [학생 천 명가량]이 모여 들었다'에서 접미사가 결합한 구성을 어떻게 볼 수 있을 것인가에 대한 문제를 다룬 것이다. 본 장에서는 그러한 문제에 대한 기존의 논의들을 살펴보고 이들의 형태론적 지위를 확인한다. 한편, 인접하여 자주 쓰이는 단위들은 서로 결합하여 하나의 단어를 형성하기도 한다. 분류사 구성 중에서도 그러한 예가 있는데 특히 수량사 '한'과 분류사가 결합하여 한 단어를 이루는 것들이 눈에 띈다. 이 장에서는 이렇듯 분류사가 직접 단어 형

성에 참여한 예들을 찾고 이러한 예를 통해서 분류사가 단어 형성 요소로
서 작용할 수 있을지에 대한 문제도 살펴보고자 한다.

4.2. 한국어 분류사와 품사

4.2.1. 한국어의 분류사 구성

김영희(1981 : 1-2)에 따르면 한국어에서는 수량화(quantification)[1]의 방
식이 네 가지로 나타난다.

  (1) 가. 곳곳에 쓰레기가 쌓여 있다.
      나. 마을마다 경사가 났다.
      다. 소녀는 꿈이 많다.
      라. 옷이 {한 가지, 하나}가 변변치 못하다.

(1가)는 '곳'이라는 단어를 중첩하여 그 지시 대상을 통칭적으로 수량화
하는 방식, (1나)는 조사 '마다'로써 앞의 명사(구)가 가리키는 대상을 수
량화하는 방식, (1다)는 '많다'라는 형용사를 통해서 대상을 수량화하는
방식이다. 김영희(1981)에서 주목하는 수량화의 방식은 (1라)인데, (1라)
는 수사와 분류사[2]의 복합 구성 또는 수사를 가지고 앞의 명사(구)를 수

---

1) 김영희(1981)에서는 'quantification'에 대하여 '셈숱화'라는 술어를 사용한 바 있으나
   본 절에서는 'quantification'의 대역어로서 '수량화'라는 술어를 사용하도록 한다.
2) 이 역시 김영희(1981 : 2)에서는 '수량 단위어(numerical counter)'로 명명한 것이다. 본
   장에서는 '분류사'라는 용어를 사용할 것인데, 한국어의 분류사를 대상으로 하고 있는
   본서에서는 '수 분류사' 외의 다른 분류사는 나타나지 않으므로 굳이 '수 분류사'라는

량화하는 방식이다.

분류사는 수량을 나타내는 어휘(수량사)와 함께 나타나는 것이 일반적인데 수량사(Quantifier), 분류사(Classifier), 명사(Noun)가 하나의 구성을 이룬다. 이때 하나의 구성체 속에서 이들의 배열 순서는 언어마다 다르게 나타난다(Allan 1977 : 288). (2)는 논의의 편의를 위하여 2장에 쓰인 것을 다시 가져온 것이다.

> (2) 가. Q-CL-N : 아메리카 인디안 언어, 벵갈어, 중국어, 셈어, 베트남어
> 나. N-Q-CL : 버마어, 일본어, 태국어
> 다. CL-Q-N : 키리위나어(오세아니아)
> 라. N-CL-Q : 루이지아드 아키펠라고어(오세아니아)

이에 대하여 한국어의 분류사 구성은 주로 다음의 세 가지로 나타난다(임홍빈 1991).

> (3) 가. 전형적 분류사 구성 : 명사구+수량사+분류사
> 나. 분류사 구성 : 수량사+분류사
> 다. 명수사 구성 : 명사구+수량사[3)]

> (4) 가. 길에는 교복을 입은 학생 세 명이 걸어가고 있었다.
> 나. 나는 그 영화를 다섯 번이나 봤다.

용어를 사용할 필요가 없을 것으로 생각되기 때문이다. 다만 유형론적 논의를 다루고 있는 8장에서는 경우에 따라 '분류사'와 '수 분류사'를 구분하여 사용할 것이다.
3) (3)에서 쓰인 '수량사'라는 명칭은 임홍빈(1991)에서는 (3가, 나)에서는 '수 관형사', (3다)에서는 '수사'로 구분하였던 것이다. 그러나 본 장에서는 4.2.2.절에서 분류사 구성에 쓰이는 수량사의 품사와 관련된 내용을 논의할 것이므로 우선 여기에서는 따로 구분하지 않고 수량사로 명명하도록 한다.

다. <u>우산 셋</u>이 나란히 걸어갑니다.

이때 임홍빈(1991)에서 제시한 '명수사 구성'은 분류사가 실현되지 않은 구성이기 때문에 엄밀한 의미에서 전형적인 분류사 구성으로 보기는 어렵다.[4] 우형식(2000ㄴ : 137)에서는 한국어의 분류사 구성은 'N-Q-CL' 유형에 속하며 'Q-CL-N' 유형도 함께 나타나는 것으로 보아 한국어의 분류사 구성을 크게 두 가지로 나누었는데 이와 같은 사정에 따른 것이다.

4.2.2. 분류사 구성에 참여하는 수량사의 품사 문제

앞서 (4다)의 구성, 즉 '명사+수량사' 구성은 분류사가 실현되지 않으므로 엄밀한 의미에서는 전형적인 분류사 구성이라고 보기 어렵다고 진술한 바 있다. 그런데 (4)에서 쓰인 '수량사'의 문제에 대해서는 간단하게 결론 내리기는 힘들다. 수량사에 대해서는 이제까지 여러 논의들이 이어져 왔다. 학교 문법에서는 분류사 앞에서 쓰인 수량사를 '수 관형사'로, 명사 뒤에 단독으로 쓰인 수량사를 '수사'로 처리하여 서로 구분하여 왔다. 여기서 문제는 수 관형사와 수사가 같은 형태를 공유하고 있다는 것에서부터 비롯된다.

(5) 가. 결승에는 {한, 두, 세, 네} 학생이 올라왔다.
　　 나. 결승에는 {한, 두, 세, 네} 명의 학생이 올라왔다.
　　 다. 결승에는 학생 {하나, 둘, 셋, 넷}이(가) 올라왔다.

---

4) 그러나 '한국어 분류사의 통사론'을 다룬 5장에서는 분류사가 겉으로 실현되지 않은 'N-Q', 'Q-N' 구성도 모두 분류사 구성에 포함하고 있다.

(6) 가. 교실에는 {다섯, 여섯, 일곱, …} 학생이 있었다.

　　나. 교실에는 {다섯, 여섯, 일곱, …} 명의 학생이 있었다.

　　다. 교실에는 학생 {다섯, 여섯, 일곱, …}이 있었다.

(5)에서는 이른바 수 관형사와 수사가 다른 형태를 가지는 데 반해 (6)에서는 수 관형사와 수사가 같은 형태를 공유하고 있는 것을 볼 수 있다. (6)의 '다섯, 여섯, 일곱' 등에 대해서는 (6가, 나)는 수 관형사, (6다)는 수사로 구분하여 하나의 단어가 둘 이상의 문법적 성질을 함께 가지는 '품사 통용'으로 처리하는 견해와 이들을 모두 수사로 보고 수 관형사를 수사에 포함시켜 처리하는 견해가 있다.[5][6]

한편, 기왕의 연구들에서는 품사 분류의 기준을 '형식(form)', '기능(function)', '의미(meaning)'의 세 가지로 설정해 왔다. 품사 분류에서 형식이란 '굴절 여부', 기능은 '통사적인 성질', 의미는 단어들이 가지고 있는 '공통된 추상적 의미'를 나타낸다. 이에 따라 전통 문법에서는 적게는 5품사에서 많게는 13품사까지 한국어의 품사를 나누어 왔는데, 지금까지 품사 분류의 기준 중에서 가장 중요하게 다루어진 것은 '기능'이다. 이때의 기능은 '분포(distribution)'의 개념까지를 포함하는 것으로 보이는데, 최형용(2013)에서는 유형론적 측면에서 분포가 기능과는 구분되어야 한다고

---

5) '품사 통용' 또는 '품사 전성' 등에 대해서는 여러 논의가 있다. '품사 통용', '품사 전성'에 대한 문제는 고영근, 남기심(2014), 구본관(2010), 남수경(2011), 서태룡(2006), 유현경(2008), 이현희(2011) 등을 참고할 수 있다. 또한 수 관형사를 수사에 포함시켜 처리하려는 견해는 곧 '하나-한', '둘-두' 등을 이형태로 처리하고자 하는 것인데 이러한 입장은 허웅(1975, 1995) 등에서 확인할 수 있다.

6) 본 장에서는 두 가지의 견해만 제시하였으나 수량사의 처리 문제는 네 가지 입장으로 나뉜다. 이러한 내용은 유현경(2008)과 조미희(2015)에서 자세히 정리하고 있으므로 이를 참고할 수 있다.

밝힌 바 있다. 최형용(2013 : 154)에 따르면 Tallerman(2005 : 32)에서는 '분포'는 구나 문장 등 통사적 구성에서의 단어의 위치를 가리키는 것으로, '기능'은 그 역할로 정의하고 있다.

(7) 가. 두 학생
    나. 학생 둘

(7)에서 '두'는 '학생'의 앞에, '둘'은 '학생'의 뒤에 위치하여 그 분포는 서로 다르지만 둘 다 '학생'을 수식한다는 점에서 그 기능은 동일하다는 것을 쉽게 알 수 있다. 이를 통해 분포와 기능이 항상 일치하지는 않다는 것을 확인할 수 있으며, 이는 곧 분포와 기능이 서로 구분되어야 함을 의미하는 것이다. 이에 따라 본 장에서는 한국어의 품사 분류 기준으로서 기왕의 형식, 기능, 의미에 분포를 더하고자 한다.7)

본 절에서는 이러한 네 가지의 품사 분류 기준에 따라 분류사 구성에 참여하는 수량사를 어떻게 처리할 수 있을지에 대한 문제부터 살펴보도록 한다. 다시 말해 'N-Q-CL' 구성에서의 수량사가 '명사＋수량사' 구성에서

---

7) 품사 분류 기준으로서의 '형식'은 그 유효성에 대한 의심을 받아왔다. 현행 학교 문법에서는 품사를 분류하는 첫 번째 기준으로 형식을 제시하고 이에 따라 한국어의 단어를 불변어와 가변어의 둘로 나누고 있다. 그러나 이러한 기준에 따르면 이른바 서술격 조사로 분류되는 '이다'가 활용하여 형식이 바뀐다는 점에 의문을 품게 된다. 조사는 불변어로 분류되는데 그에 속하는 '이다'만 예외적으로 활용한다는 점은 형식이라는 기준이 일관적으로 적용되지 못한다는 방증인 셈이다. 이에 따라 품사 분류 기준으로서 '형식'의 유효성은 재고의 여지가 있다. 그러나 본 장의 목적은 품사 분류의 기준을 세우는 것이 아니므로 이에 대해서는 따로 논의하지 않는다. 다만 기존의 논의들에서 품사 분류의 기준으로 다루어 왔던 '형식, 기능, 의미'의 세 가지 기준에 '분포'라는 기준을 더하여 품사 논의를 진행한다는 점에서 기존의 논의들과는 차이점을 보인다. 품사 분류의 기준과 관련된 내용은 최형용(2013)을 참고할 수 있다.

와 같이 수사로 처리될 수 있을지, 기존의 여러 논의들과 같이 수 관형사로 처리되어야 한다면 이것이 수사와는 차이를 보이는 품사상의 특징이 무엇인지를 살펴보는 것이 본 절의 목적이다. 다만 4.2.2.에서는 '형식'의 측면에 대해서는 따로 살펴보지 않을 것인데 이유는 다음과 같다.

> (8) 가. 친구 둘이 우리 집에 놀러 왔다.
> 나. 민수는 강아지 둘을 데리고 산책하러 갔다.
> 다. 그녀는 학생 둘과 상담실로 들어갔다.
> 라. 오늘 돌볼 아이는 둘이다.

> (9) 가. 새 두 마리가 날아간다.
> 가'. 민지는 책 두 권을 사 왔다.
> 나. 오늘 수업에 참여할 두 학생이 왔다.
> 나'. 내일부터 새로 오실 두 선생님을 소개했다.

(8)과 (9)에서 확인할 수 있는 바와 같이 수량사는 기존의 논의에 따라 그것을 수사와 수 관형사로 구분하더라도 형식의 측면에서는 차이를 보이지 않는다. 다시 말해 '형식'의 측면에서는 둘 다 불변어이기 때문에 둘 사이에 특기할 만한 차이점이 보이지 않는다는 것이다. 이에 따라 본 절에서는 '기능', '분포', '의미'의 측면에서 두 구성에서 쓰인 수량사의 특징을 살펴보도록 한다.

4.2.2.1. 수량사의 기능

품사 분류에서 '기능'은 주로 통사적 성질로 바꾸어 말할 수 있는데(임홍빈·장소원 1995 : 111), 다시 말해 하나의 단어가 문장에서 다른 단어와 맺는 관계를 가리키며 이는 곧 문장 내에서 해당 단어가 하는 역할을 의미하기도 한다. 기능에 따라서 한국어의 단어는 체언, 용언, 수식언, 관계언, 독립언의 다섯 가지로 나누어진다. 이때 '체언'은 문장의 주체가 되는 자리에 나타나는 일이 많은데 문장에서 주로 주어, 목적어, 보어로 사용된다. 이와는 달리 '수식언'은 다른 말을 수식해 주는 기능을 하는데, 특히 '관형사'는 체언 앞에 나타나 그 뜻을 '어떠한'으로 분명하게 제한한다.

> (10) 가. 우산 <u>셋</u>이 나란히 걸려 있습니다.
>   나. 노란색 옷을 입은 아이 <u>하나</u>(를) 못 봤니?
>   다. <u>하나</u>에 둘을 더하면 넷이 아니라 <u>셋</u>이다.
> (10′) 가. *우산 <u>세</u>가 나란히 걸려 있습니다.
>   나. *노란색 옷을 입은 아이 <u>한</u>을 못 봤니?
>   다. *<u>한</u>에 <u>두</u>를 더하면 <u>네</u>가 아니라 <u>세</u>다.

> (11) 가. 강아지 <u>두</u> 마리가 엎드려 있다.
>   나. 연필 <u>한</u> 자루가 떨어져 있었다.
> (11′) 가. *강아지 <u>둘</u> 마리가 엎드려 있다.
>   나. *연필 <u>하나</u> 자루가 떨어져 있었다.

(10)과 (11)에 쓰인 '하나, 둘, 셋, 넷'과 '한, 두, 세, 네' 등은 서로 형태가 달라 기존의 논의들에서도 서로 다른 품사로 다루어져 오던 것이다. (10)에서 보이는 바와 같이 '하나, 둘, 셋, 넷' 등의 수사는 체언으로서 각각이 격조사와 결합하여 (10가)에서는 주어, (10나)에서는 목적어의 자리에서 쓰인다. 또한 이들은 (10다)에서는 보어의 역할을 수행할 뿐만 아니라 처격조사 '에'와 결합하기도 하고 '이다'와 결합하여 서술어로 쓰이기도 한다. 반면 (11)에 쓰인 '한, 두' 등은 수 관형사로서 각각이 '마리', '자루'

와 같은 분류사의 수를 제한하는 역할을 한다. 위의 (10′)과 (11′)에서 확인할 수 있듯이 수사의 자리에 수 관형사를, 수 관형사의 자리에 수사를 쓰면 그 쓰임이 매우 어색해진다. 구본관(2001 : 268)에서도 밝히고 있는 바와 같이 기존의 논의들에서는 (10)과 같이 격조사와 결합할 수 있는 형태는 수사로, (11)과 같이 격조사와 결합할 수 없으면서 체언에 선행하여 체언을 수식하는 기능만을 하는 것들은 수 관형사에 포함시키는 데 대체로 동의해 왔다. 그러나 문제는 앞에서도 지적한 바와 같은 다음의 예들이다.

(12) 가. 교실에 학생이 <u>다섯</u>(이) 있었던 것 같아.
　　　 나. 이제 <u>일곱</u>을 더 모으면 딱 스무 명이 된다.

(13) 가. 교실에 학생이 <u>다섯</u> 명(이) 있었던 것 같아.
　　　 다. 이제 <u>일곱</u> 명을 더 모으면 딱 스무 명이 된다.

　(12)에서 쓰인 '다섯'과 '일곱'은 기존의 논의에 따르면 격조사와 결합하므로 수사로 처리될 수 있고 (13)의 '다섯'과 '일곱'은 격조사와 직접적으로 결합하지 않고 분류사와 결합하여 해당 단위의 수를 제한하므로 수 관형사로 처리될 만한 것들이다.

　그러나 구본관(2001 : 268)에서는 분류사와 같은 특정한 부류를 제외하고는 체언이 후행하는 체언을 수식하는 것은 자연스러운 것이라고 밝히고 있다. '다섯, 여섯, 일곱…'과 같이 체언 앞에서 체언을 수식하면서 격조사도 취할 수 있는 부류를 관형사로 처리한다면 국어의 다른 명사나 대명사역시 관형사로 분류될 우려가 있다는 것이다. 이에 따라 구본관(2001)에서는 수 관형사를 '수량을 나타내는 어휘들 중에서 체언을 수식하되 격조사와 결합할 수 없는 어휘들', 즉 '한, 두, 세, 네' 등에 한정하고 있음을 확인할 수 있다. 구본관(2001 : 269)에서는 관형사가 본디 폐쇄 부류이기 때문에 수가 많지 않은 것이 자연스러우며 통사론적인 기능만으로 보면 많은 명사들 역시 관형사로 처리될 수가 있기 때문에 이러한 입장을 견지한다고 밝히고 있다. 이러한 구본관(2001)의 견해는 하나의 단어가 두 가지 이상의 품사로 기능하는 '품사 통용'의 문제가 해결된다는 점에서 일견 타당해 보인다. 그러나 고영근, 구본관(2008 : 44)의 입장과 같이 품사가 단어들을 '문법적인 성질', 다시 말해 그것이 수행하는 '기능'에 따라 나눈 것이라고 본다면 구본관(2001)의 견해는 논의의 여지가 있다. 비록 같은 형태를 공유하고 있는 것이 사실이지만 '다섯, 여섯, 일곱…' 등의 단어들은 (12), (13)의 예에서 가지는 기능이 확연히 차이가 나기 때문이다.

4.2.2.2. 수량사의 분포

분포는 한 단어가 실현되는 위치를 나타내는데 이것에 대한 인식은 최현배(1930 : 60-61)의 '… 이 말법에서의 구실이란 것은 씨와 씨의 關係와 월을 만드는 作用의 關係의 두 가지로 난혼다. 씨와 씨의 關係란 것은 한 씨가 다른 씨와 合하는 일이 잇나 없나, 또 合하는 境遇에는 어떠한 자리에서 하는가 하는 것이 그 씨의 뜻과 꼴(形式)에 들어나는 모양의 이름이요, …'라는 기술에서 확인할 수 있다. 최현배(1930)에서 '구실'은 현재의 기능을 의미하는 것이다. 이제까지 분포를 기능과 구별하여 독립된 품사 분류의 기준으로 삼은 적은 없으나, 최현배(1930)의 언급에서도 확인할 수 있듯이 단어가 나타나는 위치 역시 품사를 분류하는 데 중요한 역할을 한다는 것을 알 수 있다.

(14) 가. 하나를 다 먹고 다른 걸 먹어라.

　　　나. 넷이 온다더니 둘만 왔구나.

(14′)가. 빨간 색종이 한 장만 줘.

　　　가′. 저기 서 있는 한 아이가 보이니?

　　　나. 나 어제 네 시간밖에 못 잤어.

　　　나′. 이번 시험에는 네 학생이 통과했다.

　　(14)와 (14′)에서 확인할 수 있는 것과 같이 체언의 자리에 쓰인 '하나, 넷' 등은 조사와 결합하고 관형사의 자리에 쓰인 '한, 네'는 분류사나 일반 명사에 선행한다. 이때 특징적인 것은 '[서 있는 [한 아이]]'와 같이 수 관형사가 명사와 하나의 단위를 이루어 선행하는 관형어의 수식을 받는 자리에 위치할 수 있다는 것이다.

(15) 가. 열을 셀 때까지 답을 맞혀라.

　　　나. 열의 여덟은 이 사실을 까맣게 모르고 있을 텐데.

(15′)가. 쌀이 열 가마 있으니 여러 사람에게 나누어 줄 수 있다.

　　　가′. 잘난 딸 하나는 열 아들 안 부럽다.

　　　나. 저는 여덟 살이에요.

　　　나′. 그 동네에는 라면 파는 데만 여덟 집이 있어.

　　(14), (14′)에서 보이는 수량사들의 분포적 특징은 (15)와 (15′)에서도 확인할 수 있다. 수사와 수 관형사가 같은 형태를 공유하고 있는 '열'과 '여덟'의 경우에도 (14)에 수사로서 쓰인 '열'과 '여덟'은 조사와 결합하며 (15)에서 수 관형사로 쓰인 '열'과 '여덟'은 각각 분류사나 일반 명사에 선행하여 서로 분포상의 차이를 보인다.[8]

4.2.2.3. 수량사의 의미

품사 분류에서 '의미'라 함은 어떤 대상의 명칭을 나타내는 어휘적 의미를 뜻하는 것이 아니라 언어마다 서로 다르게 실현되는 단어들의 보편적인 특성을 끌어내기 위한 '의미 유형(semantic type)'의 역할을 하는 것이다(최형용 2013 : 148). 고영근·구본관(2008 : 44)에서는 품사를 분류하는 데 '의미'는 본질적인 기준이 되기 어려우며 보조적인 기준으로만 사용되어야 한다고 밝히고 있다. 이러한 입장은 이익섭·채완(1999 : 119)에서 '의미는 보조적인 기준은 될 수 있어도 결정적인 기준은 될 수 없다'라고 명시해 놓은 것에서도 확인할 수 있다. 이와는 달리 최형용(2013 : 147-152)에서는 유형론적 보편성을 추구하는 경우에는 '기능'이나 '형식'보다는 '의미'를 1차적 기준으로 사용하는 경우가 적지 않다고 기술하고 있다. 특히 기능과 긴밀하게 관련되는 '분포'의 경우에는 각 언어마다 서로 다른 특성을 가지고 있기 때문에 당연히 언어마다 다르게 나타날 수밖에 없다는 것이다.

---

8) 다만 '열'과 '여덟' 등이 (14′)에서 쓰인 '한, 네' 등과 다른 점은 관형어의 수식을 받을 때 '열 아이', '여덟 아이'처럼 수량사가 명사와 직접적으로 결합하여 이루어진 구성보다는 '열 명의 아이', '여덟 명의 아이'처럼 '수량사+분류사+명사'의 구성일 때 더 자연스럽다.

    가. [?]저기 서 있는 <u>열</u> 아이가 보이니?
    가′. 저기 서 있는 <u>열</u> 명의 아이가 보이니?
    나. [?]저기 서 있는 <u>여덟</u> 아이가 보이니?
    나′. 저기 서 있는 <u>여덟</u> 명의 아이가 보이니?

이것은 인지적인 문제와 관련된다고 보이는데 첫째는 '한'의 특성 때문이다. 적은 수, 특히 '한'과 같은 것은 일상생활에서 많이 사용하기 때문에 인지적으로 익숙하게 느껴질 수 있는데 이것은 '한'이 분류사와 결합하여 하나의 단어를 이루기 쉽다는 데서도 그 근거를 찾을 수 있다. 이에 대한 논의는 3절에서 다시 확인하도록 한다. 두 번째는 '다섯, 여섯, 일곱…' 이상의 많은 수를 나타내는 수량사들이 언어 사용자들이 일상 발화에서 많이 사용하지 않아서 그것을 명사와 직접 결합하여 사용하는 데 부자연스러움을 느끼기 때문일 수 있다.

이에 따라 언어마다 다르게 실현되는 단어들의 보편적 특성을 도출할 수
있는 '의미 유형'을 파악하는 것이 중요하다는 것이 최형용(2013)의 견해이
다.9) 그러나 품사 분류 기준으로서의 '의미'는 최형용(2013)에서도 밝히고
있는 바와 같이 유형론적 논의에서 본격적으로 필요한 것으로 보인다. 본
장에서도 품사 분류 기준으로서의 의미의 역할을 부정하는 것은 아니나
앞 절에서 밝힌 바와 같이 '품사'가 '단어들을 문법적인 성질, 기능에 따라
나눈 것'이라는 데 주목하여 의미보다는 기능적 측면에 더 비중을 두고자
한다.

한국어의 품사를 9가지로 나누고 있는 현재의 품사 분류에 따르면 수사
는 '사물의 수량이나 순서를 나타내는 말'이며 관형사는 '어떠한'의 의미를
가지고 체언을 수식한다. 그중에서도 수 관형사는 주로 분류사(단위성 의존
명사)와 결합하여 사물의 수량을 표시한다.

> (16) 가. 나는 책 <u>하나</u>를 샀다.
> 　　나. 지금 중요한 것은 <u>첫째</u>는 안전이고 <u>둘째</u>는 신속함이다.

> (17) 가. 이제 남은 좌석이 <u>두</u> 자리밖에 없어.
> 　　나. {갖은/여러/모든/온갖} 양념을 넣고 버무리면 돼요.

(16가)에서 '하나'는 수량을 가리키고 (16나)의 '첫째, 둘째' 등은 순서
를 가리킨다. (17가)의 '두'는 '자리'의 수량을 한정하고 (17나)의 '갖은,
여러, 모든, 온갖'은 수량을 가리키되 정확하게 가리키는 것이 아니라 많
은 수량을 포괄하는 의미로 쓰이는 것이다.

---

9) 이러한 입장은 Anward(2001)에서 확인할 수 있다.

4.2.2.4. 소결

이상에서 수사와 수 관형사로 쓰이는 수량사를 기능, 분포, 의미의 측면에서 살펴보았다. 본 장에서는 조사와 결합할 수 있는 수량사를 '수사'로, 조사와 결합할 수 없으며 후행 명사 혹은 후행 분류사의 수량을 제한하는 역할을 하는 수량사를 '수 관형사'로 보고자 한다. 이때 문제가 되는 것은 조사와 결합할 수 있으면서 후행 요소를 제한하는 '다섯, 여섯…' 등의 수량사인데 본 장의 입장에 따르면 이들 역시 '수 관형사'로 처리할 수 있다. 고영근, 구본관(2008 : 56), 구본관(2001 : 268)에서 지적한 바와 같이 체언이 후행하는 체언을 수식하는 것은 자연스러운 일이다. 그러나 일반적인 체언이 분류사에 선행하는 경우는 없으며 이것은 구본관(2001 : 268)에서도 언급하고 있다. 또한 일부의 예이기는 하지만 결합하는 분류사가 무엇인가에 따라서 '다섯, 여섯…'이 쓰일 자리에 '닷, 엿' 등이 쓰이는 경우가 있다. 이것은 수사와는 다른 수 관형사가 가지는 특징으로 보인다. 본서는 분류사에 관심을 두고 있으므로 분류사와 결합하는 단위의 속성에 주목하고자 한다. 같은 위치에 분포하면서 동일한 기능을 수행하는 단위들이 형태상의 이유로 일부만이 수 관형사로 인정되고 나머지는 수사로 분류되는 것은 두 부류 사이의 기능상 공통점을 간과한 처리라고 생각된다.10) 본 장에서는 '기능'의 측면에 주목하여 분류사에 선행하는 모든 수량사들을 수 관형사로 보도록 한다.11)

---

10) 수 관형사 '한'의 범주와 특징을 살펴본 유현경(2008)에서도 이러한 입장을 견지하고 있는 것을 확인할 수 있다.

11) 하나의 단어에 두 가지 이상의 품사를 부여하는 것은 품사 통용, 영파생의 문제를 야기할 수 있다. 이러한 문제를 해결하기 위하여 영파생, 영접미사 등을 인정하는 대신에 영변화어(zero modification word)를 설정하는 논의도 있는데 이것은 최형용(2013)에서 확인할 수 있다.

4.2.3. 분류사의 품사 설정 문제

분류사 구성에 쓰이는 수량사의 품사 문제는 기존의 연구들에서 논쟁의 대상이 되어 왔다. 이와 달리 본서에서 논의의 대상으로 삼고 있는 분류사는 현재에는 별 이견 없이 '(단위성) 의존 명사'로 처리되고 있는 것으로 보이지만 3장에서 살펴본 바와 같이 전통 문법서들에서는 분류사를 여러 가지로 명명해 왔다. 그러나 그런 다양한 논의가 전개되었음에도 불구하고 분류사에 개별 품사의 지위를 부여한 경우는 없었던 것으로 보인다. 일찍이 Ramstedt(1939)에서 'classifier'라는 용어를 사용한 바 있으나 이 역시 '한국어는 계산 단위(counting unit)로 쓰이는 명사들이 풍부하며…(채완(1990 : 168)에서 재인용)'라는 진술로 보아 분류사를 명사의 하위 부류로 다룬 것임을 알 수 있다.

  (18) 가. 명사
      前間恭作(1909), 강매·김진호(1925), 최현배(1937), 이상춘
      (1946), 박태윤(1948), 이희승(1949), 이숭녕(1954, 1956)
    나. 조수사
      안확(1917, 1923), 조선총독부(1917), 奧山仙三(1928), 정
      경해(1953)
    다. 분류사
      Underwood(1890), Scott(1893), Ramstedt(1939), Rogers
      (1953)

  (18)은 3장을 참고로 하여 전통 문법에서 분류사를 다루어 왔던 양상을 명칭에 따라 재분류한 것이다. 안확(1923)에서는 분류사를 수사의 하위 부류로 취급하였다는 것이 다른 문법서들에 비해 특징적인 것이지만, 대부

분의 문법서들에서는 분류사를 주로 명사의 하위 부류로 다루어 왔다.12) 이것은 대부분의 분류사들이 명사에서부터 왔다는 데서 이유를 찾을 수 있을 것으로 생각된다.13) 이는 허웅(1975 : 294)의 기술에서도 확인할 수 있다.

> (19) (수단위 매인이름씨는) 수를 나타내는, 매김말 노릇을 하는 임자씨 뒤에 연결되어서 수의 단위를 나타내는 매인이름씨이다. <u>이들 가운에는 자립적인 것도 있으나, 수의 단위를 나타낼 때는 매인이름씨로 다룬다.</u> (밑줄 저자)

최근의 논의들에서는 주로 '단위명사' 혹은 '단위성 의존 명사'라고 불러온 것이 대부분이지만 박진호(2011)에서는 이를 '단위사(unitizer)'로 명명한 바 있다. 이선웅(2012 : 155)의 내용을 재인용하면 다음과 같다.14)

> (20) 가. 수 단위사(count unitizer)
> ㄱ. 개체 단위사(entity unitizer) : 개, 명, 마리, 그루, 송이, 대, 장, 자루

---

12) 전통 문법서들에서 분류사를 다루어 온 다양한 관점은 3장에서 확인할 수 있다.

13) 이는 7장 '통시적 관점에서 본 한국어의 분류사'에서도 확인할 수 있다.

14) 이선웅(2012)에 따르면 한국어의 분류사는 '단위성 의존 명사(최현배 1937), '단위명사(임홍빈 1991, 이남순 1990, 채완 1990)', '부류 셈숱말(김영희 1981)', '분류사(유동준 1983, 우형식 2001·2005)', '단위사(박진호 2011)' 등의 다양한 명칭으로 불려 왔다. 각각의 논의에서 명명해 온 방식이 다른 것과 같이 이들이 초점을 두고 있는 분류사의 기능 역시 다른데 단위명사(혹은 단위성 의존 명사), 부류 셈숱말, 단위사 등은 분류사의 수량화 기능에 초점이 맞추어져 있으며 유동준(1983), 우형식(2001, 2005)에서 사용된 분류사는 부류화의 기능에 주목한 용어이다. 자세한 내용은 이선웅(2012 : 151-156)을 참고할 것. 한편, 박진호(2011)에서 사용한 '단위사'라는 용어에 대해서는 배진영 외(2014 : 215)에서도 설명하고 있다.

      ㄴ. 집합 단위사(group unitizer) : 켤레, 다스, 톳, 손

       ㄷ. 사건 단위사(event unitizer) : 번, 차례, 회, 바퀴, 순배, 판

    나. 양 단위사(mass unitizer)

      ㄱ. 용기 단위사(container unitizer) : 잔, 병, 컵, 그릇, 숟가락

      ㄴ. 도량형 단위사(measuring unitizer) : 미터, 킬로그램, 리터

    한편, 분류사 중에서는 수 관형사와 결합하여서만 쓰이는, 온전히 단위만을 나타내기 위해 쓰이는 것도 있지만 '두 <u>사람</u>이 걸어간다', '여기에는 세 <u>종류</u>의 옷이 있다', '그는 벌써 술을 두 <u>병</u>이나 마셨다'처럼 일반 명사와 같은 형식을 가지면서 분류사의 역할을 하는 것도 있다.15) 다시 말해 이들은 '<u>사람</u>이 참 많다', '저것들은 모두 <u>종류</u>가 같은 옷이다', '<u>병</u>째 들고 와라'에서처럼 명사로서의 기능도 가지고 있는데, 이는 'a cup of tea', 'a glass of water'의 'cup'이나 'glass' 등의 영어의 예에서도 확인된다. 이와 같은 사정을 고려했을 때 기존 연구들에서 분류사를 명사의 하위 부류로 다루어 온 것은 납득할 만한 것이며 이러한 이유에 따라 분류사는 개별 품사로 다루어진 적이 없었다는 것을 확인할 수 있다.

    수량사와 마찬가지로 분류사는 명사와 같은 형태를 공유하고 있는 경우가 적지 않다. 이러한 점에 주목하였을 때 분류사가 명사와 가지는 차이점이 무엇인지를 살펴보는 것은 의미 있는 작업이 될 것으로 보인다. 동일한 형식을 가진 단어에 '일반 명사', '분류사(현행 학교 문법의 단위성 의존 명사)'의 두 가지 범주를 부여하는 것에는 이유가 있을 것으로 생각되기 때문이다. 이 절에서는 앞서 설정하였던 '형식', '기능', '분포', '의미'의 기준

---

15) 한국어에서 명사와 분류사가 같은 형식을 공유하고 있는 예는 2장의 '부록 2'에서 자세히 확인할 수 있으며 그 수는 238개로 본서에서 제시한 전체 분류사 목록의 47.6%를 차지한다.

을 적용하여 분류사의 품사 문제를 생각해 보도록 한다. 이러한 네 가지
의 기준을 분류사와 관련지어 보고 분류사를 개별 품사로 설정할 수 있을
지를 살펴보도록 할 것이다. 이때 분류사를 명사, 특히 의존 명사의 하위
부류로 다루었던 견해를 반영하여 분류사와 명사가 가지는 형식, 기능, 분
포, 의미상의 공통점과 차이점을 먼저 확인한다. 이를 통하여 분류사를 개
별 품사로 인정할 수 있을지를 살펴보고, 개별 품사로 인정할 수 없다면
어떤 품사의 하위 부류로 다룰 수 있을지 등의 문제를 고찰해 보도록 한
다.16)

4.2.3.1. 분류사의 형식

한국어의 분류사는 어떤 자리에 쓰여도 그 꼴이 바뀌는 경우가 없기 때
문에 기존의 체언과 마찬가지로 불변어에 속한다.

(21) 가. 새 두 마리가 날아간다.
　　나. 나는 동물원에 가서 기린 한 마리를 보았다.
　　다. 우리 집은 햄스터를 키우는데 총 세 마리이다.

(22) 가. 지우개 한 개를 샀다.
　　나. 사과 두 개와 귤 다섯 개를 주세요.
　　다. 반지는 세 개에 만 원이다.

(21)은 동물의 수를 세는 분류사 '마리', (22)는 수량을 셀 때 일반적으

---

16) 한국어 외에도 중국어, 일본어 등의 동아시아 제어, 태국어, 미얀마어 등의 동남아시
아 제어 역시 수 분류사 언어로 분류된다. 각 언어마다 품사 체계 내에서 수 분류사
를 다루는 방식이 다른데 이에 대한 것은 8장에서 확인할 수 있다.

로 쓰이는 분류사 '개'의 예이다. '마리'는 (21가)에서는 주어, (21나)에서는 목적어, (21다)에서는 '이다'의 앞에 쓰여 서술어의 자리에 쓰였음을 알 수 있다. '개'는 (22가)에서는 목적어, (22나)에서는 부사어와 목적어, (22다)에서는 부사어의 자리에 나타난다. 이러한 (21), (22)를 통해 분류사는 어떤 자리에 쓰여도 그 형식이 변하지 않음을 확인할 수 있다.

(23) 가. 교실에 <u>책상</u>이 서른 개 있다.
　　 나. 밖에 있는 <u>책상</u>을 안쪽으로 좀 옮겨 주겠니?
　　 다. 내가 필요한 것은 빨간색 <u>책상</u>이다.

(24) 가. 집에 들어오는 길에 <u>꽃</u>을 샀다.
　　 나. 정원의 <u>꽃</u>과 나무에 물을 줘라.

(25) 가. 네가 가는 <u>곳</u>이 어디니?
　　 나. 그가 묵을 <u>곳</u>을 알아보아라.
　　 다. 학교는 공부를 하는 <u>곳</u>이다.

(23), (24)는 명사 '책상'과 '꽃'의 쓰임을 보인 것이다. 분류사의 예와 마찬가지로 명사 '책상'과 '꽃'은 그것이 주어, 목적어, 서술어 또는 부사어의 자리에 쓰일 때 형식이 바뀌지 않음을 알 수 있다. 이것은 (25)에서 쓰인 의존 명사 '곳' 역시 마찬가지이다.

이상의 예를 통해 분류사는 '형식'의 측면에서는 의존 명사를 포함한 명사와 동일하다는 것을 확인할 수 있다.

4.2.3.2. 분류사의 기능

한국어의 분류사는 '명사+수량사', '수량사'와 함께 분류사 구성을 이루어 문장 내에서 주어, 목적어, 보어의 기능을 수행한다.

(26) 가. <u>친구가</u> 집에 놀러 왔다.
　　 가'. 까만 옷을 입은 <u>사람 세 명이</u> 한꺼번에 지나갔다.
　　 나. 어머니가 <u>아이를</u> 업어 줬다.
　　 나'. 언니가 <u>옷 한 벌을</u> 사 왔다.
　　 다. 지금 생각해도 그것은 <u>공정한 처사가</u> 아니었다.
　　 다'. 금붕어가 두 마리였던 것이 어느새 <u>일곱 마리가</u> 되었다.

(27) 가. <u>친구와</u> 도서관에 갔다.
　　 나. 내가 <u>그와</u> 다시 만난 건 그로부터 일 년 후였다.
　　 다. <u>둘에</u> 셋을 더하면 다섯이다.
　　 라. 장미꽃 <u>한 송이에</u> 안개꽃 한 다발을 섞어 주세요.

　(26)에서는 명사(또는 명사구)와 '명사+수 관형사+분류사', '수 관형사+분류사'와 같은 분류사 구성이 문장에서 나타나는 자리를 보여준다. 명사(구)와 분류사 구성은 (26가, 가')에서는 주어 자리에, (26나, 나')에서는 목적어 자리에, (26다, 다')에서는 보어 자리에 나타나서 문장 내에서 수행하는 역할이 다르지 않음을 알 수 있다. 또한 (27)과 같이 분류사 구성은 명사, 대명사, 수사 등의 체언과 마찬가지로 부사격 조사와 결합하여 부사어로 기능할 수 있다. 다만 일반적인 명사와 차이가 있다면 명사는 단독으로 각각의 기능을 수행하는 데 반하여 분류사는 홀로 쓰일 수 없기 때문에 앞의 선행 구성('명사+수 관형사' 또는 '수 관형사')과 결합하여 각각의 자리에 나타날 수 있게 된다는 것이다. 이러한 문장 내에서의 기능은 대명사, 수사도 명사 또는 분류사 구성과 다르지 않다.

(28) 가. 내가 토요일에 만난 건 <u>선생님이었다.</u>

나. 내 친구가 좋아한 건 <u>그였다.</u>

다. 그날 회의에 참석할 사람은 총 <u>셋이다.</u>

라. 여기에 있는 소나무는 <u>네 그루이다.</u>

또한 분류사 구성은 (28)에서처럼 명사, 대명사, 수사 등의 체언과 같이 '이다'가 결합하여 서술어로서 기능할 수도 있다. 이와 같이 분류사는 선행 성분과 전체가 하나의 구성을 이루어 기존의 체언과 같은 기능을 수행한다.

(29) 가. 네가 다녀온 <u>데가</u> 어디였지?

나. 그가 있는 <u>데를</u> 알려주세요.

다. 여기는 내가 말했던 데가 아니다.

라. 여기가 내가 있던 <u>데(이)다.</u>

마. 가시는 <u>데까지</u> 태워다 주세요.

(30) 가. 그때는 어쩔 <u>수가</u> 없었다.

나. *해결할 <u>수를</u> 생각해 보자.[17)]

다. 살다 보면 그럴 <u>수도</u> 있지.

주지하는 바와 같이 기존의 사전에서는 분류사를 의존 명사의 일부로 처리한다. 그러나 일반적인 의존 명사와 분류사는 약간의 차이를 보이는데 그것은 (29)와 (30)에서 확인할 수 있다. (29)에 쓰인 의존 명사 '데'는 자립 명사, 대명사, 수사나 분류사 구성과 같이 주어, 목적어, 보어로

---

17) (30나)가 정문으로 해석될 때의 '수'는 '방법'의 의미를 가지는 명사이다.

기능할 수 있고 '이다'와 결합하여 서술어로 기능할 수도 있으며 부사어의 기능을 수행하기도 한다. 그러나 (30)에 쓰인 의존 명사 '수'는 목적어나 보어, 서술어로는 기능할 수 없다. 이것은 의존 명사가 수행하는 기능에 제한이 있다는 것을 나타내며 분류사와 가지는 차이이다. 이러한 예를 통해서 분류사를 의존 명사로 처리하는 것은 재고의 여지가 있다는 것을 확인할 수 있다.

4.2.3.3. 분류사의 분포

4.2.3.1.절에서도 언급한 바와 같이 분류사는 일반적인 명사와는 달리 의존적인 성질을 갖고 있다.

(31) 가. 책상 위에 열쇠가 <u>두 개</u> 있어.
　　　나. 하늘 위로 비행기 <u>한 대</u>가 날아갔다.

(32) 가. 거기 <u>세 사람</u>이 보이니?
　　　가'. 거기 <u>사람</u>이 보이니?

분류사는 (31)과 같이 '두 개, 한 대' 등과 같이 수량사와 결합하여서만 나타날 수 있으며, 자립 명사로 기능하는 '사람', '잔' 역시 분류사로 쓰일 때는 '세 사람, 다섯 잔'과 같이 수량사와 함께 나타나야만 한다. (32가, 가')와 같이 '사람'이 수량사와 함께 나타나서 분류사로 기능하는 경우와 수량사 없이 일반적인 명사로 쓰이는 경우에는 의미가 달라진다. 이때는 반드시 '수량사-분류사'의 순서로만 나타난다는 제약이 있다.

(33) 가. 생각해 보니 네가 화를 <u>낼 만</u>도 하다.

　　　나. 한 번쯤 가 볼 만은 한 것 같다.

　　(34) 가. 매번 네가 밥을 <u>사는 것</u>은 미안한데.
　　　　나. 각자 할 <u>것</u>을 정해 보자.

　　(33), (34)는 의존 명사 '만'과 '것'의 예이다. 의존 명사는 분류사와 마찬가지로 선행하는 수식 성분이 있어야 나타날 수 있다는 분포상의 제약이 있다. 그러나 이때 선행 성분은 '-ㄴ', '-ㄹ' 관형사형으로만 끝나야 한다는 점은 의존 명사와 분류사가 보이는 차이점이다.
　　다만 의존 명사 중에서도 아주 일부의 의존 명사들은 수 표현과 함께 나타나는 경우가 있다.

　　(35) 가. 그 과일은 <u>한 입 거리</u>밖에 안 된다.
　　　　나. <u>삼십 분 남짓</u> 걸어 약속 장소에 도착했다.
　　　　다. <u>일주일 내</u>로 결과를 통보해 드리겠습니다.
　　　　라. 친구가 도착한 지 <u>두 시간 만</u>에 떠났다.
　　　　마. 영수는 <u>사십 줄</u>에 들어서야 겨우 늦장가를 들었다.

　　'거리, 남짓, 내, 만, 줄' 등은 의존 명사로서 (35)와 같이 수 표현과 함께 쓰이는 것이 분류사와의 공통점이다. 특히 (35가)의 '한 입 거리', (35나)의 '삼십 분 남짓', (35라)의 '두 시간 만'에 등의 예에서 각각의 의존 명사들은 '수 관형사+분류사' 구성과 결합한다. 분류사의 경우에도 '두동무니, 석동무니, 넉동무니'와 같이 분류사가 결합한 일부 단어에서도 보이는 것과 같이 '수 관형사+분류사' 구성에 다시 분류사가 결합된 경우가 있다. 그러나 (35)의 예들이 구 구성인 것과는 달리 '두동무니, 석동무니,

넉동무니' 등의 예는 이미 단어로 굳어져서 서로 차이를 보인다. 또한 이러한 경우 외에는 '수 관형사+분류사' 구성에 분류사가 다시 결합한 경우는 보이지 않아 의존 명사와 분류사는 확연하게 분포상의 차이를 가지는 것을 확인할 수 있다.

(36) 가. 농한기라서 일할 <u>거리</u>가 적다.
　　나. 정해진 기간 <u>내</u>에 보고서를 제출해야 한다.
　　다. 그분의 인품이야 재상 <u>줄</u>에 오르고도 남을 <u>만</u>하지.

또한 (35)에 쓰인 의존 명사들은 수 표현뿐만 아니라 (36)에서 보이는 바와 같이 '-ㄴ', '-ㄹ' 관형사형, 명사에도 후행할 수 있다는 점에서 분류사와는 분포상의 차이를 보인다.

(37) 가. 내가 책{을/은/만/…} 샀는데...
　　가'. 나는 이제까지 그{를/는/만/…} 좋아해 왔다.
　　가''. 내가 사과 한 개{를/는/만/…} 양보할게.
　　나. 그거 <u>내일쯤</u> 말해 줘도 돼?
　　나'. <u>거기쯤</u> 오면 전화 줘.
　　나''. 거기에 사람이 <u>100만 명쯤</u> 왔을 텐데?

한편, 분류사는 조사나 접사의 앞에 나타나 그것들과 결합하여 쓰일 수 있는데 (37)에서 그것을 확인할 수 있다. 이것은 명사나 대명사 등의 다른 체언과 공통되는 분류사의 분포적 특징이다. 다시 말해 분류사는 그것이 나타나는 자리가 제한적이라는 점을 제외하고는 오히려 일반적인 체언과 그 성격이 크게 다르지 않다는 것을 확인할 수 있다.

그러나 앞 절에서도 보인 바와 같이 의존 명사는 분류사보다 훨씬 더

심한 분포상의 제약을 보인다.

    (38) 가. 네가 그렇게 생각할 만{*이/은/도} 했다.
         나. *네 친구가 그러는 것도 이해할 만이다.
         다. 뭐 지수가 한 말이라면 믿을 만하지.

    (39) 가. 책상 위에 종이 한 장{이/은/도} 놓여 있었다.
         나. 내가 필요한 건 직인이 찍힌 그 서류 한 장이다.

    (38)에 쓰인 의존 명사 '만'은 결합할 수 있는 조사가 분류사나 일반적인 명사보다 적다. 주격조사 '이', 목적격조사 '을' 등과는 결합하기 어려우며 '이다'와 결합할 수도 없다. 의존 명사도 어휘마다 차이는 있지만 특히 '만'은 '은'이나 '도'와 같은 보조사와만 결합할 수 있다. 한편, '만'은 접사 '-하다'와 결합할 수 있는데 이것 역시 분류사와는 다른 점이다. 이와 같을 예를 통해 분류사를 의존 명사로 처리하는 견해에는 문제가 있음을 확인할 수 있다.

4.2.3.4. 분류사의 의미

    체언에 속하는 명사, 대명사, 수사는 각각이 다음과 같은 의미를 가진다.

    (40) 가. 명사 : 사물의 이름을 나타내는 말
         나. 대명사 : 사람이나 사물의 이름을 대신 나타내는 말
         다. 수사 : 사물의 수량이나 순서를 나타내는 말

    본서의 대상인 분류사는 명사와 유사한 기능을 수행하면서 비슷한 분포를 보이지만 의미적인 측면에서는 차이를 보인다. 다시 말해 분류사는 '수

효나 분량 따위의 단위를 나타내는 말'로서 수량과 관련이 되면서 단위를
나타낸다는 점에서 특정적이다.

(41) 가. 마늘 <u>한</u> 접은 몇 개니?
나. 할머니의 반짇고리에는 바늘 <u>두</u> 쌈이 들어 있었다.
다. 북어 <u>한</u> 쾌 주세요.

한편 분류사는 (41)과 같이 그 자체가 특정한 수량을 나타내기도 하는
데 (41가)의 '접'은 '백'을, (41나)의 '쌈'은 '스물넷'을, (41다)의 '쾌'는 '스
물'이라는 수량을 나타낸다. 이와 같이 분류사는 일반적인 명사와는 구분
되는 다른 의미상의 특징을 가지고 있다.[18]

4.2.3.5. 소결

이상에서 한국어의 분류사를 형식, 기능, 분포, 의미의 측면에서 살펴
보았다. 기존에 분류사를 의존 명사로 처리하였던 입장과는 달리 본 장에
서는 분류사를 의존 명사로 취급하지 않는다. 그 이유는 분류사가 의존
명사와는 기능상으로도 분포상으로도 완전히 일치하지는 않으며 오히려
의존 명사보다 더 많은 기능을 수행하거나 더 넓은 분포를 가지고 있는
경우가 있어서 분류사를 의존 명사의 하위 부류로 보기에는 무리가 있기
때문이다. 오히려 분류사는 일반적인 자립 명사와 더 유사한데 이 역시
그 분포가 의존적이라는 점, 의미상으로 일반적인 명사와는 달리 수량의
단위 또는 특정 수량을 표시한다는 점에서 일반명사와 같이 볼 수는 없다.
본 절의 목적은 분류사가 개별 품사인지를 밝히고 개별 품사로 인정할

---

18) 분류사가 가진 의미적인 특성은 6장에서 더 자세히 확인할 수 있다.

수 없다면 어떤 품사의 하위 부류로 다룰 수 있을지를 확인하는 것이라고 한 바 있다. 본 장에서 설정한 네 가지 품사 분류 기준 중에서 가장 중심이 되는 것은 기능과 분포이다. 기능과 분포의 측면에서 분류사를 의존 명사의 하위 부류로 다루던 기존의 견해에는 문제가 있음을 확인하였다. 또한 기능과 분포상의 측면에서 분류사는 일반적인 명사와 유사하므로 분류사를 개별 품사로 인정하기도 어려울 것으로 보인다. 분류사는 그 성질이 의존적이라는 점에서는 자립 명사와 구분되어야 하며 의미적으로도 일반적으로 사용되는 명사와는 차이를 가진다. 이러한 점에 따라 명사를 자립 명사, 분류 명사, 의존 명사로 나누고 분류 명사를 자립 명사, 의존 명사와는 구분되는 별개의 하위 부류로 설정하고자 한다.

4.3. 한국어 분류사와 단어 형성

4.3.1. 분류사 구성과 접사의 결합

2절에서는 한국어의 분류사가 의존 명사와는 기능상, 분포상으로 다른 특징을 가지고 있으며 오히려 일반적인 명사와 같은 기능을 함을 확인하였다. 이러한 분류사 구성은 접사와 결합하여 나타나는 경우가 있는데, 이때 접사와 결합하는 구성이 통사적 단위(syntactic unit)를 이루는 것인가 어휘적 단위(lexical unit)를 이루는 것인가의 문제가 발생할 수 있다.

(42) 가. 탁자 위에 동전이 <u>3개쯤</u> 있을 거야.
    나. 이번 회의에 <u>3개사</u>가 참여하기로 했다.

이영제(2011)에 따르면 한국어에서 단위성 의존 명사로 실현되는 분류사 구성은 통사적으로 한 단어로 나타난다. 이러한 분류사는 (42)와 같이 접사와 결합하여 쓰이기도 하는데, 문제는 다음과 같은 예이다.

> (43) 가. 푼푼이 모은 돈으로 [오리 1000마리]쯤은 사들였다.
> 나. 이 양념은 [통닭 세 마리]용으로 준비한 것이다.
> 다. 가요 순위 조작을 위해서는 최소한 [관계자 3명]가량은 매수
> 해야 한다.
>
> (이영제 2011 : 315)

(43)의 예는 '명사＋수사(수 관형사)＋분류사'의 분류사 구성에 접사가 결합한 것인데 '-쯤, -용, -가량' 등의 접사가 결합하는 단위가 단어가 아니라 구 이상의 통사적 구성이다. 이영제(2011)에 따르면 (42)와 (43)의 '분류사 구성＋접사'의 결합형에 대해서는 다음과 같이 서로 다른 기저 구조를 설정하는 견해가 있다.19)

> (44) 가. 가요 순위 조작을 위해서는 최소한 [[관계자 3명]가량]은 매
> 수해야 한다.
> 나. 이번 회의에 [[e 3개]사]가 참여하기로 했다.

(44가)는 (43다)를, (44나)는 (42나)의 기저 구조를 나타낸 것이다. 이영제(2011 : 319)에 따르면 (44가)의 수량 구성에 결합한 접사 '-가량'은 통

---

19) 표면 구조와 기저 구조에 대한 논의는 생성문법에서 주로 진행되는데 본 장에서 생성 문법적 입장을 견지하고 있는 것은 아니라는 점을 밝혀 둔다. 다만 여기서 이러한 용어를 사용하는 것은 분류사 구성과 단어의 형성을 다룬 이영제(2011)와 거기에서 제시한 여러 견해들을 살펴보고 거기에서 나타나는 논지를 정리하기 위한 것이다.

사적 구성에 결합하는 것이다. 접사 '-가량'이 결합하여 새로운 어휘를 만들지 못하기 때문이다.20) 이때 '마리, 베, 필, 접, 단, 관, 축' 등의 분류사는 '-꼴, -씩, -짜리, -째, -쯤' 등의 고유어 접사뿐만 아니라 '-가량(假量), -분(分), -대(臺)' 등의 한자어 접사와도 자유롭게 결합한다는 특징을 가지고 있다. 이러한 접사들은 '정도'나 '분량'의 의미를 나타낸다는 특징이 있는데 이것은 분류사 구성과 의미상으로도 통한다고 볼 수 있다. 한편, (44나)는 핵 명사가 없는 분류사 구성의 기저 구조로 시정곤(2000)에서 제시한 것이다. 이때 'e'는 공범주(empty category)를 나타내는 것으로서 (44나)는 '이번 회의에 [[회사 3개]사]가 참여하기로 했다.'로 재기술할 수 있다. 이러한 경우에는 오히려 핵 명사가 나타나는 것이 어색한데 그것은 분류사 '개'에 '회사'의 의미를 갖는 '-사'가 결합하여 그 자체로서 '회사'의 의미를 나타낼 수 있기 때문이다.

> (45) 가. 이 위스키는 지금 마신 <u>30년산</u> 이외에도 다양한 종류가 있습니다.
> 　　 가'. [[*생산 연도 30년]산]
> 　　 나. 우리는 간편한 <u>1회용</u> 젓가락을 자주 쓰는 편이다.
> 　　 나'. [[*횟수 1회]용]
> 　　 다. 이 열차는 잠시 뒤에 출발하는 <u>3시발</u> 부산행 열차입니다.
> 　　 다'. [[*시간 3시]발]
>
> (이영제 2011 : 323)

이영제(2011)은 (45)의 예를 제시하면서 이러한 예들에 대해서는 시정

---

20) (44가)는 이른바 '통사적 접사', '통사적 파생'의 개념과도 관련될 수 있다. 그러나 통사적 접사의 인정 문제는 본 장의 관심사가 아니므로 이에 대한 논의는 미루어 두도록 한다. 통사적 접사에 대한 논의는 임홍빈(1989), 시정곤(2000) 등을 참고할 수 있다.

곤(2000)과 같이 공범주를 설정할 수 없다고 보고 있다. (45)에서 보인 예들은 파생 의미로만 쓰이기 때문에 핵 명사 없이 자립적으로 쓰일 수 있다는 것이다. (45가)의 '30년산'은 '30년산 위스키', '30년산 산삼' 등에서처럼 '만들어진 지 30년이 된'이라는 의미를 가지는 것으로 '생산 연도 30년'과는 전혀 다른 의미를 가진다. (45나)의 '1회용'은 그 의미는 (45가)와 같되 핵 명사가 분류사 구성과 접사의 결합형에 후행해서 나타난다는 점이 차이이다. 이때는 노명희(2005)의 '관형화 접사' 개념을 도입할 수 있는데 '중국산 시계', '4년제 대학' 등이 그 예이다. 이 경우에도 역시 분류사 구성에서 핵 명사를 따로 상정하기 어렵다. (45다)에서는 '시간'이라는 핵 명사를 상정할 경우에 중복 표현이 되므로 잉여적이다. 다시 말해 핵 명사의 기능을 분류사와 접사가 결합한 형식이 대체하고 있기 때문에 오히려 선행 명사가 있는 경우에는 의미적 중복을 이루어 잉여적인 표현이 된다는 것이다. 이러한 경우에도 핵 명사를 별도로 제시하기에는 무리가 있다. 이영제(2011 : 325)에서는 이러한 구성을 '형태론적 파생어'로 분류한다.

(45)와 같은 예들은 이영제(2011 : 328)에 따르면 다음과 같은 구조를 가진다.

(46) 〔어근＋〔분류사21)＋통사적 접사〕N〕N : 분류사와 접사의 공시적 결합

(46)과 같이 공시적 결합에 의하여 분류사와 접사가 결합하는 예들은

---

21) 이영제(2011 : 328)에서는 이 자리에 '의존 명사'라는 용어를 사용하였으나 본 장에서는 앞 절에서 분류사를 의존 명사의 일부로 처리할 수 없다고 보았기 때문에 '분류사'로 바꾸어 쓰도록 한다.

통사적 구성과도 관련이 된다. 이러한 예로는 '-년산', '-년생', '-인승', '-회용' 등의 '분류사+접사' 결합형이 있다. 이러한 예들은 통사적 구성과의 연관성을 가지지만 그 구성 요소의 의미만으로는 파악할 수 없는 파생 의미를 가지기 때문에 형태론적 구성의 특징도 가지고 있다(이영제 2011 : 329). 이들은 그 결합형을 의미 핵으로 볼 수 있느냐 없느냐의 문제와 관련해서는 정도성의 차이를 가지고 있지만 앞서 말한 바와 같이 선행 명사를 상정할 수 없다는 점에서는 같다. 이러한 이영제(2011)의 입장에 따른다면 분류사는 접사와 결합하여 새로운 단어를 형성하는 데 참여할 수 있다.22)

4.3.2. 분류사 구성과 단어 형성

이영제(2011)에서 제시한 것과 같이 분류사는 접사와의 결합을 통해서 새로운 단어를 형성할 수도 있지만 수 관형사나 다른 단위, 특히 명사와 결합하여 새로운 단어를 형성하기도 한다. 본 절에서는 분류사가 단어 형성에 참여하는 양상을 살펴보도록 한다.23) 단어의 구성 요소로서 분류사를 가진 단어들 중에 가장 눈에 띄는 것은 수 관형사 '한'과 여러 분류사가 결합한 것들이다. 분류사가 결합하는 수 관형사 중 '한'은 특이한 성질을 가지는데 유현경(2008)에서는 '한'을 다음과 같이 크게 다섯 가지로 나누었다.

---

22) 실제로 『표준국어대사전』에는 '-년생', '-년산', '-인승', '-회용' 등이 별도의 표제어로 등재되어 있지 않지만 『고려대 한국어대사전』에는 표제어로 실려 있다. 이러한 사전적 처리는 이들 파생어가 가지는 의미와 관련된 것으로 보인다.

23) 본 절의 제목을 '분류사와 단어 형성'이 아니라 '분류사 구성과 단어 형성'이라 한 것은 '넉동-무니', '닷곱되' 등과 같이 많지는 않지만 '수 관형사+분류사'의 구성이 다른 언어 단위와 결합하여 새로운 단어를 형성하는 경우가 있기 때문이다.

(47) 가. 나 그거 <u>한 개</u>만 빌려 줘.24)

　　나. 모든 사람이 <u>한 공간</u>에 모여 앉아 있었다.

　　다. 옛날에 <u>한 마을</u>에 효자가 살고 있었어요.

　　라. <u>한 5분</u>쯤 더 걸어가면 내가 말한 가게가 나올 거야.

　　마. 오늘 내가 <u>한마디</u>만 할게.

　　(47가)의 '한'은 전형적인 수 관형사, (47나)의 '한'은 '같은'의 의미를 가진 관형사, (47다)의 '한'은 '어떤'의 의미를 가진 관형사이다. 이와는 달리 (47라)는 관형사의 의미가 아니라 '대략'의 의미를 가져 부사적 용법을 띠고 있는 것을 확인할 수 있다. 또한 (47마)의 '한'은 합성어를 형성하는 데 쓰인 것으로 본 장의 관심사가 된다. 이와 같이 수 관형사 '한'은 '두, 세, 네…' 등의 다른 수 관형사에 비하여 다양한 의미와 기능을 가지고 있다.

　　(48) 가. 성호가 데려온 아이 중의 <u>한 명</u>이 울었다.

　　　　나. 기웅은 자신도 모르게 <u>한 걸음</u> 뒤로 물러섰다.

　　(49) 가. 어느 날 <u>한 사람</u>이 나를 찾아왔다.

　　　　가'. *어느 날 <u>한 명</u>이 나를 찾아왔다.

　　　　나. 최후의 <u>한 사람/명</u>이 남을 때까지 총을 들었어야 했다.

　　유현경(2008 : 67)에 따르면 '한'은 체언류 중에서도 특히 분류사와 결합하는 비율이 가장 높다. (48가)와 같이 '한'이 분류사와 결합하면 언제나

---

24) (47가)는 유현경(2008)에서는 '나 그거 한 번만 빌려 줘.'로 제시되어 있던 것을 수정한 것이다. '한 번'의 경우에는 '두 번, 세 번 …'과 바꾸어 쓸 수 있는 '1회'의 의미로 쓰일 수도 있고 '한 차례', '어느 때나 기회'의 의미를 가진 '한번'으로 쓰일 수도 있기 때문이다. (47가)는 문맥에 따라 두 가지 모두로 해석이 가능하기 때문에 (47마)와의 차이를 보다 명확히 보여주기 위하여 예문을 수정하였음을 밝혀두는 바이다.

수 관형사로서의 기능과 의미를 지니게 되며 이때의 '한'은 '두, 세, 네 …' 등의 수 관형사와 대체가 가능하다. (48나)의 '걸음'은 본래는 명사인 것이 분류사적 용법도 가지는 경우이다. 이러한 경우에도 역시 수 관형사와 어울리면 '걸음'이 분류사로서 해석되지만 (49)의 '사람'은 그 해석이 문맥에 따라 달라진다. (49가)에 쓰인 '사람'은 일반적인 명사로 쓰인 것이므로 '명'으로 바꾸어 쓸 수 없고, 이때의 '한' 역시 '어떤'의 의미를 가진 것으로 해석된다. 그러나 (49나)에서처럼 분류사로 쓰인 '사람'은 '명'과 바꾸어 쓸 수 있을 뿐 아니라 '한'은 '어떤'의 의미로는 해석할 수 없으며 오직 수 관형사로서만 해석된다. 한편, 분류사적 용법을 가진 '사람'은 '{한/여러/몇/온갖/모든} 사람'과 같이 대부분의 수 관형사와 결합이 가능하지만 '명'은 '{한/여러/몇/*온갖/*모든} 명'과 같이 그 쓰임이 제약적이다(유현경 2008 : 69).

> (50) 가. <u>한번</u>은 그런 일도 있었지.
> 　　 나. 오랜만에 소주 <u>한잔</u> 어때?
> 　　 다. 그가 <u>한마디</u> 말도 없이 떠났다.

　(50)에 쓰인 '한'은 분류사와 결합하지만 수 관형사로 쓰인 것이 아니다. (50)의 '한번', '한잔', '한마디'는 각각 '지난 어느 때나 기회', '간단하게 마시는 차나 술', '짧은 말, 또는 간단한 말'이라는 의미를 가져 '수 관형사+분류사'의 결합으로 도출되는 의미 이외의 제3의 의미를 가지게 된다(유현경 2008 : 69).

> (51) 가. *{두/세/네 …}번은 그런 일도 있었지.
> 　　 나. *오랜만에 소주 {두/세/네 …}잔 어때?

다. *그가 {두/세/네 …}마디 말도 없이 떠났다.

또한 이때 쓰인 '한'의 자리에는 '두, 세, 네 …' 등의 수 관형사를 쓸 수
없다는 점에서 전형적인 수 관형사와는 다름을 알 수 있고 '한+분류사' 사
이에 다른 요소가 끼어들 수도 없다는 점에서도 '한번, 한잔, 한마디' 등이
이미 한 단어, 즉 새로운 합성명사가 되었다는 것을 확인할 수 있다.

(52) '한+분류사'형 단어

단어	의미
한-가락01	명어떤 방면에서 썩 훌륭한 재주나 솜씨.
한-가락02	명일지03(一指)
한-가지	명형태, 성질, 동작 따위가 서로 같은 것.
한각01	명한 장단을 이르던 말. 흔히 복합박자 또는 혼합박자 한 장단을 이른다.
한-걸음	명쉬지 아니하고 내처걷는 걸음이나 움직임.
한-곳	명일정한 곳. 또는 같은 곳.
한-군데	명어떤 일정한 곳.
한-그루	명「1」한해에 그 땅에서 농사를 한 번 짓는 일. 「2」=단일 경작.
한-길	명하나의 길. 또는 같은 길.
한-나절	명「1」하룻낮의 반(半). 「2」하룻낮 전체.
한-날	명같은 날.
한날-한시	명같은 날 같은 시각.
한-동기	명부모가 같은 형제자매.
한-마디	명짧은 말. 또는 간단한 말.
한-방	명같은 방.
한-번	명지난 어느 때나 기회.
한-번	부「1」((주로 '-어 보다' 구성과 함께 쓰여))어떤 일을 시험 삼아 시도함을 나타내는 말.

	「2」기회 있는 어떤 때에. 「3」((명사 바로 뒤에 쓰여))어떤 행동이나 상태를 강조하는 뜻을 나타내는 말. 「4」일단 한 차례.
한-사람	명같은 사람.
한-술	명숟가락으로 한 번 뜬 음식이라는 뜻으로, 적은 음식을 이르는 말.
한-시	명같은 시각.
한-잔	명간단하게 한 차례 마시는 차나 술 따위.
한-줄기	명한 번 세게 쏟아지는 소나기 따위의 빗줄기. 같은 계통
한-줌	명예전에, 소 장수들이 십 원이나 백 원을 이르던 말.
한-집	명같은 집.
한-차	명같은 차.
한-차례	명어떤 일이 한바탕 일어남을 나타내는 말.
한참-갈이	명소로 잠깐이면 갈 수 있는 작은 논밭의 넓이.
한-탕	명'한바탕'이라는 뜻으로, 한 번의 일거리를 속되게 이르는 말.
한-판	명한 번 벌이는 판.
한-패	명같은 동아리. 또는 같은 패.
한-편	명같은 편. 한쪽.

이렇듯 분류사는 수 관형사 중에서도 특히 '한'과 결합하여 하나의 단어를 형성하는 경우가 많다. (52)에서도 확인할 수 있는 바와 같이 새로운 합성명사를 형성할 때에 쓰인 '한'은 대부분이 '같은'의 의미로 쓰인다는 것이 특징적이다. 또한 이러한 유형의 '한+분류사'형 단어에 쓰인 분류사는 원래는 일반명사였던 것이 분류사로도 쓰이는 것들임을 확인할 수 있다. 유현경(2008)에서도 지적했듯이 이때의 '한'은 전형적인 수 관형사 '한'에 비하여 더 넓은 의미를 가지는 것들이다. 이와 같이 '한'이 다양한 의미를 가지면서 분류사와 결합하여 여러 단어들을 형성하는 이유는 다음과 같이

짐작해 볼 수 있다. 함께 출현하는 빈도가 높은 단위들은 화자들의 인식 속에 자연스럽게 한 단위로 묶여서 생각될 가능성이 높다. 한국어에는 '한'을 비롯하여 '두, 세, 네 …' 등의 전형적인 수 관형사와 '몇, 모든, 온갖' 등의 수 관형사가 존재한다. 이 중에서 가장 흔하게 사용되면서 '첫 번째'의 의미를 가진 '한'이 출현하는 예는 여타 수 관형사에 비해서 월등하게 높을 것으로 생각된다. 유형론적으로도 여러 언어에서 '하나째'의 의미를 가진 '첫째'를 나타내는 단어가 보충법적으로 많이 나타난다는 점도 이와 관련되는 것으로 보인다. 이러한 측면에서 '한'은 화자가 가장 쉽게 인식할 수 있는 단위가 되며 특히 분류사와 함께 출현하는 일이 잦으므로 출현 빈도가 높은 것들끼리 결합하여 새로운 단어를 형성한 것이라고 생각해 볼 수 있다.[25]

수 관형사 '한'과 결합하여 새로운 단어를 형성하는 경우도 있지만 분류사가 다른 단위들과 결합하여 형성된 단어도 보인다. 다음은 『표준국어대사전』에 등재되어 있는 분류사 결합형 단어들의 일부 예이다.

(53) 분류사 결합형 단어

단어	의미	분류사가 결합한 형식
낱-냥쭝	圏 따로따로인 한 냥쭝 한 냥쭝.	명사
낱-돈쭝	圏 따로따로인 한 돈쭝 한 돈쭝.	명사
낱-되	圏 따로따로인 한 되 한 되.	명사

---

25) '빈도'와 관련한 문제는 말뭉치 자료를 통해 확인할 수 있다. 예를 들어 국립국어원 언어정보나눔터에서 제공하는 말뭉치 자료에서 '한번(또는 한 번)'이 사용된 예는 총 14,274건이 검색되는 반면 '두 번'은 2,572건, '세 번'은 1,093건, '네 번'은 352건이 검색된다. 그런데 여기에는 '두 번째'나 '한두 번', '세 번째', '두세 번', '네 번째' 등의 예까지 포함되어 있어 순수하게 '두 번'이 쓰인 예는 더 적을 것으로 생각된다.

낱-푼쭝	명근(斤)이나 관(貫)으로 세지 않고 낱으로 세는 한 푼쭝 한 푼쭝.	명사
넉-동	명「1」윷놀이에서, 말이 첫 밭에서 끝 밭을 거쳐 나가는 네 번째 차례. 또는 네 번째 나는 말. 「2」윷놀이에 쓰는 네 개의 말.	수 관형사
넉동-무니	명윷놀이에서, 네 동이 한데 포개어져 가는 말. 늑넉동사니.	수 관형사+분류사
늦-거리	명만기. 삼기(三機)의 하나. 국악 곡조에서, 가장 느린 빠르기를 이른다. 늑늦거리·만조05(慢調).	접두사
단-동	명「1」윷놀이에서, 말이 첫 밭에서 끝 밭을 거쳐 나가는 첫 번째 차례. 또는 첫 번째 나는 말. 「2」윷놀이에쓰는한개의말.	접두사
단동-무니	명「1」=외동무니. 「2」윷놀이에서,상대편이한동도나지못한사이에네 동이다나서놀이를이기는일.	접두사+분류사
달-거리	명「1」『문학』한 해 열두 달의 순서에 따라 노래한 시가의 형식. 늑월령체. 「2」『음악』농악 십이채 가운데 1년 열두 달의 명절을 노래하는 가락. 「3」『음악』잡잡가의 하나. 달마다 돌아오는 명절에 가신 임과의 옛일을 생각하며 읊는 노래이다.	명사
닷곱	명다섯 홉. 반 되를 이른다.	수 관형사
닷곱-되	명다섯 홉 드는 되.	수 관형사, 자립명사
돈-냥	명「1」((흔히 '돈냥이나' 꼴로 쓰여))=돈푼. 「2」한 냥 안팎의 돈.	명사
돈-돈	명몇 돈으로 헤아릴 만한 얼마간의 돈.	명사
돈돈-쭝	명저울로 달아서 몇 돈쭝이 될 만한 무게.	명사, 접미사
돈-푼	명((흔히 '돈푼이나' 꼴로 쓰여))쉽사리 헤아릴 만큼 그다지 많지 아니한 돈. 늑돈냥「1」·돈닢「2」·쇳냥·전냥(錢兩).	명사
두동-무니	명윷놀이에서, 두 동이 한데 포개어져 가는 말. 늑두동사니.	수 관형사+분류사

뭇-놈	명 잡다하게 많은 남자를 낮잡아 이르는 말.	수 관형사
반-나절	명 「1」한나절의 반. ≒반상04(半晌)·반향02·한것「1」. 「2」=한나절「1」.	접두사
반-날	명 한나절「1」.	접두사
불사-거리	명 사경굿에서, 첫째 날 밤에 마당에서 하는 굿. 열두 거리로 되어 있다. ≒천궁맞이.	명사
사발-술	명 「1」한 사발가량의 술. 또는 몇 사발의 술. 「2」사발로 들이마실 정도의 주량.	명사
삼백예순-날	명 일 년 동안 매일. 1년을 대략 360일 정도로 본 데서 온 말이다.	수 관형사
삼짇-날	명 음력 삼월 초사흗날.	명사
석동-무니	명 윷놀이에서, 세 동이 한데 포개어져 가는 말.	수 관형사+분류사
세-나절	명 한나절의 세 배라는 뜻으로, 일을 하기에 제법 긴 시간을 이르는 말.	수 관형사
수-개월	명 두서너 달. 또는 여러 달.	수 관형사
수-마력	명 일정한 양의 물을 일정한 높이까지 끌어 올리는 데 필요한 동력.	
실-마력	명 기관(機關)이 실제로 축을 돌리는 힘.	접두사
아침-나절	명 아침밥을 먹은 뒤부터 점심밥을 먹기 전까지의 한나절.	명사
양-돈사	명 한 냥에 몇 돈을 더한 금액.	분류사
열-나절	명 일정한 한도 안에서 매우 오랫동안.	수 관형사
열두^거리	명 『민속』 「1」굿의 열두 가지 순서. 「2」풍물놀이에서, 기본이 되는 열두 가락. ≒십이차.	수 관형사
옷-가지	명 몇 가지의 옷. 또는 몇 벌의 옷. ≒의복가지.	명사
옷감-가지	명 옷을 짓는 데 쓰는 몇 가지의 옷감.	명사
외-동	명 =외동무니.	접두사
외동-무니	명 윷놀이에서, 한 동만으로 가는 말.	접두사+분류사
의복-가지	명 옷가지.	명사

잔-술	몡『1』한 잔의 술.≒배주02(杯酒)『2』. 『2』낱잔으로 파는 술.	명사
저녁-나절	몡저녁때를 전후한 어느 무렵이나 동안.	명사
점심-나절	몡점심때를 앞뒤로 한 반나절.	명사
정미-마력	몡제동마력.	명사
제동-마력	몡제동기로 멈추게 할 때의 힘의 마력. 측정하는 동력계가 주로 제동력을 이용하는 데에서 붙여진 이름이다. ≒정미마력.	명사
축-마력	몡원동기의 축부(軸部)에서 출력되는, 실제로 사용할 수 있는 마력. 원동기에 공급되는 에너지는 도중에 마찰 따위로 손실되므로 실제로 사용할 수 있는 마력은 이것이다.	명사
판 소 리 ^ 다 섯^마당	몡『음악』판소리 열두 마당 가운데 현재까지 전하여 내려오는 다섯 개의 작품. 〈춘향가〉, 〈심청가〉, 〈흥부가〉, 〈적벽가〉, 〈수궁가〉이다.	명사+수 관형사
판 소 리 ^ 여 섯^마당	몡『음악』판소리 열두 마당 가운데 부르던 여섯 편의 작품을 개산(改刪)하여 모은 것. 판소리 다섯 마당에 〈변강쇠가〉를 더한 것이다.	명사+수 관형사
판 소 리 ^ 열 두^마당	몡『음악』판소리로 부르던 열두 편의 작품. 〈춘향가〉, 〈심청가〉, 〈흥부가〉, 〈적벽가〉, 〈수궁가〉, 〈변강쇠가〉, 〈배비장 타령〉, 〈강릉 매화 타령〉, 〈옹고집 타령〉, 〈장끼 타령〉, 〈무숙이 타령〉, 〈숙영낭자 타령〉이다. 무숙이 타령과 숙영낭자 타령 대신에 왈짜 타령과 가짜 신선 타령을 넣기도 한다.	명사+수 관형사
포기-김치	몡배추를 통째로 담그는 김치.	명사
푼-돈	몡『1』많지 아니한 몇 푼의 돈.≒분문01(分文). 『2』적은 액수로 나뉜 돈.	명사

(53)에서 확인할 수 있는 바와 같이 분류사는 주로 명사와 결합하여 새로운 단어를 형성하는 것으로 보이며, 분류사의 원래 쓰임과 마찬가지로 수 관형사와 결합하여 단어 형성에 참여하기도 한다. 이들은 대부분이 의미적으로 함께 어울려 쓰일 수 있는 '명사-분류사(분류사-명사)', '수 관형사

+분류사'의 짝이라는 점이 특징적이다. 이로 미루어 볼 때 (52)에서 제시한 예들은 '한'이 결합한 단어들과 마찬가지로 두 단위가 함께 출현하는 빈도가 높아지면서 한 단어로 굳어진 것이라고 짐작해 볼 수 있다.26)

이 중에서 눈에 띄는 예는 '닷곱', '닷곱-되'이다. '닷곱'은 '다섯 홉'을 의미하는 단어로서 의미상으로는 의심의 여지가 없이 '수 관형사+분류사' 구성이 하나의 단어로 굳어진 분류사 결합형 단어이다. 그러나 '한 홉, 두 홉, 서 홉 …' 등의 '홉'이 결합한 다른 수 관형사와는 달리 '닷곱'은 '홉'이라는 원래의 분류사의 형식을 잃었을 뿐만 아니라 분석을 할 수도 없어 '닷-곱'과 같이 표시되지도 않음을 확인할 수 있다. '닷곱'의 이전 형태로는 '닷홉'이 있었는데, 이들의 출현 시기를 보면 '닷홉'이 나타난 문헌은 『구급방언해』로 15세기 자료이고 '닷곱'은 18세기 문헌인 『자휼천칙』에서 나타난다. 이를 통하여 적어도 18세기에는 분류사 '홉'이 결합한 '닷홉'이 그 원래의 형식을 상실하고 어휘화하여 '닷곱'으로 자리 잡았다는 것을 알 수 있다.

---

26) 위에서 『표준국어대사전』을 기준으로 등재된 단어들을 살펴보았을 때 이러한 가능성은 한층 더 설득력을 얻을 수 있다.

　가. 열두^거리, 판소리^다섯^마당, 판소리^여섯^마당, 판소리^열두^마당
　나. 정미-마력, 제동-마력, 축-마력

'열두 거리', '판소리 다섯 마당, 판소리 여섯 마당, 판소리 열두 마당' 등은 구로 볼 수 있지만 '거리'와 '마당'이 각각 '열두', '판소리 다섯/판소리 여섯/판소리 열두' 등과 자주 어울려 쓰이면서 한 단어처럼 쓰이는 것도 허용된다. 공시적으로는 구이지만 한 단어로도 쓰일 수 있다는 것은 이러한 단어들의 출현 빈도와 직접적으로 연관되어 있을 것으로 생각된다. '마력'이 결합한 '정미마력', '제동마력', '축마력' 등도 한 단어로 굳어진 것인데 역시 같은 맥락에서 볼 수 있다. 그러나 이들은 전문 용어라는 점에서는 '저녁나절', '뭇놈'과는 그 형성 동기가 다를 수 있다. 이들은 전문 분야에서 쓰이는 용어이기 때문에 화자의 명명 욕구를 해소하기 위하여 공시적으로 형성된 단어일 가능성이 높기 때문이다.

한편, 분류사는 수 관형사에 후행하는 분포적 특징을 가지고 있음을 본 장의 2절에서 살펴본 바 있다. 분류사가 단어의 형성에 참여할 때도 다른 단위에 후행하는 분포적 특징이 대체로 드러나는 것으로 보이지만 아주 일부의 예에서는 정반대의 분포를 보이는 경우도 있다.

(54) 사발술, 잔술, 포기김치, 푼돈

(55) 돈돈쭝

(54)는 분류사가 명사에 선행하여 새로운 단어를 형성한 경우이고 (55) 는 분류사가 명사와 접미사의 사이에 결합하여 새로운 단어를 형성한 경 우이다. 분류사가 참여하여 형성된 단어가 문법화된 형식으로 굳어졌다는 것이나 본래 분류사의 분포와는 정반대의 양상으로 단어 형성에 참여한 예들을 통하여 분류사가 단어 형성 요소로서 기능하고 있다는 것을 확인 할 수 있다.27)

그러나 2장과 본 장의 앞부분에서도 밝힌 바와 같이 분류사 중에서는 전형적인 분류사 외에도 자립 명사가 분류사적인 쓰임을 보이는 것들이 있다. 이러한 점 때문에 어떤 단위가 자립 명사로서 단어의 형성에 참여 한 것인지 분류사로서 단어의 형성에 참여한 것인지 가리기 힘든 경우가 발생한다.

(56) 잔술 몡
　　「1」한 잔의 술. ≒배주02(杯酒)「2」.

----

27) 이 외에도 사전 등재어는 아니지만 '개비담배', '조각피자' 등의 단어가 널리 쓰이고 있 다는 점에서 단어 형성 요소로 쓰이는 분류사의 특성을 확인할 수 있다.

「2」낱잔으로 파는 술.

사발술 몡

「1」한 사발가량의 술. 또는 몇 사발의 술.

「2」사발로 들이마실 정도의 주량.

그러나 여기에서도 (56)의 '잔술', '사발술' 모두 그 의미에 '한 잔', '한 사발, 몇 사발'이라는 분류사로서의 의미가 포함되어 있다는 점에 주목할 필요가 있다. 특히 '사발술'의 경우에는 '~ 정도의'라는 의미를 가져 어떤 정도나 분량을 나타내는 분류사적 용법이 단어의 의미에 그대로 들어 있다는 점이 흥미롭다. 이러한 예에서 쓰인 단어들은 일반적으로 사용될 때는 일반명사와 분류사의 의미를 모두 가지기는 하지만 단어 형성에 참여할 때는 분류사적 의미로 쓰인 것들이 많다는 것을 확인할 수 있다.

4.4. 나가기

지금까지 한국어의 분류사를 형태론적 관점에서 살펴보았다. 우선 한국어의 분류사 구성을 품사론과 관련지어 고찰하고 그러한 분류사가 단어 형성에 참여하는 예들을 보였다. 본 장의 논의를 정리하면 다음과 같다.

한국어의 분류사 구성에 사용되는 수량사는 수사와는 구분되는 기능상, 분포상의 특징을 가지고 있다. 본 장에서는 이때의 수량사가 수사와 같은 형식을 공유하고 있더라도 수 관형사로 처리하는 입장을 견지한다. 또한 한국어의 분류사는 이제까지 의존 명사로 처리되어 온 것이 일반적이나 분류사는 의존 명사보다 더 많은 기능을 수행하며 더 넓은 분포를 보이므로 의존 명사의 일부로 취급할 수 없다는 것이 본 장의 견해이다. 본 장에서는 한국어의 분류사를 명사의 하위 부류로 처리하되 의존 명사와는 구분되는 별개의 부류로서 분류 명사를 설정할 것을 제안하였다.

한편, 분류사 구성에 접사가 결합하는 경우가 있는데 이때 분류사와 접사가 결합한 '-년생, -년산, -회용' 등의 일부 결합형이 별개의 파생어를 형성할 가능성이 있다. 또한 한국어의 분류사는 접사와 결합하는 경우 외에도 다른 단위들, 주로 수 관형사나 명사, 드물게는 '수 관형사+분류사' 구성과 결합하여 새로운 단어를 형성하는 경우가 있다. 분류사가 단어 형성에 참여하는 대부분의 예들에서 분류사는 다른 단위에 후행하는 경향을 보이지만 일부의 예에서는 다른 단위에 선행하는 모습을 보이기도 하는데, 이것은 분류사가 단어 형성의 요소로서 기능하고 있음을 확인할 수 있는 근거가 된다.

이상과 같이 본 장에서는 '분류사'라는 언어적 단위를 형태론적인 관점에서 고찰하였다. 특히 본 장은 기존의 논의에서는 다루지 않았던 단어 형성 요소로서의 분류사에 주목하여 단어의 목록을 제시하고 그 성격을 밝혔다는 점에서 의의를 가질 것으로 생각된다.

참고문헌

고영근(2001), 『역대한국문법의 통합적 연구』(한국문화연구총서 33), 서울대학교출판부.

고영근·구본관(2008), 『우리말 문법론』, 집문당.

고영근·남기심(2014), 『표준국어문법론』, 도서출판 박이정.

구본관(2001), 「수사와 수관형사의 형태론」, 『형태론』 3-2, 265-284.

구본관(2010), 「국어 품사 분류와 관련한 몇 가지 문제」, 『형태론』 12-2, 179-199.

김민국(2010), 「수관형사 '한'의 통시적 고찰」, 『한국언어문학』 75, 27-52.

김영근(2000), 『국어 수량사 연구』, 도서출판 문창사.

김영희(1981), 「부류 셈숱말로서의 셈 가름말」, 『배달말』 6, 1-28.

김인균(2008), 「국어의 수사 범주론」, 『한국어학』 39, 1-39.

김창섭(2011), 「부접어의 설정과 부접 구성」, 『국어학』 62, 47-72.

남수경(2011), 「품사 통용의 몇 문제」, 『개신어문연구』 33, 105-127.

노명희(1998/2005), 『현대국어 한자어 연구』, 국어학총서 49, 태학사.

박진호(2010), 「언어학에서의 범주와 유형」, 『인문학연구』 17, 265-292.

박진호(2011), 「소유 분류사와 한국어의 속격 표지」, 『제1회 한국언어유형론연구회 연구발표회 발표논문집』.

박진호(2012), 「의미지도를 이용한 한국어 어휘요소와 문법요소의 의미 기술」, 『국어학』 63, 459-519.

배영환(2015), 「언간에 나타난 분류사의 분포와 의미 연구」, 『언어학연구』 36, 137-159.

배진영·최정도·손혜옥·김민국(2014), 『말뭉치 기반 구어 문어 통합 문법 기술 2 : 명사와 명사구 I』, 도서출판 박이정.

서태룡(2006), 「국어 품사 통용은 이제 그만」, 『이병근선생퇴임기념 국어학논총』, 태학사.

석주연(2009), 「국어 분류사의 수량화 기능에 대한 일고찰 : '뭉치류' 분류사의 기능과 발달을 중심으로」, 『우리말글』 47, 25-46.

시정곤(2000), 「국어 수량사구의 통사 구조」, 『언어』 25-1, 73-101.

오민석(2017), 「한국어 수식 불허 명사 연구」, 서울대학교 박사학위논문.

우형식(2000ㄱ), 「분류사-언어와 분류사의 유형」, 『우암사려』 10, 37-50.

우형식(2000ㄴ), 「수 분류사의 특징과 한국어 분류사」, 『언어과학』 7-2, 127-146.

우형식(2001), 『한국어 분류사의 범주화 기능 연구』, 박이정.

우형식(2004), 「수 분류사의 형태 실현과 부류화 기능」, 『외대논총』 28, 509-532.

우형식(2005), 『한·일 양어 수 분류사의 명사 부류화 기능에 관한 대조적 연구』, 제이앤씨.

유동준(1983), 「국어분류사와 수량화」, 『국어국문학』 89, 53-72.

유정정(2013), 「말뭉치기반 한국어 분류사 반복형 연구」, 『언어학연구』 18-1, 141-162.

유현경(2008), 「관형사 '한'에 대한 연구」, 『국어학』 53, 65-86.

이광정(2001), 「국어 어휘의 품사별 의미 구조 : 품사 분류사에 나타난 의미 문제를 중심으로」, 『한국어 의미학』 8, 1-81.

이규호(2015), 「관형사의 하위부류」, 『국어학』 74, 207-232.

이남순(1990), 「계산 방식과 수량사 구성」, 『강신항선생 회갑기념논문집』, 태학사.

이선웅(2012), 『한국어 문법론의 개념어 연구』, 도서출판 월인.

이선웅(2014), 「한국어 명사류어의 명사성 검증」, 『어문연구』 42-1, 37-62.

이영제(2011), 「수 분류사 구성과 파생접사 결합형의 구조와 기능」, 『한국어학』 53, 313-334.

이정택(2003), 「관형사의 품사 설정 문제」, 『한말연구』 13, 167-187.

이현희(2011), 「범주로서의 품사와 품사 전형성」, 『한국학연구』 39, 359-384.

임동훈(1991), 「현대국어 형식명사 연구」, 서울대학교 석사학위논문.

임홍빈(1989), 「통사적 파생에 대하여」, 『어학연구』 25-1, 167-196.

임홍빈(1991), 「국어 분류사의 성격에 대하여」, 『국어학의 새로운 인식과 전개 : 김완진 선생 회갑기념논총』, 민음사.

임홍빈(1998), 『국어 문법의 심층 : 어휘 범주의 통사와 의미』 3, 태학사.

임홍빈·장소원(1995), 『국어문법론 I』, 한국방송통신대학교출판부.

조미희(2015), 「『번역노걸대』의 수량사구 구성 연구」, 『우리말연구』 42, 129-166.

채옥자(2013), 「한국어의 수량범주와 그 표현 양상」, 『국어학』 68, 225-251.

채완(1990), 「국어 분류사의 기능과 의미」, 『진단학보』 70, 167-180.

최기용(2001), 「한국어 수량사 구성의 구조와 의미 : 비속격형을 중심으로」, 『어학연구』

37-3, 445-482.

최민우·강범모(2000), 「분류사와 명사 의미 부류」, 『제12회 한글 및 한국어 정보처리 학술대회 발표 자료집』, 395-401.

최형용(2012), 「분류 기준에서 본 주시경 품사 체계의 변천에 대하여」, 『국어학』 63, 313-340.

최형용(2013), 『한국어 형태론의 유형론』, 도서출판 박이정.

최형용(2014), 「안확과 수사 : 초판본 <조선문법>(1917)을 중심으로」, 『한중인문학연구』 44, 231-254.

최형용(2016), 『한국어 형태론』, 도서출판 역락.

허 웅(1975), 『-우리 옛말본』, 샘 문화사.

허 웅(1995), 『20세기 우리말의 형태론』, 샘 문화사.

황화상(2015), 「보조사와 주변 범주」, 『국어학』 73, 309-334.

Aikhenvald, A. Y.(2000), *Classifiers*, OXFORD UNIVERSITY PRESS.

Allan, K.(1977), Classifier, *Language* 53-2, 285-311.

Anward, J.(2001), Parts of speech, In M. Haspelmath & E. König & W. Oesterreicher & W. Raible(eds.) *Language Typology and Language Universals*, Walter de Gruyter.

Bybee, J. L.(1985), *Mophology : A Study of The Relation Between Meaning And Form*, JOHN BENJAMINS PUBLISHING COMPANY.[이성하·구현정(2000), 『형태론 : 의미-형태의 관계에 대한 연구』, 한국문화사.]

Haspelmath, M. & Sims, A. D.(2010), *Understand Morphology(2nd edit.)*, Routledge.[오규환·김민국·정한데로·송재영(2015), 『형태론의 이해』, 도서출판 역락.]

Qin Lifeng(2012), 「유형론적 관점에서 본 한국어 분류사 연구」, 서울대학교 박사학위논문.

Ramstedt, G. J.(1939), *A Korean Grammar*, Helsinki.

웹사이트

WALS Online, http://wals.info/

한국어 분류사의 통사론

5.1. 들어가기

한국어의 수 분류사(Numeral Classifiers)는 문장에서 사용될 때 단독으로 쓰이는 것이 불가능하여, 항상 명사나 수량사 등의 다른 요소와 함께 분류사 구성을 이루어야만 문장에서 사용될 수 있다. 즉, 하나의 분류사 구성은 개체집합적인 성격을 갖는 명사, 명사형 또는 관형사형의 수량사, 그리고 명사의 지시물을 의미적으로 범주화하고 개별화 및 단위화하는 분류사의 세 요소로 이루어지는 것이다(우형식 2001 : 298).

분류사 구성의 통사적 성격에 대해 논의하고자 할 때 가장 먼저 문제가 되는 사실은 분류사 구성의 형식이 단일하게 나타나지 않는다는 것이다. 분류사와 명사, 그리고 수량사는 문장에서 실현될 때 다음과 같은 여섯 가지 구성1)으로 나타날 수 있다.

(1) 가. 명사-수량사-분류사(N-Q-CL)

　　나. 수량사-분류사-명사(Q-CL-N)

　　다. 명사-수량사(N-Q)

　　라. 수량사-명사(Q-N)

　　마. 수량사-분류사(Q-CL)

　　바. 명사-분류사(N-CL)

(1)과 같이 다양한 유형으로 나타나는 분류사 구성에는 명사와 분류사가 지닌 각각의 어휘적 특성이 영향을 미치며, 이에 따라 다른 구성으로의 환원 가능성에서도 차이가 발생한다. 또한 각 구성은 한정성 등 의미 측면에서도 차이를 갖는다. 한편 분류사의 선택은 명사를 범주화, 단위화하려는 화자의 선택에 의존한다는 점에서 화용적 특성도 지니고 있다.

따라서 이 장에서는 다양한 유형의 분류사 구성이 나타나는 원인을 규명하기 위해 분류사 구성의 형식에 따른 통사적 특성을 면밀히 살펴보고자 한다. 이를 위해 2절에서는 한국어에서 분류사 구성이 나타나는 양상과 그 통사적 특성을 분류사 구성 유형별로 살펴보고, 3절에서는 이를 바탕으로 각 분류사 구성별로 어떤 통사·의미적 차이가 존재하는지를 구체적으로 정리해 볼 것이다.

---

1) (1다)와 (1라)는 분류사가 실현되지 않은 구성이므로 4장을 비롯한 일부 장에서는 엄밀한 의미에서의 전형적인 분류사 구성에 (1다)와 (1라)를 포함하기 어렵다고 보기도 하였다. 그러나 본 장에서는 분류사가 실현된 구성과 실현되지 않은 구성의 의미적 동질성을 근거로 (1다), (1라)와 같이 분류사가 실현되지 않은 구성도 분류사 구성 하에서 다루도록 할 것이다. 이에 대한 자세한 논의는 5.3.1. 참조.

5.2. 분류사 구성의 유형과 그 통사적 특성

한국어의 분류사 구성은 수량사, 분류사, 명사를 구성 요소로 하여 하나의 연속체를 이루고 있지만 각 구성 요소가 항상 단일한 순서로 나타나는 것은 아니다. 분류사 구성은 대체로 수량사와 분류사를 한 덩어리로 하는 수량사구를 중심으로 하여 이것에 명사가 선행하는 것과 명사가 후행하는 것으로 나눌 수 있다. 또한 수량사구에서 분류사가 실현되지 않는 구성도 종종 발견되는데, 이러한 구성을 분류사가 있는 구성과 동질적인 것으로 볼 수 있을 것인가라는 점이 그동안의 논의에서 문제가 되기도 하였다. 여러 선행 연구에서 동일 어순에서 분류사가 실현된 구성과 실현되지 않은 구성, 즉 N-Q-CL과 N-Q, 그리고 Q-CL-N과 Q-N이 각각 그 의미적 측면에 있어 서로 유사성을 공유한다는 점을 근거로 분류사가 실현되지 않는 구성도 분류사 구성의 하나로 파악하고 있다. 반면 우형식 (2001) 등에서와 같이 분류사가 실현된 구성만을 분류사 구성으로 간주하는 경우도 있다.

이 장에서는 채완(1983) 등에서와 같이 분류사가 실현된 구성과 실현되지 않은 구성이 공유하는 의미적 관련성을 중시하여 분류사가 실현되지 않은 구성 또한 분류사 구성의 일부로 다루고자 한다. 이를 종합하면 한국어의 분류사 구성은 (1)과 같이 크게 여섯 가지로 나눌 수 있으며, 본 절에서는 이 여섯 가지 구성 각각의 통사적 특징을 살펴보도록 할 것이다.

5.2.1. 명사-수량사-분류사(N-Q-CL) 구성

명사-수량사-분류사(N-Q-CL) 구성은 대부분의 분류사가 보편적으로 나

타날 수 있으며 그 출현 빈도도 가장 높은 구성이라는 점2)에서 한국어의
가장 전형적인 분류사 구성으로 간주할 수 있다. 명사-수량사-분류사 구
성에서 명사에 후행하는 수량사구는 선행하는 명사의 수량을 명세하며 따
라서 비한정적인 의미를 갖는다.

  (2) 가. 교실에 학생 세 명이 있다.
      나. 화병에 장미 다섯 송이가 꽂혀 있다.

  이때 수량사구에 선행하는 명사가 '나이'나 '사람'과 같이 그것이 지칭하
는 범위가 매우 일반적이거나 화용적으로 추측할 수 있는 경우에는 (3)에
서와 같이 선행하는 명사를 생략하는 것도 가능하다.

  (3) 가. (나이) 마흔 살이 넘도록 장가를 못 갔다.
      나. 교통사고로 (사람) 두 명이 사망했다.

  또한 명사-수량사-분류사 구성에서 명사와 수량사구는 각각 개별적으
로 격조사나 보조사를 취할 수 있다. 격조사의 경우에는 일반적으로 분류
사 뒤에 위치하는 격조사가 명사와 수량사구 사이로 이동하거나, 동일한
격조사가 명사 뒤와 수량사구 뒤에 반복해서 나타나는 것도 가능하다. 명
사와 수량사구 사이에는 조사 이외의 요소가 삽입되는 경우도 있다.

---

2) 우형식(2001 : 334)에서 분석 대상 자료에 포함한 분류사 구성의 유형별 빈도수는 다
   음과 같다.

구분	N-Q-CL	Q-CL-N	단일 구성	기타	계
예문 수	82	63	36	2	183
(%)	(44.8)	(34.4)	(19.7)	(1.1)	(100.0)

(4) 가. 장미가 세 송이 피었다.

　　나. 사과를 세 개를 먹었다.

　　다. 철수는 배탈이 난 나머지 좋아하던 고기를 채 한 점도 먹지 못
　　　　했다.

(4가)는 선행하는 명사와 수량사구 사이에 주격조사 '가'가, (4나)는 선행하는 명사와 수행하는 수량사구 뒤에 모두 목적격조사 '를'이 나타나고 있는 예이다. (4다)에서는 목적격조사 '를'과 함께 부사 '채'가 명사와 수량사구 사이에 개입한 것을 볼 수 있다.

N-Q-CL 구성은 앞서 설명한 바와 같이 명사와 이에 후행하는 수량사구의 결합으로 볼 수 있는데, 이때 이를 구성하는 명사와 수량사구의 통사적 지위가 서로 대등한가에 대해서도 다양한 논의가 이루어져 왔다.

이익섭(1973)은 명사가 선행하는 N-Q-CL 구성에서 (5가′)과 같이 명사와 수량사구가 각각 동일한 격조사를 취할 수 있다는 사실은 선행 명사와 수량사구가 통사적으로 동격을 이루고 있는 증거라고 보았다. 우형식(2001)에서도 이와 마찬가지로 N-Q-CL 구성에서 명사구와 수량사구가 서로 동질적인 관계라고 보고 있다. 우형식(2001)은 (5)에서 명사구와 수량사구가 동일한 문장 성분으로 나타나는 점을 볼 때 분류사 구성 전체가 하나의 동일한 명사구 내부의 성분으로 볼 수 있다고 설명한다.

(5) 가. 어머니가 삼베를 한 필 짜셨다.

　　가′. 어머니가 삼베를 한 필을 짜셨다.

　　나. 멀리 오막살이가 한 채 보였다.

　　나′. 멀리 오막살이가 한 채가 보였다.

우형식(2001)에 의하면 (5가', 나')과 같이 동일한 격조사가 반복해서 나타나는 현상은 동일한 문장 성분이 확대되어 나타난 결과이다. 그러나 (6)과 같은 문장에서 선행 명사와 수량사구의 의미적 관계가 동질적이라고 볼 수는 없다.

(6) 가. 어른 백 분을 모시고 갔다.
    나. 어른을 백 분을 모시고 갔다.
    다. 어른 백을 모시고 갔다.

이익섭(1973)에서는 (6)에서 분류사 '분'은 명사 '어른'이 나타내는 의미를 반복하는 요소이므로 후행하는 수량사와 분류사는 선행 명사구를 한정하면서 의미적으로 선행 명사구에 종속된 관계라고 보았다. 또한 한송화(1999)에서도 (7)의 예를 통해 명사와 수량사구의 의미적 관계가 대등하지 않음을 주장하였다.

(7) 가. 승객 열 명이 부상을 입었다
    나. 부상을 입은 승객은 열 명이다.

(7나)는 (7가)의 N-Q-CL 구성을 분열문 형성을 통해 바꿔쓰기(paraphrase)한 결과이다. 한송화(1999)는 바꿔쓰기의 결과인 (7가)에서 수량사구가 초점 위치에 온다는 사실을 근거로 수량사구는 문장 전체의 수량 정보를 나타내는 술어로서 기능하는 것이며 따라서 명사와 수량사구의 의미 관계는 대등하지 않다고 본 것이다.

5.2.2. 명사-수량사(N-Q) 구성

명사-수량사(N-Q) 구성에서 수량사구는 선행하는 명사의 수량을 명세하는 의미를 지니며, 선행하는 명사 또한 총칭적, 비한정적인 의미를 갖는다는 점에서 N-Q-CL 구성과 공통점을 지닌다. (8)과 같은 예에서 분류사 '명'이 나타나지 않는 (8가)와 분류사 '명'이 실현된 (8나)의 사이에서 의미적 차이를 찾기 어려운 것과 같이 N-Q-CL 구성과 N-Q 구성 사이에는 의미적 차이가 거의 나타나지 않는다.

    (8) 가. 운동장에 사람 셋이 있다.
        나. 운동장에 사람 세 명이 있다.

N-Q 구성에서는 N-Q-CL 구성에서와 달리 후행하는 수량사가 관형사형이 아닌 명사형의 수량사로 실현된다는 차이가 있는데, 이때 명사형 수량사는 낮은 단위의 숫자에 한정된다는 특징이 있다. 이에 (9)에서와 같이 명사 뒤에 후행하는 수가 커질수록 자연스럽지 못한 표현이 된다.

    (9) 가. 개 〔하나, 둘, ?셋, ?*넷, *다섯, *아홉〕가 집을 본다.
        나. 여학생 〔하나, 둘, 열, 열 셋, 쉰, 여섯, *백, *천〕이 체조를 한다.

(채완 1983 : 26)

즉, N-Q 구성에서는 (9)와 같이 고유어로 표현되는 낮은 단위의 수량사만 허용되는 것이다. 채완(1983)에서는 이것을 한국어의 분류사 구성이 분류사가 없는 구성에서 분류사 있는 구성으로 발달해 왔다는 근거로 보았으며, 현재의 N-Q 구성은 과거 분류사 구성의 잔류형으로 보아야 한다고 설명하였다.

N-Q 구성에서 후행하는 수량사가 N-Q-CL 구성에서의 수량사와 차이를 보이는 현상에 대해서도 여러 방향에서의 설명이 있어 왔다. 이와 관련된 견해는 크게 두 가지로 나눌 수 있는데, 하나는 관형사형 수량사를 명사형 수량사의 음운론적 변이(허웅 1995)로 보거나 또는 특정 환경 하에서의 이형태로 처리하여 이들을 모두 같은 것으로 보는 관점이며(이현규 1987), 다른 하나는 이들을 수사와 수 관형사라는 별개의 품사로 보는 관점(남기심·고영근 1985)이다. 한송화(1999)에서는 관형사형으로 쓰일 때 그 형태가 달라지는 '하나/한, 둘/두, 셋/세'의 경우에 한해서는 이를 수사와 수 관형사의 각각 다른 범주로 나누는 것이 국어의 일반적인 특성에 더 부합하는 분류라고 주장하였다.3)

N-Q 구성은 대체로 사람에 대해 사용될 때 제일 자연스러우며 이때 수량사에 선행하는 명사는 (10가)와 같이 비한정적인 의미를 지닌다.

> (10) 가. 여자 셋이 모이면 접시가 깨진다.
> 나. [?]세 여자가 모이면 접시가 깨진다.
>
> (채완 1983 : 26)

----

3) 한송화(1999)는 이에 대한 근거로 관형사형인 '한'이 그 명사형인 '하나'로는 설명되지 않는 용법을 갖는 예를 아래와 같이 제시하고 있다. 아래와 같은 예에서의 '한'은 수량으로 해석될 수 없으므로 단순히 '하나'의 이형태로만 볼 수 없다는 것이다.

가. 옛날 어느 한 마을에 흥부와 놀부가 살았는데….
나. 한 아파트에 살면서도 서로 모르고 지내는 사람들이 허다합니다.

그러나 수량사를 수사와 수 관형사로 나누어야 한다는 주장의 논리성을 인정한다고 하더라도 위와 같은 예를 통해 관형사형인 '한'이 명사형인 '하나'에서 의미의 확장을 보이는 것이라 주장하기는 어렵다. 우형식(2001 : 314)은 수량사 사용 빈도를 조사했을 때 '한'의 사용이 전체 수량사 사용의 반을 차지한다는 점에서 '한'을 다른 수량사와는 동질적으로 다루기 어려운 점이 있다고 설명하였다. 자세한 내용은 4장 참조.

이 외에도 N-Q 구성이 성립하기 어려운 경우가 있는데, (11가)처럼 비
가산성을 띠고 있는 선행 명사와 수량사가 결합할 때 분류사가 실현되지
않으면 일반적으로 어색한 표현이 된다.

> (11) 가. *모래 하나/*물 둘
> 나. 모래 한 포/물 두 컵
> 다. 여기 커피 하나 주문할게요.
> 라. 냉수 둘/설렁탕 셋.

(채완 1983 : 25)

그러나 식당에서의 주문 등 적절한 화용적 상황이 제시되어 비가산성
명사가 한정적이고 개체화된 대상으로 인식될 수 있을 경우에는, (11다)
와 (11라)에서처럼 비가산성 명사에 분류사가 실현되지 않는 것이 가능하
다. 한편 동물이나 사물의 수량을 나타내는 (12나, 다)의 경우에도 사람
의 수량을 나타내는 (12가)에 비해 분류사가 실현되지 않는 것이 어색하
게 느껴진다.

> (12) 가. 학생 세 명/학생 셋
> 나. 토끼 세 마리/?토끼 셋
> 나′. 토끼 셋이 크기가 다 다르다.
> 다. 사과 세 개/?사과 셋
> 다′. 사과 셋이 크기가 다 다르다.

이에 대해 이남순(1995)에서는 동물이나 사물은 개체적인 존재로 인식
될 가능성이 적기 때문에 분류사의 생략이 어색하게 느껴지는 것이며, 따
라서 (12나′, 다′)처럼 동물이나 사물이 한정적으로 인식될 수 있는 문맥

에서는 분류사가 실현되지 않는 것이 가능하다고 설명하고 있다.

5.2.3. 수량사-분류사(의)-명사(Q-CL(의)-N) 구성

Q-CL(의)-N 구성에서 명사에 선행하는 수량사구는 일반적으로 조사 '의'가 결합한 형태로 나타나 후행하는 명사를 수식하는 구조를 이루며, 이 때의 명사는 선행 수량사구에 의해 한정된 대상을 지시하는 의미를 가진 다. 이는 N-Q-CL 구성에서 선행 명사가 비한정적으로 해석되며 후행하 는 수량사구가 선행 명사의 수량을 구체화하는 의미를 갖는 것과 대조적 이다.

> (13) 가. 난 하루에 자동차 열 대를 팔곤 했다.
> 　　　나. 가로변에는 열 대의 자동차가 나란히 세워져 있었다.
>
> (한송화 1999)

(13)과 같이 수량사구가 명사구에 선행하는 (13나)는 수량사구가 명 사구에 후행하는 (13가)와 비교했을 때 그것이 수식하는 명사가 특정한 대상임을 나타내고 있다. 김영희(1976) 등에서는 이처럼 두 구성이 한정성 등의 의미적 측면에서 차이를 지닌다는 사실을 근거로 Q-CL(의)-N 구성 과 N-Q-CL 구성이 서로 다른 통사적 특징을 갖는 것으로 보았다.

김영희(1976)는 N-Q-CL 구성과 Q-CL(의)-N 구성, 그리고 분류사가 실현되지 않은 N-Q 구성의 의미가 모두 같다고 보았지만, (14)의 예를 근거로 하여 가장 기저적인 분류사 구성을 Q-CL(의)-N 구성으로 보았다.

> (14) 가. 연필 하나가 굵았다.

가′. 하나의 연필이 굵었다.
나. 독에 물이 가득 들어있다.
나′. 독에 가득한 물이 들어 있다.
다. 연필 한 자루가 굵었다.
라. 한 자루의 연필이 굵었다.

(14가)의 '하나'를 최현배(1955)에서와 같이 부사적 용법으로 쓰인 것으로 분석할 경우, (14나)의 '가득'과 (14가)의 '하나'는 같은 성분인 것으로 볼 수 있다. 따라서 (14나)를 바꿔쓰기 했을 경우 (14나′)가 도출되는 것과 같이 (14가) 역시 바꿔쓰기를 할 경우 (14가′)가 되는 것으로 분석할 수 있고, 이때 (14나′)에서 '가득'은 명사를 수식하는 관계절의 서술어로 분석되므로 (14라)와 같이 명사를 수식하는 수량사구 역시 관계절 서술어로 볼 수 있다는 것이다.

반면 한송화(1999)는 앞서 살펴본 바와 같이 N-Q-CL 구성의 수량사구는 문장 전체의 수량 정보를 나타내는 술어와 같은 의미 해석을 갖지만, Q-CL(의)-N 구성은 수량사구가 후행하는 명사를 수식하는 구조로 이는 수식과 피수식의 관계에 불과하다고 보았다.

(15) 가. 지나가면서 보니까 아까 봤던 그 두 대의 차가 사고가 났다.
나. ?지나가면서 보니까 아까 봤던 그 차 두 대가 사고가 났다.

따라서 (15가)의 Q-CL(의)-N 구성에서와 달리 (15나)의 N-Q-CL 구성은 '이, 그, 저'등의 수식을 통해 한정적인 의미를 나타내기 어렵다는 것이다. 이처럼 Q-CL(의)-N 구성에 대해 수량사구에 의한 수식과 피수식 명사의 구조로 파악하고 있는 것은 우형식(1996)에서도 동일하다.

Q-CL(의)-N 구성에서는 대체로 분류사 뒤에 조사 '의'가 결합되는 것이 일반적이지만, '의'와의 결합이 수의적이어서 생략이 가능하거나 '의'와의 결합이 나타나지 않는 것이 자연스러운 경우도 존재한다. (16)은 관용적으로 '의'가 결합하지 않은 형태로만 사용되는 표현이다.

> (16) 가. 한 줄기 햇살/한 가닥 희망
> 　　　나. 십 년 공부 나무아미타불이라더니……
>
> (우형식 2001)

Q-CL(의)-N 구성 역시 N-Q-CL 구성과 마찬가지로 명사와 수량사구 사이에 조사 이외의 요소가 개진할 수 있지만, N-Q-CL 구성과 달리 격조사는 후행하는 명사의 뒤에만 나타날 수 있다.

> (17) 가. 가죽처럼 질긴 두 개의 크고 낡은 황포 돛대가 활시위처럼 팽
> 　　　　 팽하게 삭풍을 안고 있었다.
> 　　　나. 제 손으로 그간 십여 명의 병자를 돌본 적이 있습니다.
>
> (우형식 2001)

(17가)는 수량사구와 명사의 사이에 명사를 수식하는 요소들이 끼어들어 있는 예이다. 이와 같이 Q-CL(의)-N 구성에서는 수량사구와 명사의 사이에 조사 이외의 요소가 나타날 수 있으나, 격조사의 경우에는 (17나)에서와 같이 Q-CL(의)-N 구성 전체의 뒤에만 나타날 수 있다.

5.2.4. 수량사-명사(Q-N) 구성

Q-N 구성에서 후행하는 명사는 분류사로서의 용법을 보이며 셀 수 있는 단위를 나타낸다. Q-N 구성에서 수량사에 의해 수식되는 명사는 Q-CL(의)-N 구성에서처럼 한정적으로 해석된다는 특징을 지닌다.

(18) 가. 사과 몇 개가 있느냐? 사과 두 개가 있다./*두 사과가 있다.
　　나. 모두 퇴근하고 세 사람만 남으시오.
　　나′. ?모두 퇴근하고 사람 셋만 남으시오.

따라서 (18가)에서처럼 문장의 초점이 명사의 수량에 오는 경우에는 Q-N 구성이 사용될 수 없다. Q-N 구성의 이러한 한정적인 성격은 (18나)와 (18나′)을 비교할 때 확실하게 드러난다. (18나)와 같은 문장에서 Q-N 구성은 한정적인 대상을 가리킨다는 의미를 나타내기 위해 사용되었으므로, 이때 Q와 N의 순서를 바꾸게 되면 비한정적인 의미가 되어 어색한 문장이 된다.

그러나 Q-N의 구성은 N-Q 구성에 비해 제한적으로 나타나는데, 그 첫 번째 이유는 Q-N 구성에 사용될 수 있는 명사가 제한되어 있다는 것이다. Q-N 구성에서 수량사에 후행하여 나타날 수 있는 명사는 주로 사람, 학생 등 인간성을 표현하는 명사에 한정된다. 비유정성 명사 중에서는 그 자체로 도량 분류사적인 기능을 하는 명사들이 주로 Q-N 구성에 사용되며, 비가산성 명사는 그 자체로 한정적 대상이 될 수 없으므로 Q-N 구성에서 사용되기 어렵다(채완 1983). 즉 명사가 총칭적인 의미를 지닐 때 Q-N 구성이 쉽게 나타날 수 있는 것이다.

(19) 가. *열한 닭을 샀다.

　　　가′. 열한 마리의 닭을 샀다.

(채완 1983 : 30)

두 번째 이유는 관형형 수량사로 나타날 수 있는 것은 낮은 단위의 수에 한정되어 (19가)에서와 같이 큰 단위의 수는 Q-N 구성에서 사용되기 어려운데, 이때 이들 수 관형사는 고유어이므로 어울릴 수 있는 후행 명사의 부류도 제한된다는 것이다.

5.2.5. 수량사-분류사 구성(Q-CL)

명사가 실현되지 않은 Q-CL 구성은 분류사 구성 중 빈도가 매우 낮은 축에 속하는 구성이다. 우형식(2001)을 비롯한 대다수의 논의에서 분류사가 화시적(deictic)이거나 조응적 기능을 실현할 때 명사가 생략된 Q-CL 구성이 나타날 수 있다는 사실을 지적한 바 있다.

Q-CL 구성이 나타나는 전형적인 예는 (20가-다)와 같이 시간이나 거리와 관련된 분류사가 사용되는 경우이다. 또한 그 외에도 (20라)와 같이 명사가 없는 것이 더 자연스러운 경우도 있다. 이들의 공통점은 분류사가 그 자체로 그 지시물을 함축하는 의미를 갖고 있어 명사가 명시적으로 드러나지 않더라도 그것에 대한 예측이 가능하며, 따라서 이를 수식하는 명사가 존재할 경우 동어 반복적인 구성이 된다는 데 있다. 우형식(2001)에서는 이러한 이유로 Q-CL을 N-Q-CL의 변이형으로 간주한다.

(20) 가. 십 분 뒤면 벌써 열한 시다.

　　　나. 일주일 후에 돌아오겠다.

　　다. 두어 걸음을 앞서서 걸었다.

　　라. 고기를 잡아도 하루 두 끼를 채우기가 어려웠지요.

　채완(1983)에서도 역시 분류사 구성의 명사가 화자와 청자에게 같은 지시 대상으로 전제되었을 때 명사가 생략될 수 있다고 하였다. 또한 (21)과 같은 예를 들며, Q-CL 구성은 N-Q-CL 구성에서 명사가 생략된 것으로 Q-CL-N 구성에서는 명사가 생략될 수 없다고 하였다.

　(21) ㄱ. 아까 맡겨 놓은 열 개의 사과 주세요.

　　　 ㄴ. 아까 맡겨 놓은 사과 주세요.

　　　 ㄷ. 사과 주세요.

　　　 ㄹ. *열 개 주세요.

(채완 1983 : 29)

　그러나 (21)과 같은 예를 바탕으로 Q-CL 구성이 Q-CL-N 구성이 아닌 N-Q-CL 구성에서 명사가 생략된 것이라 단언하기에는 그 근거가 충분하지 않아 보인다. 어느 구성에서 명사가 생략되어 Q-CL 구성이 형성된 것인지를 밝히기 위해서는 아직 추가적인 논의가 필요한 실정이다.

　한송화(1999)에서는 (22)와 같은 예를 제시하며, Q-CL 구성을 화용론적으로 복원 가능한 명사구가 생략된 구성으로 보고 있다.

　(22) 가. [나이/∅] 마흔이 넘도록 장가를 못 가서….

　　　 나. 이전 화재 사고로 [사람이/∅] 두 명이 사망했다.

(한송화 1999 : 281)

　(22)에서 '마흔'이나 '두 명'은 각각 나이와 사람의 수를 지시하는 것이

명백하므로 분류사 구성에서 명사가 생략될 수 있었다는 것이다. 이와 같이 대부분의 논의에서 Q-CL 구성은 단순히 Q-CL-N 구성 또는 N-Q-CL 구성에서 명사구가 생략된 것으로 파악되고 있으며, 각 구성 간의 통사·의미적 차이에 대한 논의는 거의 이루어지지 않았다.

5.2.6. 명사-분류사(N-CL) 구성

분류사 구성에서 수사가 실현되지 않는 N-CL 구성은 분류사 구성 중 매우 낮은 빈도를 보이는 구성으로, 이남순(1995)에서는 N-CL 구성을 '수량사 없는' 수량사 구성이라 칭하기도 하였다. 수량사가 나타나지 않는 분류사 구성은 보조사 '이(나)', '깨나' 등과 함께 사용되며 수량에 대한 화자의 평가를 나타낸다.

> (23) 가. 나이 살이나 먹은 청년이 예를 모르다니.
>   나. 너도 돈푼이나 만지더니 얼굴에 개기름이 흐르는구나.
>
> (김영희 1981)

(23)과 같은 예문은 구체적인 수량이 나타나지는 않았지만 화자가 그 양에 대해 적지 않은 양이라고 판단한다는 사실을 표시하고 있다. 이러한 의미는 N-CL 구성 전체가 표시하는 것으로, 분류사의 성격이 수량에 대한 화자의 평가에 영향을 미치는 것은 아니다. 김영희(1981)는 N-CL 구성이 성립하는 것은 분류사가 수량사와는 별도로 명사에 가산성의 의미를 부여하는 범주로서 단독으로 '셀 수 있음'의 의미를 그 속성으로 가진다는 증거가 될 수 있다고 보았다.

(24) 가. *사과 개, *노루 마리, *신발 켤레, *편지 통, *집 차, *차
　　　　대, *돈 원
　　 나. 쌀 섬, 고기 근, 돈 푼, 밥 술, 술 잔
　　 다. *쌀 킬로그램, *고기 관, *술 리터

(이남순 1995 : 55)

　N-CL 구성에 사용될 수 있는 분류사의 종류는 제한적인데, 이남순
(1995)은 개체적 성격을 지닌 분류사는 N-CL 구성에 참여할 수 없고 (24
나)와 같이 도량 분류사적 성격을 지닌 분류사만이 (23)에서와 같은 용법
으로 사용될 수 있다고 하였다. 그러나 (24다)처럼 도량 분류사 중에서도
N-CL 구성에 사용되지 못하는 것들 있는 만큼, 이러한 N-CL 구성의 성
격은 어디까지나 화용적인 것이라고 할 수 있다.

　한편 이남순(1995)에서는 (25-26)과 같은 예를 통해 N-몇-CL 구성이
N-CL 구성에 포함된다고 주장한다.

(25) 가. 그 친구 돈 푼깨나 벌었던데.
　　 나. 그 친구 술 잔깨나 비우던데.
　　 다. *그 친구 돈 푼깨나 못 벌었던데.
　　 라. *그 친구 술 잔깨나 못 비우던데.

(이남순 1995 : 53)

(26) 가. 그 친구 돈 몇 푼 벌었던데.
　　 나. 그 친구 술 몇 잔 비우던데
　　 다. 그 친구 돈 몇 푼 못 벌었던데.
　　 라. 그 친구 술 몇 잔 못 비우던데.

(이남순 1995 : 53-54)

(25)에서와 같은 N-CL 구성은 '그 친구'가 번 돈이나 마신 술의 양이 상당하거나 적지 않다는 높은 평가를 의미하기 때문에 (25다)나 (25라)와 같이 부정적인 표현으로는 사용이 불가능하다. 반면 N-몇-CL 구성인 (26)은 그 양이 적거나 많지 않다는 낮은 평가를 의미하며 따라서 (26다) 나 (26라)와 같은 부정적 표현이 가능하다. 이러한 의미적 차이를 근거로 이남순(1995)에서는 N-CL 구성과 N-몇-CL 구성이 서로 반대되는 의미 를 갖는다고 설명하고, 이로 인해 (27)과 같이 N-몇-CL 구성에는 '깨나/ 이나'가 결합할 수 없는 것이라고도 하였다.

(27) *돈 몇 푼〔깨나/이나〕 벌었다.

하지만 N-몇-CL 구성과 N-CL 구성을 동일한 구성으로 보기는 어렵 다. 이 두 구성은 엄연히 다른 구성으로, 특히 '몇'은 정확한 수를 나타내 지는 않지만 수사의 일종4)으로 보아야 한다. 즉, N-몇-CL 구성은 N-CL 구성이 아닌 N-Q-CL 구성으로 분류되어야 하며, (25)와 (26) 사이의 차 이는 N-CL 구성과 N-Q-CL 구성의 차이로 보아야 할 것이다.

이남순(1995)에서도 N-몇-CL 구성은 모든 수량사 구성에서 사용 가능 하지만 N-CL 구성은 그렇지 않다고 하여, 두 구성에 엄연한 차이가 있음 을 보이고 있다.

(28) 가. 곶감 몇 개 먹었다고 하루 종일 벌을 받았다.
　　　나. *곶감 개나 먹었다고 하루 종일 벌을 받았다.

(이남순 1995)

---

4) '몇'은 한송화(1999) 등의 앞선 논의에서도 수사로 처리된 바 있다.

또한 N-CL 구성의 성립 여부는 셈의 주체가 셈의 대상에 대해 어떻게 인식하느냐에 달렸다고 지적하며, 셈의 대상이 분류사 단위로 존재한다고 인식되는 경우 가능하다고 하였다.

5.3. 분류사 구성 간 통사·의미적 차이

앞서 2절에서는 한국어 분류사 구성의 유형과 각각의 구성이 갖는 통사적 특성에 대해 살펴보았다. 한국어의 분류사 구성은 수량사, 분류사, 명사를 그 구성 요소로 하여 하나의 연속체를 이루고 있지만 그것이 나타나는 형식은 단일하지 않았다. 어순이나 구성요소에 있어 차이를 보이는 여섯 가지의 분류사 구성은 서로 일정한 통사·의미적인 관계를 맺고 있다. 어떤 문맥에서는 (29)에서와 같이 여러 분류사 구성들이 동일한 의미를 갖는 것처럼 보이기도 한다.

> (29) 가. 학생 세 명이 길을 걷고 있다.
> 나. 세 명의 학생이 길을 걷고 있다.
> 다. 학생 셋이 길을 걷고 있다.
> 라. 세 학생이 길을 걷고 있다.

(29가)는 명사가 수량사와 분류사에 선행하는 N-Q-CL 구성이며, (29나)는 명사가 수량사와 분류사에 후행하는 Q-CL-N 구성이다. (29다)와 (29라)는 분류사가 없는 구성으로 각각 N-Q 구성과 Q-N 구성이다. (29)에서 이 네 개의 구성은 의미적으로 큰 차이를 보이지 않는 것처럼 보인

다. 그러나 문맥에 따라 구성이 바뀜으로 인해 (30)과 같이 비문이 되거나 (31)과 같이 서로 의미가 달라지는 등 통사·의미적으로 차이를 보이는 예도 존재한다.

> (30) 가. 물 두 잔을 마셨다.
> 　　나. *물 둘을 마셨다.

> (31) 가. 그는 백 권의 책을 읽지 않았다.
> 　　나. 그는 책 백 권을 읽지 않았다.

뒤에서 더 자세히 살펴보도록 하겠지만 (30)은 구성 요소의 변화에 따라 문장의 문법성이 변하는 예로, '물'과 같은 불가산 명사의 경우 분류사가 없는 N-Q 구성으로 나타날 수 없음을 보여준다. (31)은 어순의 변화에 따라 두 문장의 의미까지 달라지는 예로, Q-CL-N 구성이 쓰인 (31가)의 경우에는 '백 권의 책 중 한 권의 책도 읽지 않았다'라는 뜻이 되지만, N-Q-CL 구성이 쓰인 (31나)의 경우에는 (31가)의 의미와 함께 '백 권의 책 중 일부만을 읽었다'라는 의미도 나타낼 수 있다.

이처럼 그 의미가 유사하게 보이는 분류사 구성들 사이에서도 다양한 통사·의미적 차이가 나타난다. 이와 같은 현상에 대해 그동안의 한국어 분류사 논의에서는 분류사가 생략된 구성을 분류사가 있는 구성과 동질적인 것으로 볼 수 있을 것인가와 명사가 수량사와 분류사에 선행하는 구성과 후행하는 구성이 서로 어떠한 통사적 차이를 가지는가라는 문제를 중심으로 논의가 이루어져 왔다.

따라서 이 절에서는 앞 절에서 살펴보았던 각 구성의 통사 의미적 특성을 기반으로 하여, 분류사 구성과 구성 사이에 어떤 통사·의미적 차이가 나타나는지를 살피고 그 차이가 나타나는 이유 또한 살펴볼 것이다. 분류사 구성 간 나타나는 차이의 양상에 따라서 분류사의 실현에 따른 차이,5) 어순에 따른 차이로 구분하여 각각을 정리하도록 할 것이다.

5.3.1. 분류사 구성에서의 분류사의 실현

5.3.1.1. 분류사 실현의 필수성

한국어와 같이 수 분류사가 발달한 언어는 명사가 어떤 의미 범주를 지시하는지, 아니면 범주 구성원 전체 또는 일부를 지시하는지가 분명하지 않다는 특징을 지닌다. 이러한 언어에서 분류사는 명사의 수를 표현하기 위해 명사 지시물을 개체화하는 기능을 수행한다(우형식 2001).

그럼에도 한국어 분류사 구성 유형 중에는 N-Q 구성이나 Q-N 구성과 같이 분류사가 실현되지 않는 구성이 존재하는데, 이에 그간의 한국어 분류사 논의에서는 이들을 분류사 구성으로 간주해야 하는가에 대한 논의가 지속적으로 이루어져 왔다. 본 장에서는 아래와 같은 사실을 바탕으로 분류사가 실현되지 않은 구성도 분류사의 구성에 포함하도록 할 것이다.

첫째, 범언어적으로 수 분류사가 있는 언어에서 분류사가 수의적으로 실현되는 경우가 드물지 않다. Aikenvald(2000 : 323)는 명사 분류사나 수

---

5) 한국어의 분류사 구성은 분류사의 실현에 따른 차이만이 아니라 수량사나 명사의 실현에 따른 차이를 보이는 경우도 있다. 따라서 수량사나 명사가 실현되지 않은 구성인 N-CL 구성, Q-CL 구성과 수량사와 명사가 모두 실현된 구성 사이의 차이도 살필 필요가 있다고 생각될 수 있다. 그러나 이 두 구성은 매우 제한된 상황에서만 사용될 뿐만 아니라, 명사나 수량사가 비실현된 구성과 실현된 구성 사이의 관련성이 분류사가 비실현된 구성과 실현된 구성 사이의 차이에 비해 미약한 편이므로 본 절에서는 다루지 않도록 할 것이다. 명사가 실현되지 않은 분류사 구성인 Q-CL 구성이나 수량사가 실현되지 않은 분류사 구성인 N-CL 구성의 특성에 대해서는 2절 참조.

분류사의 경우 통사적으로 분류사가 실현되지 않는 구성이 허용되는 경우에 한해 분류사 구성 내부 명사의 한정성이나 화용적 특성에 따라 수의적으로 나타날 수 있다고 서술하고 있다. 분류사 구성이 지시하는 요소가 담화상에 신정보로 도입되었는지의 여부나 분류사가 나타내는 의미가 명사에 대해 잉여적인지의 여부가 분류사 실현에 영향을 미친다는 것이다.[6] 이는 한국어의 경우에도 마찬가지인 것으로 보인다.[7]

둘째, 분류사가 실현되지 않은 구성 또한 분류사가 실현된 구성과 마찬가지로 분류사 구성으로서의 기능을 수행하고 있다. 이러한 사실을 통해 한국어에서 분류사를 필수적인 통사적 범주로 간주할 수 있으리라는 가능성을 엿볼 수 있다.

다수의 선행 연구에서 한국어에서 분류사의 실현을 필수적인 것으로 간주하기도 하였다. 임홍빈(1979)에서는 국어의 명사는 모두 집합 명사적인 특징을 가진다고 보고, 명사를 개체화하거나 단위화하여 표현하기 위해서 분류사가 필수적으로 요구된다고 보았다. 채완(1983)에서도 역시 수량사구가 표현될 때는 분류사가 나타나는 것이 일반적이라 보았다. 이는 국어의 수량사 구성에서 분류사라는 기능적 범주가 반드시 요구되며 자립 명사는 의미적, 문맥적, 화용적 조건에 의해 분류사적으로 사용될 수도 있다고 본 것이다.

---

6) Aikenvald(2000 : 324, Hopper 1986 : 313-14에서 재인용)는 말레이어 수 분류사 구성에서 분류사 실현에 영향을 미치는 담화 요소로 다음과 같은 도표를 제시하고 있다.

more	Conductive use of classifier	less
(a) specific		non-specific
(b) persistent		not persistent
(c) presentative		anaphoric

7) 한국어에 대한 상세한 예는 5.3.1.2.에서 다루도록 할 것이다.

김지홍(1994)는 모든 명사는 반드시 분류사를 지닌다는 임홍빈(1979)의 논의에서 더 나아가 생성문법적인 관점을 기반으로 하여 분류사가 명사의 핵어로서 기능 범주의 역할을 맡고 있으므로 분류사가 표면에 나타나지 않는 구성도 공범주[8])로서 실현되고 있는 것이라고 주장한다.

유동준(1983)과 이남순(1995) 역시 분류사가 표면에 나타나지 않는 경우라 하더라도 수량사 구성은 잠재적으로 분류사를 전제하고 있는 것으로 본다. 유동준(1983)의 경우 분류사는 화용적 조건에 의해 선택되어 선행하는 명사의 의미를 구체화시켜 주는 것으로 보고 따라서 분류사가 생략된 N-Q 구성과 Q-N 구성은 각각 분류사를 거느린 N-Q-CL 구성이나 N-CL-Q 구성과 그 기본적인 의미에서 차이가 없다고 주장한다. 이남순 (1995)은 수량사는 내재적으로 분류사를 통한 수량화 과정을 거치게 되어 있으므로 (32가)와 같이 비가산성을 지닌 명사의 수량사 구성에 분류사가 생략되면 일반적으로 어색하지만 문맥에서 이들이 일정한 단위로서 취급된다는 정보가 주어진다면 얼마든지 생략이 가능한 것으로 보았다.

(32) 가. ⁷커피 하나, ⁷물 하나, ⁷쌀 하나
     나. 커피 한 잔, 물 한 모금, 쌀 한 포대

분류사가 생략된 (32가)는 일반적인 맥락에서는 다소 어색한 표현이지만, 그 수량이 나타내는 단위가 화자와 청자에게 전제되어 있는 상황에서는 자연스럽게 사용될 수 있다.

---

8) 김지홍(1994)에서는 이러한 주장에 따라 N-Q-CL, N-Q, Q-CL-N, Q-N의 구성을 각각 다음과 같이 제시하고 있다.
   (가) N-Q-CL : 학생 두 명   (나) N-Q : 학생 둘 e
   (다) Q-CL-N : [두 [명]]ᵢ의 학생 [e [e]]ᵢ   (라) Q-N : 두 e 학생 (e e)

한편 김영희(1981)는 국어의 수량 표현이 분류사를 반드시 필요로 한다는 근거로 아래와 같이 수량사가 나타나지 않고 명사와 분류사만으로 이루어진 표현이 존재한다는 사실을 든다. 즉, 분류사는 명사에 가산성의 의미를 부여하는 범주로서 수량사가 나타나지 않아도 단독으로 '셀 수 있음'의 의미를 그 속성으로 가진다는 것이다.

> (33) 가. 욕 마디나 들었다고 분해하면서….
>   나. 그 중 힘 꼴이나 쓰는 놈은 모두 추려 내어….

(33)은 수량사가 실현되지 않았음에도 분류사가 명사에 가산성을 부여하는 예이다. 그러나 이것을 분류사의 필수성을 증명하는 근거로 여기기는 어려울 것으로 보인다. 우선 수량사가 나타나지 않는 분류사 구성보다는 분류사가 나타나지 않는 구성이 더욱 많으며, 수량사가 나타나지 않고 분류사만이 나타나는 분류사 구성은 극히 제한된 환경에서 극히 드물게 나타나므로 일반화가 어렵다는 문제가 있기 때문이다.

위와 같은 논의들을 종합했을 때 한국어에서 분류사가 나타나지 않는 분류사 구성을 분류사 구성의 일종으로 다루는 데에는 큰 문제가 없을 것으로 보인다. 분류사가 실현되지 않더라도 특정한 분류사가 전제되어 있거나 분류사를 쉽게 상정할 수 있는 경우에는 분류사가 실현된 구성과 동일한 의미를 나타낼 수 있으며, 그것이 유형론적으로도 드문 현상이 아니기 때문이다.

5.3.1.2. 분류사가 있는 구성과 분류사가 없는 구성의 차이

앞에서 살펴본 것과 같은 한국어의 분류사 구성에서 분류사가 필수적인 가하는 문제와 함께 분류사가 있는 구성과 없는 구성의 동질성 역시 중요한 쟁점이 되어왔다. 이에 따라 두 구성의 의미가 같은지 다른지, 다르다면 어떤 면에서 얼마나 다른지, 분류사가 있는 구성과 분류사가 없는 구성 중 어떤 것이 기본적인 구성인지 등 여러 측면에서의 논의가 끊이지 않았다.

대다수의 선행 연구에서 분류사가 있는 구성과 분류사가 없는 구성을 동질적이라 파악해 왔는데, 이는 분류사가 있는 구성과 없는 구성 사이의 통사적 차이에도 불구하고 이들이 의미상으로 동일하며 대부분의 문맥에서 분류사가 있는 구성의 변이로 간주할 수 있다는 관점에 따른 것이라고 할 수 있다.

분류사가 있는 구성과 없는 구성이 동일하다고 보는 가장 대표적인 논의는 김영희(1976, 1981), 노대규(1977) 등이다. 김영희(1976)은 분류사를 내포된 관계문의 서술어로 본다는 점에서 다른 논의와 차별화된 입장을 보이고 있다. 그리고 이 관점에 따라 분류사 구성이 포함된 예인 (34)의 구성을 (35)와 같이 분석하고 있다.

(34) 가. 연필이 하나가 굵었다.

　　　나. 연필이 한 자루가 굵었다.

(35)　[[[연필$_{NP}$ 하나 자루$_V$]$_S$ 연필$_N$]$_{NP}$ 굵었다$_V$]$_S$

김영희(1976)은 분류사 구성을 분석함에 있어 (34가)와 (34나)를 구분하지 않고 모두 (35)와 같이 분석하고 있다. 분류사의 실현 여부와 무관하게 (34가)와 (34나)의 두 예문이 모두 (35)와 같은 기저 구조를 가지고 있다는 것이다.

노대규(1977) 역시 (36)과 같은 분류사 구성의 예를 제시하며 분류사 구성들의 기저 구조가 모두 동일함을 주장하였다. 특히 (36가)와 (36다)의 차이를 단지 분류사[9]가 삭제된 것으로 파악하였으며, 이 분류사의 삭제는 수량사에 선행하는 명사의 의미 자질과 밀접한 연관된다고 하였다.

> (36) 가. 학생이 한 명이 왔다. (N-Q-CL)
>   나. 일곱 대가 지나갔다. (Q-CL)
>   다. 손님이 아홉이 돌아갔다. (N-Q)

그러나 이와는 반대로 임홍빈(1979), 채완(1983), 이남순(1982) 등에서는 분류사가 있는 구성과 분류사가 없는 구성이 별개의 구성으로서, 분류사 없는 구성이 고유의 통사적 특성을 갖는 것으로 파악한다. 임홍빈(1979)은 Q-N 구성은 그것을 한정적으로 인식할 수 있게 하는 특정한 문맥이 전제되지 않는 한, Q-N 구성에 분류사가 부재한다는 사실로 인해 명사가 개체화된 대상으로 인식되지 못하고 따라서 비문이 된다고 주장한다. 즉, 명사에 개체성이 부여되기 위해서는 분류사가 반드시 나타나야만 한다는 것으로 분류사가 있는 구성과 분류사가 없는 구성을 전혀 다른 것으로 파악하는 것이다.

채완(1983)은 명사가 수량사에 앞서는 N-Q-CL 구성이나 N-Q 구성의 가장 전형적인 용법이 (37가)와 같은 '목록'의 용법이라고 보았다.

---

9) 노대규(1977)에서는 분류사(classifiers)를 '수량단위사'라 칭하고 있다.

(37) 가. 사과 두 개   300원

        배 세 개   900원

        감 열 개   1,000원   합계 2,200원

    나. 사과 둘, 배 셋, 감 열

(채완 1983 : 24)

그리고 이러한 '목록'의 용법에서 분류사가 있는 (37가)가 분류사가 없는 (37나)보다 더 자연스럽게 느껴진다는 것을 통해 분류사가 있는 구성이 더 기본적인 용법임을 주장하였다. 또한 한국어의 분류사 구성이 분류사가 없는 구성에서 분류사가 있는 구성으로 발달해 왔다고 주장하며, 이역시 분류사가 있는 구성을 기본형으로 보는 근거로 들었다. 앞서 살펴보았던 (9)에서와 같이 분류사가 나타나지 않는 구성은 그 숫자가 높아질수록 자연스럽지 못한 구성이 되며 고유어로 나타나는 낮은 단위의 수량사와 어울릴수록 수용성이 높아진다는 것이다.

(9) 가. 개 〔하나, 둘, $^?$셋, $^{?*}$넷, *다섯, *아홉〕가 집을 본다.

    나. 여학생 〔하나, 둘, 열, 열 셋, 쉰, *백, *천〕이 체조를 한다.

(채완 1983 : 26)

(9)의 N-Q 구성은 모두 수량사가 커질수록 수용성이 낮아지는 경향을 보인다. 특히 (9나)에서는 고유어 수량사는 다소 큰 수더라도 자연스러운 반면에, 한자어 수량사는 모두 수용성이 극히 낮아지는 것을 볼 수 있다. 이것은 한자어 수량사의 차용으로 인해 발생한 현상으로, 현대 한국어에 나타나는 분류사 없는 구성은 잔류형이며 따라서 그 용법이 제한적이라고 본 것이다.

이와 같이 분류사가 있는 구성과 분류사가 없는 구성의 사이에 차이가 있다고 보는 입장에서는 두 구성 간에 어떠한 차이가 발생하는지 규명하고자 하는 시도도 이어졌다. 채완(1983)이나 이남순(1995) 등의 분류사가 있는 구성과 분류사가 없는 구성 사이의 차이를 다룬 대부분의 논의에서 분류사가 있는 편이 분류사가 없는 편보다 더 자연스럽다는 것을 지적하고 있다. 특히 불가산 명사의 경우에는 분류사가 있는 구성만이 자연스러운 것이 대부분이다.

(38) 가. *모래 하나
나. 모래 한 포

(39) 가. *물 둘
나. 물 두 컵

(40) 가. 냉수 둘!
나. 설렁탕 셋!

(채완 1983 : 25)

불가산 명사의 경우 (38가)와 (39가)에서처럼 분류사가 없는 구성이 성립되기 어렵지만, 아주 한정된 상황에서는 분류사가 없는 구성이 가능한 경우도 있다. (40)은 일반적인 상황에서라면 사용이 불가능한 표현이지만 식당에서 주문을 하는 등의 한정적인 상황에서는 사용이 가능한 표현인데, 이는 식당에서는 '냉수'나 '설렁탕' 등의 불가산 명사의 단위가 그릇 등에 의해 정해져 있는 상황이기 때문이다. 즉, 화자와 청자 사이에 일정한 분류사가 전제되어 있기에 (40)과 같은 표현이 가능한 것이며, 따라서 그것을 세는 단위가 전제되어 있는 상황에서라면 (38가)나 (39가)와 같은 표현도 완전히 불가능한 것은 아니다. 채완(1983)에서는 이처럼 구체적인 분류사가 상정되어 있는 경우 분류사가 없는 구성이 사용되는 것을 분류사의 '생략'으로 보았다.

또한 가산 명사라 할지라도 항상 N-Q-CL 구성과 N-Q 구성이 모두 가능한 것은 아니다. 가산 명사의 경우에도 분류사가 없는 구성이 불가능한 경우가 있는 것이다. 채완(1983)에서는 사람을 지시하는 명사를 세는 경우에는 분류사가 없는 N-Q 구성이 더 자연스럽게 쓰일 수 있으며, 사람이 아닌 것을 지시하는 명사의 경우에는 N-Q 구성이 부자연스럽지만 셈 용법으로는 분류사가 없는 구성이 쓰일 수도 있음을 지적하였다.

(41) 가. 교실에 학생 셋이 있다.
　　나. 퇴근길에 친구 셋을 만났다.

(42) 가. ?필통에 연필 셋이 있다.
　　나. ?문방구에서 연필 셋을 샀다.

(43) 연필 셋, 지우개 다섯, 볼펜 둘

(41)과 같이 사람을 셀 때에는 분류사가 있는 구성과 분류사가 없는 구성이 모두 자연스럽지만, (42)에서와 같이 사람이 아닌 것을 셀 때에는 분류사가 없는 구성이 어색하다는 것이다. 그러나 (43)과 같은 경우에는 사람이 아닌 것을 셀 때에도 분류사가 없는 구성이 자연스럽게 쓰일 수 있으며, 앞서 (9)에서와 같이 사람을 세는 경우에도 그 수가 커질수록 N-Q 구성이 부자연스러워지는 경우도 있어, 사람을 지시하는 명사와 그

렇지 않은 명사 사이의 차이가 절대적인 것이 아니라고 주장하였다.

이는 맥락상 사람을 지시하는 경우에 한정성이 더 쉽게 발생하기 때문에 생긴 차이로 볼 수 있을 것이다. 채완(1983)에서도 (44가)와 같이 도량분류사로 사용될 수 없는 가산 명사인 '책상'이 분류사가 없는 구성에서 사용되는 경우도 종종 나타나는데, 이는 분류사 구성에 사용된 명사가 특정한 지시 대상을 가리킨다는 것을 화자와 청자가 모두 알고 있는 경우이기 때문임을 지적한 바 있다.

(44) 가. 두 책상이 비슷하다.
　　　나. *다섯 책상을 샀다.

(채완 1983 : 29)

Q-N 구성은 화자와 청자에게 지시 대상이 한정되는 경우에 한해서만 사용될 수 있다. (44나)에서는 '책상'이 특정한 지시 대상을 가리키지 않기 때문에 Q-N 구성이 사용될 수 없는 것이며, 채완(1983)에서는 이러한 현상이 사람이 아닌 유정 명사의 경우에도 적용될 수 있다고 하였다.[10]

이남순(1995)에서도 한정성과 분류사 구성의 관련성에 대해 다루고 있다. 이남순(1995)에서는 Q-N 구성을 '분류사 없는' 수량사 구성이라 칭하며, Q-N 구성의 의미나 통사 · 의미적 조건 등에 대해 다루고 있다. 또한 분류사가 실현되지 않는 Q-N 구성과 N-Q 구성은 N-Q-CL 구성에 비해 어색하게 느껴지지만, 한정성을 지니면 Q-N 구성이, 한정성+휴지를 두면 N-Q 구성이 자연스러워진다는 점도 지적하였다.

---

10) 이는 임홍빈(1978)에서 신체 부위를 나타내는 수량사가 흔히 Q-N 구성으로 나타난다고 지적한 것과 연결될 수 있다. 이는 신체 부위도 한정적 문맥에서 사용되는 경우가 많으며 화자와 청자에게 이미 전제된 것이기 때문으로, 자세한 것은 4.2.2. 참조.

(45) 가. 오늘 아침 사과 세 개를 먹었다.
　　 나. [?]오늘 아침 세 사과를 먹었다.
　　 다. [?]오늘 아침 사과 셋을 먹었다.

(이남순 1995 : 61)

(46) 가. 오늘 아침 그 세 사과를 먹었다.
　　 나. 오늘 아침 그 사과, 셋을 먹었다.

(이남순 1995 : 62)

이와 같이 한정적인 상황에서 분류사 없는 구성이 사용될 수 있는 것은 이미 분류사가 정해진 상황에서 Q-N 구성이 자연스럽게 사용될 수 있는 현상과 연결될 수 있을 것으로 보인다. 이남순(1995)에서도 채완(1983)과 마찬가지로 분류사가 이미 정해진 상황에서 셈이 일어나는 경우에는 분류사가 없는 구성이 자연스러움을 지적하였다.

(47) 가. 사과 셋!
　　 나. 콜라 셋!

즉, (47)과 같은 예는 청자와 화자에게 셈의 대상과 셈의 단위가 전제되어 있는, 보다 한정적인 상황에서만 분류사가 없는 구성이 사용될 수 있음을 보여주는 것이다.

또한 이남순(1995)에서는 셈의 대상이 개체적인 대상으로 인식될 때 분류사가 없는 구성이 자연스럽게 쓰일 수 있음을 지적하였다. 이는 분류사가 실현되지 않는 구성과 분류사가 실현된 구성은 계산 방식에 있어서도 차이를 보이기 때문인데, 이에 따라 분류사가 없는 구성은 수량 부사가 나타나는 경우 (48)에서와 같이 수량부사가 후행하는 것만 가능하다.

(48) 가. 세 토끼를 모두/다 잡았다.
　　　나. *모두/다 세 토끼를 잡았다.

이남순(1995)는 이러한 현상이 분류사가 없는 구성이 '통산의 계산 방식'과 어울리기 때문이라 하였다. 즉, (48)과 같은 문장에서는 세 마리의 토끼 하나하나가 서로 구별되는 개체로서 인식되기 때문에 (48가)와 같이 수량부사가 후행하는 문장만이 나타날 수 있다는 것이다.

지금까지 살펴 본 바와 같이 분류사가 있는 구성과 분류사가 없는 구성은 통사·의미적으로 차이를 보이며, 사용되는 화용적인 환경에도 차이를 보인다. 따라서 분류사가 있는 구성과 분류사가 없는 구성이 완전히 동질적이라고 보기 어렵다는 것을 알 수 있었다.

5.3.2. 분류사 구성에서의 어순

Greenberg(1978)의 일반원칙 44에 따르면 분류사 구성을 구성하는 명사와 수량사, 분류사의 어순은 언어에 따라 일정하게 정해져 있기도 하고, 또 어떤 언어에서는 여러 어순이 허용되면서 그 어순에 따라 기능에 차이가 나기도 한다. 그리고 분류사 구성의 어순에 따라 기능에 차이가 발생하는 경우 N-Q 구성은 비한정적, 개산적(槪算的) 구성에서 쓰이는 것이 일반적이라고 한다. 또한 명사와 수량사의 어순이 달라짐에 따라 의미기능이 달라지기도 하지만 수의 분포에 따라 N-Q나 Q-N 중 하나만을 허용하는 상보적 분포를 이루기도 한다고 하였다.11)

---

11) 또한 Greenberg(1978)은 부분구성((Q-CL)-N)과 관형구성(Q-N)이 공존하는 경우 수가 커질수록 부분구성으로 나타나는 경향이 있다고도 하였는데, 이는 즉 수가 커

한국어의 분류사 구성 역시 명사와 수량사, 분류사가 실현되는 어순의 차이에 따라서 각기 다른 양상을 보인다. 여기에서는 한국어의 분류사 구성에 있어 어떤 구성 요소의 어순이 보다 기본적인 형태인지, 그리고 어순의 차이가 어떤 의미적 차이를 발생시키는지를 살펴보도록 할 것이다.

5.3.2.1. N-Q-CL 구성과 Q-CL-N 구성의 차이

N-Q-CL 구성과 Q-CL-N 구성은 명사와 수량사-분류사 구성의 순서에 차이를 보이는 두 구성으로, 가장 흔하게 쓰이는 분류사 구성인 만큼 각각이 어떤 통사적 차이와 의미적 차이를 보이는지에 대해 많은 논의가 진행되어 왔다. 그와 더불어 두 구성 중 어느 것이 더 기본적인 형태인지에 대한 논의도 지속적으로 이루어져 왔다.

김영희(2006)에서는 N-Q-CL 구성과 Q-CL-N 구성 중 Q-CL-N를 기저로 보고, Q-CL-N구성에 '셈숱말 높이기(quantifier lifting)[12]' 규칙을 적용함으로써 N-Q-CL 구성이 만들어지는 것으로 보았다.

> (49) 가. 이 회사는 약간 명의 사원을 해외에 파견했다.
> 나. 이 회사는 사원 약간 명을 해외에 파견했다.

Q-CL-N 구성이었던 (49가)에서 Q-CL이 전체 문장의 성분으로 승격되면서 (49나)의 N-Q-CL 구성을 이루게 되었다는 것으로, 이로 인해 Q-CL이 목적격조사와 결합할 수 있게 되었다고 보는 것이다.

질수록 명사와 가까운 양상을 보인다는 것을 의미한다.
12) 김영희(2006 : 82)에서는 '셈숱말 높이기'를 일종의 상승(raising) 규칙으로 보고 있으며, 상승 규칙의 일반적 특성을 내포문의 성분을 상위문의 주요 성분으로 승격시키는 통사적 효과를 갖는 것으로 보고 있다.

그러나 이와는 반대로 N-Q-CL 구성을 기저로 보는 논의도 존재한다.13) 채완(1983)에서는 중세국어 시기에는 Q-N 구성이 많이 쓰인 반면14)에 현대 한국어에서는 N-Q-CL 구성을 기저로 볼 수 있다고 하였다. 이에 대한 근거로 불가산 명사는 분류사 없이 셀 수 없으므로 Q-N 구성이 불가능하다는 것과, 가산 명사의 경우에도 Q-N 구성이 불가능한 경우가 있음을 들었다.

    (50) 한 트럭, 두 삽, 세 숟갈, 네 자루, 다섯 그릇, 여섯 공기

채완(1983)은 (50)과 같은 경우를 Q-N 구성이 사용된 것으로 보이기 쉽지만, 이 구성에 나타나는 가산 명사는 명사라기보다는 도량 분류사로 기능하는 것이라 하였다. 즉, (50)에서 Q-N 구성이 가능한 것은 이 구성에서 사용되는 명사들이 도량 분류사로 기능하기 때문이며, 따라서 (50)의 구성은 Q-N 구성이라기보다는 Q-CL 구성으로 보아야 한다는 것이다.

한편 한송화(1999)는 N-Q-CL 구성을 (51)에서와 같이 명사와 수량사구에 모두 격조사가 쓰이는 구성과 분류사 구성 전체에 격조사가 한 번만 사용된 구성으로 구분하였다. 그리고 그 중 분류사 구성 전체에 격조사가 한 번만 사용된 구성을 기저로 보았다. 분류사 구성이 주어나 목적어로 사용될 때에는 명사와 분류사에 모두 격조사가 사용될 수 있지만, 분류사 구성이 주어나 목적어가 아닌 다른 성분으로 사용될 때에는 분류사에 명사와 같은 조사를 사용하는 것이 불가능하기 때문이다.

---

13) 한송화(1999)에서는 명사 앞에 Q-CL이 나타나는 것을 전치 수량사구, 명사 뒤에 Q-CL가 나타나는 것을 후치 수량사구라 칭하였다.

14) 자세한 사항은 7장 참고.

(51) 가. 〔학생이 백 명이/학생 백 명이/학생이 백 명〕 등록했다.

　　　나. 난 〔책을 백 권을/책 백 권을/책을 백 권〕 읽었다.

　　　다. 그는 〔*이쑤시개로 만 개로/이쑤시개 만 개로/*이쑤시개로 만
　　　　　개〕 모형 집을 만들었다.

(51가)와 (51나)에서와 같이 분류사 구성에 주격조사나 목적격조사가 결합하는 경우에는 명사와 수량사-분류사 구성에 조사가 각각 결합할 수 있지만, (51다)에서와 같이 부사격조사가 사용되는 경우에는 분류사 구성 전체에만 조사가 결합할 수 있을 뿐, 명사에 직접 조사가 결합하는 것은 불가능하다. 이는 분류사 구성 전체가 격을 부여받기 때문으로, 주격이나 목적격의 경우에는 국어의 일부 N-N 구조처럼 각각에 격조사가 결합되어 구의 분리가 가능한 것이라고 한다.

또한 N-Q-CL 구성과 Q-CL-N 구성은 의미에 있어서도 차이를 보이는데, 이 두 구성의 진리치는 항상 동일하지만 그럼에도 불구하고 이 두 가지 구성이 항상 교체될 수 있는 것은 아니다. 한송화(1999)에 따르면 수량 정보가 중요한 경우에는 N-Q-CL 구성만 나타나며 Q-CL-N 구성은 단순히 피수식 명사의 수량만을 나타낼 수 있다.

(52) 가. 아줌마, 〔[???]열 개의 사과를/사과 열 개를〕 주세요.

　　　나. 〔[???]열 명의 식구가/식구 열 명이〕 늘었다.

즉, (52가)에서와 같은 매매의 상황이나, (52나)와 같이 수량의 변동을 표현하는 상황에서는 수량과 관련된 정보가 중요하므로 N-Q-CL 구성만이 나타난다는 것이다. Q-CL-N 구성은 이와 반대로 수량 정보가 중요하지 않은 상황에서 사용되는데, 이에 대해서는 우형식(2001)에서도 다루고

있다. Q-CL-N 구성은 개체화된 지시물을 확증하는 의미를 지니므로 수와 부류적 가치가 중요하지 않은 구성에서 주로 Q-CL-N 구성이 사용된다는 것이다.

> (53) 가. 당신에게 배운 의술로는 생업은커녕 한 그릇의 밥, 한 잔의 술
> 　　　도 빌어먹지 않겠다.
> 　　나. 당신에게 배운 의술로는 생업은커녕 밥 한 그릇, 술 한 잔도
> 　　　빌어먹지 않겠다.
>
> (우형식 2001 : 372-373)

(53나)는 (53가)에 비해 수량이 강조되는 표현인데, 이는 관용적 표현에서도 마찬가지이다. '열 길 물속은 알아도 한 길 사람 속은 모른다.' 등의 속담에서 '열 길'이나 '한 길' 등의 수량은 특정한 수량을 한정하는 것이 아니며, 이 관용 표현에서 중요한 것은 '물속'과 '사람 속'이 된다.

이 외에도 다수의 논의에서 언급된 두 구성의 또 다른 차이는 한정성과 관련된 차이이다. 우형식(2001)은 N-Q-CL 구성과 Q-CL-N 구성이 명사가 지시하는 사물을 대상으로 하는 점에서는 공통되지만, 전자는 종적(種的) 대상을 지시하고 후자는 부분의 집합을 지시한다는 점에 차이가 있음을 지적하였다. 따라서 N-Q-CL 구성은 명사가 지시하는 개체의 동질성과는 무관하나 Q-CL-N 구성은 동질성을 전제로 하여 하나의 집합체와 관련된다고 하였다.

> (54) 가. 사과 한 상자
> 　　나. 한 상자의 사과

즉, (54가)의 사과는 종적 대상, 사과라는 종에 해당하는 것은 모두 포함되지만, (54나)의 사과는 상자 속에 들어있는 복수의 개체를 의미한다는 것이다. 따라서 (54가)의 사과는 한정되지 않지만, (54나)의 사과는 한정적이며, 이에 대한 근거를 (55-56)과 같이 수량을 묻는 의문문을 통해서 제시하였다.

(55) 가. 너는 사과를 몇 개 먹었니?
나. 나는 사과를 세 개 먹었다.

(56) 가. 너는 몇 개의 사과를 먹었니?
나. 나는 세 개의 사과를 먹었다.

(우형식 2001 : 370)

일반적으로 이러한 질문은 (55가)와 같은 형식으로 나타나며 (56가)는 어색한데, 이는 (55)의 Q-CL-N 구성이 사과의 수량이 한정되는 것을 전제로 하기 때문이라고 한다. 또한 N-Q-CL 구성은 부분적(partitive), Q-CL-N 구성은 총칭적(exhaustive)인 의미를 가진다는 것 또한 밝히고 있는데, N-Q-CL 구성은 수량사구에 초점을 두는 것으로 명사의 수량을 한정하는 의미가 두드러진다는 것이다. 한정한(2000)에서도 다음과 같은 예문 제시함으로써 이를 뒷받침하고 있다.

(57) 가. 앞에 가던 두 대의 차가 경찰에게 잡혔다.
나. 앞에 가던 차가 두 대가 경찰에게 잡혔다.

(57가)는 앞에 가던 차가 모두 합쳐서 두 대뿐이라는 의미를 가지며,

(57나)는 앞에 가던 차가 두 대 이상일 수 있지만 경찰에게 잡힌 것이 그 중 두 대라는 의미라는 것이다. 우형식(2001)은 이 기능이 명사와 분류사 구가 동격의 의미를 지닐 때 N-Q-CL 구성으로 구성되는 현상을 통해 더욱 분명해진다 하였다. (58)은 의미상 동격일 때 N-Q-CL 구성이 선호된다는 것을 보여준다.

> (58) 가. 그는 민이 한 사람만을 눈에 그리며 살았다.
>   나. *그는 한 사람의 민이만을 눈에 그리며 살았다.
>
> (우형식 2001 : 372)

한송화(1999)에서도 Q-CL-N 구성은 지시관형사의 수식이 가능하지만 N-Q-CL 구성은 그렇지 않다는 점, 그리고 N-Q-CL 구성에는 일반적으로 비한정적 명사가 온다는 점을 지적하였다.

> (59) 가. 그는 그 [여덟 명의 친구를/???친구 여덟 명을] 사귀었다.
>   나. 지나가면서 보니까 아까 봤던 그 [두 대의 차가/???차 두 대
>   가] 사고가 났다.

(59)에서 볼 수 있듯이 한정성의 의미를 더하는 지시관형사 '그'는 N-Q-CL 구성과 함께 쓰이는 것이 다소 어색하다. 이는 N-Q-CL 구성의 앞에 놓이는 지시관형사는 수량사구를 수식하게 되는데, 일반적으로 수량은 지시관형사의 수식을 받기 어렵기 때문이다. 이에 대해 한송화(1999)에서는 N-Q-CL 구성에서 N과 Q-CL의 관계를 서술관계, Q-CL-N 구성에서 Q-CL과 N의 관계는 수식-피수식 관계로 파악하고 있다. 따라서 Q-CL-N 구성의 경우에는 수량사구 전체가 부정의 범위나, N-Q-CL

구성의 경우에는 부정의 범위가 분류사 구성 전체 또는 수량사에만 미칠
수 있다고 한다.

> (60) 가. 그는 백 권의 책을 읽지 않았다.
>   - 그가 읽지 않은 것은 백 권의 책 모두이다.
>   나. 그는 책 백 권을 읽지 않았다.
>   - 그가 읽지 않은 것은 백 권의 책 모두이다.
>   다. 그는 책 백 권을 읽지 않았다.
>   - 그가 읽은 것은 책 백 권이 아니다.

그 외에도 한송화(1999)에서는 Q-CL-N 구성은 명시된 수량만큼이 있
음을 전제하지만 N-Q-CL 구성은 수량이 그 이상이 있음을 전제한다는
특성이 있다고 보았다. 일반적으로 인간은 다리가 둘이며, 자동차는 바퀴
가 넷인 것이 자연스러우므로 (61)에서 수량사가 명사의 앞에 위치하는
것이 자연스럽다는 것이다.

> (61) 가. 인간이 두 다리로 서게 된 것은….
>   가′. ???인간이 다리 둘로 서게 된 것은….
>   나. 네 바퀴 달린 자동차
>   나′. ???바퀴 넷 달린 자동차

한편 우형식(2001)은 분류사 구성이 어순에 따라 이러한 의미적 차이만
이 아니라 화용적 차이도 지니고 있음을 지적하였다. N-Q-CL 구성은 수
에 관한 정보가 새로운 것일 때 쓰이므로, N-Q-CL 구성에서 명사는 종적
성격을 갖고 분류사 구성에 의해 특정적 지시성을 띠게 된다는 것이다.
이는 Q-CL에 새로운 정보가 담겨 있기 때문으로, (62)와 같이 동화의 도

입부에서는 N-Q-CL 구성이 사용되고 그 후에는 Q-CL-N 구성이 사용되는 것을 통해서도 이러한 사실을 알 수 있다.

> (62) 가. 옛날 어느 숲 속에 곰 세 마리가 한 집에 살고 있었습니다.
> 나. 세 마리의 곰은 밥그릇을 하나씩 가지고 있었습니다.
> 다. 세 마리의 곰은 의자도 하나씩 가지고 있었습니다.

즉, 위의 예에서 Q-CL-N 구성은 특정 개체를, N-Q-CL 구성은 불특정 개체를 지시하는 것으로 볼 수 있다는 것이다. 이 역시 앞에서 두 구성의 차이로 제시했던 한정성과 관련된 문제인 것으로 보인다. 결과적으로 Q-CL-N 구성은 비교적 한정적인 대상의 수량을 나타내는 반면 N-Q-CL 구성은 비교적 총칭적인 대상의 수량을 나타내고, 이에 따라 명사가 지시하는 대상이 중요한 경우에는 Q-CL-N 구성이, 수량이 중요한 경우에는 N-Q-CL 구성이 사용된다는 것이다.

5.3.2.2. N-Q 구성과 Q-N 구성의 차이

분류사가 실현되지 않은 N-Q 구성과 Q-N 구성은 대부분의 논의에서 N-Q-CL 구성과 Q-CL-N 구성에서 분류사가 생략되거나 공범주 형태로 실현되는 것으로 여기고 있기 때문에, 두 구성에 대해서만 별도로 다루고 있는 논의는 그리 많지 않은 편이다.

생성문법의 관점에서 분류사 구성을 다루고 있는 논의인 노대규(1977)에서 N-Q 구성과 Q-N 구성의 기저 구조에 대해 논의하고 있는데, 노대규(1977)은 N-Q 구성과 Q-N 구성의 기저 구조를 동일하다고 보고 있다.

> (63) 가. 학생이 둘이 도망갔다.

나. 두 학생이 도망갔다.

노대규(1977)에서는 (63)의 두 문장을 모두 '학생이 둘이다'와 '학생이
도망갔다'라는 두 문장의 복합문으로 파악한다. 따라서 (63)의 두 문장을
동일한 기저 구조에서 생성된 것일 것으로 분석하며 두 문장의 표면 의미
상의 차이는 변형 과정에서의 규칙 적용에 의한 것으로 여긴다.

그 외의 논의들에서는 N-Q 구성과 Q-N 구성의 통사적, 의미적 차이에
대해 주로 다루고 있다. 그 중에서도 임홍빈(1979)[15]에서는 다음과 같은
예를 통해 N-Q 구성과 Q-N 구성의 차이를 밝히고자 하였다.

(64) 가. 세 학생이 나를 찾아왔다.
나. 학생 셋이 나를 찾아왔다.

(65) 가. 두 토끼를 잡았다.
나. *토끼 둘을 잡았다.

(66) 가. 두 피아노를 샀다.
나. *피아노 둘을 샀다.

(67) 가. *두 냉수를 마셨다.
나. (*)냉수 둘을 마셨다.

(67)의 '냉수'의 경우 불가산 명사로 일반적인 맥락에서는 두 가지 구성
이 모두 불가능하다. 즉, N-Q 구성이나 Q-N 구성을 사용하기 위해서는

---

15) 임홍빈(1979)에서는 N-Q-CL 구성을 '수 분류사 구성', Q-CL-N 구성을 '양화구성',
N-Q 구성을 '명수사 구성', Q-N 구성을 '수명사 구성'이라고 칭한다.

세는 대상에 대한 가산성(countability)이 요구된다는 것이다. 단, (67나)의 경우에는 주문을 하거나 주문을 받는 상황에서 "커피 둘!"과 같이 사용될 수 있다고 하였다.

한편 (64-66)의 경우는 모두 가산 명사임에도 (64)는 두 가지 구성이 모두 가능하고, (65)와 (66)에서는 N-Q 구성이 불가능하다. 이를 임홍빈(1979)에서는 한국어의 보통명사가 개체 집합적이라 모든 명사에 복수성이 내재되어 있기 때문으로 보았다. 그리고 집합에 포함된 개체에 대해 그 개체성을 확립시켜주는 것이 분류사라는 것이다. 이러한 관점에서 보았을 때, N-Q 구성은 집합이 주어진 후에 구성요소를 세는 구성이고 Q-N 구성은 수사 뒤에 집합이 오는 구성으로 주어진 집합 전체를 하나의 단위로 하는 구성이다. 따라서 집합의 구성요소가 개체화될 수 없는 (65나)와 (66나)의 경우에는 성립될 수 없는 문장으로 본 것이다. 그러나 특정지시성이 있는 명사들의 경우에는 Q-N 구성이 가능한데, 다음의 예를 통해 이를 보여주고 있다.

(68) 가. 두 눈이 아프다.
　　　나. 두 피아노의 크기가 다르다.

(68가)의 '두 눈'은 반드시 한 사람의 양쪽 눈을 가리킬 뿐, 서로 다른 사람의 눈 하나씩을 지시하기 위해서는 사용될 수 없다는 점에서 특정지시적이다. (68나)의 '두 피아노' 역시 어떤 특정한 두 대의 '피아노'를 가리키거나 두 부류의 '피아노'를 가르칠 때에 성립할 수 있는 문장이므로 특정지시적이라고 할 수 있다. 임홍빈(1979)는 이처럼 특정적이지 않은 명사를 가리키는 경우에는 Q-N 구성이 불가능하고, 특정지시적인 명사만이

Q-N 구성을 이룰 수 있는 것은 Q-N 구성을 이루기 위해서는 명사가 셀 수 있는 단위여야만 하기 때문이라고 하였다. 또한 (65-66)과는 달리 사람을 지시하는 명사가 쓰인 (64)에서는 Q-N 구성이 가능한 것도 사람을 지시하는 명사의 경우 쉽게 특정될 수 있기 때문이라고 보았다.

이남순(1985)에서도 사람은 개체적 대상이므로 사람의 수를 세는 경우에는 N-Q 구성과 Q-N 구성이 모두 자연스럽게 사용될 수 있다고 보았다. 또한 무정물의 경우에도 개체적으로 인식되면 두 가지 구성이 모두 자연스럽다고 하였다.

N-Q 구성과 Q-N 구성이 보이는 차이를 개체성의 관점에서 파악한 것은 김영희(2006)도 동일하다. 김영희(2006)에서는 N-Q 구성은 딸림 관계로, Q-N 구성은 매김 관계로 지칭한다. 그리고 딸림 관계에서는 명사가 집합으로, 매김 관계에서는 명사가 개체로 이해된다는 점에서 차이를 보인다고 언급하고 있다.

> (69) 가. 꽃봉오리의 하나가 터졌다.
> 　　　 나. 하나의 꽃봉오리가 터졌다.

(69가)와 (69나)는 표면적으로는 동일한 의미를 담고 있는 것으로 보인다. 그러나 (69가)는 '꽃봉오리'라는 명사가 집합으로 이해되기 때문에 터지지 않은 꽃봉오리가 그 외에도 있다는 것을 함의하고 있으나, (69나)는 '꽃봉오리'라는 명사가 개체를 나타내므로 그 외에 다른 꽃봉오리가 있다는 것을 함의하지 못한다. 이러한 차이로 인해 (70), (71)과 같은 예에서 문법성의 차이가 발생하는 것이다.

(70) 가. 그 장서의 많은 수가 도난당했다.

나. *그 장서의 많은 수가 도난당해서 남은 책이 하나도 없다.

(71) 가. 그 많은 수의 장서가 도난당했다.

나. 그 많은 수의 장서가 도난당해서 남은 책이 하나도 없다.

(70가)는 N-Q 구성으로, 명사가 집합의 의미를 담고 있는 것으로 이해된다. 따라서 장서의 집합 중 일부만이 부정되는 (70나)는 의미적으로 모순이 되며, 비문법적인 문장이 되는 것이다. 반면 Q-N 구성인 (71가)는 명사가 개체의 의미로 이해되므로 장서의 집합 중 일부만이 부정되는 (71나)도 가능하다.

이러한 N-Q 구성과 Q-N 구성의 차이는 분류사가 있는 구성인 N-Q-CL 구성과 Q-CL-N 구성의 차이와 유사한 양상을 보인다. 임홍빈(1979) 외에도 N-Q 구성과 Q-N 구성의 차이를 특정성의 관점에서 논의하는 연구들이 다수 있어 왔는데, 채완(1983)에서도 다음과 같은 예를 통해 N-Q 구성은 주로 명사가 총칭적이거나 비한정적인 의미를 가질 때 사용된다는 것을 보이고자 하였다.

(72) 가. ?*나는 사람 둘을 안다.

나. 나는 두 사람을 안다.

(73) 가. 여자 셋이 모이면 접시가 깨진다.

나. ?세 여자가 모이면 접시가 깨진다.

(74) 가. ?이번 교통사고로 사람 둘이 사망했다.

나. 이번 교통사고로 두 사람이 사망했다.

채완(1983)은 (72가)와 같이 한정적인 문맥에서는 비한정적인 의미를 갖는 N-Q 구성이 어색한 반면, (73가)와 (74가)는 비한정적인 문맥이므로 N-Q 구성이 자연스러우며, (73나)는 비한정적인 문맥이라면 어색하지만 화자와 청자에게 전제되어 있는 세 여자라는 뜻이라면 사용이 자연스럽다고 하였다. (74가)의 경우 '사람'임이 당연한 상황에 '사람'이 쓰이는 것이 잉여적이기 때문에 어색하게 느껴지는 것으로 '사람'을 생략하는 것이 자연스럽다고 했으며, 사람을 생략하지 않은 것은 사람이 아닌 어느 것과 대조되는 의미로 이해할 수 있다는 것이다.

하지만 (74가)가 어색하게 느껴지는 것 역시 한정적인 상황에서 비한정적인 의미를 갖는 N-Q 구성이 사용되었기 때문으로 보인다. 또한 채완(1983)에서는 (74나)의 경우에는 한정적 해석과 비한정적 해석이 모두 가능하다고 하며, 비한정적 의미일 때 '사람'은 분류사로 대치되거나 생략될 수 있다고 보았다. 하지만 사망한 순간 특정한 두 사람이 사망한 것이므로 이 문장은 비한정적 해석이 불가능할 것으로 보이며, 비한정적인 의미임에도 불구하고 Q-N 구성이 가능한 것으로 보이는 것은 '사람' N이 아닌 CL로서 사용되었기 때문인 것으로 보인다.

5.4. 나가기

지금까지 여섯 가지 유형의 한국어 분류사 구성의 대해 살펴보았다. 먼저 2절에서 여섯 가지 분류사 구성의 통사적 특징에 대해 자세히 정리한 뒤, 각 구성이 서로 어떠한 관계를 가지고 있는지와 구성 간에 어떠한 차이가 나타나는지를 3절에서 분석하였다. 여섯 가지의 유형으로 나타나는 한국어의 분류사 구성은 모두 비슷한 통사적 구조와 비슷한 의미를 가질 것으로 생각되기 쉽지만, 본 장에서는 각각의 구성이 통사·의미적으로 일정한 차이를 보인다는 것을 밝혔다.

여섯 개의 구성 중 가장 높은 빈도를 보였던 N-Q-CL 구성과 관련해서는 명사와 수량사-분류사 구성이 통사적으로 동격 관계에 있는지, 서술어 관계에 있는지가 주요 논점이 되었다. 또한 N-Q-CL 구성의 의미에 대해서는 수량이 강조되는 표현으로서, 명사를 집합으로 이해되므로 일반적으로 비한정적인 명사가 쓰임을 알 수 있었다.

Q-CL-N 구성에 대해서는 명사와 수량사-분류사 구성이 서술어 관계인지 수식 관계인지에 대한 논의가 전개되었다. 한편 Q-CL-N 구성은 N-Q-CL 구성에 비해 개체적인 명사가 사용되며, 따라서 한정적인 명사가 사용된다는 의미적인 특징이 있다. 이외에도 주로 생성문법의 관점에서 이 두 개의 구성 중 어느 쪽이 기저인지에 대해서도 여러 논의가 진행되어 왔음을 살펴보았다.

Q-CL 구성이나 N-CL 구성은 매우 제한적인 맥락에서 사용되는 분류사 구성이었다. Q-CL 구성은 분류사가 명사가 지시하는 의미를 함축하는 의미를 갖고 있어 화용론적으로 분류사가 쉽게 복원되는 경우에 사용될 수 있었다. N-CL 구성은 구체적인 수량이 드러나지는 않지만, 화자가 그에 대해 적지 않은 양이라고 평가하는 경우 사용될 수 있다.

N-Q 구성과 Q-N 구성이 N-Q-CL 구성과 Q-CL-N 구성과 맺는 관계에 대해서도 많은 논의가 이루어지고 있었다. 분류사가 실현되지 않은 구성이 분류사가 실현된 구성과 의미적으로 유사성을 띠고 있다는 것을 근거로 하여, N-Q-CL 구성과 Q-CL-N 구성에서 분류사가 생략되거나 분류사가 공범주로서 실현됨으로써 N-Q 구성이나 Q-N 구성이 발생한 것으

로 파악하는 논의들이 대다수였다.

본 장에서는 앞선 논의들을 정리함으로써 분류사 구성의 통사적 특징과 의미적 특성에 대해 살펴보았다. 그리고 그 결과 위에서 정리한 내용과 같이 서로 다른 한국어의 여섯 가지 분류사 구성에는 여러 가지 측면에서 차이가 나타난다는 것을 알 수 있었다. 이러한 차이로 인해 일견 유사해 보이는 분류사 구성이 다양한 유형으로 나타날 수 있었으며, 이 여러 분류사 유형은 맥락과 상황에 따라 선택적으로 사용되고 있었다.

참고문헌

김영희(1976), 「한국어 수량화 구문의 분석」, 『언어』 1-2, 89-122.

김영희(1981), 「부류 셈숱말로서의 셈가름말」, 『배달말』 6, 1-28.

김영희(1984), 「셈숱말 영역 중의성에 대한 통사론적 접근」, 『한글』 183, 한글학회.

김영희(2006), 『한국어 셈숱화 구문의 통사론』, 한국학술정보.

김지홍(1994), 「수량사를 가진 명사구의 논항구조」, 『배달말』 19, 1-48.

남기심·고영근(1985), 『표준국어문법론』, 탑출판사.

노대규(1977), 「한국어 수량사구의 문법(1)」, 『어문논집』 18, 209-226.

박호관(2003), 「국어 수량 명사 구문의 통사 구조」, 『어문학』 81, 1-23.

시정곤(2000), 「국어 수량사구의 통사 구조」, 『언어』 25-1, 73-101.

우형식(1996), 「분류사의 수량 명사구 분석」, 『한어문교육』 4, 373-388.

우형식(1997), 「국어 분류사의 의미 범주화 분석」, 『한국어학의 이해와 전망 -김응모 교수 화갑기념논총-』, 박이정, 477-508.

우형식(2000), 「분류사-언어와 분류사의 유형」, 『牛岩斯黎』 10, 37-50.

우형식(2001), 『한국어 분류사의 범주화 기능 연구』, 박이정.

우형식(2004), 「수 분류사의 형태 실현과 부류화 기능」, 『외대논총』 28, 509-532.

우형식(2005), 「한국어 분류사의 원형론적 연구」, 『우리말연구』 17, 71-95.

우형식(2015), 「이윤석의 『Classifiers in Korean』(2014) 다시 읽기」 『형태론』 17-1, 123-141.

유동준(1983), 「국어의 분류사와 수량화」, 『국어국문학』 89, 53-72.

이남순(1982), 「단수와 복수」, 『국어학』 11, 117-141.

이남순(1995), 「수량사 구성의 몇 문제」, 『애산학보』 16, 43-67.

이익섭(1973), 「國語 數詞量句의 統辭 機能에 대하여」, 『어학연구』 9-1, 46-63.

이현규(1987), 「셈매김씨에 대하여」, 『한글』 196, 175-194.

임동훈(1991), 「현대국어 형식명사 연구」, 서울대학교 석사학위논문.

임홍빈(1979), 「복수성과 복수화」, 『한국학 논총』 1, 179-218.

채 완(1982), 「국어수량사구의 통시적 고찰」, 『진단학보』 53·54, 155-170.

채 완(1983), 「국어 수사 및 수량사구의 유형적 고찰」, 『어학연구』 19-1, 19-34.

채 완(1990), 「국어 분류사의 기능과 의미」, 『진단학보』 70, 167-180.

최현배(1955), 『우리말본 : 깁고고침』, 정음사.

한송화(1999), 「수사와 수량사구」, 『사전편찬학연구』 9, 265-289.

한정한(2000), 「수량사 유동 구문의 정보구조」, 『한국어의미학』 6, 233-247.

허 웅(1995), 『20세기 우리말의 형태론』, 샘문화사.

Aikenvald, A.Y.(2000), Classifiers : A Typology of Noun Categorazation Devices, New York : Oxford University Press.

Allan, K.(1977), Classifier, *Language* 53-2, 285-311.

Greenberg, J.H.(1978), Generalization about Numeral Systems, in J.H. Greenberg ed., *Universals of Human Language* Vol.3, Stanford University Press.

Ramstedt, G. J.(1939), *A Korean Grammar*, Helsinki.

한국어 분류사의 의미론

6.1. 들어가기

분류사와 명사는 의미적으로 호응 관계를 이룬다. 문장 안에서 분류사는 부류(class)를 나타내고, 명사는 종(kind)을 나타내며, 수량사는 명사 지시물의 부류와 수량을 나타낸다. 한국어의 분류사는 수 분류사(numeral classifier)에 속하는데, 수 분류사도 명사 지시물을 의미 범주에 따라 부류화하는 기능을 한다. 이에 따라 분류사와 명사는 의미적으로 유(genus)와 종(species)의 관계이면서, 언어 표현에서는 선택적인 관계라는 것을 알 수 있다. 그런데 분류사와 명사의 호응 관계는 분류사와 명사의 공통된 의미 자질을 전제로 하였을 때에만 성립한다. 다시 말해 명사와 분류사의 의미적인 호응 관계는 명사가 지시하는 지시물의 실재적인 성격에 따라 결정되는 경향이 있다.

본 장에서 가장 역점을 두고자 하는 것은 한국어 분류사의 명사 지시물에 대한 의미적인 부류화 양상을 살펴보는 것이다. 분류사는 명사의 수량화(quantification) 기능을 하면서, 범주화(categorization) 기능을 하기도 한다. 분류사의 범주화 기능이란, 명사가 의미론적으로 어떤 범주에 속하는지를 나타내는 것이다. 예를 들어, '장미 한 송이, 고양이 한 마리'에서 분류사 '송이'는 식물성의 명사 '장미'와 통합하였고, '마리'는 동물성의 명사 '고양이'와 통합하였다. 그러나 '*장미 한 마리, *고양이 한 송이'처럼 '마리'는 식물성의 명사 '장미'와 통합할 수 없고, '송이'도 동물성의 명사 '고양이'와 통합할 수 없다. 이처럼 분류사는 명사의 의미 범주와 관련성을 보인다는 것을 확인할 수 있다. 이처럼 수 분류사는 명사와 의미적인 호응 관계를 가진다. 이는 수 분류사가 명사 지시물에 대해 의미적인 부류를 표시하는 것과 관련되는데, 이들 사이에는 상호 의미적인 선택 제약이 성립된다는 것을 알 수 있다.

먼저 2절에서는 Adams & conklin(1973), Denny(1976), Lyons(1977), Allan(1977), Downing(1984), Aikhenvald(2000) 등을 통하여 분류사의 의미론적 분류 유형을 살펴보겠다. 이어 3절에서는 서정수(1994), 김영희(1981), 유동준(1983), 채완(1990), 오상룡(1995), 우형식(1997), 우형식(2006)에서 한국어 분류사의 체계화에 관한 선행 연구를 검토하고자 한다. 또, 이를 바탕으로 한국어 분류사의 의미론적 분류 체계를 제시할 것이다. 마지막으로 4절에서는 한국어 분류사의 관용적 사용을 살펴보고자 한다.

6.2. 분류사의 의미론적 분류 유형

채완(1990 : 173)에 따르면 Adams & conklin(1973)에서 분류사는 명사를 사람, 동물, 식물, 층위(Hierarchies), 기능에 따라 범주화하였다. 의미론적으로 명사가 어떤 범주에 속하게 되면, 같은 부류의 명사끼리는 같은 분류사를 선택하는 경향을 보인다는 것이다. 위의 분류사 범주에 따라 사람은 사회적 지위나 친족 관계에 따라 분류사를 선택하고, 동물은 크기와 서식지에 따라 분류사를 선택한다. 또, 식물은 나무, 관목, 화초로 구분하거나 잎, 열매, 줄기, 꽃, 뿌리 등의 부위에 따라 분류되는 경우도 있다. 그러나 언어에 따라서는 식물이 아닌 다른 사물과 뒤섞여 분류되기도 한다고 한다. 예를 들면, 잎은 부채처럼 얇고 넓은 물건과 열매는 콩이나 공 따위와 함께 분류되는 경우이다. 층위는 일차적으로 긴 것, 둥근 것, 납작한 것으로 분류되고, 이차적으로 유연성, 크기, 꽉 찬 정도, 모양의 규칙성, 부분과 전체, 수직과 수평, 날카로움에 따라 분류된다. 특히, 기능에 의한 분류는 언어에 따라 달리 나타나며, 화자의 문화적 배경에 영향을 미친다고 할 수 있다.

Allan(1977)에서는 재료, 모양, 밀도, 크기, 위치, 배열, 수량으로 범주를 7가지의 기본 범주로 구분하였다. 이 기본 범주는 하위 범주로 다시 나뉘게 되는데, 특칭 분류사는 한 가지 이상의 서로 다른 범주에 속할 수 있다. 그러나 위의 범주가 한국어에 그대로 적용될 수 있는지는 검토가 필요하다. 특히, 한국어의 수량 단위어는 모두 수량 범주를 필수적으로 하면서 그 밖의 다른 범주에 속하는 특징을 가지고 있다.

채완(1990)에 따르면 Denny(1976 : 122)에서 분류사는 명사를 수량화(quantify)하는 도량 분류사와 명사의 의미 자질을 표시하는 종류 분류사로 구분하였다. 특히, 명사의 의미 자질을 더 추상화하여 물리적 상호작용, 기능적 상호작용, 사회적 상호작용으로 범주를 나눴다.

Lyons(1977)에서는 분류사를 크게 종류(sortal) 유형과 도량(mensural) 유형으로 나눈다. 종류 분류사는 지시하는 실체의 종류에 따라 개체화하는 것이고 도량 분류사는 양에 따라 개체화하는 것이다. 그리고 또한 도량 분류사와 종류 분류사 모두로서 동시에 기능하는 분류사들도 있다고 본다. 그리고 종류 분류사의 경우 그 위치적 속성, 물리적 속성, 기능적 속성으로 범주를 나눴다.

Aikhenvald(2000)에서는 유정성(animacy), 물리적 속성(physical properties), 기능(function)을 중심으로 나눴다. 유정성을 중심으로 인간과 비인간, 사람과 비사람 그리고 성별로 더 나눌 수 있다. 유정성을 갖고 있지 않는 무정 명사의 경우 물리적 속성이나 기능을 중심으로 나눈다. 이를 확장성, 내부성, 크기, 경도, 구조, 재료, 내재적 성질, 기능, 배열, 양자 그리고 잔여(residue), 기본(default)으로 나눴다.

6.3. 한국어 분류사의 의미론적 분류

한국어 분류사의 분류에 대한 연구로는 크게 수량화 기능에 초점을 둔 것과 범주화 기능에 초점을 둔 것으로 나눌 수 있다. 수량화 기능에 초점을 둔 연구는 최현배(1955)를 시작으로 김영희(1981), 서정수(1994) 등이 있다. 범주화 기능에 초점을 둔 것으로는 유동준(1983), 채완(1990), 오상룡(1995), 우형식(1997, 2006) 등이 있다. 이는 분류사를 의미론적으로 분류한 것이다. 본 절에서는 수량화 기능에 초점을 둔 분류를 간단히 살펴

보고, 의미론적 분류를 다룬 이후의 연구자들의 연구 성과에 대해 중점적
으로 살펴보도록 하겠다.

최현배(1955 : 214)에서는 분류사를 '셈낱덩이 안옹근 이름씨'라고 하였
다. 이는 완전한 독립성을 가지지 못한 '안옹근 이름씨'의 하나로, 반드시
셈을 나타내는 매김씨 아래에 쓰여, 그 셈의 낱덩이를 나타내는 것이다.
그리고 이의 보기로 '길이(度), 숱(量), 무게(重衡), 돈(貨幣)' 그리고 '다른
것(其他)'으로 구분하였다.

> (1) 가. 길이(度) : 자(尺), 치(寸), 푼(分)
>   나. 숱(量) : 섬, 말, 되, 홉
>   다. 무게(重衡) : 냥, 돈, 푼
>   라. 돈(貨幣) : 냥, 돈, 푼, 리; 환, 전, 리
>   마. 다른 것(其他) : 사람(人), 채, 자루, 충, 켤레, 필, 마리, 그
>   루, 들

김영희(1981)에서는 Allan(1977)을 한국어에 적용하여 분류사를 '가름
말'이라고 하고, 수량 범위와 기능을 중심으로 중립 가름말과 세분 가름말
로 구분하여 다음과 같이 제시하였다. 이에 따르면 한국어의 수 분류사는
'낱', '개' 등과 같이 지시 대상의 '셀 수 있음'만을 표시하면서 구체적 재범
주화의 기능을 지니지 않는 중립 가름말(neutral classifiers)과 지시 대상을
구체적인 의미 범주로 세분하는 세분 가름말(specialized classifiers)로 지
시 대상의 재범주화 기능에 따라 크게 두 가지로 구분하였다.

> (2) 가. 중립 가름말 : 낱, 개, 깨
>   나. 세분 가름말 - 낱 가름말 : 개비, 그루, 마디, 마리, 명, 모금,

방울, 번, 살, 송이, 자루, 잔, 장, 푼, 톨, ……
무리 가름말 : 갑, 관, 꾸러미, 다발, 단, 두름, 동, 마지기, 벌,
섬, 손, 쌈, 연, 접, 줄, 축, 쾌, 톳, ……

(2가)의 중립 가름말은 '낱' → '개' → '깨'의 변천 과정을 거친 것으로
추측된다. 고유어 '낱'이 한자어 '개(個)'로 바뀌었고, '개(個)'는 음운론적
조건에 의한 음운 변화를 통하여 '깨'로 바뀐 것으로 짐작할 수 있다. 또,
(2나)의 세분 가름말은 낱 가름말과 무리 가름말로 구분하였다. 먼저 낱
가름말 가운데 '명'과 '마리'는 명사의 지시 대상이 단일 개체라는 것을 의
미하는데, 명사의 지시 대상이 '사람'일 경우에는 '명'을, '동물'일 경우에는
'마리'를 사용한다. 이를 통해 수량 단위어가 명사에서 의미 범주화된 지시
대상을 재범주화하고 있다는 것을 확인할 수 있다. 또, '축'과 '쾌'는 명사
의 지시 대상을 '스물'이라는 집합체로 본다는 점에서는 같은 기능을 하지
만 명사의 지시 대상이 어떤 배열 형식인지에 따라 '포갠 묶음'은 '축'으로,
'꿴 묶음'은 '쾌'와 함께 사용된다는 것을 알 수 있다. 이를 통해 수량 단위
어가 명사의 지시 대상을 다른 기준으로 재범주화 한다는 것을 확인할 수
있다. 즉, '명'과 '마리'는 수량 범주와 재료 범주에 해당되고, '축'과 '쾌'는
수량 범주와 배열 범주에 속한다는 것이다. 이에 따라 (2)의 한국어 분류
사 체계에서는 명사의 지시 대상을 이차적으로 의미 범주화하는 종류 분
류사와 명사의 수량을 표현하는 도량 분류사의 기능이 복합적으로 작용하
고 있다는 것을 알 수 있다.

서정수(1994 : 417)에서는 국어 분류사의 의미 영역을 평면적으로 나열
하고 그 목록을 제시하였다. 나머지는 모두 자립 명사로도 쓰일 수 있지
만, 밑줄 친 부분은 수량 단위 의존 명사로만 쓰이고 있다고 설명하였다.

실제 의존 명사로만 쓰이는 것은 매우 드문 경우라는 것을 알 수 있다.

    (3) 가. 길이 : 자, 치, 푼, 마, 리, 마장, 발, 뼘
        나. 넓이 : 간, 평, 마자기, 정보
        다. 부피 : 섬, 가마니, 푸대, 말, 되, 홉, 통, 동이, 잔, 병, 접시,
             그릇
        라. 무게 : 양, 돈, 푼, 근, 관
        마. 액수 : 양, 돈, 푼, 리, 전, 원
        바. 시간 : 시, 분, 초, 월, 연, 세기
        사. 수량 : 개, 낱, 가지(종), 그루, 포기, 자루, 켤레, 채, 대, 척,
             장, 권, 편못, 짐, 쌈, 두름, 돗, 쾌, 손, 꾸러미, 점(點), 바퀴,
             단, 뭇, 다발, 자(字), 번(차, 회), 판, 건(件)
        아. 사람 : 사람, 분, 명, 인
        자. 동물 : 마리, 필, 두(頭)

유동준(1983)에서는 Allan(1977)과 Lyons(1977)을 주된 논거로 하여 범주화 기능을 중심으로 척도 범주, 모양 범주, 배열 범주, 인성 범주, 수량 범주 등 5개의 기본 범주와 14개의 하위 범주로, 다음과 같이 분류사를 제시하였다.

    (4) 가. 척도 범주 ① 절대척도 분류사 : 근, 평, 관
                ② 상대척도 분류사 : 줌, 뼘, 잔

(4가)의 척도분류사는 절대척도 분류사와 상대척도 분류사로 하위분류된다. 절대척도 분류사는 명사의 지시 대상을 표준화된 수량으로 범주화하는 반면에 상대척도 분류사는 표준화된 기준이 아닌 행위자 등의 의도

에 따라 상대적으로 명사의 지시 대상을 범주화한다. 절대 척도 분류사에 해당하는 '쇠고기 한 근', '땅 한 평', '사과 한 관' 등은 명사의 지시 대상을 각각 '600g, 3.3㎡, 3.75㎏' 등으로 범주화하지만, 상대척도 분류사인 '모래 한 줌', '막걸리 한 사발', '실 한 뼘' 등은 절대척도 분류사와 범주화 양상을 달리한다. '줌'과 '뼘'은 상대척도 분류사로 행위자의 손의 크기나 행위자의 의도에 따라 상대적으로 수량이 결정된다.

(4) 나. 모양 범주 ① 유형 – 구형 분류사 : 톨, 방울, 알
　　　　　　　　　　　　장방형 분류사 : 가락, 자루, 개비
　　　　　　　　　　　　편형 분류사 : 잎, 장, 폭
　　　　　　② 무형 : 건, 편, 시간

(4나)의 모양 분류사는 유형 분류사와 무형 분류사로 하위분류된다. 유형 분류사는 명사의 지시 대상이 모양이나 형체가 있는 분류사이고, 무형 분류사는 모양이나 형체가 없는 분류사를 말한다. 또 유형 분류사는 둥근 공 모양의 구형 분류사, 길이가 긴 모양의 장방형 분류사, 넓고 평평한 모양의 편형 분류사로 하위분류된다. 먼저 구형 분류사에는 '구슬 한 알', '밤 한 톨'에서의 '알, 톨'이 있는데, '실 한 타래'의 경우 '타래'는 공모양이라고 하기에 적절하지 않으므로, 원형 분류사로 통합하여 표현하는 것에 대한 논의가 필요해 보인다. 장방형 분류사에는 '국수 한 가락', '연필 한 자루'에서의 '가락', '자루' 등이 있으며, 편형 분류사에는 '동양화 한 폭', '떡 한 목판' 등에서의 '폭', '목판' 등이 있다. 무형 분류사에는 '교통사고 한 건', '소설 한 편' 등에서의 '건, 편' 등이 있다. 특히, 무형 분류사의 경우 명사의 지시 대상이 추상적이라는 점에서 다른 모양 분류사와 큰 차이가

있다.

> (4) 다. 배열 범주 ① 규칙 배열 - 엮음 분류사 : 두름, 쾌
> 　　　　　　　　　　　　포갬 분류사 : 연, 꾸러미
> 　　　　　② 불규칙 배열 : 꼬치

　(4다)의 배열 범주는 규칙 배열 분류사와 불규칙 배열 분류사로 하위분류된다. 먼저 규칙 배열 분류사는 명사의 지시 대상을 일정한 규칙에 따라 배열하는 것을 말한다. 반면, 불규칙 배열 분류사는 명사의 지시 대상에 대한 규칙성이 없는 분류사이다. 규칙 배열 분류사는 배열 방식에 따라 엮은 것은 엮음 분류사, 포갬 묶음은 포갬 분류사로 각각 부른다. 엮음 분류사에는 '조기 한 두름', '북어 한 쾌' 등이 있고, 포갬 분류사로는 '창호지 한 연', '우피 한 연' 등이 있다. 특히, '조기 한 두름'의 '두름'은 명사의 지시 대상인 '조기'를 '20'이라는 집합체로 수량화하는 동시에 배열 방식이 엮은 형식이라는 것을 알 수 있다. 한편, '창호지 한 연'의 '연'은 '창호지'를 '1,000'장 포개어 놓은 것을 말한다. 여기에서 주목해야 할 것은 규칙 배열 분류사에 해당하는 엮음 분류사 '두름'과 '쾌' 등은 (4가) 척도 범주의 절대척도 분류사 '근, 평, 관' 등에도 속할 수 있다는 점이다. 이처럼 척도 범주와 배열 범주를 어떻게 변별하느냐 하는 문제는 결국 화용상의 조건에 따른 문제로 남아있다.

> (4) 라. 인성 범주 ① 인성 분류사 : 명, 분, 구
> 　　　　　② 비인성 분류사 : 필, 마리

　(4라)의 인성 범주는 인성 분류사와 비인성 분류사로 하위분류되는데,

이는 명사의 지시 대상이 인성인지, 비인성인지에 따라 구분된다. 인성 분류사에는 '학생 한 명', '시체 한 구'등이 있고, 비인성 분류사에는 '말 한 필', '호랑이 한 마리' 등이 있다. 그러나 화용상의 조건에 따라 '*사람 한 마리가 온다'처럼 누군가의 '사람' 답지 못한 언행을 비하할 때에는 '마리'라고 표현할 수도 있다. 한편, (2나)에서는 '명'과 '마리'를 인성 범주가 아닌 수량 범주에서 낱 가름말로 구분하였고, 명사의 지시 대상이 '사람'일 경우에는 '명'을, '동물'일 경우에는 '마리'를 사용한다고 제시한바 있다.

> (4) 마. 수량 범주 ① 중립 분류사 : 개
> ② 수량 분류사 - 낱 분류사 : 병, 마디
> 무리 분류사 : 다발, 접

(4마)의 수량 범주는 중립 분류사와 수량 분류사로 하위분류된다. 중립 분류사에는 다른 분류사의 대치 기능을 갖고 있는 '개' 등이 있다. '알, 갑, 잔' 등의 분류사가 특정 명사와만 호응관계를 갖는데 반해 '개'는 선택의 제한이 없이 쓰인다. 수량 분류사는 명사의 지시 대상이 단수인 낱 분류사와 복수인 무리 분류사로 하위분류된다. 낱 분류사에는 '술 한 병'에서의 '병'이 있고, 무리 분류사에는 '꽃 한 다발'에서의 '다발'이 있다.

채완(1990)에서는 명사의 기능에 따라 의생활, 식생활, 주생활, 문자생활, 기계·기구류에 관련된 분류사, 행위·사건 명사에 연결되는 분류사, 모양에 따라 선택되는 분류사, 인체를 척도로 하는 분류사를 체계화하였다.

(5) 채완(1990)의 한국어 분류사 체계

(5) 가. 기능
　　① 의생활 – 피륙 : 끗, 동(50필), 새, 쌈, 통, 폭(幅), 필(疋)
　　　　　　　　특정한 옷을 지을 수 있는 분량 : 감
　　　　　　　　완성된 옷 : 벌, 점, 죽(10벌), 착(著)
　　　　　　　　모자 : 가마
　　　　　　　　신발・양말 : 족(足), 짝, 켤레
　　　　　　　　실 : 가닥, 님, 바람, 사리, 오리, 오라기, 올, 잎, 타
　　　　　　　래, 테, 토리
　　　　　　　　바늘 : 쌈(24개)
　　　　　　　　바느질 : 땀
　　　　　　　　삼(麻) : 가리

　(5가①)을 보면, 한국어에는 의생활과 관련된 분류사가 상당히 발달해 있다는 것을 알 수 있다. 의생활 관련 대상을 세분화하여 분류사를 선택하다보니, 분류사가 풍부해진 것으로 추측된다. 그러나 오늘날에는 위에서 제시한 분류사를 사용하는 경우가 드물게 되었다. 이는 현대 사회에 접어들어 급격하게 생활환경이 변화하면서 위와 같은 분류사를 사용할 수 있는 화용적 상황이 줄어들었기 때문으로 분석된다. 삼을 재배하여 실을 만들고 바늘과 실로 옷을 지어 입었던 전통 사회와는 달리, 현대 사회에서는 대량생산한 옷을 구입하거나 전문가에게 일정한 비용을 주고 옷을 맞춰 입는다. 때문에 위의 분류사는 일상생활에서 사용하는 일이 거의 없어졌다. 특히, 이 가운데 '끗', '새', '쌈', '통', '가마', '님', '사리', '테', '토리', '가리'는 자주 사용되지 않는 생소한 분류사이다.

(5) 가. 기능

② 식생활 - 곡류 : 담불(벼 100섬), 톨

채소 : 갓(열 모숨), 거리 (오이, 가지 50개), 닢, 다발, 단, 동(새앙 10접), 두름(열 모숨), 모숨, 뭇, 뿌리, 손, 자밤, 접, 줄, 줄기, 쪽, 통, 포기

과실 : 그루, 동(곶감 백 접), 송이, 접, 톨

농업 : 갈이, 거웃, 그루, 단, 모춤, 뭇, 이랑, 포기

가축 : 두 (頭), 마리, 바리, 배, 수(首), 필

육류 : 꾸러미(계란_), 매, 점, 줄, 짝

어류 : 갓(비웃, 굴비 10마리), 동(조기, 비웃 2,000마리), 두름, 마리, 뭇(생선, 자반 10마리), 손, 축, 쾌

물·술·음료 : 고리(소주 열 사발), 모금, 방울, 점

담배 : 갑, 개비, 대

약 : 알, 정(錢), 제 (劑), 첩

음식 : 가락, 가래, 꼬치, 끼, 모, 사리

해조류 : 꼭지, 뭇(미역 10장), 속(束), 줄기, 톳

수저 : 매, 벌

(5가②)는 식생활과 관련된 분류사의 예이다. 특히, 채소와 어류의 경우 우리의 식탁에서 흔히 볼 수 있는 재료일수록 더욱더 세분화되어 분류되는 것을 알 수 있다. 그런데 주목할 만한 점은 의생활, 식생활, 주생활, 문자생활, 기계·기구류에 관련된 분류사, 행위·사건 명사에 연결되는 분류사, 모양에 따라 선택되는 분류사, 인체를 척도로 하는 분류사 가운데 식생활과 관련한 분류사의 수가 가장 많다는 사실이다. 이를 따라 한국의 음식 문화가 상당히 발달되어 있다는 것을 추측할 수 있다. 하지만 위에서 제시한 분류사의 예를 보면, 지금은 생소해진 것들이 상당히 많다는 것을 확인할 수 있다. 이를 통해 점차 분류사가 표준화되어 가고 있다는

것을 알 수 있다.

    (5) 가. 기능
       ③ 주생활 : 칸, 채, 동(棟), 우리(기와 2,000장), 강다리(쪼갠 장
          작 100개비), 개비, 단, 뭇

    (5가③)의 주생활과 관련된 분류사의 예는 다른 분류사에 비하여 상대적으로 적게 제시되어있다. 먼저 건물을 세는 단위로 '칸, 채, 동(棟)'이 있고, 기와를 세는 단위인 '우리'는 기와 2,000장을 의미한다. 또, 쪼갠 장작을 묶어 세는 단위인 '강다리'는 쪼갠 장작 100개비를 뜻한다. 이밖에도 가늘고 짤막하게 쪼갠 토막을 세는 단위인 '개비'와 짚, 땔나무 따위의 묶음을 세는 단위인 '단', '뭇'이 있다. 주생활은 의생활이나 식생활과 달리 일상생활에서 그 수를 헤아릴 필요가 거의 없기 때문에 주생활 관련 분류사는 덜 발달된 것으로 보인다.

    (5) 가. 기능
       ④ 문자생활 - 인쇄물 : 권(卷), 길, 면(面), 부(部), 쪽, 질(帙),
                    축(軸)(책력 스무 권), 편(篇), 행(行)
             지필묵(紙筆墨) : 동(먹 열 장, 붓 열 자루), 장
                         (張), 축(韓紙 열 권, 두루마리
                         하나), 폭

    (5가④)는 문자 생활과 관련한 분류사이다. 다른 분류사에 비하여 한자어의 노출이 상대적으로 많은 것으로 보인다. 이는 우리의 문자 생활이 한자에서 시작되었기 때문으로 분석된다. 먼저 책을 세는 단위인 '권(卷)'이 있고, 길이의 단위인 '길', 책이나 신문 따위의 지면을 세는 단위인 '면

(面)', '부(部)', '쪽', 여러 권으로 된 책의 한 벌을 세는 단위인 '질(帙)', 책력을 묶어 세는 단위인 '축(軸)', 책이나 영화, 시 따위를 세는 단위인 '편(篇)' 등이 있다.

(5) 가. 기능
    ⑤ 기계・기구류 : 대(차, 기계_), 문(門)(대포_), 발(發)(탄환, 발동기_), 자루, 정(총, 호미_), 척(隻)

(5가⑤)의 기계, 기구류의 분류사도 문자 생활과 마찬가지로 대부분 한자어로 이루어져있다. 이는 국어의 어휘 구조와 관련이 있어 보인다. 가계나 지위를 이어받은 순서를 나타내는 단위인 '대', 포나 기관총 따위를 세는 단위인 '문(門)', 총알, 포탄, 화살 따위를 세는 단위인 '발(發)', 일을 하는 데 드는 품이나 노력 공수(工數)를 세는 단위인 '자루', 단위인 '정', 단위인 '척(隻)' 등이 있다.

(5) 나. 사건・행위 : 가지(제기차기_), 거리(굿, 연극_), 건(件), 곡(曲), 마디(말_), 방(총포_), 번(番), 판, 허리(씨름_), 홰(닭_), 회(回)

(5나)에서 행위, 사건의 명사와 통합하는 분류사는 주로 특정 명사와 호응하는 경향이 있다. 이 가운데 '회(回)'와 '번(番)'은 가장 중립적으로 쓸 수 있고, '판'은 '장기 한 판', '씨름 한 판'처럼 운동이나 오락, 유회의 행위 명사와 호응한다. 이 밖에도 제기차기에서, 제기를 차기 시작해서 땅에 떨어뜨리기까지의 동안을 세는 단위인 '가지', 탈놀음, 꼭두각시놀음, 굿 따

위에서, 장(場)을 세는 단위인 '거리', 사건, 서류, 안건 따위를 세는 단위인 '건(件)', 악곡이나 노래를 세는 단위인 '곡(曲)' 등이 있다.

   (5) 다. 모양 : 개(셀 수 있는 사물이 개체의 상태로 되어 있는 것, 예 : 못 한 개), 덩어리(셀 수 없는 물질(고체)이 일정한 부피를 이룬 것, 예 : 고기 한 덩어리), 무더기(셀 수 있거나 셀 수 없는 물질(고체)이 일정한 부피를 이룬 것, 예 : 돌 한 무더기, 흙 한 무더기), 묶음(셀 수 있는 사물 여럿이 하나로 묶인 것, 예 : 볏짚 한 묶음), 방울(액체가 작고 둥그런 모양을 이룬 것, 예 : 물 한 방울), 쌍(사람이나 동물을 비롯하여 모든 사람이 둘이 한 단위를 이룬 것, 예 : 신혼부부 한 쌍, 젓가락 한 쌍), 알(고체가 작고 둥그런 모양을 이룬 것, 예 : 사과 한 알), 장(얇고 넓은 모양의 것, 예 : 종이 한 장), 토막(전체를 몇 부분으로 나눈 하나, 예 : 생선 한 토막, 이야기 한 토막).

   (5다)의 모양 분류사는 다른 분류사에 비해 호응하는 명사의 의미론적 부류에 의한 제약을 덜 받는 경향이 있다. 고체가 작고 둥그런 모양을 이룬 것을 의미하는 '알'은 '땅콩 한 알', '모래 한 알', '달걀 한 알', '사과 한 알' 등으로 쓰인다. 이와 대조적으로 '알'과 비슷하게 작고 둥근 모양을 나타내지만 곡류나 밤(栗)에만 쓰이는 '톨'은 그 쓰임이 다르다는 것을 알 수 있다. 또, 셀 수 있는 사물이 개체의 상태로 되어 있는 것을 의미하는 '개'는 '사탕 한 개', '귤 몇 개', '편지봉투 세 개' 등으로 쓰이는데, *집 한 개, *비행기 한 개, *트럭 한 개처럼 일정 규모 이상의 크기를 가진 사물과 함께 쓰일 경우 어색한 표현이 된다.

(5) 라. 인체 : 걸음, 길, 모숨, 발, 발짝, 보(步), 뼘, 손, 아름, 옴큼,
　　　움큼, 자밤, 줌, 짐, 춤

(5라)의 인체 분류사는 척도로 재는 행위를 나타내는 동작 동사를 명사
화하여 얻어진 경우가 많은 것으로 보인다. 두 발을 번갈아 옮겨 놓는 동
작을 의미하는 '걸음'은 '걷다'라는 동작 동사를 명사화 한 것이고, 두 팔을
둥글게 모아 만든 둘레 안에 들 만한 분량을 세는 단위인 '아름'은 '안다'라
는 동작 동사를 명사화 한 것이다. 또, 한 손으로 옴켜쥘 만한 분량을 세
는 단위인 '옴큼'은 '옴키다'라는 동작 동사를 명사화하였고, 나물이나 양념
따위를 손가락을 모아서 그 끝으로 집을 만한 분량을 세는 단위인 '자밤'
은 '잡다'라는 동작 동사를 명사화하였다.

오상룡(1995)에서는 우선 집합, 부분, 개체로 분류하고, 이중 개체를 11
개의 소분류로 나눠 다음과 같이 체계화했다.

(6) 가. 집합(group) : 켤레
　　나. 부분(part)
　　다. 개체(individuator)
　　　① 유정성(animateness) : 명, 분, 마리 (바다 생물의 경우
　　　'개'를 사용하기도 함.), ② 식물(plant), ③ 추상 명사(abstract
　　　nouns), ④ 무형 개념(non-corporeal concepts), ⑤ 장소
　　　(location), ⑥ 약(medicine), ⑦ 기계(machines and
　　　vehicles), ⑧ 모양(shape), ⑨ 용기(container), ⑩ 오래되
　　　거나 제한된 사용(old of limited use), ⑪ 기타(other)

(6)에서 보듯이 오상룡(1995)은 분류사의 분류를 위해 집합, 부분, 개체
로 나눴다. 집합은 하나 혹은 둘 이상의 복합체를, 부분은 하나의 개체의

일부분을 그리고 개체는 온전한 하나의 개체 혹은 구성(unit)으로 보았다. 그리고 (5다)와 같이 개체의 경우 수 분류사를 가진 언어들에서 기본 분류 체계로 삼는 유정성(animateness)과 모양(shape) 및 그 외 기본적 분류 체계 9개를 사용해 한국어의 분류사를 구별했다.

우형식(1997)에서는 다음과 같이 한국어의 분류사를 분류했다.

(7) 가. 도량 분류사
　　　① 시간
　　　② 공간 : 길이, 넓이, 무게, 부피
　　나. 분류성 분류사
　　　① 사물 : 집합체, 부분, 개체
　　　② 사태

우형식(1997)에서는 (7)과 같이 종류(sortal)와 도량(mensural)으로 먼저 구분했다. 이중 도량성 분류사는 크게 시간과 공간으로 나눌 수 있고, 공간은 길이, 넓이, 무게, 부피에 따라 더 세분화할 수 있다. 이는 다음과 같다.

(7) 가. 도량 분류사
　　　① 시간 : 끼, 나절, 년(年), 달, 분²(分), 살, 시간(時間), 일(日),
　　　　　초(秒)
　　　② 공간 - 길이 : 마장, 자(尺), 치, 푼(分)
　　　　　　　　넓이 : 마(碼), 평(坪), 필¹(疋)
　　　　　　　　무게 : 관(貫), 근(斤), 냥(兩), 돈
　　　　　　　　부피 : 가마니, 그릇, 되, 말, 모금, 병(甁), 사발, 섬,
　　　　　　　　　술, 움큼, 잔(盞), 줌, 짐, 홉

시간 범주의 경우 년, 달, 일, 시간, 분, 초와 같이 하의 관계가 성립되며, 공간 범주 중 무게 범주의 경우 관, 근, 냥, 돈은 하의 관계가 성립된다. 종류 분류사는 크게 사물과 사태로 나뉘는데 사물의 경우 집합체, 부분, 개체로 다시 한 번 나눌 수 있다. 이는 다음과 같다.

> (7) 나. 종류 분류사
>   ① 사태 : 건(件), 대, 발(發), 번(番), 차례(次例), 판
>   ② 사물 - 집합체 - [+정수][-정수]
>   부분 : 가지, 마디, 조각, 쪽, 토막, 폭
>   개체 - [+생물][-생물]

(7나②)집합체는 [+정수](한정된 수)와 [-정수](비한정적인 수) 두 가지로 나뉘며, [+정수]의 경우 2개가 한 쌍이 되는 [+짝]과 그렇지 않은 [-짝]으로 나뉜다. [-정수]의 경우 갑(匣), 꾸러미, 다발, 덩어리, 모금, 무더기, 모숨, 묶음, 움큼, 줌, 질(帙), 짐 등이 있고, [+정수] 중의 [+짝]의 경우 벌, 쌍(雙), 켤레 등이 있고, [-짝]의 경우 갓, 거리, 동, 두름, 뭇, 손, 접(接), 축, 코, 쾌, 톳 등이 있다. (7나②)개체는 [+생물]과 [-생물]로 구분할 수 있는데, [+생물]은 유정성에 따라 [+유정성]과 [-유정성](식물)로 나뉘며, [+유정성]의 경우 다시 인간성에 따라 [+인간성]과 [-인간성](동물)로 나뉜다. [+인간성]의 경우, 명(名), 분, 사람이 있고, [-인간성](동물)의 경우 마리가 있으며, [-유정성](식물)로는 그루, 뿌리, 줄기, 포기 등이 있다. 그런데 이러한 우형식(1997)의 범주화는 우형식(2006)에서 (7나②)개체를 수정해 제시한다. 우형식(2006)에서는 명사 지시물의 내적, 외적 유사성을 중심으로, 내적으로는 생물(living)과 무생물, 유정물(animate)과 무정물, 인간(human)과 비인간으로, 외적으로는 모양

(shape)이나 크기(size) 등과 같은 형상(figure)을 기준으로 제시한다.

(8) 가. 생물 ① 인간 - 인간성 : 명(名), 분, 사람, 놈
　　　　　② 비인간 - 동물성 : 마리, 두(頭), 필(匹)
　　　　　　　　　　식물성 : 그루, 포기, 뿌리
　　나. 무생물 ① 형상성 : 개(個), 줄기, 개비, 장(張), 모, 톨
　　　　　　② 기능성(비형상성) : 대(臺), 척(隻), 자루, 권(卷)

(8가)에서 앞서 살펴본 체계와 달라진 점은 유정성에 따라 동물과 식물을 나누는 것이 아니라 인간성에 따라 인간과 비인간을 먼저 나누며, 비인간을 동물성과 식물성으로 나눈다. 또한 달라진 점 중 하나는 인간 범주에 사회적 지위에 따라 '놈'을 추가한 것이다. (7나②)개체의 〔-생물〕의 경우 형상에 따라 〔+형상성〕(모양)과 〔-형상성〕(기능)으로 나눈다. 이는 새로운 체계에서도 비슷한 모습을 보인다. 〔+형상성〕의 경우, 담배 한 개비의 '개비'와 같은 1차원적인 것, 종이 한 장의 '장'과 같은 2차원적인 것, 밤 한 톨의 '톨'과 같은 3차원적인 것으로 나눈다. 〔-형상성〕의 경우, 무기, 도구, 용기와 같이 구분하거나, 자연물과 인공물로 구분하거나, 먹을 수 있는 것과 먹을 수 없는 것 등으로 나눌 수도 있다.

지금까지 한국어 분류사의 범주화 체계에 대하여 살펴보았다. 이에 따라 본 장에서는 2장에서 제시한 262개의 분류사 목록을 바탕으로 한국어 분류사의 범주화 기능을 분석하겠다. 2절에서 Aikhenvald(2000)는 분류사를 유정성(animacy), 물리적 속성(physical properties), 기능(function)을 중심으로 나눈 것을 살펴보았다. 이는 전반적인 분류사의 분류 기준으로 한국어의 경우 수 분류사만이 존재한다. Aikhenvald(2000)에서는 수 분류사를 종류 분류사와 도량 분류사로 나누고, 종류 분류사를 의미론적 측

면에서 다음과 같이 나눠 살펴보았다.

> (9) 가. 유정성, 인간성, 성별
> 나. 또 다른 인간 분류
> 다. 물리적 속성
> 라. 기능적 속성
> 마. 배열과 분량

(9가)의 측면에서 살펴보면 유정성에 따라 유정물과 무정물로 나눌 수 있다. 유정물에는 인간, 동물, 식물 등이 있는데, 이러한 유정물의 경우 대상을 인간성에 따라 한 번 더 나눌 수 있다. 인간성을 갖고 있는 인간과 인간성을 갖고 있지 않은 유정물인 식물, 동물 등으로 나눌 수 있다. 식물의 경우 나무를 세는 단위인 '그루', 꽃을 세는 단위인 '다발', '떨기', '송이' 등이 있고, 동물을 세는 단위인 '마리' 등이 있다. (9나)의 측면에서 살펴보면 대상의 사회적 지위가 높음을 나타내거나 그렇지 않음을 나타낼 때로 나눌 수 있다. 사회적 지위가 높은 대상을 세는 '분'과 사회적 지위가 낮은 대상을 세는 '자', '놈' 그리고 사회적 지위의 유무와 관계없이 사용하는 '명' 등이 있다.

유정성이 없는 무정물의 경우 그 물리적 속성, 기능적 속성으로 분류할 수 있다. (9다)의 측면에서 살펴보면 1차원적인 점형 분류사, 선형 분류사, 2차원적인 평면형 분류사, 3차원적인 입체형 분류사로 나눌 수 있다. (9라)의 측면에서 살펴보면 그 대상이 사용되는 상황에 따라 의생활과 관련된 분류사, 식생활과 관련된 분류사, 주생활과 관련된 분류사, 경제 생활과 관련된 분류사, 문화 생활과 관련된 분류사, 기계·도구와 관련된 분류사로 나눌 수 있다.

(9마)의 측면에서 살펴보면 젓가락과 같이 두 개가 하나의 쌍을 이루는 것이나, '벌', '켤레'와 같이 의류의 짝을 세는 분류사들이 존재한다. '벌', '켤레'와 같은 분류사는 기능적으로 의생활에서 사용하는 것으로 분류할 수 있고, '쌍', '짝'과 같은 분류사는 특정한 부류에서만 사용하는 것으로 보기 어렵기 때문에 본 장에서는 한국어 분류사를 분류하는 기준으로 삼지 않겠다.

지금까지 살펴본 기준에 따라 한국어 분류사를 표로 정리하면 다음과 같다.

[표 8] 의미 범주에 따른 한국어 분류사의 분류

의미 범주			분류사 항목
유정성	인간성	높임	분01
		높이지 않음	명03(名), 놈01, 자17
	비인간성	동물	마리01, 두09(頭), 필03(匹)
		식물	그루01, 타04(朶), 다발01, 떨기01, 송아리01, 송이01, 숭어리
무정성	형상성	점형(點形)	점10(點)
		선형(線形)	대01
		평면형	장21(張), 폭01, 매15(枚)
		입체형	알01, 모04, 톨
	기능성	의생활	켤레02, 벌02, 쌈03
		식생활	손05, 접02, 첩05(貼), 체04, 제15(劑)
		주생활	동15(棟), 실05(室), 우리02
		경제생활	주24(株)
		문화생활	권01(卷), 장29(場), 부15(部), 막05(幕)
		기계·도구	척08(隻), 자루02, 량06(輛)
	도량성	표준적	자03, 평02(坪), 되01, 단07(段)
		상대적	뼘02, 옴큼, 움큼, 아름01, 술06
	시간성		월02(月), 달05, 분08(分), 돌01, 시10(時), 시간04(時間), 일07(日), 세13(歲), 살04
	사건성		번04(番), 회08(回)

이처럼 분류사에 관한 논의는 언어 내적인 측면에서 의미론적으로 접근할 수 있지만, 언어 외적인 측면에서 문화를 통하여 접근할 수도 있을 것으로 보인다. 어떤 측면에서는 분류사를 해석하는데 언어외적인 접근이 도움이 되기도 한다. 이는 분류사의 의미가 화자의 생활이나 문화와 관련성이 높기 때문이다. 한국어에는 의생활 관련 분류사가 발달해 있지만, 현대사회에 접어들면서 의생활 관련 분류사를 사용할 수 있는 화용적 상황이 줄어들면서 사용하는 경우가 드물게 되었다. 식생활 관련 분류사의 경우도 마찬가지다. 이처럼 점차 분류사가 표준화되어 가고 있다는 것을 확인할 수 있다. 이에 따라 분류사는 다양한 측면에서 해석될 수 있으며, 해당 언어에 대한 직관이 크게 요구된다.

6.4. 한국어 분류사의 관용적 사용

지금까지 살펴본 분류사들은 문장 내에서 같이 사용된 명사의 범주를 분류해주는 역할을 한다. 하지만 실제로 대화에서의 분류사가 언제나 본래의 기능만으로 사용되는 것은 아니다. "그녀는 달이 차서 휴직 중이다."라는 문장에서 "달이 차다"라는 표현은 "아이를 배어 낳을 달이 되다."의 의미이다. 『표준국어대사전』에 따르면 '달'은 다음과 같은 의미이다.

(10) '달05' 〔Ⅱ〕「의존명사」
　　　((주로 고유어 수 뒤에 쓰여)) 한 해를 열둘로 나눈 것 가운데 하나의 기간을 세는 단위.
　　　(예) 한 달/두 달/그 사람이 떠난 지 다섯 달이 다 되었다./몇 달 동안 병원에 다니며 치료를 받았다.

본래 수 뒤에 사용되며 '한 달', '두 달' 등과 같이 사용되는 분류사 '달'
이 위와 같이 "달이 차다." 혹은 사람이 죽어서 부정하다고 생각되는 달이
지나간다는 의미의 "달(이) 가시다"와 같이 관용적으로 사용된다.

또한 분류사의 관용적 사용은 속담에서도 쉽게 찾아 볼 수 있다. "되로 주
고 말로 받는다."라는 말은 문자 그대로의 의미는 1.8리터를 주고, 그의 10배
인 18리터를 받는다는 뜻으로 "조금 주고 그 대가로 몇 곱절이나 많이 받는
경우"를 이른다. 『표준국어대사전』에 따르면 '되'는 다음과 같은 의미이다.

> (11) '되01' 〔Ⅱ〕 「의존명사」
> 「1」부피의 단위. 곡식, 가루, 액체 따위의 부피를 잴 때 쓴다. 한
> 되는 한 말의 10분의 1, 한 홉의 열배로 약1.8리터에 해당한다.
> 「2」((곡식, 가루, 액체 따위를 나타내는 명사 뒤에 쓰여)) 약간의
> 그것이라는 뜻을 나타내는 말.

원래 의미 그대로 분류사 '되'를 사용하려면 곡식, 가루, 액체 등의 명사
와 그것의 양을 나타내는 수사가 이어지고, 그 뒤에 분류사 '되'가 오게 되
지만 "되로 주고 말로 받는다."와 같은 표현을 사용할 때에는 그러한 명사
및 수사가 존재하지 않은 채 사용된다.

이러한 관용적 사용은 앞서 살펴본 '달'과 같이 시간성 분류사에서 쉽게
찾아 볼 수 있다. '지구가 한 번 자전하는 동안을 세는 단위.'인 분류사 '날
01'은 '일을 이룰 시기가 이미 지나 가망이 없다.'라는 표현을 할 때 분류
사 '날01'의 관용적 표현인 '날(이) 새다'라는 표현을 사용한다. 예를 들어
특정한 시기가 지나 그 일을 가망성이 없는 경우에 '그건 이미 날 샌 일이
니 더 이상 생각하지도 마라.'와 같이 말한다. '차례가 정하여진 시각을 이
르는 말' 혹은 '예전에 주야를 12지(支)에 따라 12등분한 단위'인 '시10(時)'

는 '시간에 구애받지 않고 자주'라는 의미로 사용할 때 '시도 때도 없이'라는 표현을 사용한다. 이와 같이 분류사는 본래의 기능 이외에도 문장 내에서 관용적으로 사용되어 그 사용 범위를 확장한다.

6.5. 나가기

본 장에서는 한국어 분류사의 명사 지시물에 대한 의미적인 부류화 양상을 살펴보았다. 이를 위해 2절에서는 Adams & conklin(1973), Denny (1976), Lyons(1977), Allan(1977), Downing(1984), Aikhenvald (2000) 등을 통하여 분류사의 의미론적 분류 유형을 살펴보았다.

그리고 이를 바탕으로 한국어의 분류사를 부류화한 연구들을 살펴보았다. 수량화 기능에 초점을 둔 연구로 최현배(1955), 김영희(1981), 서정수 (1994) 등을 살펴보았다. 이러한 연구의 경우 수량화 기능에 초점을 두었기 때문에 입체적인 부류화가 아닌 1차적인 분류만을 한 것으로 볼 수 있다. 그리고 이어서 범주화 기능에 초점을 둔 의미론적 분류를 시도한 연구로 유동준(1983), 채완(1990), 오상룡(1995), 우형식(1997, 2006) 등을 살펴보았다. 각각 부류화를 한 이론적 배경이 다르고, 이에 따라 다른 체계로 부류화한 것을 확인할 수 있었다. 이에 본 장에서는 앞서 살펴본 부류화를 바탕으로 다시 한 번 한국어 분류사를 부류화했다.

4절에서는 앞서 살펴본 분류사들이 본래의 의미가 아닌 새로운 의미로 사용되는 예, 즉 관용적으로 사용되는 사례들을 살펴보았다. 많이 사용되는 '달이 차다'의 '달'을 비롯해, 앞서 2장에서 제시된 한국어 분류사의 관용적 사용을 모두 살펴보았다는 점에서 본 장의 의의를 찾을 수 있다.

참고문헌

김영희(1981), 「부류 셈숱말로서의 셈 가름말」, 『배달말』 6, 1-28.

서정수(1994), 「국어문법」, 서울 : 뿌리깊은나무.

오상룡(1995), 「Korean numeral classifiers : Semantics and universals」, 『담화와 인지』 1, 담화 · 인지언어학회, 231-259.

우형식(1997), 「국어 분류사의 의미 범주화 분석」, 『한국어학의 이해와 전망 -김응모 교수 화갑기념논총-』, 서울 : 박이정, 477-508.

우형식(2005), 「한국어 분류사의 원형론적 연구」, 『우리말연구』 17, 우리말학회, 71-95.

우형식(2005), 「한 · 일 양어 수 분류사의 명사 부류화 기능에 관한 대조적 연구」, 서울 : 제이앤씨.

우형식(2006), 「국어 분류사의 의미와 용법」, 『새국어생활』 16-3, 국립국어원, 155-173.

우형식(2015), 「이윤석의 『Classifiers in Korean』(2014) 다시 읽기」, 『형태론』 17-1, 123-141.

유동준(1983), 「국어의 분류사와 수량화」, 『국어국문학』 89, 국어국문학회, 53-72.

이정은(2013), 「한국어 학습자를 위한 단위명사 교육 방안 연구」, 경희대 석사학위논문.

채 완(1990), 「국어 분류사의 기능과 의미」, 『진단학보』 70, 진단학회, 167-180.

채 완(2001), 「수의 표현과 의미」, 『한국어의미학』 8, 한국어의미학회, 109-132.

최현배(1955), 『우리말본 : 깁고고침』, 서울 : 정음사.

Aikhenvald, A. Y.(2000), *Classifiers : A Typology of Noun Categorization Devices*, New york : Oxford University press.

Allan. K.(1977), Classifiers, *Language,* 53-2, Linguistic Society of America, 285-311.

Downing, P.(1996), *Numeral Classifier System : The Case of Japanese*, Amsterdam : John Benjamin Publishing Co.

Lyons, J.(1977), *Semantics : 2*, Cambridge : Cambridge University Press.
Liu, Fang(2016), 「한국어 분류사의 인지언어학적 연구」, 경북대학교 박사학위논문.

국립국어원 표준국어대사전 http://stdweb2.korean.go.kr/search/View.jsp

통시적 관점에서 본 한국어의 분류사

7.1. 들어가기

현대 한국어는 수 분류사 언어에 속하며, 수량사구에 다양한 분류사가 나타난다. 그런데 이전 시기의 한국어에서는 분류사가 현대 한국어에서만큼 활발하게 사용되지 않았다. 蔡琬(1982)에서는 한국어의 수량사구가 분류사가 없는 구성에서 분류사가 있는 구성으로 발달하였음을 밝혔는데, 이에 따르면 한국어는 분류사가 없는 언어에서 분류사가 있는 언어로 변화였다고 할 수 있다. 본 장에서는 이러한 점에 주목하여 통시적 관점에서 한국어의 분류사를 살피고자 한다.

수 분류사 언어에서 분류사는 어휘 요소에서 기원하며 문법화를 수반한다(Aikhenvald 2000). 한국어 고유어 분류사는 명사에서 발달한 경우가 많다는 점에서 한국어 역시 이러한 수 분류사 언어의 특성에 부합한다. 한편 한 언어의 분류사 체계는 외부 언어에 의해 영향을 받기도 하는데, 한국어의 경우 한자어가 차용되어 분류사로 쓰이는 사례가 많다. 이러한 분류사들은 자립적 요소에서 의존적인 요소로 범주의 변화를 겪기도 하며, 다양한 요인에 의해 의미 변화를 겪는다.

본 장에서는 한국어 분류사를 통시적 관점에서 다룬 기존의 논의들을 바탕으로 한국어의 분류사가 어떻게 형성되고 변화하였는지를 정리하고자 한다.[1] 먼저 한국어 수량사구의 변화를 검토한 후 중세 및 근대 한국어 문헌 자료에 나타나는 분류사를 어종별, 어휘 근원(source)별로 분류할 것이다. 마지막으로는 한국어 분류사의 형성과 확장을 문법화 측면에서 논의하고 사례를 통해 고유어 분류사의 변화와 한자어 분류사의 변화를 확인할 것이다.

7.2. 한국어 수량사구의 변화 : 수 분류사 언어로의 발달

한국어의 수량사구는 두 가지 변화를 겪었다. 첫째로 분류사가 없는 구

---

1) 현대 한국어의 분류사에 대한 논의는 범주, 체계, 통사, 의미 등의 측면에서 활발하게 이루어져 왔으나 통시적 관점에서의 분류사 논의는 그리 많지 않은 편이다. 蔡琬 (1982)에서 한국어 분류사의 통시적 연구에 대한 필요성이 제기되었으며, 이어 蔡琬 (1996), 석주연(2009), 정경재(2011a, 2011b) 등에서 개별 분류사의 변화에 대한 연구를 진행한 바 있다. 석주연(2011), 배영환(2015)에서는 특정 문헌을 대상으로 분류사의 실현 양상을 검토하였으며, 단명결(2015)에서는 한국어와 중국어의 한자어 분류사를 통시적인 관점에서 대조하였다. 또 김선효(2005)에서는 문법화의 측면에서 한국어 분류사의 범주를 논의하였다. 한국어 분류사에 대한 통시적 논의와 현대 한국어의 분류사 논의를 바탕으로 중세 및 근대 한국어의 분류사 목록을 제시하고 각 시기별 분류사의 특성과 사용 양상을 논의할 필요가 있다. 또한 한국어 분류사의 형성과 변화를 문법화의 관점에서 설명하는 것도 의미 있는 일일 것이다.

성에서 분류사가 있는 구성으로 변화하였고, 둘째로 수사가 명사에 앞서
는 구성에서 명사가 수사에 앞서는 구성으로 변화하였다.

蔡琬(1982)에서는 중세 및 근대 한국어의 문헌 자료를 대상으로 수량
표현의 어순과 분류사의 출현 유무를 검토하였다. 수량 표현은 어순과 분
류사 출현 유무에 따라 N-Q, N-(Q-Cl), Q-N, (Q-Cl)-N의 네 가지 유형
으로 구분되는데, 문헌 자료의 검토 결과 현대 한국어에서는 N-(Q-Cl)
구성이 가장 보편적으로 나타나는 반면 중세 한국어에서는 Q-N 구성이
매우 생산적이었다.[2]

> (1) 가. 슳바올 닐굽과 이본 나모와 투구 세 사리 네도 또 잇더신가
>   (維伏之雉 必令驚飛 聖人神武 固如何其) 〈용비어천가 89장〉
>   나. 큰 바놀 일빅뎝(大針一百帖) 〈번역노걸대 하 67b〉
>   다. 像마다 알픠 닐굽 燈을 노호디(一一像前各置七燈) 〈석보상절
>   9 : 32b〉
>   라. 다숫 줄깃 연화를 사아(從汝買得五莖蓮華) 〈석보상절 6 : 8a〉
>
>   (蔡琬 1982)

(1가, 나)는 명사가 수량사에 앞서는 구성으로, (1가)는 N-Q 구성의
예이고 (1나)는 N-(Q-Cl) 구성의 예이다. (1다, 라)는 수량사가 명사에
앞서는 구성으로, (1다)는 Q-N 구성의 예이고 (1라)는 (Q-Cl)-N 구성의
예이다. 중세 한국어에서는 (1다)와 같은 Q-N 구성이 생산적으로 나타나

---

2) 蔡琬(1982 : 164)에서는 향가 25수에 나타난 6개의 수량사구가 모두 Q-N 구성이며, 따
   라서 이러한 구성이 한국어 수량사구의 기원적 형태임을 지적하였다.
   (1) 가. 二戸掌音毛乎攴內良 두볼 손바룸 모도라 〈도천수관음가(禱千手觀音歌)〉
      나. 兩手集刀花乎白良 두 손 모도 고조술봐 〈원왕생가(願往生歌)〉
      다. 一等隱枝良出古 ᄒᆞᄃᆞᆫ 가지라 나고 〈제망매가(祭亡妹歌)〉
      라. 可二功臣良 됴타 두 功臣아 〈도이장가(悼二將歌)〉

며, (1가)와 같은 N-Q 구성이 가장 드물게 나타난다.

한국어 수량사구의 유형별 출현 양상은 시간이 흐름에 따라 변화한다. 다음의 〔표 1〕은 중세 및 근대 한국어 수량사구의 변화 양상을 정리한 것이다.

[표 1] 중세 및 근대 한국어 수량사구 유형의 문헌별 출현 양상(蔡琬 1982 : 168)

시기	문헌	N-Q	N-(Q-Cl)	Q-N	(Q-Cl)-N	계	Q-Cl[3]
15세기 이전	향가	0	0	6(100%)	0	6	0
1447	용비어천가	1(3%)	2(5%)	34(92%)	0	37	1
1447	석보상절	8(9%)	1(1%)	63(72%)	15(17%)	87	18
1496	육조법보단경언해	0	0	14(93%)	1(7%)	15	4
1517	번역노걸대	10(4%)	80(35%)	75(33%)	63(28%)	228	105
1676	첩해신어	2(13%)	8(53%)	4(27%)	1(7%)	15	10

〔표 1〕에서 확인할 수 있듯이 〈용비어천가〉, 〈석보상절〉 등 15세기 자료에서는 수량사가 명사 앞에 나오는 Q-N 구성이 우세하였으나 점차 N-(Q-Cl)의 비율이 높아지고 있다.[4]

이러한 변화는 언간 자료에서도 확인이 가능하다. 배영환(2015)에서는

---

3) 蔡琬(1982)에서는 Q-Cl 구성은 계에 합산하지 않고 있다.

4) 수량사구의 출현 빈도가 높지 않은 향가, 〈육조법보단경언해〉, 〈첩해신어〉를 제외하면 이 연구에서는 〈용비어천가〉, 〈석보상절〉과 〈번역노걸대〉를 비교하고 있는 셈이다. 그런데 〈용비어천가〉, 〈석보상절〉과 〈번역노걸대〉는 문헌 성격의 차이가 있다는 점에 유의할 필요가 있다. 각 문헌에 나타난 전체 수량사구에 대비한 각 유형별 빈도수를 조사하였다는 점에서 이러한 부분이 보완될 수는 있으나, 다른 문헌을 더 추가하여 조사할 필요가 있을 듯하다. 예컨대 동일한 계통의 문헌인 〈번역노걸대〉와 〈노걸대언해〉를 비교한다면 문헌의 특성에 영향을 받지 않고 시간의 흐름에 따라 수량사구가 어떻게 변화했는지를 파악할 수 있을 것이라 생각된다.

언간 자료에 나타나는 분류사를 검토하였는데, 이때 초기의 언간 자료부터 19세기의 언간 자료까지 비교적 일관적으로 명사가 수사나 분류사의 앞에 나타난다고 밝힌 바 있다.

(2) 가. 눌근 <u>보션 ᄒ나</u> 가니 〈진주하씨묘출토언간 102〉

　　나. 아ᄆ것또 보내올 것 업ᄉ와 <u>대구 ᄒ나</u> 보션 자반 <u>싱각 여ᄉᆺ</u> 보내옵노이다 〈진주하씨묘출토언간 99〉

(3) 가. <u>보션 두 거리</u> 붓쳣더니 가슴 〈의성김씨가언간 6〉

　　나. 큰딕의셔 <u>대구 두 마리</u> 보내시ᄂᆞ이다 〈진주하씨묘출토언간 109〉

(4) 가. 시 바둘 무명 업서 몯 보내니 미처 보낼 거시니 <u>두 필의 시나</u> 마화 두쇼셔 〈진주하씨묘출토언간 95〉

　　나. 뒤골 밧 서 마지기 <u>스물닷 양의 금</u>이 낫다 ᄒ니 〈의성김씨가언간 127〉

(배영환 2015 : 143-144)

(2, 3)은 명사가 수량사를 앞서는 구성으로, (2)는 N-Q 구성의 예이고 (3)은 N-(Q-Cl) 구성의 예이다. (4)는 (Q-Cl)-N 구성의 예이다. 배영환 (2015 : 143-144)에 따르면 〈신창맹씨묘출토언간〉이나 〈순천김씨묘출토언간〉 등 이른 시기의 언간 자료에서부터 (3)과 같은 N-(Q-Cl) 구성이 가장 일반적으로 나타난다. 또한 (4)와 같은 (Q-Cl)-N 구성이 나타나기는 하지만 다른 유형에 비해 그 수가 적다. 특히 Q-N 구성이 매우 드물게 나타난다는 점에서 언간 자료에서는 명사가 수량사를 앞서는 수량사구가 일반적이라는 것을 확인할 수 있다. 언간 자료는 한문 구조의 영향을 받지 않으며 당시 사용되는 실제 언어를 반영한다고 하였을 때 이는 수량사구

의 변화를 잘 드러내 주는 것으로 판단된다.

한편 수량사구의 어순 변화와 분류사의 발달은 함께 일어나는데, 蔡琬 (1982 : 168-169)에서는 이러한 점을 고려하여 한국어 수량사구의 변화 과정을 다음과 같이 제시한 바 있다.

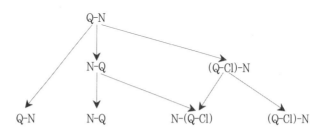

[그림 1] 한국어 수량사구의 변화 과정(蔡琬 1982 : 169)

이처럼 한국어의 수량사구는 본래 Q-N 구성이었는데, 분류사 있는 언어로 변화하면서 (Q-Cl)-N 구성이 나타나게 되었다. 이러한 구성이 수량사와 명사의 어순 변화와 더불어 N-(Q-Cl) 구성으로 변화하였다고 볼 수 있다.

또한 蔡琬(1982)에서는 중세 한국어의 (Q-Cl)-N 구성을 이루는 명사가 대부분 불가산 명사임을 지적하며5) 분류사 구성이 불가산 명사에서 먼저 나타났다고 하였다. 즉 분류사는 셀 수 없는 명사를 단위화하여 표현하는 과정에서 나타났다는 것이다.6) 그런데 蔡琬(1982 : 167)에서도 언급하고 있듯이 현대 한국어에서는 셀 수 있는지의 여부와 관계없이 N-(Q-Cl) 구성과 (Q-Cl)-N 구성이 모두 나타날 수 있다. 또한 중세 한국어 시기부터 이미 두 구성에 모두 나타나는 명사('콩', '딮', '은' 등)가 확인된다.

---

5) 蔡琬(1982 : 167)에서 제시된 예는 다음과 같다.

한국어 수량 표현의 어순 변화와 분류사 범주의 형성을 연관지어 논의하기 위해서는 중세 및 근대 한국어의 문헌 자료에서 동일한 명사가 다른 어순으로 나타났을 때 어떤 차이가 존재하는지를 먼저 살펴보아야 한다.[7] 또 명사 유형별 수량사구의 빈도수나 시기에 따른 변화 양상 등을 함께 조사할 필요가 있다.

7.3. 중세 및 근대 한국어 분류사

7.3.1. 중세 및 근대 한국어 분류사의 목록

분류사를 통시적 관점에서 살피기 위해 먼저 이루어져야 할 작업은 시기별 분류사의 목록을 정리하는 것이다. 중세 한국어나 근대 한국어에서 어떤 분류사들이 사용되었는지를 확인하고 그 특성이나 사용 양상 등을

	셀 수 없는 명사	셀 수 있는 명사
N-(Q-Cl)	콩, 딮, 은, 김, 뵈, 돈, 다목, 무면, 비단, 분, 연지, 장긔, 바독, 쌍륙	사룸, 물, 활, 잔, 갇긴, 바눌, 죡졉개, 갇, 딩즈, 합즈, 빗, 바눌통, 갈, 런듸, ᄀ애, 솔옷, 져울, 방을, 물솟동, 토환, 책
(Q-Cl)-N	受苦, 戒, 祥瑞, ᄯᅡ, 功, 몸, 號, 警戒, 일, 橫死, 은, 졍미, 조쌀, 굴, 양육, 돈, 콩, 딮, 고기, 노, 져육, 기픠, 밥쌀, 길, 술, 금, 므긔	연화, 편지, 물, 돌, 살, 방

6) 蔡琬(1990)에서는 동일한 맥락에서 통시적으로 도량 분류사가 종류 분류사보다 먼저 발달했을 것으로 보고 있다. 즉 불가산 명사를 단위화하기 위하여 도량 분류사가 발달하고, 이후 분류사가 있는 구성이 일반화되면서 종류 분류사가 발달하게 된 것이다(우형식 2001 : 110에서 재인용).

7) 현대 한국어 논의에서는 수량사구가 어순에 따라 의미 차이를 보이는 것으로 파악하기도 한다. 이에 대해서는 5장 참조.

파악하는 것이 분류사의 변화 과정을 검토하는 데 도움이 되기 때문이다. 그러나 한국어의 분류사 목록을 시기별로 제시한 연구는 아직까지 진행되지 않았다. 석주연(2011), 배영환(2015) 등에서 의학서나 언간 등 특정한 문헌을 대상으로 분류사의 사용 양상을 제시한 바 있으나, 이 역시도 고유어 분류사로만 논의를 한정하였다거나 분류사의 전체 목록을 제시하지는 못했다는 한계가 있다.

우선 기존의 통시적 연구들에서 제시된 분류사의 목록은 다음과 같다.

> (5) 蔡琬(1982) 15~16세기 한국어의 분류사
>   히[年], 가지, 번(番), 줄기, 거름[步], 볼[步], 리(里), 묘(畝), 경(頃), 겁[劫], 곧[處], 자[尺], 둘[月], 디위, 번, 량(兩), 히, 분(分), 푼[分], 말[斗], 근(斤), 무직[塊], 드레, 젼[箭], 필(匹), 뭇[束], 낱/낫[箇], 닙[葉], 땅[丈], 오리, 홰, 년(年), 사발, 입[口], 보[步], 뻐, 되[升], 잔(盞), 설[歲], 간, 날[日], 물[群], 발, 댱(張), 복(服), 환(丸), 적[時], 목[목], 목[串], 뽐, 볼[副], 부(副), 하ᄉ[匣], ᄌᆞᄅ, 됴(條), ᄆᆞᄅ[連], ᄎᆞ례, 자히

> (6) 허웅(1983), 15세기 한국어의 수단위 매인이름씨
>   셤, 말, 되, 홉, 자ㅎ, 치/츠/쳑, 히, 둘, 날, 리(里), 량(兩), 돈, 설, 볼[볼, 겹], 동(동강이), 디위(번), 가지, 사롬, ᄌᆞᄅ, 마리(수, 올), 낱

> (7) 석주연(2011), 조선 의학서 언해류[8]에서의 분류사(고유어)

---

8) 석주연(2011)에서 검토한 조선 시대 의학서 언해류 문헌에는 〈구급방언해〉(원간 15세기, 16세기 복각본), 〈구급간이방언해〉(원간 15세기, 16세기 복각본), 〈언해구급방〉(원간본 17세기), 〈간이벽온방〉(원간 1525년, 1578년 복각본), 〈벽온신방언해〉(원간 1653년, 17세기 복각 추정), 〈분문온역이해방언해〉(원간 1524년, 후대 복각본), 〈언해태산

머곰/머굼, 져봄/져붐/져븜/자밤/지봄, 줌, 소솜, 무적, 덩이, 단, 알, 쪽, 적, 번, 낯, 보사, 잔, 사발, 쥷, 볼, 줄기, 짝, 볽

(8) 배영환(2015), 16~19세기 언간에서의 분류사

필, 쳑, 풀, 비리, 새/싀, 근, 단, ㄱ음, 댱, 녕, 자, 벌, 불, 거리, ㄱ지, 커리/켜레/켜리, ㄱ음, 죽, 병, 두롬, 죵ㅈ, 항, ㅅ발, 당숡, 동고리, 복ㅈ, 그롯, 동, 말, 셤, 닙, 두레, 디, 작, 못, 홉, 낫, 돈, 오리, 마리/말리, 곳/고지, 개/기, 드름/드롬, 갓, 낫, 가래/가릐/가리, 보, 쐐, 쩨, 줌, 뎝/졉, 그롯, 댜로, 미, 고리, 두름, 되, 바리, 블/쓰리, 바리, 복, 부, 봉, 졔, 줌, 직, 쳡, 텹, 환, 필, 바리/발이, 권, 쟝/쟝, ㅈ, 말디기/마지기/말직이, 거리, 결, 구, 냥, 년, 되, 두, 모, 사리, 쌈, 쌍, 울, 리

(9) 단명결(2015), 한국어 한자어 분류사 256개[9]

가(架), 가(家), 각(角), 각(脚), 간(杆), 간(間), 간(竿), 갑(匣), 강(杠), 개(個), 개(箇), 개(介), 거(車), 거(擧), 건(件), 격(格), 결(闋), 겹(揞), 경(莖), 계(季), 곡(曲), 공(孔), 과(科), 과(窠), 과(課), 과(顆), 관(貫), 관(款), 관(罐), 관(管), 괴(塊), 구(口), 구(句), 구(具), 구(區), 구(軀), 국(局), 군(群), 권(卷), 권(圈), 근(根), 급(級), 기(起), 기(氣), 기(器), 기(騎), 기(期), 낙(落), 난(欄), 노(路), 농(籠), 누(摟), 단(段), 단(團), 당(當), 대(代),

---

집요〉(원간본 1608년), 〈우마양저염역병치료방〉(원간 1541년, 1636 복각본), 〈구황촬요언해〉(원간 1554, 1639 복각본) 등이 있다.

9) 단명결(2015)에서 제시된 한국어 한자어 분류사는 총 256개로, 이는 『단위어사전』과 『표준국어대사전』에 나타난 한자어 분류사 중에서 중국어와 용법을 공유하는 분류사를 선정한 것이다. 이 목록은 한글 창제 이전의 한문 문헌을 포함하여 조사되었고, 57개의 도량 분류사와 한국어에서는 나타나지만 중국어에서 쓰이지 않는 분류사 294개가 제외되었다는 점에서 이용에 주의가 필요하다. 즉 이 목록 중에는 중국 한자어에서 차용되어 쓰였으나 한글 문헌에는 등장하지 않는 분류사들이 존재할 수 있으며, 실제로 한글 문헌에 등장하나 제외된 분류사들이 있을 수 있다.

대(臺), 대(袋), 대(帶), 대(隊), 대(對), 도(刀), 도(度), 도(堵),
도(道), 도(稻), 돈(頓), 동(棟), 동(同), 동(洞), 두(頭), 둔(屯),
등(等), 량(緉), 량(輌), 막(幕), 매(枚), 면(面), 명(名), 목(牧),
목(目), 문(文), 문(門), 미(尾), 미(味), 미(微), 민(緡), 박(拍),
반(般), 반(班), 반(盤), 반(槃), 발(發), 배(杯), 배(倍), 배(輩),
번(番), 변(邊), 병(柄), 병(甁), 보(步), 복(服), 본(本), 봉(封),
봉(捧), 부(副), 부(部), 부(釜), 분(盆), 상(床), 상(箱), 색(索),
석(席), 선(線), 성(成), 세(歲), 세기(世紀), 소(所), 소(艘), 속
(束), 수(首), 순(旬), 순(巡), 습(襲), 승(乘), 시(矢), 시(時),
쌍(雙), 악(握), 안(眼), 언(言), 연(連), 열(列), 엽(葉), 영(領),
영(令), 영(楹), 완(椀), 요(腰), 우(耦), 우(羽), 우(盂), 원(圓),
원(員), 원(元), 월(月), 위(位), 위(圍), 유(類), 윤(輪), 익(翼),
입(粒), 일(日), 인(人), 임(稔), 자(字), 작(勺), 작(爵), 잔(盞),
장(杖), 장(壯), 장(張), 장(場), 장(章), 장(帳), 재(載), 적(滴),
전(煎), 전(錢), 절(折), 절(節), 점(點), 정(停), 정(挺), 정(丁),
정(廷), 정(幀), 정(程), 정(頂), 정(錠), 제(蹄), 제(劑), 제(提),
조(條), 조(組), 조(遭), 족(足), 존(尊), 종(宗), 종(種), 좌(座),
좌(坐), 주(柱), 주(週), 주(炷), 주(株), 주기(週期), 주년(周
年), 준(樽), 지(支), 지(枝), 지(指), 질(帙), 집(輯), 차(次), 착
(着), 찬(攢), 찰(札), 참(站), 책(冊), 처(處), 척(隻), 천(串),
첩(疊), 첩(帖), 첩(貼), 초(秒), 추(錘), 축(軸), 층(層), 타(朶),
타(垛), 태(胎), 통(桶), 통(通), 통(筒), 통(統), 투(套), 파(把),
파(破), 판(板), 편(片), 편(遍), 편(篇), 편(編), 포(包), 포(鋪),
포(抱), 폭(幅), 품(品), 필(匹), 하(下), 학기(學期), 학년(學
年), 함(函), 합(合), 합(榼), 합(盒), 항(缸), 핵(翮), 행(行), 현
(縣), 호(戶), 호(壺), 호(號), 환(丸), 회(回)

이처럼 중세 및 근대 한국어의 분류사 전체 목록이 제시되지 못한 이유

를 통시적 관점의 연구가 부족했다는 데서 찾을 수 있다. 그러나 시기별로 한국어의 분류사 목록을 정리하는 것은 몇 가지 측면에서 어려움이 있다. 첫째는 분류사의 범주 설정의 문제이다. 이는 현대 한국어의 분류사의 범위를 정할 때 겪는 것과 동일한 문제라 할 수 있다. 중세 한국어나 근대 한국어에도 분류사적 용법만 가지는 분류사들이 있지만 이는 일부이며, 자립 명사가 분류사적 용법을 가지는 경우가 많아 어디까지를 분류사로 처리해야 할지가 불분명하다.

2장에서 논의하였듯 본서에서는 분류사의 용법만 가지는 부류 이외에 자립 명사가 분류사적 용법을 보이는 부류 역시 분류사에 포함하는 입장을 취했는데, 중세 한국어나 근대 한국어의 분류사 목록 설정에 있어서도 이와 같은 입장에서 수량 표현에 나타나며 수량사 뒤에 위치하는 명사를 분류사로 처리할 수 있다.10)

> (10) 가. 그 저긔 臣下ㅣ며 百姓돌 一千나몬 사ᄅᆞ미 出家ᄒᆞ고 <u>道士六</u>
>   <u>百</u> 스믈여듧 사ᄅᆞᆷ도 出家ᄒᆞ며 大闕ㅅ 각시내 <u>二百</u> 셜흔 사ᄅᆞ
>   미 出家ᄒᆞ니 〈월인석보 2 : 76b〉
> 나. 네 닫티 <u>혼 사발</u>만 밥 담고 〈번역노걸대 상 43a〉

예컨대 (10)에서 수량 표현에 사용되는 '사룸, 사발' 등은 현대 한국어에서와 마찬가지로 자립 명사로도 나타나는데, 이러한 용법을 보이는 자립 명사들 역시 분류사 목록에 포함된다.

---

10) 다만 현대 한국어의 경우 『표준국어대사전』을 기준으로 삼아 분류사적 용법이 사전에 올라와 있는지를 확인하여 구분하는 것이 가능하나, 중세 한국어나 근대 한국어의 사전의 경우 분류사적 용법을 반영하고 있지 않은 경우가 많아 사전의 용법 기술을 기준으로 일괄 분류하기는 어렵다.

둘째는 자료의 특성이다. 현재 남아 있는 중세 한국어나 근대 한국어의 자료는 모두 문헌 자료이다. 이때 같은 언해문이라 하더라도 불경이나 유교 경전을 언해한 경전 언해류와 학습서 및 의학서와 같은 실용 서적의 언해류에 나타나는 언어에는 차이가 있다. 이는 언간 자료 역시 마찬가지이다. 분류사의 경우 특히 문헌의 성격에 따라 주로 나타나는 분류사의 종류가 다르기 때문에 어느 한 문헌 자료에 나타난 분류사의 목록을 일반화하기가 어렵다. 이러한 점에서 중세 한국어 및 근대 한국어의 분류사 목록을 설정할 때에는 문헌 자료의 특성을 고려할 필요가 있다.

(11) 분류사 목록 설정 시 검토할 수 있는 문헌 자료 유형(15~17세기)
　가. 경서류(불교 경전 언해, 유교 경전 언해) : 〈석보상절〉(1447), 〈법화경언해〉(1463), 〈번역소학〉(1518), 〈소학언해〉(1588) 등
　나. 실용서류(학습서, 의학서 등) : 〈번역노걸대〉(1517), 〈노걸대언해〉(1670), 〈번역박통사〉(1517) 〈박통사언해〉(1677), 〈구급방언해〉(1466), 〈구급간이방언해〉(1489) 등
　다. 언간 자료 : 〈순천김씨묘출토언간(1550~1592)〉, 〈진주하씨묘출토언간(17세기 전기)〉 등

7.3.2. 중세 및 근대 한국어 분류사의 분류

7.3.2.1. 중세 및 근대 한국어 분류사의 어종별 분류

2장에서 제시한 것처럼 현대 한국어의 분류사는 기원에 따라 고유어, 한자어, 외래어[11] 계통으로 구분된다. 우형식(2001 : 116)에 따르면 현대

---

11) 이때 외래어는 한자어를 제외한 (서양어 기원의) 좁은 의미의 외래어를 가리킨다.

한국어에서는 분류사가 고유어 40%, 한자어 23%, 외래어 37% 정도의 분포로 나타났다. 이처럼 한국어의 분류사는 고유어에서 온 것과 외래어를 차용한 것이 있는데, 중세 및 근대 한국어 시기의 문헌 자료에 나타나는 분류사는 고유어 분류사와 한자어 분류사로 나누어 볼 수 있다.

분류사의 통시적 연구들에서 제시된 중세 및 근대 한국어의 분류사는 다음과 같다.

(12) 중세 및 근대 한국어의 고유어 분류사

가지, 간, 거름〔步〕, 곧〔處〕, 긄, 날〔日〕, 낯/낱/낫〔箇〕, 닙〔葉〕, 단, 덩이, 돈, 동(동강이), 되〔升〕, 드레, 디위(번), 둘〔月〕, 땅〔丈〕, 마리(수, 올), 말〔斗〕, 머곰/머굼, 목〔몫〕, 목〔串〕, 무적/무직〔塊〕, 물〔群〕, 뭇〔束〕, ᄆᆞᆮ〔連〕, 발, 번, 보ᄉᆞ, 붊, 불(벌, 겹), 불〔步〕, 불〔副〕, 뱜, 뻬, 딱, 똑, 사ᄅᆞᆷ, 사발, 설〔歲〕, 셤, 소솜, 알, 오리, 입〔口〕, 자〔尺〕, 잔, 적〔時〕, 져봄/져붐/져븜/자밤/지봄, 줄기, 줌, ᄌᆞᆯ, 치/츠/칙, ᄎᆞ례, 푼〔分〕, 하ᅀᆞ〔匣〕, 홉, 홰, 히〔年〕 등

(13) 중세 및 근대 한국어의 한자어 분류사

겹(劫), 경(頃), 근(斤), 년(年), 댱(張), 됴(條), 량(兩), 리(里), 묘(畝), 번(番), 보(步), 복(服), 부(副), 분(分), 잔(盞), 젼(箭), 필(匹), 환(丸) 등

고유어 분류사는 자립 명사의 용법을 지니는지의 여부에 따라 분류사로만 사용되는 것과 자립 명사가 분류사적 용법도 지니는 것으로 나누어 볼수 있다. 또한 분류사로만 사용되는 것들은 다시 그 기원에 따라 명사 기원과 동사 기원으로 나뉜다.

한자어 분류사는 중국 한자어가 차용되어 나타난다. 이는 한자어의 분류사적 용법이 차용된 것이다. 이외에 자립 명사로 차용된 한자어가 이후 한국어에서 문법화되어 분류사 기능을 가지게 되는 경우나 이두로 사용되었던 한국식 한자어가 현재 한국 한자음으로 읽히며 분류사로 쓰이는 경우도 있다(정경재 2011b : 359-360).

7.3.2.2. 중세 및 근대 한국어 분류사의 어휘 근원(source)별 분류

분류사는 대개 어휘 요소로부터 발달한다. 분류사의 가장 흔한 어휘적 근원은 명사이며, 동사는 그보다는 적게 사용된다. 이외에 반복소(repeater)로 사용되는 명사와 파생 명사화(deverbal nominalization) 동사 역시 분류사로 발전할 수 있다. 또한 명사로부터 온 분류사와 동사로부터 온 분류사가 혼합된 혼합 기원 언어도 있다. Aikhenvald(2000)에서는 분류사의 어휘적 근원을 다섯 가지로 제시하였다.

> (14) 가. 명사
> 　　 나. 반복소(repeater) 구성
> 　　 다. 동사
> 　　 라. 동사파생 명사화(deverbal nominalization)
> 　　 마. 혼합 기원(mixed origin)

한국어 고유어 분류사의 어휘적 근원은 명사와 동사에서 찾을 수 있다. Aikhenvald(2000)의 분류에 따르면 한국어는 혼합 기원 언어에 속하는 것이다.[12) 한국어의 분류사를 명사 기원 분류사와 동사 기원 분류사로 나

---

12) 한국어의 분류사 구성에서도 명사 반복 구성이 나타난다. 그러나 2장에서 언급한 바

누어 살펴볼 수 있다.

한국어의 명사 기원 분류사는 매우 다양하며, 이는 분류사의 의미에 따라 다시 세분할 수 있다.13) 석주연(2011)에서는 조선 시대 의학서 언해류에 나타난 분류사를 기원에 따라 동사 기원 분류사와 명사 기원 분류사로 구분하고, 다시 의미별로 하위분류하였다.

(15) 의학서 언해류 명사 기원 분류사의 의미별 분류(석주연 2011)

　　가. 도량 분류사 : '보ᅀᅡ〔碗(사발 완), 鍾(쇠북 종), 盞(잔 잔), 甌
　　　　(사발 구)〕, 잔〔甌〕, 사발〔椀〕14)

　　나. 종류 분류사

　　　① 사물

　　　　- 집합 : '무적, 덩이〔塊(덩어리 괴), 頓(조아릴 돈)〕', '단〔束
　　　　　(묶음 속)〕', '볼'

　　　　- 개체 : '알, 쪽〔瓣(오이씨 판)〕', '닶〔堵(담 도)〕', '줄기〔莖(줄
　　　　　기 경)〕', '딱〔片(조각 편)〕', '낯15)〔隻(외짝 척), 丸
　　　　　(알 환), 粒(알 립), 介, 个, 箇(낱 개), 改(고칠 개),
　　　　　枚(장 매), 丈(길이 장), 莖(줄기 경), 顆(낟알 과),

와 같이 이러한 구성에서 분류사로 사용된 명사는 전형적인 분류사가 아니라는 점에서 이를 한국어 분류사의 근원으로 처리하는 데는 좀 더 고민이 필요할 듯하다.

13) Aikhenvald(2000)에서는 유형론적으로 분류사로 발달하는 경향이 있는 명사 하위 그룹을 제시하였다. 여기에는 (A) 신체 부분(Body parts), (B) 친족, 인간, 상위 유정물을 지시하는 명사(Nouns referring to kinship, humans and higher animates), (C) 총칭 명사(Generic nouns), (D) 단위사(Unit counters), (E) 문화적으로 중요한 항목(Culturally important items) 등이 포함된다.

14) '병(瓶), 잔(盞), 사발, 그릇, 바가지, 가마, 통(桶), 동이, 초롱' 등 이른바 용기류(container) 명사에서 나타나는 분류사적 용법은 담는 그릇으로 그 안에 담긴 내용물을 표현하는 '환유'에 해당한다(우형식 2001 : 105).

15) 동물명사, 곤충명사, 동물의 두상, 곡식의 입자, 둥근 형태 또는 불규칙한 형태의 사물 등 다양한 명사와 통합하여 나타난다.

椴(길 천)〕'

② 사건

- 횟수 표시 : '적〔番, 度〕', '번〔度, 次〕', '붉〔壯(씩씩할 장)〕'

또한 의학서 언해류에서 확인되는 한국어의 동사 기원 분류사에는 '머곰', '져봄', '줌', '소솜' 등이 있다.[16] 이처럼 동사가 분류사로 문법화할 때 조작 관련 동사(Verbs of handling)에서 기원하는 현상은 여러 나라의 언어에서 나타난다(Aikhenvald 2000 : 412).

(16) '머곰', '져봄', '줌', '소솜'의 사용 양상과 특징(석주연 2011)

형태	기원	대응 한자	통합 명사	특징
머곰	먹-	呷(마실 합), 口	식용의 액체 명사 (즙, 술, 죽, 찻믈)	• 현대 국어 : '모금'
져봄	집-	撮(집을 촬), 捻(집을 넘)	분말 형태의 명사 (소곰; 머리터리, 촛뽈)	• '줌'보다는 적은 양의 단위를 지시 • 현대 국어 : '자밤'
줌	쥐-	把(잡을 파), 握(쥘 악), 炷(심지 주)	'소금, 뿌리, 가지, 실, 쑥잎, 종이돈, 파' 등	• 셀 수 없는 명사에서 셀 수 있는 명사에 이르기까지 다양하게 나타남
소솜	솟-, 솟긇	동사 '沸(끓을 비)'와 관련되나, 축자적인 번역어는 아님		• 약이 끓어오르는 횟수를 지시 • 수 관형사의 통합이 자유로움 • 현대 국어 : '소끔'

---

16) 석주연(2011)에서는 '져봄'과 '줌'의 기원이 되는 용언으로 '집-'과 '쥐-'를 제시하였다. 그런데 '집-'과 '져봄', '줌'과 '쥐-'가 형태상 대응되지 않는다는 점에서 실제 기원 형식인지 검토해 볼 필요가 있을 듯하다. 특히 '줌'의 경우 현재 『표준국어대사전』에서는 "((수량을 나타내는 말 뒤에 쓰여)) '주먹「3」'의 준말."이라고 정의하고 있다는 점에서 주의가 필요하다.

7.4. 한국어 분류사 범주의 형성과 확장

7.4.1. 한국어 분류사 범주의 형성과 문법화

한국어의 분류사 범주의 형성은 문법화의 관점에서 논의해 볼 수 있다. 그간의 한국어 분류사 논의들에서는 분류사의 범위를 어떻게 설정해야 하는가가 논란이 되어 왔다. 우형식(2001 : 104-105)에서도 지적하고 있듯이 그중에서도 의존적인 분류사의 속성만을 지니는 것 외에 자립적인 명사의 분류사적 용법의 존재가 문제가 되었던 것이다.

김선효(2005)에서는 한국어 분류사를 문법화의 관점에서 검토하였는데, 이때 문법화 논의의 핵심은 한국어 분류사의 범주 설정 문제와 연결된다. 즉 이 논의에서는 분류사의 범주가 모호한 것은 수 분류사 언어의 특징이며, 한국어에서 분류사의 범주가 모호한 이유 역시 자립 명사가 분류사로 문법화되는 과정에 있기 때문이라고 본다. 그간의 논의들에서 개별 단어가 분류사로 변화하는 양상을 살피는 과정에서 문법화를 간략하게 언급하였던 것과 달리, 이 논의는 한국어 분류사의 구체적인 문법화 과정을 제시하고 통시적 관점에서 분류사의 범주 설정을 설명하고자 하였다는 데 의의가 있다. 김선효(2005)에서 제시하고 있는 공시적 관점과 문법화의 관점에서 분류사의 유형은 다음과 같다.

(17) 공시적 관점에서의 분류사 유형
  가. 제1유형 : 전형적 분류사, 분류사로만 기능
  나. 제2유형 : 준분류사, 주로 분류사로 기능하지만 명사로도 사용
     가능
  다. 제3유형 : 수 분류사구 구성에 나타날 수 있지만 문법범주는

아직 명사

(18) 통시적 관점에서의 한국어 분류사의 유형

　가. 제1유형 : 이른 시기에 분류사로 발전. (문법화 기제 : 은유,
　　　유추, 화용적 추론)

　　(예) 마리, 개, 명, 살, 세, 짝, 끼, 그루, 년(年), 권(券)

　나. 제2유형 : 문법화 과정에 있음. (문법화 기제 : 은유, 화용적
　　　추론 등)

　　(예) 가락, 되, 홉, 말, 마지기

　다. 제3유형 : 분류사로 발달할 가능성 높음.

　　① 가산 명사가 분류사로 쓰이지 못하는 경우 : 수량사의 단위
　　　가 높거나 수량사가 한자어일 때

　　② 불가산 명사가 분류사로 쓰이는 경우

　　(예) 여기는 <u>세 물</u>이 색깔이 다르다.

현대 한국어에서 분류사로만 기능하는 '마리, 개, 명, 상, 세' 등은 제1
유형에 속하며, 이는 통시적인 관점에서 봤을 때 문법화의 과정을 거쳐
분류사로 발전한 것이다.17) 또한 자립 명사적 쓰임과 분류사적 쓰임을 모
두 보이는 부류는 제2유형에 속하며, 이 경우 아직 문법화의 단계에 있는
것이다. 이러한 기술을 통해 김선효(2005)에서는 단순히 수량화, 개체화라
는 분류사의 기능을 수행할 뿐만 아니라, 통사적 측면에서도 완전히 의존
적인 성격을 가지는 유형까지를 문법화된 분류사로 구분함을 확인할 수
있다.

우형식(2001)에서도 이와 비슷한 관점의 기술이 나타난다. 이에 따르면

---

17) 2장에서 언급한 '발짝'은 '발자국'에서 형태적 변화를 겪고, 분류사적 용법으로만 사용
　　된다는 점에서 제1유형에 속한다고 볼 수 있다.

분류사는 하나의 독립적인 어휘로 사용되던 일반 명사가 문법화의 과정을 거치면서 분류사로서의 기능을 지니게 된 것으로 설명되는데, 현대 한국어의 동물성 분류사 '마리'가 자립 명사로부터 문법화된 대표적인 사례에 속한다. 후술하겠지만 현대 한국어의 '마리'는 자립 명사로서의 어휘적 지위를 상실하고 동물성 어휘에 대한 분류사로서의 기능만을 지닌다. 이러한 점으로 보아 우형식(2001)에서의 문법화 개념에서도 자립 명사가 그 기능을 잃고 분류사로서의 용법을 가지게 되었을 때 이를 문법화된 분류사로 처리함을 파악할 수 있다.

이와 같은 논의들에서 분류사라는 기능 범주에 속하는 목록과 문법화된 분류사의 목록은 일치하지 않을 수 있다. 김선효(2005)나 우형식(2001)에서는 모두 분류사적 용법을 가지는 자립 명사들을 한국어의 분류사 범주에 포함시키지만, 분류사적 용법을 보이는 자립 명사들까지 분류사로 '문법화된 것'으로 보지는 않기 때문이다. 이러한 점 때문에 우형식(2001 : 110)이 "분류사의 범위는 기능적 관점과 형태 범주적 관점 중에서 어느 쪽을 취하는가에 따라 분류사로 설정되는 항목이 달라진다. 또한 수 분류사로서의 특성과 분류사 발달의 과정에 비추어 볼 때, 한국어 분류사의 항목을 한정하기란 쉽지 않은 것이다."라고 하며 분류사 범위 설정의 어려움을 논하였던 것이다.

한편 Aikhenvald(2000)은 넓은 의미에서의 문법화 개념을 분류사 논의에 도입함으로써 분류사의 기원과 발달을 문법화의 관점에서 설명하고자 하였다. Aikhenvald(2000 : 374)에서는 "자립적 단어가 문법적인 특성을 얻는 것"을 문법화라고 보았다.18) 일반적인 문법화 논의에서의 문법화는

---

18) I use the term 'grammaticalization' with the sense of 'the attribution of a

문법 형태소로의 변화를 전제로 하는 반면에, 이때의 문법화 개념은 문법 형태소로의 변화를 전제로 하지 않는다. 또한 명사 범주화 장치(Noun Categorization Devices)의 발달은 개방 어휘 부류 및 폐쇄 부류 구성원의 문법화를 모두 포함한다고 하였으며, 분류사로서 개방 부류의 구성원의 문법화는 어휘 항목으로부터 폐쇄 부류의 요소까지, 즉 문법화 표지까지의 문법화 연쇄를 포함하는 개념이라고 본다.

이렇듯 넓은 의미의 문법화를 전제하는 입장에서는 분류사적 용법을 지니는 자립 명사를 기능적 관점에서뿐만 아니라 문법화의 관점에서도 모두 분류사 범주로 포함시킨다. 이는 분류사 범주의 분포적(구조적) 특성, 즉 분류사는 언제나 수량사를 수식어로 하며 통사적으로 의존성을 가진다는 것과도 연관 지어 생각해 볼 수 있다. 즉 어떠한 명사가 자립 명사의 용법과 분류사의 용법을 함께 가지고 있다 할지라도, 분류사가 곧 자립 명사라고 할 수는 없다. 왜냐하면 분류사는 분포적으로 항상 수량사에 후행하며 수량사의 수식을 받기 때문이다. 이러한 관점에서는 (좁은 의미에서) 문법화된 분류사나 분류사적 용법을 지니는 자립 명사나 모두 하나의 부류로 묶일 수 있다. 또한 의미적 측면에서도 모든 일반 명사가 분류사로 쓰일 수 있는 것은 아니며, 어떠한 명사가 분류사로 쓰일 수 있으려면 어느 정도의 부류 지시성을 필요로 한다는 점이 지적된다(우형식 2001 : 108-109).

넓은 의미의 문법화에서나 좁은 의미의 문법화에서나 무엇을 문법화된

---

grammatical character to a formerly independent word' following Meillet(1912 : 132). See also the definition by Heine(1997a : 76), who considers grammaticalization as a process 'whereby a linguistic expression E, in addition to its conventional meaning M1, receives a more abstract and more grammatical meaning M2'. (Aikhenvald 2000 : 374)

분류사로 볼 것인가에 차이는 있으나, 분류사의 기능을 하는 어휘들이 어휘적인 연속을 이룬다는 점에 대해서는 이견이 없는 듯하다. 즉 한국어의 분류사 범주에는 의존 명사로부터 자립 명사에 이르는 어휘적인 연속(continuum)이 존재하게 된다.19)

본서는 앞서 2장에서 논의하였던 것처럼 분류사적 용법을 지닌 자립 명사를 넓은 의미의 분류사의 범위에 포함시키는 관점을 취한다. 여기에서는 이러한 관점이 문법화의 측면에서도 설명될 수 있음을 확인하였다.

7.4.2. 고유어 자립 명사의 분류사화

'마리'는 현대 한국어에서 동물성 명사와 호응하는 분류사로, 자립 명사가 분류사로 문법화되는 과정을 보여 주는 예라 할 수 있다. '마리'는 중세 한국어에서 '頭, 首'의 의미로 쓰였으며 분류사적 용법도 지녔는데, 시간이 흐름에 따라 분류사로 굳어지게 되었다. 우형식(2001 : 112-114)에서는 '마리'가 동물성 분류사로 문법화하는 과정을 제시하였다.

중세 한국어 문헌에서 인간의 신체 일부인 '頭'에 대응되는 고유어 단어는 '머리'와 '마리'이다.

> (19) 가. 化佛마다 마리예 放光ᄒᆞ샤(一一化佛復放光明) 〈월인석보 7 : 34b〉
>   나. 王이 太子ㅅ 머리예 브ᄋᆞ시고 보비옛 印 받ᄌᆞᄫᆞ시고(授與父
>   王便灌太子頂 以寶印付之) 〈석보상절 3 : 6a〉

---

19) 분류사의 범주 설정은 품사 논의와도 연관되는데, 4장에서는 기능과 분포의 측면에서 한국어의 분류사가 의존 명사와는 구분되는 별개의 품사 부류로 설정될 필요가 있음을 논의한 바 있다. 자세한 내용은 4장 참고.

(20) 가. 지손 두 <u>마리</u>롤 보고(示官吏作二首ᄒ고) 〈초간두시언해 25 : 32b〉

나. 쌜리 짓는 그른 즈믄 <u>마리</u>오(敏捷詩千首) 〈초간두시언해 21 : 42a-42b〉

예문 (19가)와 (19나)는 인간의 신체 일부를 나타내는 '頭'의 의미로 '마리'와 '머리'가 사용된 예이다. (20가)와 (20나)는 '首'의 의미, 즉 시의 단위를 세는 데 사용된 예이다. 이때 김선효(2005 : 116)에서는 '마리'가 유추 작용에 의해 좀 더 추상적인 한시의 단위를 나타내는 데에도 사용될 수 있었다고 보았다.

근대 한국어 시기에도 '머리'와 '마리'는 공존하였는데, 17세기부터 동물의 수를 세는 단위로 '마리'가 사용되는 것이 확인된다.

(21) 가. <u>머리</u> 커 므겁고(頭大而重ᄒ고) 〈마경초집언해 상 7b〉

나. <u>마리</u> 수기다(低頭) 〈역어유해 상 39b〉

(22) 가. 민어 세 <u>마리</u> 대구 ᄒ나 건시 쏘 혼 뎝 쳔쵸 닐굽 되 〈병자일기 164〉

나. 횟고기도 여러 <u>마리</u> 아니고 만도도 여러 그른시 아녀 〈진주하씨 묘출토언간 145〉

(21가)와 (21나)는 17세기의 문헌에 나타나는 예로, 이 당시에도 '머리'와 '마리'가 '頭'의 의미를 나타내는 데 모두 사용됨을 확인할 수 있다. (22가)와 (22나)는 '마리'의 분류사적 용법을 보여 주는 예라 할 수 있다. 이는 근대 한국어 이후로 '頭'의 의미를 '머리'가 나타내게 되고, '마리'는 '首'와 동물을 수량화하는 분류사로 사용되면서 점차 분화되었음을 짐작케 한다.

현대 한국어에서 '마리'는 동물의 수만을 수량화할 수 있다.

> (23) 가. 소 한 마리 / 새 두 마리 / 고등어 두 마리 / 모기 다섯 마리
> 나. 소 마리나 기르느냐? / 고기 마리나 잡았나?

(23가)는 동물성 분류사로서의 '마리'의 전형적인 쓰임을 보여 준다. 한편 (23나)에서는 분류사 '마리'가 동물의 이름과 함께 쓰여 동물 자체를 가리키는 용법으로도 사용되는 것을 확인할 수 있다.

정리하면, 중세 한국어에서 신체의 일부인 頭를 나타내는 데 사용되었던 자립 명사 '마리'는 동일한 의미의 '머리'와 기능이 분화되어 현대 한국어의 동물성 분류사가 되었다. 이때 신체의 일부 표현이 개체 전체를 수량화하는 표현으로 변화하였다는 점에서, 이를 속성의 인접성에 기댄 환유가 적용된 것으로 파악할 수도 있다.[20]

7.4.3. 고유어 분류사와 한자어 분류사의 영역 분담 : 한국어 인간성 분류사의 변화

우형식(2001 : 119-120)에서는 고유어 분류사와 한자어 분류사가 공존하는 경우 용법상으로 상보적인 성격을 띠며 각 분류사가 독특한 영역을 형성한다고 하였다. 고유어 분류사와 한자어 분류사가 영역을 분담하여 나타내는 예를 한국어 인간성 분류사의 변화를 통해 살펴보고자 한다. 현대 한국어의 인간성 분류사에는 '사람, 놈, 분, 명(名), 인(人)' 등이 있다. 이

---

20) Aikhenvald(2000)에서도 신체 부위가 수 분류사로 발달하는 경향이 있다는 것을 언급하고 있다.

때 '사람, 놈, 분'은 고유어 분류사이며, '명(名), 인(人)'은 한자어 분류사이
다. 이처럼 현대 한국어에서는 인간을 수량화하고 범주화하는 데 두 계통
의 분류사가 모두 사용되는데, 한국어 인간성 분류사의 사용 양상을 시기
별로 살펴봄으로써 고유어 분류사와 한자어 분류사가 어떻게 변화하였는
지를 확인할 수 있다.

먼저 중세 한국어 시기에는 고유어 분류사로 '놈, 사룸'이 사용된다.21)

> (24) 가. 對答호디 호 노미 큰 象 트고 오시며(其人答言 見有一人乘大
>   名象)〈월인석보 10 : 28a〉
>   나. 무춤내 제 쁘들 시러 펴디 몯홇 노미 하니라(而終不得伸其情
>   者ㅣ 多矣라)〈훈민정음 2b〉

> (25) 가. 그 저긔 臣下ㅣ며 百姓둘 一千나몬 사르미 出家호고 道士六
>   百 스믈여듧 사룸도 出家호며 大闕ㅅ 각시내 二百 셜흔 사르
>   미 出家호니(時有司公楊城候劉峻 與諸宮人士庶等千餘人出
>   家 及五岳諸山道士呂慧通等 六百二十八人出家 諸宮嬪御等
>   二百三十人出家)〈월인석보 2 : 76b〉
>   나. 늘그니 病호니 주근 사룸 보시고 世間 슬히 너기샤 出家호샤
>   道理 닷フ샤 六年 苦行호샤 正覺올 일우샤(見老病死苦 不樂

---

21) 이외에 '분'도 나타나나 여기에서는 평칭의 인간성 분류사를 중심으로 논의하고자 한
  다. 다음은 중세 한국어에 나타난 '분'의 예이다. '분' 역시 수량사 구성에 사용되었으
  며, 명사로도 나타난다.
  (1) 가. 셔볼 賊臣이 잇고 호 부니 天命이실씩 쩌딘 무를 하늘히 내시니(策馬以示 三賊
      逐之 避道而射 三箭皆踣)〈용비어천가 5 : 38a〉
    나. 王과 比丘왜 그 지븨 자시고 이틄날 아춤미 세 분이 門 밧긔 나샤 여희실 쩌긔
      〈월인석보 8 : 95a〉
    다. 天尊은 하놀햇 尊호신 부니라〈월인석보 2 : 50b〉
  (1가, 나)는 수량사 구성에 나타난 예이고, (2다)는 명사로 사용된 예이다.

在家 出家修道 六年苦行 得一切智 盡結成佛) 〈월인석보 6 : 17b〉

다. 셟고 애받븐 뜨디여 누를 가줄빓가 <u>사</u>이라도 중싱만 몯호이

다 〈월인천강지곡 52a〉

예문 (24)는 '놈'의 예이고 (25)는 '사룸'의 예이다. (24가)와 (25가)에서는 이들이 수량사 구성에 사용됨을 확인할 수 있다. 또한 이들은 일반 명사로도 나타나는데, 이때 '사룸'은 자립 명사로 쓰여 (25나), (25다)와 같이 관형형에 후행하거나 자립 명사로 사용되는 반면에 '놈'은 (24나)와 같이 관형형이 선행하는 의존 명사 구성으로만 나타난다는 특징이 있다.

한편 중세 한국어 한자어 분류사로는 '인(人)'이 나타난다.

(26) 가. 굴근 比丘 八千人과 ᄒᆞᆫ디 잇더시니(與大苾蒭衆 八千人) 〈석보상절 9 : 1a〉

나. 冠ᄒᆞᆫ 者 五六人과 童子 六七人으로 沂예 浴ᄒᆞ야 (冠者五六人과 童子六七人으로 浴乎沂ᄒᆞ야) 〈논어언해 3 : 16a-16b〉

(26)은 한자어 분류사 '인'의 예이다. 우형식(2001)에서는 중세 한국어 시기에 나타나는 인간성 분류사로 '놈'과 '사룸'만을 제시하였는데, 이는 수정되어야 할 필요가 있을 듯하다. 위의 예문 (26)에서처럼 한자로 표기되기는 하였으나, 분류사 구성에 '인'이 나타나고 있기 때문이다.[22]

'인'은 '놈'이나 '사룸'과는 달리 자립 명사로 사용된 경우는 찾기 어렵고, '굴근 比丘 八千人', '冠ᄒᆞᆫ 者 五六人'에서처럼 수량사 구성으로만 나타난다

---

22) 단명결(2015)에 따르면 '인(人)'은 중국어 한자어에서 차용되어 사용된 한국어 한자어 분류사의 예로, 9세기부터 한문 문헌에 계속 등장한다.

는 특징이 있다. 또한 이때의 수량사 구성이 현대 한국어의 보편적인 분류사 구성인 'N-(Q-Cl)'이라는 점도 주목할 필요가 있다.

근대 한국어에서도 '놈'과 '사룸'이 나타난다.

> (27) 가. 두 놈은 뎌 나귀 노새들을 먹이기롤 잘 ᄒ야(兩個漢子把那驢
> 騾們喂的好著)〈박통사언해 중 19b〉
>
> 　　나. 어린 섭섭흔 놈아 네 가져오라 내 보쟈(呆松 你將來我看)〈박
> 통사언해 하 27a〉

> (28) 가. 두 <u>사룸</u>이 뎌 믄 앏희 가 문을 두드려 닐오디(二人到那門首敲
> 門道)〈박통사언해 하 57b〉
>
> 　　나. 모든 <u>사룸</u>이 혀 츠고 佛家ㅣ 이긔어다 ᄒ더라(衆人喝睞 佛家
> 贏了也)〈박통사언해 하 23b〉

예문 (27)은 '놈'의 예이고 (28)은 '사룸'의 예이다. (27가)와 (28가)에서 이들이 수량사 구성에 사용됨을 확인할 수 있다. (27나)는 '놈'이 분류사가 아닌 의존 명사로 사용된 예이며, (28나)는 '사룸'이 전칭 양화 표현인 '모든'과 어울려 쓰인 예이다.

한편 근대 한국어에서 한자어 분류사는 '인'과 함께 '명(名)'이 사용된다. 한자어 분류사로 '명'이 새롭게 등장하였다는 점이 특이한 점이라 할 수 있다.

> (29) 가. 엇뎨 蜀ㅅ 兵卒이 <u>三千人</u>이 업스리오마ᄂ(豈無蜀兵三千人)
> 〈중간두시언해 4 : 32a〉
>
> 　　나. 나ᄂ 亂ᄒ 臣 <u>十人</u>을 두니 心이 同ᄒ며 德이 同ᄒ니(予有亂
> 臣十人ᄒ니 同心同德ᄒ니)〈서전언해 3 : 9a〉
>
> 　　다. <u>弟兄 三人</u>이 遊戱ᄒ야 敎場坡에 갓더니이다(弟兄三人 遊戲

到敎場坡)〈오륜전비언해 1 : 49b〉

(30) 가. 이 牌에 버려 쓰인 正副使 三員과 <u>從人 六名</u>에 一應 供給과
伺候人役을 다 預備ᄒ엿ᄂ냐(這牌上開載的 正副使三員 從
人六名 一應供給伺候人役 卻都預備麼)〈박통사신석언해 2 :
15b-16a〉
나. <u>군ᄉ 수십명</u>이 다 댱창과 대곤을 잡아 갓가이 쏠와오더니〈닉
선재본 일칠 137〉

예문 (29)는 '인'의 예이고 (30)은 '명'의 예이다. (29, 30)의 예를 통해
이들이 수량사 구성에 분류사로 사용됨을 확인할 수 있다. (30)에서처럼
'명'은 인과 마찬가지로 전형적인 분류사 구성으로 나타난다. 즉 현대 한국
어에서 인간성의 보편 분류사인 '명'은 근대 한국어 시기에 발달하였다.
'놈'과 '사람'이 분류사 용법뿐 아니라 자립 명사 또는 의존 명사로 나타나
는 것과 달리 '인'과 '명'은 분류사 구성 이외에는 나타나지 않는다.

이러한 근대 한국어에서의 용법은 현대 한국어까지 이어진다. '사람'과
'놈'은 전형적인 분류사 구성으로도 나타나게 되었다. '명'과 '인' 역시 마찬
가지이다.

(31) 가. 친구 {다섯, *오(五)} <u>사람</u>
나. 친구 {다섯, *오(五)} <u>놈</u>

(32) 가. 한 명/학생 삼십 명/열댓 <u>명</u>
나. 오 인의 <u>가족</u>

다만 이들 구성은 어원에 따라 수량사와의 통합에서 차이가 나타난다.

(31가, 나)에서처럼 고유어에서 온 '사람'과 '놈'은 한자어 수량사와는 통합하지 못한다. 또한 같은 한자어 분류사인 '인'과 '명' 역시 차이가 존재하는데, (32가)와 같이 '명'이 고유어 수량사와 한자어 수량사에 모두 어울려 쓰일 수 있는 데 반해 '인'은 한자어 수량사와만 통합될 수 있다.

현대 한국어에서는 인간성 분류사로 '사람, 인, 명'이 사용되며, 그중에서 '명'이 가장 보편적으로 사용된다. 이처럼 현대 한국어에서 보편적으로 사용되는 '명'은 근대 한국어 시기부터 등장하였다. 고유어 인간성 분류사인 '사람'은 중세 한국어 시기부터 분류사 구성에 쓰이며 분류사 기능을 하게 되었는데, 현대 한국어에서도 여전히 자립 명사로도 쓰이고 분류사로도 쓰인다. '놈'은 어휘의 의미 변화에 따라 비칭이나 홀대에 사용된다. 한자어 분류사 '인'은 꾸준히 사용되다가 특별한 용법으로 한정되었으며,23) '명'이 보편적인 분류사로 확대되었음을 알 수 있다.

7.4.4. 고유어 분류사의 의미 변화 :
고유어 분류사 '자루'의 의미 변화

정경재(2011a)에서는 분류사 '자루'에서 분류사 '자루'가 발달하였으며, 이때 분류사 '자루'가 수량화하는 범주가 변화하였음을 밝혔다. 또한 이러한 수량화 범주의 변화 요인을 '자루'의 의미 속성에서 찾았다.24)

현대 한국어에서 '자루'는 자립 명사적 용법과 분류사적 용법을 모두 지닌다. 다음은 『표준국어대사전』에 제시된 '자루'의 정의이다.

---

23) 우형식(2001 : 187)에서는 '인'이 '2인 1조, 24인용 텐트, 3인분 식사' 등의 특별한 용법에 한정하여 사용되는 경우를 제시하고 있다.

24) 7.4.4.의 내용은 정경재(2011a)의 내용을 요약한 것이다.

(33) 『표준국어대사전』의 '자루02'

　　〔Ⅰ〕「명사」

　　「1」 손으로 다루게 되어 있는 연장이나 기구 따위의 끝에 달린 손
　　　　잡이.

　　　　¶ 곡괭이 <u>자루</u>를 쥐다/호미 <u>자루</u>가 부러졌다./그는 <u>자루</u> 없는
　　　　낫과 괭이를 새끼에 묶어 들고 있었다. ≪박경리, 토지≫

　　「2」 연장이나 기구 따위의 손잡이처럼 생긴 부분을 이르는 말.

　　　　¶ 상투 <u>자루</u>.

　　「3」 ((수량을 나타내는 말 뒤에 쓰여)) 기름하게 생긴 필기도구나
　　　　연장, 무기 따위를 세는 단위.

　　　　¶ 연필 두 <u>자루</u>/총 한 <u>자루</u>/창 한 <u>자루</u>/호미 열 <u>자루</u>를 준비
　　　　해라./그들의 주변에는 아무리 찾아도 무기는 없고 세 <u>자루</u>
　　　　의 도끼와 배낭이 보였다. ≪이원규, 훈장과 굴레≫/그는 가
　　　　죽 주머니에서 칼을 한 <u>자루</u> 꺼내어 그리로 견주어 보았다.
　　　　≪김동인, 젊은 그들≫

　　「4」 『식물』 균모 아래에 달린 <u>자루</u>.

　　(33)에서 「1」, 「2」, 「4」는 자립 명사로 쓰이는 '자루'의 정의이며, 「3」
은 분류사로 쓰이는 '자루'의 정의이다.[25] 「3」의 정의에서처럼 현대 한국
어의 분류사 '자루'는 '기름하게 생긴 필기도구나 연장, 무기 따위를 세는
단위'를 나타내는 데 사용된다.

　　먼저 후기 중세 한국어와 근대 한국어에서 '자루'는 '손잡이'의 의미로
사용되었다.

---

25) 정경재(2011a)에서는 편의상 자립 명사로 쓰이는 '자루'를 '자루$_1$'로, 분류사로 쓰이는
　　'자루'를 '자루$_2$'로 표시한 바 있다.

(34) 가. 秘 <u>즈ᄅ</u> 필 柄 <u>즈ᄅ</u> 병 〈훈몽자회 중 6b〉

　　나. 柄 <u>즈ᄅ</u> 병 〈신증유합 하 9b〉

(35) 刀把 칼 <u>즈ᄅ</u> 〈역어유해 하 17a〉

(36) 가. 把子 <u>즈ᄅ</u> 〈방언유석 성부방언 13a〉

　　나. 柄 <u>즈로</u> 병 〈왜어유해 하 17b〉

　　다. 靶子 通稱 <u>즈ᄅ</u> 〈몽어유해 상 36b〉

(37) 가. <u>자로</u> 柄 〈한불자전 529〉

　　나. <u>자로</u> 병 柄 <u>자로</u> 가 柯 〈국한회어 245〉

(정경재 2011a : 263)

　(34-36)은 자전에 나타난 '자루'의 예이다. (34)는 16세기, (35)는 17세기, (36)은 18세기, (37)은 19세기의 예로, 대응 한자를 통해 '자루'가 전 시기에 걸쳐 '손잡이'의 의미를 나타내었음을 확인할 수 있다.

　'자루'는 중세 한국어 시기 문헌에서부터 분류사로 사용된 예가 나타난다.

(38) 흔 <u>즈ᄅ롤</u> 吹毛롤 갓고로 자바 千差萬別을 다 쓰러 모로기 心地 훤히 開通케 ᄒ니(倒握一柄吹毛ᄒ야 掃盡千差萬別ᄒ야 頓令心地 豁然開通케ᄒ니) 〈금강경삼가해 3 : 54b〉

(39) 머리 갓ᄂ 갈 일빅 <u>즈ᄅ</u> ᄀ애 일빅 즈ᄅ 솔옷 일빅 낫 큰 저울 셜흔 ᄆᄅ ᄒ근 저울 열 ᄆᄅ 뎌 큰 저울 져근 저울돌히 다 구의예셔 밍ᄀ니오(剃頭刀子一百把 剪子一百把 錐兒一百箇 秤三十連等子十連那秤等子都是官做的) 〈번역노걸대 하 69a〉

(정경재 2011a : 276-277)

(38)은 15세기의 예이고, (39)는 16세기의 예이다. 여기에서 '자루'는 '검(劍)'이나 '칼'을 수량화하고 있다. 정경재(2011a : 277)에서는 중세 한국어에서 '자루'의 예가 총 11개 확인되는데, 이때 '검'을 수량화한 예가 2개, '칼'을 수량화한 예가 7개, '가위'를 수량화한 예가 1개, '창(槍)'을 수량화한 예가 1개라고 하였다. 이들 예에서 '자루'로 수량화된 대상은 공통적으로 손잡이가 있는 도구나 무기임을 확인할 수 있다.

근대 한국어 시기에도 손잡이가 있는 도구나 무기를 '자루'가 수량화한다는 것이 확인된다.

(40) 가. 또 베올 남오 다슷 오리롤 뻐 每 오리예 다슷 곳을 어희되 박은 남그로 더블어 ᄀᄌ론케 ᄒ고 宙字銃 쉰 ᄌᄅ롤 쓰라(又用 枕木五條ᄒ야 每條애 刻五處호디 與植木齊ᄒ고 用宙字銃五 十柄ᄒ라)〈화포식언해 20b〉

나. 흔 ᄌᄅ 부체 가져다가 날을 주고려(將一把扇兒來與我)〈박통 사언해 중 55b〉

(41) 가. 내 흔 ᄌᄅ 칼히 이시니 덧덧이 手中에 이셔 잡앗ᄂ디라(我有 一把刀 常在手中操)〈오륜전비언해 8 : 19a〉

나. 主人아 네 可히 다ᄅᆫ 곳에 가 흔 ᄌᄅ 드는 쟉도롤 비러오라 (主人家 你可往別處 借一把快鐁 刀來)〈중간노걸대언해 상 17a〉

(42) 가. 메엿던 칼흘 벗기고 흔 ᄌᄅ 단검을 ᄎ이거늘 복길이 삼터의 안ᄌ 드리워 우믈의 드러가니(隨卽除下枷 去了木枏 與他一 把短刀 押那卜吉在籮裏坐了 放下轆轤)〈삼수평요전 6 : 59〉

나. 비록 흔 자루 붓과 흔 장 죠희를 흔 사롬이 가지고 안져 세상 시비와 곡직과 선악과 현우와 출쳑과 포폄을 긔록홀 ᄣᅢ에〈매 일신문 1989. 9. 15.〉

(정경재 2011a : 278)

(40)은 17세기, (41)은 18세기, (42)는 19세기의 예이다. (40)에서는 '자루'가 '총', '부채' 등을 수량화하고 있음을 보여 준다. 또한 (41), (42가)에서는 '칼'을, (42나)에서는 '붓'을 수량화하고 있다. 이처럼 근대 한국어에서도 '자루'가 중세 한국어에서와 마찬가지로 손잡이가 있는 도구나 무기를 수량화함이 확인된다.

자립 명사 '자루'는 부분으로 전체를 수량화하는 제유(提喩)의 과정을 통해 분류사로 발달하게 된다.26)

> (43) 가. 호미 <u>자루</u>가 부러졌다.
>   나. 호미 열 <u>자루</u>를 준비해라.

(43가)는 '자루'가 자립 명사로 사용된 예이고, (43나)는 '자루'가 분류사로 사용된 예이다. 이때 (43가)의 '자루'는 호미의 손잡이 부분만을 지시하나, (43나)의 '자루'는 손잡이만을 수량화하는 것이 아니라 손잡이를 지닌 대상인 호미 전체를 수량화한다. 이때 정경재(2011a)에서는 사물의 전체 부분 중에서 손잡이 부분이 사물 전체를 수량화할 수 있게 된 것은 인간이 손잡이를 통해 사물과 상호작용하기 때문이라고 하였다.27)

---

26) 제유의 과정은 부분이 전체를 대표하는 기본 층위가 되어, 인간이 부분을 통해 사물과 상호작용한 결과라고 할 수 있다(Lakoff 1987 : 55, 정경재 2011a : 275에서 재인용).

27) 정경재(2011a : 274-275)에서는 제유의 과정 이외에 아래와 같은 명사 반복 구성을 거쳐 '자루'의 통사적 범주가 변화하였을 것으로 보았다.

  (1) 가. prath et săam prath et (three counties)
      land three CL : LAND
    나. ʔən ʔui ciaŋ ba ciaŋ (I have one house)
      I have house one CL : HOUSE
      (Aikhenvald 2000 : 103, 김선효 2005 : 112, 정경재 2011a : 275에서 재인용).

이처럼 분류사 '자루'는 중세 한국어 시기부터 손잡이 있는 사물을 수량화하는 데 사용되었다. 그런데 근대 한국어 시기부터 '자루'가 손잡이가 없는 대상을 수량화하는 예가 나타난다. 즉 '자루'가 수량화할 수 있는 범주가 확장된 것이다. 이 과정에는 '자루'의 '기능적 속성'과 '형상적 속성'이 중요한 역할을 한다.28)

다음은 근대 한국어 문헌에서 손잡이가 없는 대상을 수량화하는 데 '자루'가 사용된 예이다.

> (44) 가. 초뉵일 이후의 년ᄒᆞ야 봉화 두 ᄌᆞ로놀 혀더 ᄌᆞ뎜이 니ᄅᆞ디 반
> 드시 ᄉᆞ신을 맛는 블이라 엇디 도적이 올 니 이시리오 〈산셩일
> 긔 16〉
> 나. 두 ᄌᆞ르 향을 가져다가 퓌오라(將兩根香來燒) 〈박통사언해 하
> 2a〉
> 다. 뎌 션성이 이러트시 사ᄅᆞᆷ을 업슈이 너겨 거〃는 계하의 셧거

---

(2) 가. 羌百羌。
나. 人十ㅄ六人。
다. 王十王。
라. 田十田 (王力 1980 : 274-275, 정경재 2011a : 276에서 재인용).
(1)과 (2)의 예들은 모두 수량사의 앞뒤에 동일한 명사가 온다. 이 논의들에서는 한국어는 수 분류사 언어에 속하므로, 한국어의 분류사 역시 이러한 과정을 거쳐 발달하였다고 본다.
28) 정경재(2011a : 267)에서 제시한 '자루₁'의 원형적 의미 속성은 다음과 같다.
(1) 원형적인 '자루₁'의 속성
가. 기능적 속성① : 손잡이이다.
나. 형상적 속성① : 가늘고 기름하다.
(2) '자루₁'을 지닌 원형적인 사물의 속성
가. 기능적 속성② : 본연의 사용 목적을 달성하기 위해 손으로 잡고 직접 작동해야 하는 사물이다.
나. 형상적 속성② : 사물 본연의 기능을 발휘하기 위한 부분과 기능 발휘를 위해 보조적으로 도움을 주는 부속물로 구성되어 있다.

놀 저놈은 놉긔 누어 자고 찌디 아니ᄒ니 내 집 뒤희 가 횃블
혼 줄롤 노하 집을 틸와 니는가 아니 니는가 볼 거시라(這先
生如何傲人 見俺哥哥侍立于階下 那厮高臥 推睡不起 等我
去庵後放一把火 看他起不起)〈삼국연의 12 : 102〉

(45) 가. 신긔젼 혼 ᄌ로 녿아셩 부러든 화젼을 노코(放起火一枝
吹天鵝放火箭)〈연병지남 24a〉

나. 石硫火箭藥 혼 劑예 焰焇 혼 斤 열넉 兩과 石硫黃 열넉 兩과
火藥 엿 兩을 섯거 每 혼 줄리 各 닷 돈식이라(石硫火箭藥一
劑예 焰焇一斤十四兩과 石硫黃十四兩과 火藥六兩을 交合ᄒ
야 每一柄애 各五錢이라)〈화포식언해 29b〉

(정경재 2011a : 280-282)

(44)에서 '자루'가 수량화한 '봉화, 향, 횃불' 등은 손잡이가 있다고 보기
어려운 대상이다. 또한 (45)의 '신기전, 火箭' 역시 손잡이가 있는 사물이
아니다. 정경재(2011a)에서는 '봉화, 향, 횃불'은 불이 붙지 않은 부분이 손
잡이의 기능을 하는 것으로 인지되고, '화살'은 화살대를 손으로 잡아 사용
한다는 점에서 '자루'의 기능적 속성을 일부 갖추고 있다고 하였다. 따라서
이들 단어 역시 '자루'로 수량화할 수 있게 되었다는 것이다. 또한 중세 및
근대 한국어 문헌에서 '자루'는 주로 '칼, 검, 창' 등의 병장기를 수량화하
는 데 나타나는데, (45)의 '신기전'이나 '화전'의 경우 이들과 하나의 하위
범주를 이룬다. 이러한 점 또한 비원형적인 대상이 '자루'를 통해 수량화될
수 있었던 이유라고 할 수 있다.

현대 한국어에서 '자루'는 더욱 다양한 유형의 명사를 수량화할 수 있다.

(45) 가. 필통엔 언제나 반듯하게 깎인 연필 세 <u>자루</u>가 있었습니다. 〈한

번만 더 조금만 더 6)

나. 휴지 한 장, 볼펜 한 <u>자루</u>일지라도 전국민이 아껴 쓸 때 그로 인한 자원 절약과 환경 보호의 효과는 매우 클 것이다. 〈환경 에세이 105〉

(46) 가. 처가(妻家) 뒤란의 대숲에서 꺾어 만든 두 <u>자루</u>의 퉁소가 있 고 〈연꽃과 진흙〉

나. 내가 만 권의 책을 읽고도 이루지 못한 것을 너는 한 <u>자루</u>의 피리를 통해서 이룰 수 있을 것이다. 〈역사의 그늘 문학의 길 203〉

(47) 가. 프랑스에서는 연간 약 10만 <u>자루</u>의 회초리가 팔리고 있다 한 다. 〈이규태 코너_체벌 긍정론〉

나. 서른 <u>자루</u>, 쉰 <u>자루</u>의 매가 꺾이도록 초달을 맞고야 얻을 수 있는 글이라는 뜻이다. 〈이규태 코너_체벌 폐지법〉

(정경재 2011a : 283-284)

(45)는 '자루'가 '연필, 볼펜' 등의 필기류를 수량화한 예이고, (46)은 '퉁소, 피리' 등의 관악기를 수량화한 예이다. (47)은 '회초리, 매' 등의 도 구를 수량화한 예이다. 이들은 모두 손잡이가 있는 대상은 아니지만, 형태 가 가늘고 기름하며(형상적 속성①) 손으로 잡고 사용하는 도구(기능적 속성 ②)라는 점에서 '자루'로 수량화될 수 있었던 것으로 보인다. 또한 '연필'이 나 '볼펜'의 경우 기존에 '자루'로 수량화되었던 '붓'과 '필기류'라는 범주를 형성한다는 점을 확인할 수 있다.

한편 현대 한국어에서는 '옥수수' 또한 '자루'로 수량화된다.

(48) 가. 이윽고 할머니가 쟁반에다 옥수수 세 <u>자루</u>를 담아 나왔습니다. 〈하늘에 뜬 돌도끼〉

나. 쇠고기를 숯불 위에 얹고, 고기의 양 옆에 옥수수를 한 <u>자루</u>씩
놓는다. 〈야외 활동과 캠프 90〉

(정경재 2011a : 284)

(48)은 '옥수수'가 '자루'로 수량화된 예이다. '옥수수'는 가늘고 길다(형
상적 속성①)는 것 이외에는 '자루'로 수량화되는 다른 대상들과 공통점을
찾기 어렵다. 정경재(2011a : 284)에서는 '옥수수'가 '자루'로 수량화될 수
있었던 이유를 인간의 신체적 경험의 차이에서 찾고자 하였다. 한국인들
은 주로 옥수수를 쪄서 손으로 잡고 먹기 때문에(기능적 속성②) 이러한 수
량화가 일어났다는 것이다.

이처럼 분류사 '자루'는 위와 같이 손잡이를 지닌 도구나 무기를 수량화
하는 데에만 사용되다가 점차 손잡이는 없지만 손으로 잡고 다루는 대상
까지 수량화할 수 있게 되었다. 이를 정리하면 다음과 같다.

[그림 2] 분류사 '자루'의 수량화 대상 확장과 원형성(정경재 2011a : 289)

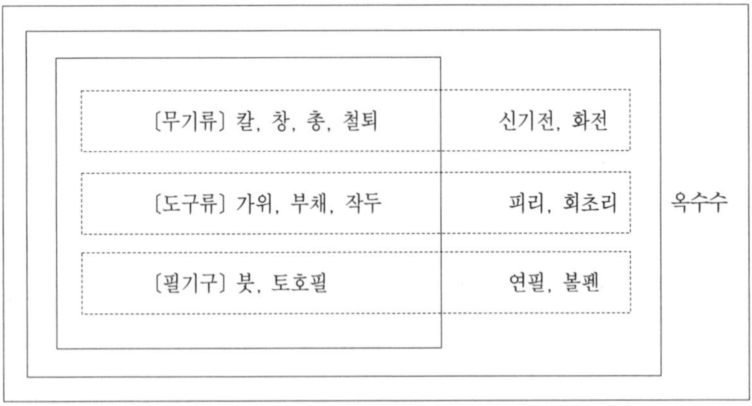

〔무기류〕칼, 창, 총, 철퇴	신기전, 화전
〔도구류〕가위, 부채, 작두	피리, 회초리
〔필기구〕붓, 토호필	연필, 볼펜

옥수수

7.5. 나가기

본 장에서는 통시적 관점에서의 한국어의 분류사 연구를 검토하여 한국어의 분류사의 형성과 변화를 살펴보았다.

중세 한국어의 수량 표현은 Q-N 구성이 일반적이었는데, 이후 N-(Q-Cl) 구성이 일반적으로 나타나게 되었다.

중세 및 근대 한국어 문헌 자료에 나타나는 분류사는 어종별, 어휘 근원(source)별로 구분된다. 어종별로는 고유어와 한자어로 나뉘며, 어휘 근원별로는 명사 기원 분류사와 동사 기원 분류사로 나뉜다. 그중에서 명사 기원 분류사가 한국어 분류사의 대부분을 차지한다. 한편 기존의 논의에서 중세 및 근대 한국어의 분류사의 전체적인 목록은 제시되지 못하였는데, 중세 및 근대 한국어 분류사의 목록을 설정하고 통시적인 논의를 진행하기 위해서는 먼저 문헌들을 자료의 특성에 따라 분류하여 검토할 필요가 있다.

한국어 분류사의 형성은 문법화의 측면에서 논의된 바 있다. 이때 문법화의 범위를 어떻게 설정하느냐에 따라 분류사의 범주 설정이 달라질 수 있다. 또한 한국어 분류사는 다양한 변화를 겪는다. 먼저 중세 한국어에서 자립 명사였던 것이 현대 한국어에서는 분류사의 용법으로만 사용되기도 하며, 고유어 분류사와 한자어 분류사가 기능을 분담하기도 한다. 또한 분류사가 수량화할 수 있는 명사의 범위가 확장되기도 한다.

참고문헌

김선효(2005), 「국어의 분류사와 문법화」, 『한국어학』 27, 107-123.

단명결(2015), 「한중 한자어 분류사 통시적 대조 연구」, 경희대학교 박사학위논문.

배영환(2015), 「언간에 나타난 분류사의 분포와 의미 연구」, 『언어학연구』 36, 137-159.

석주연(2009), 「국어 분류사의 수량화 기능에 대한 일고찰-'뭉치류' 분류사의 기능과 발달을 중심으로」, 『우리말글』 47, 25-46.

석주연(2011), 「조선 시대 의학서 언해류에 나타난 분류사의 종류와 기능」, 『우리말글』 51, 29-49.

우형식(2001), 『한국어 분류사의 범주화 기능 연구』, 박이정.

정경재(2011a), 「분류사 "자루"가 수량화하는 범주의 변화」, 『우리어문연구』 41, 259-293.

정경재(2011b), 「분류사 '점(點)'이 수량화하는 범주의 통시적 변화」, 『Journal of Korean Culture』 16, 357-380.

蔡 琬(1982), 「國語數量詞句의 通時的 考察」, 『震檀學報』 53·54, 155-170.

蔡 琬(1990), 「국어 분류사의 기능과 의미」, 『震檀學報』 70, 167-180.

蔡 琬(1996), 「국어 분류사 '개'의 차용 과정과 의미」, 『震檀學報』 82, 193-215.

최정혜(1999), 「국어 명사의 단위성 연구」, 고려대학교 석사학위논문.

허 웅(1983), 『우리 옛말본 : 15세기 국어 형태론』, 샘 문화사.

Aikhenvald, A. Y.(2000), Classifiers : A Typology of Noun Categorization Devices, New York : Oxford University Press.

유형론적 관점에서 본 한국어의 분류사

8.1. 들어가기

2장에서 이미 제시했듯이, 분류사 언어(classifier language)는 수 분류사 언어, 일치적 분류사 언어, 술어 분류사 언어, 처소-내적 분류사 언어의 네 가지 유형으로 나눌 수 있으며 한국어는 수 분류사 언어에 속한다. 한국어 외에도 중국어, 일본어 등의 동아시아 제어, 태국어, 미얀마어 등의 동남아시아 제어, 그리고 중앙아메리카의 마야어, 일부 오세아니아 언어 등이 수 분류사 언어라고 할 수 있다. 본 장에서는 한국어의 수 분류사를 유형론적 관점에서 다루고자 하는데 논의를 진행하기 위해 동아시아에 속하는 일본어, 중국어, 그리고 동남아시아에 속하는 미얀마어, 베트남어, 태국어를 한국어와 같이 논의의 대상으로 삼는다. 유형론적으로 봤을 때 이러한 언어들은 다음과 같은 특징을 지닌다.

(1)

언어	어족	언어 유형	문법 구조	분류사의 품사 지위
한국어	알타이어족	교착어	SOV	단위성 의존 명사
일본어	알타이어족	교착어	SOV	조수사(助數詞)
중국어	중국-티벳어족	고립어	SVO	양사(量詞)
미얀마어	중국-티벳어족	고립어	SOV	수 보조 접사
베트남어	오스트로아시아어족	고립어	SVO	단위 명사의 하위 유형
				별개의 품사
태국어	중국-티벳어족	고립어	SVO	명사의 하위 유형
				분류어

(1)을 통해 알 수 있듯이, 이 6가지 언어 가운데 어족이나 언어 유형, 문법 구조에 있어서 차이가 보이지만 모두 수 분류사가 존재하는 데에 공통점을 가진다.

이러한 언어들의 수 분류사를 대조 · 비교함으로써 수 분류사의 특징을 범언어적으로 규명할 수 있을 뿐만 아니라 나아가 유형론적 측면에서 한국어 수 분류사의 특징에 대해 파악할 수 있는 기회가 될 수도 있다고 판단된다.

본 장은 우선 2절에서 동아시아에 속하는 한중일 세 언어에 주목하여 논의를 진행하고자 한다. 구체적으로 선행 연구의 문제점을 검토하면서 한중일 세 언어의 수 분류사를 형태론, 통사론, 의미론의 세 가지 측면에서 규명하는 데에 목표를 두고자 한다. 형태적 측면에서 주로 수 분류사의 품사 지위와 수 분류사의 범주에 대해서 규명하고 통사적 측면에서 수 분류사 구성의 유형에 대해서 대조 · 비교를 진행하고자 한다. 마지막으로 의미적인 측면에서 주로 수 분류사의 의미적인 분류에 대해서 논의하고자 한다.

3절에서 우선 동남아시아어에 속하는 미얀마어, 베트남어, 태국어의 수 분류사의 문법적 범위에 대해 한국어와 언어 유형론적 관점에서 대조 분석하고자 한다. 그 다음에, 이 4가지 언어가 공통적으로 갖는 수 분류사의 통사적 구성에 초점을 두어 논의를 진행하고자 한다. 더 나아가 각각 언어의 수 분류사의 의미적 자질에 기반을 둔 하위 부류를 제시하여 언어별 수 분류사의 대응관계를 검토하고자 한다.

4절에서 결론을 내리며 논의를 마무리하고자 한다.

8.2. 한국어와 동아시아 제어의 수 분류사

8.2.1. 수 분류사의 품사 지위와 범주

8.2.1.1. 수 분류사의 품사 지위

동아시아 언어에 속하는 한중일 세 언어에는 모두 다양한 수 분류사가 존재하고 있기 때문에 이들을 수 분류사 언어라고 할 수 있다. 그러나 그럼에도 불구하고 이 세 언어에 대한 문법 연구는 그동안 모두 수 분류사 언어가 아닌 서구 언어 문법의 영향을 받아 왔기 때문에 분류사의 품사 지위가 확보되기까지 오랜 시간이 걸리거나 아직까지도 품사 지위를 받지 못 하는 경우가 있다.

우선 한국어의 경우, 3장에서 언급한 바와 같이, 수 분류사는 그동안 명사, 조수사, 도량형화폐사. 셈낱덩이안옹근이름씨, 수사부가어 등 많은 방식으로 명명되어 왔고 대부분의 경우 이를 명사의 하위 부류로 간주하여 다루어져 왔다. 전통 문법에 이어서 현재 한국 학교문법에서도 수 분류사를 명사의 하위 부류로 보고 의존 명사의 일종으로 간주하고 있으며 이를 '단위성 의존 명사'라 한다. 수 분류사의 이러한 명명 방식은 이의 수량화(quantification) 기능, 즉 수량사와 함께 수량사구를 이루어 명사의 수량을 한정하는 단위 표시 기능에 초점을 둔 것으로 볼 수 있다. 그러나 이익섭・채완(1999 : 139)에서 수 분류사는 "반드시 그 앞에 관형어가 와야 문장에 쓰일 수 있다는 점에서 일반 의존 명사와 한 부류로 묶이지만, 그 관형어가 이 경우에는 수량을 나타내는 수사(및 수 관형사)라는 점에서, 그리고 그 의존 명사들 역시 결국엔 모두 수량을 나타내는 단위라는 특성을 가지는 것들이라는 점에서 일반 의존 명사와는 엄연히 구별되는 부류다." 라고 하였다. 즉, 한국어의 수 분류사는 분포의 측면에서 봤을 때, 다른 의존 명사처럼 그 앞에 'ㄴ형식'이나 'ㄹ형식'을 지닌 관형어가 올 수 없는 데에 차이가 있으며 또한 의미의 측면에서는 일반 의존 명사와 큰 차이를 가진다.[1]

이에 비해, 일본어의 경우, 수 분류사는 수량 표현의 일부로 인식되고 '수를 도와주는 말'이라는 뜻으로 이를 '조수사(助數詞)'라 부르며 일반적으로 수량사와 함께 다룬다.[2] 이러한 명명 방식도 역시 한국어의 경우와 마찬가지로 수 분류사의 수량화 기능을 중요시한 결과라 할 수 있다. 문제는 수 분류사를 '조수사(助數詞)'라 명명하는 이상, '사(詞)'자가 사용되기 때문에 '단어'의 지위를 확보해야 할 텐데도 불구하고 일본어 학계에서는 수 분류사를 수사를 만드는 접미사로 보는 경향이 있다. 이는 일본어에서 수량사와 수 분류사 사이에 음운 변화가 일어나는 것과 밀접한 연관성이 있기 때문이라 본다. 수 분류사 '本'(hon)의 경우를 예로 들자면 다음과 같은

---

1) 이와 관련된 자세한 논의는 4장 '한국어 분류사의 형태론' 참조.
2) 3장에서 이미 언급하였듯이, 한국어 전통 문법에서도 일본어와 같이 수 분류사를 '조수사'로 명명하는 경우도 적지 않았다. 이에 대한 구체적인 내용은 3장 참조.

이형태가 관찰된다.

(2)

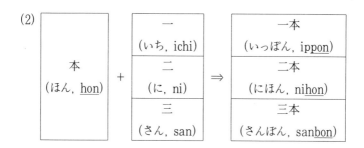

(2)에서 보듯이, '本'(hon)은 수량사와 결합하는 경우, '一本'(ippon)에서
처럼 수량사 '一'(ichi)는 촉음화(促音化)3) 되면서 수 분류사가 반탁음화(半濁
音化)4) 현상이 일어나고 'pon'으로 발음하게 되고 '三本'(sanbon)에서처럼
탁음(濁音) 'bon'으로 발음하기도 한다.5) 우형식 외(2005 : 81)에서는 이러
한 현상은 수사와 수 분류사가 본래 통사론적인 통합 관계를 이루는 것이
나, 수 분류사의 출현 위치가 고정되면서 마치 하나의 구성체로 인식되어
나타나는 현상으로 이해된다고 하였다.

일본 학교문법에서 품사 분류하는 데에 '의미'를 품사 분류 기준으로 삼
지 않기 때문에 한국어에서처럼 그 의미 특징에 따라 체언을 다시 명사,
대명사, 수사로 세분화된 과정을 거치지 않으며 이 세 가지 유형을 망라
한 유형을 하나의 품사 유형으로 보고 이를 '名詞'라고 칭한다. 즉, 일본

---

3) 촉음이란 2음 사이에 끼어, 막히는 것 같은 느낌을 주는 소리를 가리킨다.

4) 반탁음이란 は(ha)행의 음은 ぱ(pa), ぴ(pi), ぷ(pu), ぺ(pe), ぽ(po)로 발음하는 것을
가리킨다.

5) 일본어에서 수를 나타내는 요소와 수 분류사가 결합할 때에는 음 변화가 없는 경우('枚,
台, 度' 등), 수사에서 음 변화가 일다나는 경우('回, 個, 歲, 冊' 등), 수사와 분류사 모
두에서 음 변화가 일어나는 경우('本, 杯, 匹' 등)으로 구분된다.

학교문법에서 말하는 '名詞'는 범주 상 한국어의 체언과 같은 것으로 사용되고 품사 체계를 설정하는 데에 체언에 대한 분류를 더 세분화하여 진행하지 않았다. 한국어와 비교했을 때 일본어는 일견 한국어와 마찬가지로 수 분류사를 하나의 독립된 품사로 간주하지 않고 명사의 하위 부류로 간주하는 것으로 보이지만 실제적으로 한국어는 의존 명사의 일종으로, 일본어는 명사의 하위 부류인 수사의 일부로 각각 다르게 분류되는 것이다.

한편, 중국어에서도 수 분류사의 품사 지위에 대해서 많은 논쟁이 이루어져 왔는데 胡裕樹·張斌(2009 : 134-138)의 정리에 따르면 『馬氏文通』에서 수 분류사의 위치에 대해서 상당한 관심을 기울였으며 수 분류사를 '記數的別稱'(수를 기술하는 별칭)이라 하였으나 구체적인 명명 방식을 제시하지 않았고 품사로서의 지위도 부여하지 않았다. 黎錦熙는 이를 '量詞'라 처음 명명하고 그 후에 王力는 '單位名詞'(unit nouns), 呂叔湘는 '單位指稱', '副名詞'(또는 '單位名詞', '量詞'), 陸志韋는 '助名詞'(adnoun) 등으로 명명하여 이를 독립된 품사 중 하나, 또는 명사의 하위 부류나 '指代詞'의 하위 부류 등 여러 관점에서 이의 품사성을 해석하였다. 중국 학교문법에서는 수 분류사를 명사, 대명사, 수사 등과 명확히 구별하여 이를 하나의 독립된 품사 유형으로 삼아 '量詞'라 명명한다. 이러한 명명 방식도 한일의 경우와 같이 수 분류사의 수량화 기능에 초점을 둔 것이다.

위와 같이 한중일 삼국 학교문법을 기준으로 수 분류사, 그리고 이와 결합된 수량사와 같이, 이들에 대한 품사 처리 방식을 다음과 같이 정리할 수 있다.

(3)

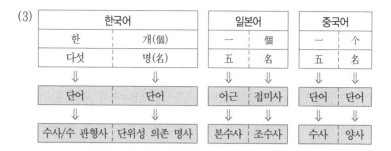

崔炯龍·劉婉瑩(2015)에서는 한중일 세 언어의 대조를 위한 품사 분류 기준의 설정을 시도하였는데 이에 따라 한중일 기존 연구에서 거의 중요시하지 않았던 '의미'는 한중일 세 언어의 품사 연구를 하는 데에 일차적인 기준으로 삼아야 한다고 제시하며 이에 따라 수 분류사는 하나의 독립된 품사로 설정하는 것이 적절하다고 하였다. 수 분류사는 세 언어에서 모두 발달된 단어 유형이라는 점을 고려해봤을 때도 유형론적으로 한중일 세 언어의 수 분류사의 품사 지위를 명확히 확보하는 것이 적절한 방법이라 본다.

8.2.1.2. 수 분류사의 범주

한중일 세 언어와 관련해서 수 분류사의 범주에 대해 판별하는 데에 기본적으로 다음과 같은 두 가지 문제점을 명시할 필요가 있다. 첫째, 서양 문법에서 흔히 말하는 도량 수 분류사(mensural numeral classifier)를 수 분류사에 포함시켜야 되는지; 둘째, 중국어에서 양사(量詞)의 하위분류로서 명량사(名量詞)와 구별해 설정된 동량사(動量詞)를 수 분류사에 포함시켜야 되는지이다.

우선 도량 수 분류사인데 Gil(2005)에서 수 분류사에 대해서 도량 수 분류사(mensural numeral classifier)와 종류 수 분류사(sortal numeral classifier)로 구분한 바가 있다. 전자는 영어의 'two pounds of sand', 'one cup of water'에서처럼 셀 수 없는 대상에 대해서 이를 셀 수 있게 해주는 분류사를 가리키는 것이며, 후자는 한국어의 '학생 한 명' 등에서처럼 셀 수 있는 명사에 붙어 이를 의미적으로 여러 유형으로 구분해주는 분류사를 말하는 것이다. 수 분류사를 다루는 데에 도량 수 분류사가 포함되는지에 따라 광의적 수 분류사 개념과 협의적 수 분류사 개념으로 이해되기도 한다. 또한, 도량 수 분류사에 대해서 채완(1990 : 170-171)에서는 이를 사물의 길이, 부피, 무게, 양 따위의 단위를 재는 법으로 표준화된 도량형(standard measures)과 일시적인 도량형(temporary measures)으로 양분된다고 제시하였다. 앞서 언급된 'pound'는 표준화된 도량형이고 'cup'은 일시적인 도량형에 해당한다.

우선, 표준화된 도량형의 경우, 한중일 세 언어는 물론, 영어 등과 같은 수 분류사 언어에 속하지 않는 언어들에서도 모두 존재하는 일종의 국제 계량 단위의 표현 형식이다. 이러한 표현의 예시는 다음과 같이 들 수 있다.

(4)

	한국어	일본어	중국어	영어
100g	100그램	100グラム	100克	100 grams
200m	200미터	200メートル	200米	200 meters
24h	24시간	24時間	24小时	24 hours

(4)에서 보듯이, 표준화된 도량형은 각 언어들 간에 일대일의 관계를 가진다. 표준화된 도량형은 수 분류사에 포함시켜 다루었던 논의가 많았으나 언어 간의 대조·비교를 했을 때 큰 논쟁거리가 될 수 없으므로 본 장에서는 이를 구체적으로 다루지 않기로 한다.

한편, 일시적인 도량형은 다른 양상을 보여 주고 있다. 영어의 'one cup of water'를 예로 들자면 이에 대응된 한국어, 일본어, 중국어는 다음과 같이 표현된다.

(5) 가. 물 한 <u>잔</u>
　　나. 水一<u>杯</u>(mizu ippai)
　　다. 一<u>杯</u>水(yī bēi shuǐ)

한국어, 일본어, 중국어에서 각각 '잔, 杯(hai), 杯(bēi)'를 사용하는데 '잔'은 수 분류사의 위치에 오기도 하고 명사로서 단독으로 사용하기도 하는데 이러한 점에서 중일 양 언어와 차이를 보여 주고 있다. 일본어의 '杯'는 음독 'hai'로 발음할 때 주로 수 분류사나 단어형성요소로 사용되나 명사로 사용될 때 훈독 'sakazuki'로 읽는다. 중국어의 '杯'(bēi)도 주로 수 분류사로만 사용되고 명사로 사용할 때 '杯子'(bēizi)를 취한다.

그러나 한국어 '잔'의 경우, 명사로서 쓰이기도 하지만 이를 수 분류사로서의 기능을 등한시할 수 있는 이유로 들기는 어렵다. '잔'은 수량화 기능뿐만 아니라 명사를 부류화하는 기능도 분명히 가지기 때문이다.

(6) 커피 한 잔, 술 한 잔, *밥 한 잔, *죽 한 잔

(진려봉 2012 : 44)

(6)에서처럼 '잔'은 커피나 술과 같은 액체류와 결합 가능하나 밥이나 죽과 같은 단어들과의 결합은 불가능하다. 이와 같은 사실에 따라 본 장에서는 일시적인 도량형을 모두 수 분류사의 일종으로 다루는 것도 무방하다고 본다.

다음으로 동량사(動量詞)이다. 동량사는 중국어 문법에서 사용되는 개념으로 명량사(名量詞)와 함께 양사(量詞)의 두 가지 하위 부류가 된다.6) 명량사는 사물의 단위를 가리키는 것이며 동량사는 동작의 단위를 나타내는 것이다. 중국어 동량사의 예시는 다음과 같이 들 수 있다.

(7) 가. 去一次(回, 遍) (한 번 간다)
　　나. 吃一頓　　　 (한 끼 먹는다)
　　다. 下了一陣雨　 (비가 한 차례 쏟아졌다)

(곽추문 1996 : 15)

(7)에서 보듯이, 명사의 수량과 부류를 표시해주는 '个(gè), 张(zhāng), 条(tiáo)'와 달리, 이들은 동작·행위의 횟수나 시간과 관련이 있다.

곽추문(1996)에서 중국어에서 '동량사(動量詞)'라는 범주가 설정되어 있듯이, 한국어에서는 '번, 차례' 등 시간이나 횟수를 나타내는 단위명사들도 일반적 수 분류사와 구별되는 범주로 설정되어야 한다고 주장하였다. 그러나 진려봉(2012)에서는 소위 '동작 분류사' 범주는 과연 동사와만 공기하는가라는 의문을 제기하면서 다음과 같은 예시를 들은 바가 있다

(8) 가. {*사과, *술, *약, 밥} 한 끼를 먹었다.
　　나. {장기, 바둑, *유학, *시험, *공부} 한 판 {한다. 두다, 지다.
　　이기다. 비기다}

(진려봉 2012 : 50)

---

6) 중국어 학계에서는 수 분류사를 명량사, 동량사 외에, 시량사(時量詞)를 하나의 하위 부류로 설정하는 경우도 있다. 시량사란 행위·동작이 지속하거나 간격을 두는 시간을 나타내는 것으로 '会儿'(참시), '年'(년), '天'(날), '秒'(초) 등이 이에 포함된다. 본 장에서는 이러한 단어들을 수 분류사에서 제외하고자 한다.

(8)에 대해서 진려봉(2012 : 50)에서는 만약 '끼'가 동사 '먹다'와만 공기 관계를 가지고 명사와 무관하다면 '*사과/*술/*약 한 끼 먹다'와 같은 표현 이 성립해야 한다고 하여 이와 같이 행위·사건의 횟수를 나타내는 소위 '동작 분류사'는 단순히 동사와 공기하는 것이 아니라 선행 명사와 공기 관계를 가지기도 한다고 하였다. 이를 기반으로 진려봉(2012)에서는 문장 에서 공기하는 명사의 유무를 행위·사건의 횟수를 나타내는 단위명사가 수 분류사로 볼 수 있는지를 결정하는 요소로 보아 다음과 같이 단순히 행위·사건의 횟수를 나타내는 것들을 수 분류사에서 제외하였다.

> (9) 가. 걸음, 고팽이, 교(校), 동, 바퀴, 배, 발, 발자국, 발짝, 사리,
>   수(手), 잠, 점(點), 주(周), 탕, 합(合), 홰
>   나. 눈, 숨, 주먹, 바늘, 참
>
> (진려봉 2012 : 51)

진려봉(2012 : 51)에 따르면 (9가)는 모두 『표준국어대사전』에서 추출된 예들이고 (9나)는 진려봉(2012)에서 행위·사건의 횟수를 나타내는 것으 로 판단하여 추가한 예들이다.[7]

그러나 본서는 이와 다른 주장을 가지고 있다. 진려봉(2012)에서는 '소 화가 안 돼서 운동장을 한 바퀴 돌았다.'에서 '한 바퀴'는 '운동장을 도는 횟수'를 나타내나 '바퀴'에 의해 계산되는 사건은 특정한 명사에 의해 외현 적으로 나타나지 못하며 '바퀴'에 의해 범주화되는 대상이 없는 것으로 보

---

7) 본서에서 정리된 부록과 비교하면 (9가)의 단어들 가운데 '교(校), 동, 바퀴, 발짝, 수 (手), 점(點), 주(周), 탕, 합(合), 홰'는 [부록1] 분류사 목록'에 속하고 (9가)의 '걸음, 고팽이, 배, 발, 발자국, 사리', (9나)의 '주먹'은 [부록2] 명사 중 분류사로 사용될 수 있거나 분류사로 발전 가능한 목록'에서 찾을 수 있다. 반면, (9가)의 '잠', (9나)의 '눈, 숨, 바늘, 참'은 부록에 없다.

인다고 하였다. 그러나 '바퀴'도 '운동장을 한 바퀴 돌았다'가 되지만 '*책상을 한 바퀴가 돌았다'라고 할 수 없듯이, 이와 관련된 명사가 외현적으로 나타나지 않아도 분명히 일정한 특징을 가진 범주 안에서 그 지시물과 어울려 사용되는 것이다. 본 장은 이와 같은 '동량사'도 수 분류사의 범주에서 다룰 필요가 있다고 본다.

8.2.2. 수 분류사의 통사적 구성

2장에서 이미 언급했듯이, Allan(1977)에서는 수 분류사 구성은 Q-CL-N형, N-Q-CL형, CL-Q-N형, N-CL-Q형과 같은 네 가지로 구분된다. 한국어, 일본어, 중국어의 수 분류사 구성은 다음과 같은 예문을 통해 밝힐 수 있다.

> (10) 가. 개 두 마리　　　　　　〔N-Q-CL〕
> 　　　가'. 두 마리의 개　　　　　〔Q-CL-N〕
> 　　　나. 犬二匹(inu ni hiki)　　〔N-Q-CL〕
> 　　　나'. 二匹の犬(ni hiki no inu)〔Q-CL-N〕
> 　　　다. 両只狗(liǎng zhī gǒu)　〔Q-CL-N〕
> 　　　다'. *狗両只(gǒu liǎng zhī)　〔N-Q-CL〕

(10)에서 보듯이, 한국어와 일본어는 'N-Q-CL'형에 해당하기도 하고 'Q-CL'과 'N' 간에 속격조사 '의'나 'の'(no)가 첨가되는 것을 통해 Q-CL-N형도 성립된다.8) 한국어와 일본어의 두 가지 구성 유형에 대해서 'Q-CL-

---

8) 우형식(2005 : 108-109)에서 제시하였는데 Q-CL-N형 구성에서 조사 '의'나 'の'를 수반하는 것이 한국어와 일본어에서 거의 필수적인 것이다. 한국어의 경우, '?도서관에서 3

N'형을 기본으로 하고 'N-Q-CL'형은 이른바 수량사 띄우기(quantifier floating),9) 즉 'N-Q-CL'형에 대해 수량사구가 'Q-CL-N'형의 명사에서 유리(遊離)에 의해 형성되는 것으로 보거나, 두 가지 형식을 이질적인 것으로 해석하기도 한다.10) 우형식(2001)에서는 한국어의 수 분류사의 두 가지 유형에 대해서 분포와 통사, 의미 등 측면에서 이들의 차이를 분석하였는데 다음과 같이 정리할 수 있다.

(11)

	Q-CL-N형	N-Q-CL형
분포	빈도가 더 낮다.	빈도가 더 높다.
환언 가능성	N-Q-CL형으로 비교적 쉽게 환언될 수 있다.	Q-CL-N형으로의 환언 가능성이 낮다.
의미	수량사구에 의해 한정된 대상만을 지시한다. 명사의 수와 분류에 관한 정보가 최소적이거나 문맥상 예측이 가능할 때 선호된다.	명사가 지니고 있는 속성을 지시한다. 명사가 종적 속성을 띠고 수량에 중점을 두는 것이다.

(11)에서 보듯이, 한국어에서 수 분류사 구성의 두 유형은 확실히 차이가 있음을 알 수 있다. 이러한 기준들이 일본어의 분류사 구성에도 동일하게 적용된다.

또한, 우형식(2001 : 364)에 따르면 Denny(1979)에서는 다음 (12)에서

권 책을 빌렸다.'와 같이 조사 '의'가 나타나지 않아도 수용 가능성이 있으나 일본어에서는 'の'를 생략하게 되면 어색하게 된다. 이것은 'の'의 문법적 기능이 두 개의 체언을 연결하는 것으로 생략이 허용되지 않는다는 점과 관련된다.

9) 이는 5장에서 언급된 '셈숱말 높이기(quantifier lifting)'과 일맥상통한 것이다.

10) 물론 반대로 'N-Q-CL'를 기본으로 보는 학자도 있다. 한국어에서는 한송화(1999) 등의 주장을 들 수 있는데 이와 관련된 내용은 5장 참조.

처럼 일본어의 경우 'Q-CL-N'형에서의 수량사구는 명사구의 한 부분이라 하고, 'N-Q-CL'형에서의 수량사구는 부사구의 한 부분이라 하여 이들을 각각 구분하였다.

> (12) 가. 三本の鉛筆がある。
>
> *san   bon   no enpitsu ga   aru*
> three CL : long of   pencil   SUBJ there are
> "세 자루의 연필이 있다."
>
> 나. 鉛筆が三本ある。
>
> *enpitsu ga   san   bon   aru*
> pencil   SUBJ three   CL : long   there are
> "연필이 세 자루가 있다."

(12가)의 수량사구 '三本'(san bon)은 명사 '鉛筆'(enpitsu)에 선행하여 이를 수식하는 역할을 하고 (12나)의 수량사구 '三本'은 존재사 'ある'(aru)와 관계를 맺는 부사구가 된다.[11]

위와 같이, 기존 연구에서 다양한 측면에서 두 가지 유형을 비교해 봤는데 이를 통해 한국어와 일본어의 수 분류사의 두 가지 유형이 완전 동질적인 것이라 하기에는 어렵다는 것을 명확히 알 수 있다.

한일과 달리, 중국어에서는 일반적으로 Q-CL-N형만 사용 가능하다.[12]

---

11) 한국어에서는 (12나)와 같은 일본어를 표현할 때 '연필이 세 자루가 있다'가 되며 일종의 주격중출 구문으로 보고 여기의 '세 자루'는 부사어로 보기 어려운 데에 일본어와 차이가 있다.

12) 현대 중국어가 공시적으로 하나의 유형만을 갖고 있지만 통시적으로 여러 가지 유형을 걸쳐 발전해 왔다. 박정구(2012)에 따르면 통시적으로는 중국어에서 갑골문의 수량표현은 대부분 'CL-N', 'N-CL'형이었고 후자는 전자의 형식보다 훨씬 다양하게 쓰였으며 'N-CL-N'와 같이 반복소(repeater)를 쓴 예도 있었다. 그 후에 N-Q-CL형 구

그러나 다음과 같은 특정한 경우에는 'N-Q-CL'형이 더 자연스럽다.13)

(13) 10年来, 部队栽种

shí niánlái, bùduì zāizhòng

葡萄200多万株。

pútáo èrbǎi duō　　　wàn　　　zhū

grape　200　more.than　10thousand　CL：tree

"10년 동안, 부대에서 포도 200여만 그루를 재배하였다."

(13)과 같은 표현은 주로 신문, 뉴스 등과 같은 보도의 경우, 사용된 표현이다. 수량사구가 명사 뒤에 오는 것을 통해 수량에 대한 내용이 강조되면서 보도가 더 명확해지는 효과가 있다.

또한, 위와 같은 기본적인 유형들 이외에, 한중일 세 언어에서 명사가 실현되지 않는 'Q-CL'형도 모두 가능하다. 이러한 유형이 가능한 이유가 문맥상 앞에 지시물에 대한 언급이 이미 있거나 분류사 그 자체로 지시물을 함축하는 의미를 갖고 있어 예측이 가능하기 때문이다.

한편, 한국어에서는 제한적이지만 수사 없이 'N-CL'형 구성도 가능하다. 5장에서 제시된 예시를 다시 가져오면 다음 (14)와 같다.

(14) 가. 나이 살이나 먹은 청년이 예를 모르다니.

성의 맹아도 갑골문(甲骨文)에서 출현했는데 N-Q-CL형은 선진(先秦) 시기(B.C.21세기~B.C.221년)에 들어가면서 보편화되고 한대(漢代)(B.C.202년~220년)에 이르러 이 형식은 점차 'Q-CL-N'의 어순으로 발전하기 시작하였고 위진(魏晉) 시기(220년~589년)에 이르러 'Q-CL-N'형은 일반화된 어순으로 사용되었다. 박정구(2012)는 한국어에서 'N-Q-CL'의 어순이 더 선호되지만 'Q-Cl-N'의 어순이 동시에 존재하는 것도 중국어의 영향으로 보인다고 하였다.

13) (13)의 중국어 문장은 유정정(2015 : 64)에서 가져온 것이다.

나. 너도 돈 푼이나 만지더니 얼굴에 개기름이 흐르는구나.

(김영희 1981 : 11)

5장에서 이미 언급했듯이, 한국어에서 이러한 구성은 일부 도량 분류사적 성격을 지닌 분류사만 사용될 수 있어 어디까지나 화용적인 것이라 할 수 있다. 'N-CL'형은 다음과 같이 중국어에서도 발견된다.14)

(15) 原先此山只有稀疏的荒草, <u>棵木不生</u>。

　　　yuánxiān cǐ shān zhǐyǒu xīshū de huāngcǎo, <u>kē　mù　bù　shēng</u>

CL：tree　tree　not　grow

　　　"원래 이 산에는 잡초만 드문드문 자라 있고 나무 한 그루도 자라

　　　지 않는다."

그러나 한국어와 달리, (15)에서 수사가 나타나지 않은 것은 수사 '일'이 생략되기 때문이다. 후술하는 바와 같이 중국어에서 수 분류사 구성에서 특히 수사 '일'의 생략이 빈번하게 나타난다. 또한, 이와 같은 문장에서 부정사(否定詞)가 같이 사용되어 구성 전체적으로 '하나도…지 않다'와 같은 뜻으로 사용된다.

또한, 수 분류사 구성을 확장해서 봤을 때 지시사, 수식어와의 결합도 생각해 볼 수 있다.

(16) 가. 이 검은 옷 한 벌

　　　가′. 이 한 벌의 검은 옷

　　　나. この黒い服一着

---

14) (15)의 중국어 문장은 유정정(2015 : 65)에서 가져온 것이다.

      kono   kuroi   huku   ittyaku

      this   black   clothes one-CL：clothes

  나′ この一着の黒い服

      kono   ittyaku   no   kuroi   huku

      this   one-CL：clothes NOM black   clothes

  다. 這(一)件黑衣服

      zhè   (yí)   jiàn   hēi   yīfu

      this (one) CL：clothes black clothes

한일 양 언어는 같은 유형으로 '지시사-수식어-명사-수사/수 관형사-수 분류사', 또는 '지시사-수사/수 관형사-수 분류사-수식어-명사'의 순서로 배열되는 데에 비해, 중국어는 항상 '지시사-(수사)-수 분류사-수식어-명사'의 순서로 배열된다.

중국어에서 지시사나 의문사가 수 분류사와 같이 사용되는 경우, (17)에서와 같이, 수사가 '일'이면 그 수사를 없애도 되고 수사가 없는 표현이 오히려 더 자연스럽다.

  (17) 가. 这双鞋

      zhè   shuāng   xié

      this   CL：pair   shoes

      "이 한 쌍의 신발"

  나. 哪个学生?

      nǎ   ge   xuéshēng

      which   CL   student

      "어느 학생?"

우형식(2001：45)에서도 이와 같은 현상을 언급한 바가 있는데 이는 이

러한 용법을 지닌 대표적인 것으로 태국어를 들은 바가 있는데 중국어도
같은 특징을 지닌다.15)

그 외에, 유정정(2015)에서 제시했듯이, 중국어에서는 '서수사+CL+
(N)'형이나, 부사 '每'(meǐ)자와 결합하여, '每+CL+(N)'형, '每+Q+CL
+(N)'형도 가능하다. 이와 관련된 예시는 다음과 같이 들 수 있다.

> (18) 가. <u>第一个学生</u>是我的同学。
>
>   <u>diyī gè xuéshēng</u> shì wǒ de tóngxué
>   first CL student
>   "첫 번째 학생은 내 동창이다."
>
> 가'. 这些问题里<u>第三道</u>最难。
>
>   zhè xiē wèntí lǐ <u>disān dào</u>   zuì nán
>   third CL : question
>   "이 질문들 가운데 세 번째 질문이 가장 어렵다."
>
> 나. <u>每三个学生</u>一组进行讨论。
>
>   <u>měi sān gè xuéshēng</u> yì zǔ jìnxíng tǎolùn
>   every three CL student
>   "학생 세 명씩 한 팀이 되어 토론을 진행한다."
>
> 나'. <u>每个包</u>里都有一个苹果。
>
>   <u>měi gè bāo</u> lǐ dōu yǒu yīgè píngguǒ
>   every CL bag
>   "가방마다 사과 하나씩 들어 있다."

(18가, 가')은 서수사와 관련된 구성인데 이 가운데 (18가)는 '서수사
+CL+N'형이고 (18가')은 명사가 실현되지 않는 '서수사+CL'형 구성이

---

15) 태국어의 예시는 우형식(2001 : 46) 참조.

다. 한편, (18나, 나′)은 부사 '每(měi)'자와 결합된 경우인데, 이 가운데 (18나)는 '每+Q+CL+N'형 구성을 가진 예시이고 (18나′)은 '每+Q+CL+N'형 구성에서 수량사가 '일'인 경우, '일'이 생략된 '每+CL+N'형 구성이다.

8.2.3. 수 분류사의 의미적 분류

수 분류사는 수량화 기능을 하는 동시에 범주화 기능도 한다. 수 분류사의 범주화 기능은 인간의 세계에 대한 인식을 반영하며 언어에 따라 수 분류사 체계가 다른 것은 해당 언어 화자들의 속해 있는 사회 문화적 특징과 밀접한 관련이 있다. 따라서 한중일 세 언어를 비롯해 범언어적 측면에서 수 분류사의 의미적 특징을 다루는 것은 쉬운 일이 아니며 같은 수 분류사 언어라고 하더라도 개별 언어에 따라 특정 부류의 구성원에 대한 분류사 체계가 달리 나타나는 것은 어떻게 보면 당연한 일이기도 한다.

지금까지 한일이나 한중 양 언어를 대상으로 수 분류사의 의미적 분류를 다루는 논의가 몇 가지가 있는데 그 대표적인 대조 작업으로서 우형식 외(2005), 유정정(2015), 곽옥(2015) 등을 들 수 있다.

우형식 외(2005)는 우형식(2001)에서 제시된 한국어의 수 분류사 체계를 기반으로 하여 한일 양 언어의 분류사가 실현하는 의미 범주를 〔인간성〕, 〔동물성〕, 〔식물성〕, 〔형상성〕, 〔기능성〕으로 구분하여 분류사의 항목을 다음과 같이 정리하였다.

(19)

구분	한국어	일본어
[인간성] 분류사	명(名), 사람, 분, 구(具), 위(位)	-り, 人(にん), 名(めい), 柱(はしら), 座(ざ), 体(たい)
[동물성] 분류사	마리, 두(頭), 필(匹), 수(首), 미(尾)	頭(とう), 匹(ひき), 羽(わ), 尾(び)
[식물성] 분류사	그루, 포기, 뿌리, 줄기, 가지, 송이	株(かぶ), 枝(え), 輪(りん)
[형상성] 분류사	가닥, 가락, 개비, 장(張), ′매(枚), 닢, 알, 톨, 방울, 정(錠), 모, 개(個)	本(ほん), 条(じょう), 筋(すじ), 枚(まい), 面(めん), 張り(はり), 粒(つぶ), 顆(か), 玉(また), 丁(ちょう), 個(こ)
[기능성] 분류사	대(臺), 량(輛), 척(隻), 기(基/機), 문(門), 정(挺), 발(發), 자루, 벌, 감, 폭, 필(疋), 권(卷), 본(本), 부(部), 통(通), 편(篇), 점(點), 폭(幅), 칸, 채, 동(棟)	台(だい), 輛(りょう), 隻(せき), 艘(そう), 艇(ちょう), 機(き), 基(き), 門(もん), 柄(へい), 振(ふり), 挺(ちょう), 把(は), 管(かん), 脚(きゃく), 棹(さお), 着(ちゃく), 足(そく), 字(じ), 通(つう), 編(へん), 卷(かん), 首(しゅ), 冊(さつ), 架(か), 幅(ふく), 点(てん), 口(くち), 軒(けん), 棟(むね), 部屋(へや)

(우형식 외 2005 : 151)

우형식(2001)과 우형식 외(2005)의 분류 방법을 비교해 봤을 때 몇 가지 차이점을 확인할 수 있다. 우형식(2001)에서는 한국어 수 분류사(엄밀히 말하면 종류 분류사)를 대상으로 이와 호응 관계를 이루는 명사의 성격을 중심으로 분석할 수 있다고 하며 관련된 명사의 의미 자질을 통해 분류사에 대한 분류를 진행하였다. 구체적으로는 우형식(2001)에서 우선 이와 호응된 명사 지시물을 '사물'과 '사태'로 양분화 하는 것이 특징인데 우형식 외(2005)에서는 사건이나 동작의 범주에 해당되는 '사태'류를 논의의 대상에서 제외시키는 것을 볼 수 있다. '사물'의 경우, 우형식(2001)에서는 사물은 실제 세계에서의 존재 방식에 따라 개체와 집합체, 바꾸어 말하면 [+

개체]와 〔-개체〕를 구분한 바가 있는데 우형식 외(2005)에 들어오면서 그 중의 〔+개체〕 부분에 관심을 집중하였다. 우형식(2001)에서 제시된 분류사 체계 가운데 우형식 외(2005)에서 다루지 않은 부분을 따로 추출하면 다음과 같다.

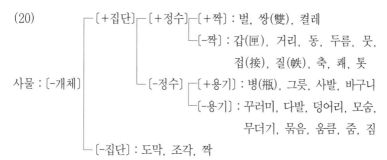

(20)　사물 : 〔-개체〕
- 〔+집단〕
  - 〔+정수〕
    - 〔+짝〕 : 벌, 쌍(雙), 켤레
    - 〔-짝〕 : 갑(匣), 거리, 동, 두름, 뭇, 접(接), 질(帙), 축, 쾌, 톳
  - 〔-정수〕
    - 〔+용기〕 : 병(甁), 그릇, 사발, 바구니
    - 〔-용기〕 : 꾸러미, 다발, 덩어리, 모숨, 무더기, 묶음, 움큼, 줌, 짐
- 〔-집단〕 : 도막, 조각, 짝

사태 : 건(件), 대, 발(發), 번(番), 차례(次例), 판

(우형식 2001 : 179)

그러나 다음 (21)에서 보여 주듯이 (20)에서 제시된 수 분류사의 유형들은 한국어에서뿐만 아니라 중일 양 언어에서도 발달된 수 분류사 부류이다.

(21)

사물			일본어	중국어
	〔+집단〕	〔+짝〕	対(tsui), ペア(pea)…	双(shuāng), 対(duì)…
		〔-짝〕	箱(hako), ケース(kēsu), パック(pakku), 幕(maku)…	包(bāo), 盒(hé), 打(dá), 套(tào), 場(chǎng)…
		〔+용기〕	瓶(bin), カップ(kappu)…	瓶(píng), 杯(bēi)…
		〔-용기〕	包み(tsutsumi), 束(taba), かたまり(katamari)…	捆(kǔn), 束(shù), 群(qún), 堆(duī)…
	〔-집단〕		切れ(kire)…	段(duàn), 塊(kuài), 角

		(jiǎo)...
사태	回(kai), 度(do)...	次(cì), 回(huí), 遍 (biàn)...

따라서 한중일 세 언어를 대상으로 수 분류사를 다루는 데에 (19)에서 제시된 유형들 외에 (21)의 〔-개체〕와 '사태'류도 구체적으로 다룰 필요가 있다.

한편, 유정정(2015)에서는 한중 양 언어를 대상으로 수 분류사를 의미적 특징에 따라 분류하였는데 우형식 외(2005)에서 제시된 인간성 분류사, 동물성 분류사, 식물성 분류사, 형상성 분류사, 기능성 분류사 외에, 보편 분류사를 따로 설정하는 것을 볼 수 있다. 유정정(2015)에서 말하는 보편 분류사는 매우 폭 넓은 범위의 명사와 호응이 가능한 한국어의 수 분류사인 '종'과 '개', 그리고 중국어의 '种'(zhǒng)과 '个'(gè)가 이에 속한다. 유정정(2015)에서 이들의 명사와의 결합 가능성을 대조하여 다음과 같이 정리하였다.

(22)

명사 부류	㉠		㉡	
	종	种	개	个
인간성 명사	×	○	매우 제한	○
동물성 명사	○	○	×	제한
식물성 명사	○	○	제한	제한
형상성 명사	○	○	○	○
기능성 명사	○	○	○	○
추상 명사	×	○	○	○

(유정정 2015 : 148)

(22)에서 보듯이, '종'과 '种'(zhǒng)을 비교해 봤을 때 중국어의 '种'

(zhǒng)은 인간성 명사, 추상 명사와도 결합 가능함에 비해, 한국어의 '종' 은 그렇지 못 하다. 또한, '개'와 '个'(gè)의 경우도 주로 인간성 명사와의 결합 가능성에 있어 큰 차이를 보여 주고 있다. 전체적으로 봤을 때 중국 어의 '种'(zhǒng)과 '个'(gè)는 한국어의 '종'과 '개'보다 더 넓은 범위에서 사 용됨을 알 수 있다. 그러나 한중 양 언어 간에 비록 차이가 있지만 이러한 단어들이 다른 수 분류사보다 더 보편적으로 사용되는 것은 사실이다.

일본어의 경우, '종'과 대당하는 '種'(syu), '개'와 대당하는 '個'(ko), 'つ'(tsu)를 들 수 있다. 이들도 위와 같은 보편 분류사와 마찬가지로 다른 수 분류사보다 넓은 범위에서 사용되고 있다. 다만 여기서 주의할 점은 '個'(ko)와 'つ'(tsu)의 구별이다. '個'(ko)와 'つ'(tsu)는 명사와의 호응에 있 어 차이가 거의 없으나 같이 출현된 수사가 고유어인지 한자어인지에 따 라 구별된다. 이에 관해서 우형식 외(2005)에서 다음과 같이 정리한 바가 있다.

(23)

	1	2	3	4 ... 8		9	10	11	...
つ	ひとつ	ふたつ	みっつ	よっつ	やっつ	ここのつ	とお	十一	...
個	一個	二個	三個	四個	八個	九個	十個	十一個	...

(우형식 외 2005 : 96)

(23)에서 보듯이, 'つ'(tsu)는 고유어와만 결합 가능하나 일본어에서 고 유어 수사는 10까지만 있기 때문에 'つ'는 10(とお)를 제외한 1에서 9까지 의 경우와만 결합 가능하다. 이에 비해 '個'(ko)는 한자어 수사와 결합하는 데 한자어 수사는 1부터 모두 존재하기 때문에 '個'는 'つ'보다 더 광범위적 으로 사용된다.

그동안 한일 양 언어의 수 분류사를 대상으로 하는 논의는 대부분 한국어의 '개'나 일본어의 '個'(ko) 등을 형상성 분류사의 하위분류인 보편적 분류사로 보고 형상성 분류사는 1차원(긴 것), 2차원(평평한 것), 3차원(둥근 것, 모난 것), 보편적 분류사(個)의 네 가지로 구별되어 왔다. 그러나 유정정(2015)의 고찰을 통해서, 우리가 이들이 형상성 분류사로서만 사용된 것은 아니라는 주의를 환기시키게 되었다. 한중일 세 언어의 수 분류사에 대해서 유정정(2015)에서 제시하는 것처럼 '개'나 '종'과 같은 단어들을 다른 수 분류사와 구별하여 따로 설정하는 것이 더 적절하다고 본다.

또한, 곽옥(2015)에서는 한중 분류사의 의미 특성에 대해서 수 분류사를 크게 사물 분류사, 도량 분류사, 사태 분류사의 세 가지로 나누었다. 사물 분류사는 사물을 지시하는 명사의 단위를 표시하는 분류사이고 앞서 언급된 중국어에서의 명량사(名量詞)와 같은 개념이다. 도량 분류사는 척도나 도량 등을 나타내는 것이며 배열, 비율, 화폐, 시간, 길이, 넓이, 용량, 부피, 무게, 기타 등으로 분류된다. 또한, 사태 분류사는 동작이나 사건의 횟수를 나타내는 분류사이며 앞서 언급된 중국어에서 말하는 동량사(動量詞)와 같은 것이다. 곽옥(2015)의 분류 방식은 우형식(2001)과 일맥상통한 것으로 볼 수 있다.

위와 같은 기존 연구들을 기반으로 본 장에서는 한중일 세 언어를 대상으로 수 분류사의 의미적 분류를 다음과 같이 진행하는 것을 제안할 수 있다.

(24)

			한국어	일본어	중국어
사물	[+개체]		보편 분류사	종, 개	種(syu), 個(ko), つ(tsu)	种(zhǒng), 个(gè)
		특정 분류사	인간성 분류사	명, 분, 사람...	り(ri), 人(nin), 名(mei)...	人(rén), 名(míng), 位(wèi)...
			동물성 분류사	마리, 두(頭), 필(匹), 수(首)...	頭(tou), 匹(hiki), 羽(wa), 尾(bi)...	只(zhǐ), 头(tóu), 匹(pǐ), 条(tiáo)...
			식물성 분류사	그루, 포기, 뿌리, 줄기, 가지, 송이...	株(kabu), 枝(e), 輪(rin)...	棵(kē), 株(zhū), 枝(zhī), 朵(duǒ)...
			형상성 분류사	가닥, 가락, 장(張), ′매(枚), 알, 톨, 모...	本(hon), 条(jyou), 枚(mai), 面(men), 粒(tsubu), 顆(ka), 丁(tyou)...	根(gēn), 张(zhāng), 颗(kē), 块(kuài)...
			기능성 분류사	대(臺), 량(輛), 문(門), 자루, 벌, 권(卷), 본(本), 점(點), 폭(幅), 칸...	台(dai), 輛(ryou), 門(mon), 柄(hei), 管(kan), 脚(kyaku), 着(tyaku), 卷(kan), 冊(satsu), 幅(huku), 点(ten), 口(kuchi), 軒(ken)...	台(tái), 辆(liàng), 门(mén), 把(bǎ), 件(jiàn), 本(běn), 幅(fú), 间(jiān)...
	[-개체]	[+짝]		벌, 쌍(雙), 켤레...	対(tsui), ペア(pea)...	双(shuāng), 对(duì)...
		[-짝]		갑(匣), 거리, 동, 두름, 뭇, 접(接), 질(帙), 축, 쾌, 톳...	箱(hako), ケース(kēsu), パック(pakku), 幕(maku)...	包(bāo), 盒(hé), 打(dá), 套(tào), 场(chǎng)...
		[+용기]		병(瓶), 그릇, 사발, 바구니...	瓶(bin), カップ(kappu)...	瓶(píng), 杯(bēi)...
		[-용기]		꾸러미, 다발, 덩어리, 모숨, 무더기, 묶음, 움큼, 줌...	包み(tsutsumi), 束(taba), かたまり(katamari)...	捆(kǔn), 束(shù), 群(qún), 堆(duī)...
		[-집단]		도막, 조각, 짝...	切れ(kire)...	段(duàn), 块(kuài), 角(jiǎo)...
사태	사건 분류사			건(件)...	件(ken)...	件(jiàn), 起(qǐ), 桩(zhuāng)...
	동작 분류사			번(番), 차(次), 회(回)...	回(kai), 度(do)...	次(cì), 回(huí), 遍(biàn)...

(24)에서 제시된 유형을 세분화하는 과정에서는 우선 인간성 분류사의 경우, 사회적 지위나 나이 등에 따른 분류사의 구별이 있는지의 여부가 중요한 고려 요소가 된다. 또한 인간성 분류사 가운데 한중일 세 언어에서는 모두 현재 시점에서 봤을 때 생명이 있는지의 여부에 따라 분류사가 다르게 사용되는데 이도 중요한 고려 요소가 된다.

동물성 분류사의 경우, 우형식 외(2005)에 따르면 한국어는 '네 발 짐승'인지 '두 발 짐승'인지에 따라 분류사가 다르게 사용됨에 비해, 일본어에서는 '큰 짐승'인지 '작은 짐승'인지, 즉 짐승의 크기가 수 분류사의 선택에 영향을 미치는 중요한 요소가 된다. 중국어의 경우, 짐승이나 곤충, 가축 등에 따라 분류사를 다르게 구별하기도 하고 동물의 모양에 초점을 두어 뱀이나 물고기와 같은 길고 가는 동물과 호응된 분류사로서 '条'(tiáo)가 따로 사용되기도 한다. 한중일 세 언어는 동물성 분류사의 세분화 과정에서 각각 다른 방식으로 분류사를 구별하나 동물의 생존 환경이나 모양이 중요한 고려 요소가 되는 점에 있어 일맥상통하다.

식물성 분류사의 경우, [+전체]인지 [-전체]인지에 따라 분류사를 구분하는 것이 일반적이다. 또한, 형상성 분류사는 일반적으로 명사 지시물의 모양에 따라 긴 것, 평평한 것, 둥근 것, 모난 것의 기준으로 분류된다. 기능성 분류사의 경우, '동력'의 유무에 따라 분류한 다음, [+동력]의 경우, 운송 능력이 있는지에 따라 세분화되고, [-동력]의 경우, 용도가 주된 고려 요소가 된다.

8.3. 한국어와 동남아시아 제어의 수 분류사

8.3.1. 수 분류사의 범주 및 품사 지위

본 절에서 다루고자 하는 4가지 언어의 수 분류사의 통사적 구조와 의미적 분류를 검토하기에 앞서 각각 언어의 수 분류사의 문법적 범주를 살필 필요가 있다. 앞서 제시했듯이 한국어 수 분류사가 명사의 하위 유형으로 분류되어 왔다. 이에 비해 미얀마어, 베트남어, 그리고 태국어의 분류사에 대한 기존 논의에서는 수 분류사를 각각 수 보조 접사(numeral auxiliary affix), 명사의 하위 유형이나 별개의 품사, 그리고 단위 명사의 하위 유형이나 분류어로 간주하는 연구가 있었다.

미얀마어의 경우, 분류사가 보조 접사(auxiliary affix)에 속한다. 미얀마어 수량사구에서 수량사와 명사가 단독으로 쓰이지 못 하고 반드시 분류사를 필요로 하기 때문에 Latter(1845)에서 미얀마어의 분류사를 보조 접사(auxiliary affix)로 보았다. 이와 마찬가지로 Judson(1852)에서는 미얀마어 분류사를 수 보조 접사(numeral auxiliary affix)로 명명하였고 반복소(repeater)와 수량사(quantifier)에 대해 언급한 바가 있다. 이는 미얀마어 분류사의 문법적 지위에 대한 최초의 연구로서 후세 연구자들이 그의 관점을 받아들였다. 그러나 기존 논의와 다른 관점도 있었다. 예를 들어, Lonsdale(1899), Bridges(1906), Cornyn(1944), Haas(1951), Pe Maung Tin(1954), Stewart(1954), Burling(1963) 등이 미얀마어 분류사를 수 보조사(numeral auxiliary), 수 총칭 접사(numeral generic affix), 수 접사(numeral affix), 수 관형사(numerative), 분류사(classifier), 수 분류 형용사(numeral classifying adjective), 수 분류사(numeral classifier)로 명명하였다

(Hla Pe 1965 : 163-164). 이처럼 Hla Pe(1965)도 미얀마어의 수량을 나타내는 표현에서 분류사가 필수적으로 배열된다는 점을 강조하였다. 그는 미얀마어 분류사의 8가지 배열 순서를 언급하면서 분류사가 수 분류사와 반복소로 실현될 수 있다고 보았다.

베트남어와 태국어의 경우 분류사의 범위와 지위에 대한 논의가 두 가지로 나뉜다. 첫째로는, 분류사를 명사나 단위 명사의 하위 유형으로 보는 기존 논의가 있고 둘째로는, 분류사를 별개의 품사로 처리하는 견해가 있다.

베트남어의 경우, 분류사를 단위 명사의 하위 유형으로 부류화하는 연구로서 Nguyen(1957), Hồ Lê(1971), Nguyễn(1975), Lưu Vân Lăng(1980), Cao Xuân Hạo(2001), Le(2008) 등이 있다. 이들의 연구는 베트남어 문법에 따르면 이 접근에서는 수 분류사의 수량화 기능을 우선적으로 보았다. 반면에 분류사를 별개의 품사로 처리하는 연구로서 Nguyễn Lân(1950), Trần Trọng Kim et al.(1950), Thompson(1965), Lê Văn Lý(1968), Hồng Dân(1971), Adams(1989), Bùi(1992), Phan(1997), Lưu(2000) 등을 들 수 있고 이 경우에는 수 분류사의 부류화 기능에 초점을 둔다. 베트남어 학교문법에서는 분류사를 명사의 하위 유형으로 다루고 있다(Tran 2011 : 19-20, 표국남 2014 : 39-40).

베트남어 분류사의 지위와 범주에 대한 접근에 따라 분류사를 다르게 명명하는 경향이 있다. 이는 분류사의 기능 중에 초점을 두는 부분을 강조하기 위해서이다. 이에 관해 표국남(2014)에서 언급된 논의들을 다음과 같이 표로 정리할 수 있다.

(25)

분류사 명칭	연구	의미 해석
loại từ	Trần Trọng Kim et al.(1950)	명사 앞에 위치하여 그 명사가 어느 부류에 속하는지 지정함
phó danh từ	Nguyễn Lân(1950)	명사 앞에 위치하여 그 명사가 어느 종류나 부류에 속하는지 가리키기 위해 사용되는 단어의 종류
từ biệt loại	Thompson(1965)	개괄적으로 부류를 가리키는 단어 / 명사의 특성을 묘사함
từ chứng	Lê Văn Lý(1968)	인간이나 사물을 가리키는 명사를 묘사함
danh từ không biệt loại	Hồ Lê(1971)	분류를 하지 않는 명사
danh từ đơn vị	Cao Xuân Hạo(2001)	단위 명사

위의 표를 보면 베트남어 분류사의 성격과 역할을 파악하기 위해 분류사의 분포, 기능과 의미에 초점을 두고 있음을 알 수 있다.

한편 태국어 문법에서는 수량 표현을 *laˊksana* 나 *laˊksananam*이라 칭하고 이를 '유별사', '형상명사', '수량사', '형태사', '분류사' 등으로 기존 연구에서는 해석하였다. 이를 통해 태국어 수 분류사가 도량성 기능보다는 부류화 기능에 기반을 두고 있음을 알 수 있다. 태국어 분류사를 명사의 하위 유형으로 보는 연구로는 Phathumetha(1982), Thonglor(1982), 이교충(1985), 최창성(1985), 차상호(1990, 2004), Phrayaubphrakitsilphasan(1992), 이병도(1997), 이한우(2002) 등을 들 수 있다. 이러한 기존 논의들에 의하면 태국어 분류사가 수량을 뜻하는 형용사 앞이나 뒤에 나타나고 사람이나 사물 등의 성질, 분류, 상태를 표현하기 위해 사용된다. 이한우(2002)에 따르면 태국어 분류사가 숫자를 선행할 경우 차례를 뜻하고 숫자에 후행할 때에는 양을 뜻한다. 반면에 Pantumetha(1983)에서는 분류사가 단독으로 명사와 동사를 수식할 수 있기 때문에 분류사를 분류어로 처리하였다(쭈타맛 분추 2007 : 8-9, 김유진 2012 : 5-9).

이상으로 살핀 바와 같이 4가지 언어에서 분류사를 명사의 하위 유형으로 부류화시키는 관점이 보편적이라고 할 수 있다. 기존 논의에서 이루어진 분류사의 문법적 지위에 대한 여러 접근이 분류사의 기능을 바탕으로 분류사의 문법 범주를 설정하는 것이었다. 특히 베트남어에서 분류사를 별개의 품사로 처리하였는데 분류사의 부류화 기능에 초점을 둔 것이라고 볼 수 있다. 각 언어에서 분류사의 주요 역할과 문법적 기능에 따라 분류사에 해당하는 언어 요소가 서로 다른 명칭을 가질 수도 있다.

8.3.2. 한국어와 미얀마어의 수 분류사

8.3.2.1. 수 분류사의 통사적 구성

기존 논의에 의하면 미얀마어의 수 분류사는 200개 정도 존재한다(Burling 1965).[16] 미얀마어 수 분류사가 'N-Q-CL'형 언어에 속하고 이는 가장 보편적인 유형이다(Nguyen 1957, Burling 1965, Greenberg 1972, Allan 1977, Bisang 1999, Aikhenvald 2000, 우형식 2001, Vittrant 2002, Simpson 2008). 이 구성에서는 명사와 수량사가 분류사에 선행하고 분류사가 마지막에 배열되는데 이를 다음과 같은 미얀마어의 예에서 확인할 수 있다.

---

16) Aikhenvald(2000 : 103) 재인용.

(26) 가. kayaun : sar : nahi`     yaau`

　　　 student　　 two　　 CL : PERSON

　　　 "학생 두 명"

　 나. khawei :　 saoun :　 kaaun

　　　 dog　　　 three　　 CL : ANIMAL

　　　 "개 세 마리"

　 다. paan : sai :　 nahi`　 laoun :

　　　 apple　　　 two　　 CL : FRUIT

　　　 "사과 두 개"

(퓨퓨민 2011 : 6)

위의 예에서 보듯이 (26가)의 *yaau*`는 인간성 분류사 '명'을 가리키고 (26나)의 *kaaun*은 동물성 분류사 '마리'이고 (26다)의 *laoun :*이 과일을 셀 때 사용할 수 있는 수량 표현 즉 '개'를 의미한다. 이 단어들은 미얀마어의 수 분류사에 해당되며 'N-Q-CL'형 구성에 속한다는 점에서 한국어 수 분류사의 배열과 동일한 구성을 이룬다.

(27) 가. <u>사과 두 개</u> 300원

　 나. <u>배 세 개</u> 900원

(채완 1983 : 24)

(28) 가. 친구 한 명

　 나. 소 한 마리

(우형식 2001 : 106)

(27가, 나)의 '개', (28가)의 '명', 그리고 (28나)의 '마리'가 모두 의존 명사이며 한국어에서는 수 분류사의 기능을 담당한다. 이에 관해 채완

(1983)에서는 분류사가 있는 수량사구가 현대한국어에는 발달해 왔고 이 구조가 분류사가 나타나지 않는 구조보다 자연스러운 표현이라고 언급한 바가 있다.17)

이에 반해 미얀마어에서 분류사에 해당하는 언어 현상의 통사적 구성에 대해 Hla Pe(1965)에서는 다르게 접근하고 있다. 그에 따르면 미얀마어의 수량을 뜻하는 표현에는 이 세 가지 구성이 있어야 하는데 분류사(classifier), 수량사(quantifier), 반복소(repeater)가 여기에 해당한다. 여기서는 분류사(classifier)가 특정 대상(specific object)의 내재적 속성(attribute)의 일부나 전면을 나타내고 반복소(repeater)는 특정 대상(specific object) 자체를 가리키는 단어를 뜻한다. 분류사(classifier)가 단독으로 쓰이지 못 하고 수량사(quantifier)와 반복소(repeater)가 단독으로 쓰일 수 있다는 점에서 차이를 보인다.18) Hla Pe(1965)는 이를 다음과 같은 예를 통해 설명하고 있다.

(29) lu   tə   yauʔ
　　 human being   one   CL : PERSON
　　 "사람 한 명"

(Pe 1965 : 165)

Hla Pe(1965)는 위의 수량 표현이 'SO(specific object)-N(numeral)-CL' (특정 대상-수사-분류사)19)형 구성으로 성립된다고 주장하였다. 예문을 분

---

17) 이에 대해서는 5장에서 자세히 다루고 있다.
18) 이 외에 Hla Pe(1965)는 분류사(classifier)와 반복소(repeater)와 같은 언어 현상이 개별 언어의 특성에 따라 언어마다 상이하게 실현될 수 있지만 수량사(quantifier)를 개별 언어에서 쉽게 찾을 수 있는 문법 요소로 보았다.
19) Hla Pe(1965)에서 수량사(quantifier)와 수사(numeral)를 구별하여 전자가 십(ten)

석해보면 *lu*(사람)가 특정 대상(SO) 자체를 가리키고 수 분류사 *yauʔ*(명)이 특정 대상(SO)의 내재적 속성인 인간성을 나타내고 있다. 앞서 살펴본 미얀마어 분류사에 관한 기존 논의와 달리 Hla Pe(1965)에서는 수량 표현에서 명사로 실현되는 구성요소를 반복소로 처리하고 있음을 알 수 있다. 수량 표현의 구성요소들을 명명하는 방식은 다르지만 통사적 구성이 같음을 확인할 수 있다.

둘째로, 한국어와 미얀마어에서 공통으로 실현되는 수 분류사의 통사적 구성으로 'Q-CL'형이 있다. 이 경우 보통명사가 문맥에 따라 분류사의 기능을 하게 된다(Hla Pe 1965, 퓨퓨민 2011).

(30) hnə   laˊ
     two   CL : MONTH
     "두 달"

(Hla Pe 1965 : 165)

(31) taiˋ   naainngaanˋ
     one   CL : COUNTRY
     "한 나라"

(퓨퓨민 2011 : 3)

위의 (30)과 (31)의 미얀마어 보통명사 중에 *laˊ*(달)과 *naainngaanˋ*(나라)을 수 분류사로 볼 수 있다. 이러한 분류사 사용에서 보통명사가 수 분

과 영(0)으로 끝나는 숫자 10, 20, 30, 40, 등을 가리키기 위해 사용되는 반면에 후자는 수량이 십보다 이하이거나 수량을 나타내는 숫자가 공으로 끝나지 않는 경우에만 사용된다고 언급하였다. 이 연구에서 제시된 예들에는 수사(numeral)가 'N', 수량사(quantifier)가 'T(ten)'로 표시된다.

류사의 역할을 담당하게 되어 명사의 수량을 나타내는 용도로 쓰인다. 한
국어에서도 이러한 구성을 찾아볼 수 있다.

(32) 가. 한 트럭　　　　라. 네 자루
　　　나. 두 삽　　　　　마. 다섯 그릇
　　　다. 세 숟갈　　　　바. 여섯 공기

(채완 1983 : 28)

　(32가)~(32바)에서 제시된 보통명사 '트럭, 삽, 숟갈, 자루, 그릇, 공
기'가 모두 자립 명사에 해당한다. 도량 분류사의 구실을 할 수 있는 명사
들은 'Q-N' 구성을 이룰 수 있는 것이 일반적인데 수량명사로 활용될 때
에는 'Q-CL' 구성으로 실현된다. 또한 한국어의 수 분류사 구성 중에는
'수량사-자립 명사/의존 명사' 결합 방식이 있는데 이는 고유어 수량사와
결합되는 경우이다(채완 1983).[20]

　퓨퓨민(2011)에 따르면 미얀마어 분류사 중에 용기에 담긴 액체, 가루,
음식 등을 세는 단위가 있는데 이는 한국어의 수 분류사와 유사하다.

(33) 가. yaei, ayae´, bhaiyaa, nawaa : nao. nahi´ pau.lain :
　　　　water alcohol beer　　milk　　　　two　CL : BOTTLE
　　　　"{물, 술, 맥주, 우유} 두 병"
　　　나. lae´phae´yai　tai´　khawae´　　paei : paa
　　　　tea　　　　　　one　CL : CUP
　　　　"차 한 잔 주세요."

---

20) 채완(1983 : 22-24)에서는 한국어의 수사와 분류사의 결합에 있어서 네 가지 유형 한
　자어 수사와 고유어 분류사의 결합, 한자어 수사와 한자어 분류사의 결합, 고유어 수
　사와 고유어 분류사의 결합, 고유어 수사와 한자어 분류사의 결합 유형이 있다고 언
　급하였다. 이에 대해서는 2장에서 자세히 다루고 있다.

다. chaanpayaou´, hain ː , chaaw. tai´ jalaoun
　porridge　　noodles sauce　one　CL : BOWL
"{죽, 국수, 소스} 한 그릇"

(퓨퓨민 2011 : 38-39)

(33가)~(33다)에서 등장하는 병을 뜻하는 *pau.lain*, 잔을 뜻하는 *khawae´*, 그릇을 뜻하는 *jalaoun* 등이 있는데 이는 자립 명사이면서 분류사와 의존 명사의 역할을 담당하고 있다. 그러나 앞서 살핀 (32)의 한국어 예와 달리 이 문맥에서는 미얀마어 자립 명사가 'N-Q-CL' 구성으로 나타낸다.

마지막으로, 양 언어에서 반복소(repeater)로 수 분류사를 표현하는 방법이 공통적이다. 명사가 반복적으로 사용될 경우 선행하는 명사가 명사로 처리된다. 후행하는 명사가 분류사로 처리된다. 명사가 반복 실현되기 때문에 반복소(repeater)라 불린다. 이 유형의 결합 방식이 'N-Q-CL (repeater)'(명사-수량사-분류사(반복소)) 구성이다.

(34) 가. ´cuŋ　　shɛ　　´juŋ
　　　island　ten　　CL : ISLAND (repeater)
　　　"열 개의 섬"

(Hla Pe 1965 : 165)

나. əsu´　　hnə　　su´
　　group　two　　CL : GROUP (repeater)
　　"두 집단"

다. əlounŋ　　`θouŋ　　`lounŋ
　　round thing　three　CL : ROUND THING (repeater)
　　"세 개의 물건"

(Hla Pe 1965 : 183)

Hla Pe(1965)는 (34)에서 나타난 수 분류사의 통사적 구성을 'SO (specific object)-N(numeral)-CL(repeater)'(특정 대상-수사-분류사(반복소))로 설명했다. Hla Pe(1965)에 따르면 미얀마어에서는 반복소(repeater)가 분류사와 수량사를 대신해서 나타날 수 있고 한 단어나 둘 이상의 단어로 실현될 수 있다고 볼 수 있다. 미얀마어의 반복소(repeater)가 명시적 (explicit)과 암시적(implicit)으로 표시될 수 있지만 관용표현 사용과 중의성을 피하기 위해 반복소(repeater)를 외부적(explicit)으로 표시할 필요가 있다.

이에 관해 Greenberg(1972)에서는 미얀마어 분류사에 있어 반복소(repeater) 사용을 'head N-Q-CL'(핵 명사-명사-분류사) 구성으로 설명하였다.

(35) ʔein ta ʔein
house one CL : HOUSE (repeater)
"집 한 채"

(Greenberg 1972 : 8)

위에서 (35)의 *ʔein*은 한국어의 '집'에 해당하고 반복적으로 사용되고 있다. 앞에 나타나는 *ʔein*은 핵 명사(head noun)이고 뒤에 나타나는 *ʔein* 은 건축물을 세는 비형상성 분류사 '채'가 된다.

Aikhenvald(2000 : 361)은 반복소(repeater)가 동일한 명사나 의미적으로 연관성이 있는 명사를 부류화한다고 보았다. 또한 동남아시아 언어에서 널리 사용되는 반복소(repeater)와 부분 반복소(partial repeater)가 수 분류사의 기능을 한다고 언급하였다. 한국어 수 분류사 논의 중에는 Aikhenvald(2000)과 동일한 관점으로 접근한 논의가 있다.

(36) 사람 열 사람

(채완 1983 : 28)

(36)의 보통명사 '사람'이 반복적으로 나타나고 있는 것을 볼 수 있다. 한국어 명사 중에는 명사의 기능을 잃고 분류사의 기능만 하는 분류사도 있는데 위의 예처럼 명사와 분류사의 기능을 동시에 하는 분류사도 있다. 이러한 명사에는 '사람, 상(床), 사발, 집, 말'이 있다. 이 중에 '사람'만이 반복적으로 쓰이는데 하나의 맥락에서 명사와 분류사로 결합될 수 있지만 나머지 단어들은 수량 표현에서 동시에 배열할 수 없다. 이를 통해 자립 명사의 분류사적 용법을 확인할 수 있다(채완 1983, 우형식 2001). 이러한 예를 몇 가지 들자면 다음과 같다.

(37) 가. *사발 열 사발
　　나. 국 열 사발
　　다. 사발 열 개

(38) 가. *집 열 집
　　나. 집 열 채
　　다. 열 집 건너 한집씩

(채완 1983 : 28)

(37가)와 (38가)에서는 '사발'과 '집'이 분류사로 사용될 경우 자연스럽지 않은 문장이 되는 것을 확인할 수 있다. 이 외에 'N-Q-CL(repeater)'형 구성에 대해 우형식(2001)에서는 한국어 수 분류사의 어휘성이 높다고 언급한 바가 있다. 한국어의 분류사가 다른 언어와 달리 접사(affix)나 접어(clitic)가 아니라 어휘로 실현된다.

(39) 가. 사람 한 사람 → 사람 한 명

　　나. 돈 아홉 돈 → 돈 아홉 냥

(우형식 2001 : 68)

　(39)에서 제시된 '사람 한 명'과 '돈 아홉 냥'은 수량 표현의 일반화된 모형인데 반복 구성으로 나타나는 것은 구체성을 높이기 위함이다. 수 분류사가 동일한 명사의 반복 사용을 통해 기원된 것으로 볼 수 있다(우형식 2001).

　한편 미얀마어 수 분류사가 수량을 뜻할 때는 수에 따라 통사적 구성이 달라진다. 퓨퓨민(2011)에 따르면 미얀마어에서 'N-Q-CL' 구성이 달라지는 경우를 제시했는데 형태소 'a'의 첨가될 때이다. 이는 20부터 30, 40, 50, 60, 70, 80, 100, 200, 1000 등 영(0)으로 끝나는 수량 경우이다.[21] 다음은 미얀마어 수 분류사가 형태소 'a'와 함께 쓰이는 예들이다.

　(40) 가. nawa : 　<u>a</u>　　　　　　kaaun　　　　nahi`　　chae

　　　　　cow　　(morpheme)　　CL : ANIMAL　two　　　ten

　　　　　"소 스무 마리"

　　　나. paan : sai : <u>a</u>　　　　laoun :　　　saaoun :　chae

　　　　　apple　　(morpheme)　CL : FRUIT　three　　　ten

　　　　　"사과 서른 개"

(퓨퓨민 2011 : 7)

---

21) Greenberg(1972 : 11)에서는 '십(10)', '백(100)' 등 영으로 나타나는 수량을 가리키는 표현을 분류사의 하위 유형으로 보는 경향이 있는 것을 밝힌 바가 있다. 앞서 언급했듯이 Hla Pe(1965)는 이런 수 분류사 표현을 따로 분류사의 하위 유형으로 주장하였고 이를 'ten, multiple ten'으로 지칭하였다. 이를 'T'로 표시하고 수량사(quantifier)로 보았다.

앞서 살펴본 (26)과 (40)을 비교해보면 (40가)와 (40나)에서 나타난 분류사가 형태소 'a' 결합과 사용 범위에서 차이를 보인다. 형태소 'a'가 첨가됨으로서 수 분류사의 배열 순서가 'N-a'(morpheme)-Q-CL'로 변형된다.22)

이 외에도 미얀마어에서 수량이 스물부터 많아질수록 분류사가 수량사를 선행하게 된다(퓨퓨민 2011). 이를 다음 예에서 확인할 수 있다.

(41)　ngar　　akaaun　　　　　nahi´　　chae
　　　fish　　CL : ANIMAL　　two　　　ten
　　　"물고기 스무 마리"

(퓨퓨민 2011 : 18)

(42)　nahi´　　　　　saoun :　　chae
　　　CL : YEAR　　three　　　ten
　　　"삼십년"

(퓨퓨민 2011 : 70)

(41)에서 보듯이, '물고기 스무 마리'와 같은 표현에서는 분류사와 수량사의 순서가 바뀌었고 'N-CL-Q'의 구성으로 배열된다. (42)에서도 같은 양상을 볼 수 있다.

또한 미얀마어 수 분류사에 관한 기존 논의에서는 미얀마어에서 보통명사를 셀 때 분류사가 필수적으로 나타나고 단독으로 쓰이지 못 하며 다른 품사와 결합될 수 있다는 속성이 언급된 바가 있다. 그러나 Hla Pe(1965)

---

22) 이에 관해 Aikhenvald(2000 : 101)에서는 고립어의 수 분류사가 자립 어휘소(independent lexeme)로 나타날 수 있다고 언급하였다. 수 분류사가 수사나 핵 명사에 첨가되거나 융합된(fused) 접사나 접어로 성립될 수 있다.

에 따르면 수 분류사가 명시적으로 표시되지 않고 생략되는 경우도 있다. Hla Pe(1965)가 이 경우를 설명하기 위해 다음과 같은 예시를 제시하였다.[23]

(43) 가. ′cuŋ   ′θouŋ   zε
      island   three   ten
      "섬 서른 개"

     나. lu   ′le   zε
      human being   four   ten
      "마흔 명"

     다. yε?   ′ŋa   zε
      CL : DAY   five   ten
      "오십 일"

(Hla Pe 1965 : 165)

     (43가)와 (43나)의 수량사의 통사적 구성에 대하여 Hla Pe(1965)에서는 'SO(specific object)-N(numeral)-T(ten)'(특정 대상-수량사-십) 구성으로 설명하였다. 이 두 표현에서 보듯이 이 미얀마어의 분류사의 특징은 분류사가 생략될 경우 'ten'(십)으로 실현된다는 것이다. 이 구조에서 선행하는 명사가 특정 대상(SO : specific object)의 구실을 하게 된다. 미얀마어 분류사가 '십'(ten)으로 구성된 수량표현을 나타내기 위해 배열되는 전형적인 배열 순서는 다음과 같다(Hla Pe 1965 : 165).[24]

---

23) 이와 마찬가지로, Aikhenvald(2000 : 100)에서도 미얀마어 분류사가 숫자 중에 20 이상(multiple ten)을 가리킬 때 분류사가 명시적으로 표시되지 않음을 언급한 바 있다.

24) 이 외에도 Hla Pe(1965)에 따르면 미얀마어의 '십'(ten)으로 끝내는 표현을 포함한 분류사의 구성으로 'SO(specific object)-MCL(modified classifier)-N(numeral)-

(44) yɛ?　　　　　ˈŋa　　zɛ

　　　CL : DAY　five　　ten

　　　"오십 일"

(Hla Pe 1965 : 165)

이상으로 살핀 바와 같이 한국어와 미얀마어에서 공통적으로 실현되는 수 분류사의 3가지 구성 방법으로는 'N-Q-CL'(명사-수사-분류사), 'Q-CL' ('수량사-분류사'), 'N-Q-CL(repeater)'(명사-수사-분류사(반복소))형이 있다. 예외적으로 미얀마어의 경우 수량을 나타내는 표현에서 10, 20, 30, 40, 50 등의 0 (영)으로 끝나는 숫자가 사용되면 'a' 형태소가 첨가되고 수량사가 20이상의 숫자를 가리킬 때는 분류사가 수량사 앞에 배열된다는 점에서 수 분류사의 통사적 구성이 상이하게 실현된다. 따라서 두 언어가 서로 다른 어족에 속하지만 양 언어의 문법 구조가 같기 때문에 명사, 수량사와 분류사의 동일한 배열 순서가 가능하다고 볼 수 있다.

8.3.2.2. 수 분류사의 의미적 분류와 대응관계

수 분류사는 사람, 사물 등의 수량 단위, 동작이나 행위와 관련된 수량 단위를 표시한다. Allan(1977 : 285)은 지시 대상인 명사의 특성을 가리키므로 분류사가 의미(meaning)를 지닌다고 언급한 바가 있다. 분류사의 의미적 하위 부류로서 유정성, 물리적 속성, 기능이 있다. 물리적 속성은 모양을 뜻하는데 이를 다시 1, 2, 3차원으로 구분할 수 있다. 1차원에서는 물질의 길이, 둥근 물체와 편형한 물체가 속한다. 2차원은 물질의 고정성

T(ten, multiple ten)', 'MCL-N-T'와 'SO-pauŋ(total)-T/CL'이 있다. Pe(1965)에서 십을 포함한 분류사를 '십 분류사'(ten classifier)라고 명명하였다.

이나 유동성, 상대적 크기, 빈 것이나 찬 것, 불규칙적인 것이나 규칙적인 것, 부분과 전체의 관계, 수평적과 수직적 부분, 날카로움 등이 속한다 (Adams & Conklin 1971, Allan 1977, Aikhenvald 2000, 우형식 2001).

한편 퓨퓨민(2011)에서 한국어와 미얀마어 수 분류사의 하위 유형을 의미론적으로 대조 분석하였는데 이를 표로 정리하면 다음과 같다.

(45)

N	분류사의 의미 범위	한국어 분류사	미얀마어 분류사 (세는 단위)
1	사람	분, 명, 인, 사람, 구, 놈	chau(부처님), paa : (스님, 국왕, 천사)25), u : (사람), yauu`(사람); khau.(시체, 유령, 죽은 사람의 영혼), kaaun(악독한 짓을 하는 사람, 도깨비, 악마, 귀신)
2	동물	마리, 두, 필, 수, 미	kaaun(동물의 여러 종류)
3	식물	그루, 가지, 포기, 줄기, 뿌리, 송이, 떨기, 잎, 단, 다발, 묶음, 알, 틀, 쪽, 통, 개, 꼭지	pain(나무, 나무와 풀), kaain : (나무나 풀의 원 줄기에서 뻗어 나온 줄기), thaou`(뿌리 단위로 한 초목의 날개), mayai`(뿌리), pawain.(꼭지에 달린 꽃), khaain(무더기가 된 꽃이나 열매), yawae`(이파리), cai : (묶어 놓은 덩어리), u.(전체가 작고 둥근 곡식), mawaa(곡식의 낱알), caei`(쪼개진 물건의 부분), laoun : (수박, 오렌지, 사과 등 전체가 둥근 열매)26)
4	기계, 도구	량, 척, 대, 개	cai : (비행기를 제외한 모든 교통수단), cain : (비행기), laoun : (낱으로 된 물건)
5	사물의 모양	폭, 장, 매	khayae`(그림, 족자, 유리), yawae`(종이, 화폐, 나뭇잎 등 폭이 넓거나 펼 수 있는 물건), khau.(낱으로 된 물건)
6	용기, 기구	갑, 병, 잔, 통, 그릇, 되	bau : (종이, 플라스틱, 철 같은 걸로 만들어놓는 용기), pau.lain : (유리병에 담긴 액체나 가루 분량), khawae`(잔에 담긴 액체 분량), paoun : (나무나 쇠, 플라스틱통에 담긴 분량), jalaoun(그릇

			에 담긴 음식이나 물건의 분량)
7	놀이, 사건	국(문어), 판(구어), 건	pawae : (모든 운동시합에서의 승부), khau.(사물, 사건의 수량)
8	구조물	층, 동, 채, 좌	thaa′(위로 높이 포개어 짓는 건물에서, 같은 높이를 이루는 부분), khau.(빌딩, 아파트 같은 건축물), laoun : (산, 건축물 따위의 비교적 크고 튼튼한 것), chau(불상이나 불탑 등, 부처님에 관한 것들)
9	횟수, 차례	끼, 회, 번, 차례	naa′(밥을 먹는 횟수), kayaein(횟수), khaa(일의 횟수)
10	짝이 되는 물건	켤레	caoun(장갑, 양말 같은 짝이 되는 두 개를 한 벌로 세는 단위), yaan(신, 버선, 방망이, 귀고리 팔찌 따위의 짝이 되는 두 개를 한 벌로 세는 단위)
11	화폐	원	kayaa′(미얀마의 화폐)
12	의류	장	thai(셔츠, 팬티, 치마 등 천으로 된 옷)
13	문자, 문화	권, 편, 부, 절, 장, 통	ou′(책), paou′(책이나 노래의 일정한 형식을 갖춘 문장), tawae : (단행본 서적), paai′(문장의 달락), khaan : (글의 내용을 구분한 것), ei′(편지 분류)
14	나이, 점수, 등급	살, 세, 점, 급	nahi′(나이), mahaa′(성적), chain.(계급, 등급)
15	용량	근, 냥	paei′saa(무게), kayaa′saa : (무게)
16	시간	시, 분, 초, 일, 월, 년, 세기	naayai(시각), main.nai′(분), cae′kaan.(초), yae′(날), la(달), nahi′(해), yaacau.(백 년)
17	약	제, 정, 첩	phaoun(미얀마 전통약의 분량), taaun.(길게 생긴 알약), laoun : (둥글게 생긴 알약), payaa : (넓적하게 생긴 알약), thaou′(약봉지에 싼 약의 뭉치)

---

25) 미얀마어 분류사에 대한 기록이 12세기, 13세기와 14세기 비문(碑文)과 문학 작품에서 나타난다. 그 문서들에서는 인간성 분류사 중에 스님, 국왕, 천사 등을 가리키는 *paaː*, 일반 사람을 가리키는 *yok, yauʔ*, 동물성을 가리키는 *kon* 등이 언급되었다 (Hla Pe 1965 : 167-168).

26) Allan(1977 : 300)에서는 미얀마어에서 식물을 모양, 특히 나무의 특정 부분, 과일

위의 표는 한국어와 미얀마어 수 분류사의 사용 범위의 공통점을 중심
으로 내용을 정리한 결과이다. (45)에서 볼 수 있듯이 미얀마어의 분류사
는 넓은 범위에서 사용될 수 있다. Allan(1977 : 290)에 따르면 인간성 분
류사를 나타낼 때 문화적 특성에 따라 신화적 존재들을 부류화한다. 예를
들어, 부처님이 귀신, 거인 등과 상이한 부류에 속한다.

또한 Croft(1994 : 152)은 언어 유형론적 관점에서 분류사의 의미적 부
류를 다음과 같이 제시하였다.

> (46)
>
> 유정성(animacy)
> ┌ 유정물(animate)/인간(human) : 친족 관계(kinship)/
> │   사회적 지위(status) 〈 성별(sex)
> │
> └ 무정물(inanimate)/비인간(inhuman) : 모양(shape)
>   〈 방향(orientation)
>   고정성(rigidity) 〈 특성(nature)/ 기능(function)

(46)에서 보듯이 유정성을 기준으로 유정물과 무정물로 나눌 수 있다.
유정물을 나타내는 수 분류사에는 인간과 동물이 해당되고 특히 인간성
분류사는 다시 친족 관계(kinship), 사회적 지위(status), 성별(sex) 요인에
따라 세분화할 수 있다. 무정물의 경우에는 사물의 모양(shape), 방향
(orientation), 고정성(rigidity), 특성(nature), 기능(function)의 변별적 자
질들이 수 분류사의 의미적 분류의 주요 요소에 해당한다.

한편 미얀마어에서도 한국어와 마찬가지로 분류사를 통해 계층, 나이,
사회적 지위에 따라 높임을 나타낼 수 있다. 이는 다음과 같이 여러 유형

과 씨의 둥근 모양, 잎의 평평함과 유연함에 따라 분류화시킬 수 있다고 언급한 바
있다.

으로 구분된다(퓨퓨민 2011 : 12-16).

(47)

미얀마어 분류사	세는 단위
chau	부처님, 부처의 유골, 불상, 불교와 관련하는 율법
paa :	스님, 승려, 바구니, 신, 천사, 국왕, 여왕, 왕비, 왕자, 공주, 왕세자, 왕세자비
yaau`	일반 사람

위의 (47)을 통해 알 수 있듯이, 미얀마의 문화적 전통인 불교가 분류
사의 의미적 부류에 영향을 끼친다.

다음은 인간성 수 분류사가 나타나는 예시들이다.

(48) 가. bhau.yaa :   tai`   chau

      Buddha   one   CL : PERSON

      "부처님 한 분"

   나. bhau.yain   tai`   paa :

      king   one   CL : PERSON

      "국왕 한 분"

   다. Bhaoun : kayi :   tai`   paa :

      Buddhist monk   one   CL : PERSON

      "스님 한 분"

   라. chayaa   tai`    yaau`

      teacher   one   CL : PERSON

      "선생님 한 분"

(퓨퓨민 2011 : 13-14)

우선 (48가)~(48라)에서는 지시 대상의 성격에 따라 각각 다른 인간성
분류사가 쓰인다는 점을 볼 수 있다. 예를 들어, (48가)의 경우 부처님을

가리키기 위해 수 분류사 *chau*, (48나)와 (48다)에서는 국왕과 스님을
나타낼 때 *paa :* , (48다)에서는 선생님 등의 일반 사람을 셀 때 수 분류
사 *yaau*가 쓰이는 것을 확인할 수 있다. 미얀마어 인간성 분류사 중에 즉
일반 사람을 세기 위한 여러 분류사가 있고 이는 지시 대상에 대한 높임
의 정도에 따라 분류사가 다르게 적용된다.

> (49) 가. shəya   təpɛ′   ɳ′iʔ   ′ʔu
>   teacher   student   two   CL : RESPECTED PEOPLE
>   'one teacher and one student (2 persons)'
>   "선생 한 분과 학생 한 분 (두 분)"
>
>   나. təpɛ′   ɳ′iʔ   yɔʔ/
>   student   two   CL : PEOPLE (OF ALL KIND)
>   "학생 두 명"
>
> (Vittrant 2002 : 133)

(49)에서 보듯이 (49가)의 '*ʔu*가 특히 존경을 표시하기 위한 분류사이
고 (49나)의 *yɔʔ/* 모든 종류의 일반 사람들을 가리키기 위해 쓰인다.

한국어에서도 마찬가지로 인간성 분류사가 계층, 나이 등의 사회적 지
위와 존경심에 따라 분류사를 구분할 수 있다. 존대를 나타내는 분류사
'분', 평대를 나타내는 분류사 '명', '사람', '인', 하대를 뜻하는 분류사 '놈'
등으로 실현된다(우형식 2001 : 196). 이를 다음과 같은 문장에서 확인할 수
있다.

> (50) <u>어른 세 분</u>이 장기를 두신다.
>
> (인영화 2000 : 22)

(51) 가. 매일 아침 건널목에서 <u>할아버지 두 분께서</u> 교통정리를 하십니다.

나. 위로 <u>오빠가 한 분</u> 계시고, 딸로는 제가 맏이죠.

(우형식 2001 : 197)

(50)과 (51)의 '분'이 높임을 나타내는 전형적 인간성 분류사이고 어른, 할아버지, 오빠 등 나이와 친족 관계를 기준으로 존경을 표시하기 위해 쓰인다. 다음 예를 통해 인간성 분류사 '분', '명', '사람'의 용법 차이를 볼 수 있다.

(52) 가. <u>어른 한</u> {*명, 분}-이 오셨다.

나. <u>아이 한</u> {명, *분}-이 왔다.

(우형식 2001 : 68)

(53) 가. 이 영화에는 <u>여자 주인공 세</u> {명, 사람}이 등장한다.

나. <u>의사 다섯</u> {명, *사람}이 응급실로 뛰어간다.

(안수정 2006 : 16)

위에서 (52가)와 (52나)의 '명'과 '분'이 상대에 대한 높임의 정도에서 차이를 보인다. '어른'을 가리키기 위해 존대를 나타내는 '분'이 쓰이고 '아이'를 세기 위해 '명'의 사용이 자연스럽다. 또한 (53가)의 예를 통해 볼 수 있듯이 인간성 분류사 '명'과 '사람'이 서로 대체될 수 있지만 (53나)에서 제시된 수 분류사 '사람'의 사용 제약이 있다.

(54) 가. 2인 1조

나. 24인용 텐트

다. 3인분 식사

(우형식 2001 : 187)

(55) 가. 기미 독립 선언서는 <u>민족 대표 33인</u>의 이름으로 선언된 글
이다.

나. 한국물가협회가 추산한 <u>5인 가족</u> 기준 올 설날 제수 용품 구
입비용은 7만7천5백원이다.

(안수정 2006 : 16-17)

(54)와 (55)의 '인'은 특이한 경우를 제외하고는 쓰임에 제약이 있다(우
형식 2001 : 187).

따라서 한국어에는 상대방에 대한 높임이 등급화되어 존대, 평대, 하대
의 3등급으로 실현될 수 있지만 미얀마어의 경우 사회계층에 따라 3등급
즉 '부처님, 국왕, 사람'으로 구분된다(퓨퓨민 2011 : 14).[27]

이 외에도 수 분류사의 수량화와 부류화 기능이 있고 미얀마어와 한국
어 수 분류사의 대응 관계를 비교해볼 수 있다. 이는 일대일, 일대다, 다
대일 등으로 실현된다. 우선 양 언어의 수 분류사의 하위 유형에 있어서
동물성 분류사가 차이를 보인다.

(56) 가. ngar   akaaun   nahi′   chae

      fish   CL : ANIMAL   two   ten

      "물고기 스무 마리"

나. carkalaei :,   khao   tai′   {kaaun}

      sparrow,   dove   ten   CL : ANIMAL

      "참새, 비둘기 한 {마리}"

(퓨퓨민 2011 : 19)

---

27) Aikhenvald(2000 : 260)에서도 인간성 분류사가 공손성(politeness)과 연관성이 있고
한국어, 미얀마어와 태국어에서 상대방의 사회적 지위(social status)에 따라 사용되
는 수 분류사가 있다고 언급한 바가 있다.

(56가)와 (56나)를 통해 알 수 있듯이 미얀마어에서는 하나의 동물성 분류사 즉 *kaaun*을 사용하여 모든 종류의 동물을 셀 수 있다. 그러나 한국어의 경우는 다르다.

(57)

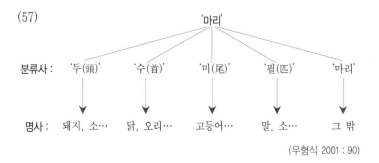

(우형식 2001 : 90)

(57)에서는 동물성 분류사 중에 '두(頭)'는 네 발 짐승, '수(首)'는 두 발 짐승, '미(尾)'는 물고기, '필(匹)'은 생활과 관련된 부분을 기준으로 하여 동물들을 부류화한 것이다. '마리'는 이 모든 동물들을 포괄하는 분류사이다. 한국어의 동물성 분류사 사용을 다음과 같은 수량 표현을 통해 확인할 수 있다.

(58) 가. 소 20두 / 스무 마리
　　 나. 말 20필 / 스무 마리
　　 다. 닭 20수 / 스무 마리
　　 라. 생선 20미 / 스무 마리

(우형식 2001 : 38)

(58)의 '두(頭)', '수(首)', '미(尾)', '필(匹)'은 한자어 분류사이고 유생 동물을 가리킬 때 사용된다. 이와 달리 동물성 수 분류사 '마리'가 앞서 제시

한 분류사들을 대체할 수 있고 유생과 무생 동물들을 셀 때 모두 사용될 수 있다(우형식 2001 : 213). 한국어의 '마리'가 모든 동물들을 포괄하는 분류사로서 미얀마어의 *kaaun*과 공통점을 보인다.

또한 비형상성 수 분류사에 속하는 운송수단, 기계, 도구와 관련되는 수 분류사의 사용에 있어서 한국어와 미얀마어 분류사 용법이 차이를 보인다. 예를 들어, 우형식(2001)에서 한국어의 비형상성 분류사의 하위 유형을 다음과 같이 정리하였다.

(59)

구분		용례
운송 수단	육상	사람이 타고 사람이 운송 대상이 되는 것 : 자동차, 경운기, 자전거, 마차, 인력거, 유모차
		사람이 타는 무기류 : 탱크, 대포
		사람이 타고 일하는 기계 : 포크레인, 불도저
	공중	사람이 타고 사람이 운송 대상이 되는 것 : 비행기, 여객기, 전투기, 우주선
가전기기		냉장고, 세탁기, 컴퓨터, VTR
기계류		영사기, 복사기, 재봉틀, 베틀
악기류		피아노, 첼로, 거문고, 대금

(우형식 2001 : 266)

위의 표를 통해 알 수 있듯이 한국어에서는 운송수단, 가전기기, 악기 등을 셀 때, 수 분류사 '대'를 사용할 수 있다. 미얀마어의 경우 기계와 도구에 해당하는 수 분류사가 다대일의 관계를 보인다.

(60) 가. kaa :   tai´   cai :

       car   one   CL : VEHICLE

       "자동차 한 대"

    나. yathaa :   tai´   cai :

	train	one	CL : VEHICLE
	"열차 한 량"		
다.	kaounsainbhaaw :	tai′	cai :
	trade ship	one	CL : VEHICLE
	"무역선 한 척"		
라.	laeiyainpayaan	tai′	cain :
	airplane	one	CL : VEHICLE
	"비행기 한 대"		

(퓨퓨민 2011 : 29)

(60)에서 볼 수 있듯이, 미얀마어에서는 자동차, 열차, 무역선과 같은 교통수단을 세기 위해 수 분류사 *cai :* 가 쓰이고 이는 일대다의 관계를 보인다. 수 분류사 *cain :* 의 경우 비행기를 셀 때만 쓰인다. (60나)와 (60다)의 예를 통해 확인할 수 있듯이 미얀마어에는 한국어와 달리 배나 열차를 가리키는 수 분류사가 따로 존재하지 않고 배와 열차를 셀 때 자동차, 버스 등을 세는 분류사 *cai :* 를 사용한다.

가전기기, 악기 등의 기계와 도구를 세기 위해 한국어에는 '대'와 '개' 사용이 가능하지만 미얀마어에서는 수 분류사 *laoun :* 만 쓰인다.

(61) 가.	kaunpayautaa	tai′	laoun :
	computer	one	CL : TECHNICAL DEVICE
	"컴퓨터 한 대"		
나.	caa : pawae :	tai′	laoun :
	desk	one	CL : FURNITURE
	"책상 한 개"		
다.	raeidaiyao	tai′	laoun :
	radio	one	CL : DEVICE

"라디오 한 개"

라. awaa′rahaawcae′   tai′   laoun :
watching machine   one   CL : MACHINE
"세탁기 한 대"

마. phaoun :   tai′   laoun :
phone   one   CL : DEVICE
"전화기 한 대"

(퓨퓨민 2011 : 30-31)

아래 (62)는 미얀마어 분류사 중에 *khau., khaaun, laoun :, thaou′* 가 일대다의 관계를 보이는 것을 보여준다. 이를 표로 정리하면 다음과 같다.

(62) 미얀마어 분류사	세는 단위	한국어 분류사 대응
khau.	시체, 유령, 죽은 사람의 영혼	구
	낱으로 된 물건	매
	사물, 사건의 수량	건
	빌딩, 아파트 같은 건축물	동
laoun :	수박, 오렌지, 사과 등 전체가 둥근 열매	개
	낱으로 된 물건	개
	산, 건축물 따위의 비교적 크고 튼튼한 것	채
kaaun.	악독한 짓을 하는 사람, 도깨비, 악마, 귀신	놈
	동물의 여러 종류	마리, 두, 필, 수, 미
cai :	배	척
	비행기를 제외한 교통수단	대

위의 표에서 제시된 미얀마어 4개의 분류사가 서로 다른 범위에서 쓰일 수 있다. 이 분류사들의 뜻을 파악하기 위해서는 화용론적 맥락 파악이

중요하다.

    (63) 가. a̲laou′   ta′i   khau.
            event   one   CL : TYPE
            "한 가지 일"
        나. lae′chaaun   ta′i   khau.
            gift   one   CL : PIECE
            "선물 한 개"
        다. yaintaai′mahu.   ta′i   khau.
            car accident   one   CL : EVENT
            "교통사고 한 건"
        라. {achaau′au : ,   einyaa}   ta′i   khau.
            building,   apartment   one   CL : BUILDING
            "{빌딩, 아파트} 한 채"

(퓨퓨민 2011 : 42-44)

    (63)의 *khau*를 문맥에 따라 사건과 구조물을 나타내는 수 분류사로 사용할 수 있고 한국어의 '일', '개', '건', '채'와 대응된다.

    앞서 살펴봤듯이 한국어와 미얀마어의 인간성, 동물성, 비형상성 분류사는 용법 차이를 보이고 특히 인간성 분류사의 경우 한국어는 상대방과의 심리적 거리, 나이, 사회적 지위에 따라 존대, 평대, 하대로 등급화할 수 있다. 반면에 미얀마어에서는 '국왕, 스님, 일반 사람' 대상으로 인간성 분류사 사용이 구분된다. 이는 각 사회의 문화적 특성이 반영되는 결과라고 할 수 있다. 또한 한국어와 미얀마어가 각각 일대다의 관계와 다대일의 관계에서 흥미로운 예시들을 보인다는 점에서 주목할 만하다.

8.3.3. 한국어와 베트남어의 수 분류사

8.3.3.1. 수 분류사의 통사적 구성

분류사가 베트남어에서도 널리 쓰이는 문법 요소이고 Nguyen(1957 :
126)과 Adams(1989)에 따르면 베트남어 분류사가 약 140-200개 정도에
이른다.[28] 언어 유형론적 관점에 베트남어 분류사는 'Q-CL-N'형 구성에
해당한다(Nguyen 1957, Greenberg 1972, Allan 1977, Bisang 1999, 안수정
2006, Simpson 2008, Tran 2011, 표국남 2014).

> (64) hai con   cho`
>   two CL : ANIMAL dog
>   "개 두 마리"
>
>   (표국남 2014 : 34)

> (65) một tấm   vải
>   one CL : PIECE fabric
>   "천 한 장"
>
>   (표국남 2014 : 82)

(64)와 (65)의 예를 통해 알 수 있듯이 베트남어의 수량 표현에서는 수
량사가 선행하고 분류사와 명사가 수량사에 후행한다. 수 분류사의 이러
한 통사적 구성을 한국어에서도 찾아볼 수 있다.

> (66) 가. 개 두 마리
>   나. 두 마리의 개

---

28) Aikhenvald, 2000 : 103 재인용.

(67) 가. 이 검은 옷 세 벌
　　　나. 이 세 벌의 검은 옷

(우형식 2001 : 45)

(68) 가. 책 한 권이 책상위에 놓여 있었다.
　　　나. 한 권의 책이 마음을 따뜻하게 할 수 있다.
　　　다. 한 줄기의 햇살이 내 방 안으로 들어왔다.

(안수정 2006 : 35)

앞서 살펴봤듯이 한국어 수량 표현의 배열순서가 'Q-CL-N'형 구성이라고 언급한 바가 있는데(채완 1983, 우형식 2001) (66)~(68)을 통해 확인할 수 있듯이 한국어에서는 두 가지 유형 즉 'N-Q-CL'와 'Q-CL-N'형이 모두 가능하다. (66나), (67나), (68나)와 (68나)에서 볼 수 있듯이 수량사구가 명사를 수식하고 있다. 그러나 우형식(2001)에서는 한국어 분류사의 두 가지 유형으로 구성된 수량 표현들이 의미 차이를 보인다.

(69) 가. 사과 한 상자
　　　나. 한 상자의 사과

(우형식 2001 : 369)

(69가)의 경우 특정 사과를 가리키는 것이 아니며 지시물의 동질성에 초점을 두지 않는다. (69나)의 경우 특정한 하나의 상자 안에 들어가 있는 사과를 가리킴으로서 지시 대상의 변별성을 강조한다(우형식 2001 : 370).

이 외에도 Tran(2011)에 따르면 분류되지 않는 명사(non-classified noun)와 조응(anaphora)으로 사용되는 명사들이 분류사의 역할을 할 수

있다. 이때 명사가 생략되어서 'Q-CL' 구성으로 나타나기도 한다.[29]

(70) Hai   người   (này)   là   người   Đà Nẵng.
two   CL : PERSON   this   be   person   Đà Nẵng
"이 <u>두 사람</u>은 Đà Nẵng 사람들이다."

(Nguyễn 2002 : 20 Tran 2011 : 30 재인용)

(71) Thua   hai   trận
loose   two   CL : BATTLE
"<u>두 개의 전투</u>에서 졌다."

(Tran 2011 : 33)

위의 예들을 통해 볼 수 있듯이 (70)의 *người*(사람)과 (71)의 *trận*(전투)
가 부류화되지 않는 명사로서 수량사를 후행하고 분류사 위치에 나타날
수 있다.

(72) 가. Cô   mua   mấy   trái?
you   buy   how many   CL : FRUIT (BIG-ROUND)
"How many do you want?"
"몇 개 필요하세요?"
나. Ba   trái.
three   CL : FRUIT (BIG-ROUND)
"Three."

---

29) 이 외에도 Nguyen(1957), Greenberg(1972), Simpson(2008)에 의하면 베트남어에서
는 시간, 기간, 시기, 계절 등을 나타내는 분류사가 'Q-CL' 구성으로 성립되고 '준분
류사'(quasi-classifiers)라 한다. 또한 Nguyen(1957 : 131-132)에 의하면 베트남어
수량 표현에서 분류사 없이 쓰일 수 있는 명사로 차원(dimension), 색깔, 취향, 소음,
장소, 사회적 집단, 수준, 그룹이 있다. 유의어와 합성명사도 이에 해당한다.

"세 개"

(Tran 2011 : 12)

(72)에서 베트남어 수 분류사의 조응적(anaphoric) 사용을 볼 수 있다. 조응(anaphora)은 앞서 언급된 내용에 대해 추가적으로 설명하거나 다시 가리키기 위해서 사용된다. 이미 언급된 내용이기 때문에 조응(anaphora) 은 구 정보(old information)를 가리킨다(Tran 2011 : 11). 이 경우 맥락이 중요한 요인이 된다. (72)의 경우 특정 상황에 따라 크고 둥근 과일, 예를 들면 자몽(grapefruit)을 사려고 하는 사람이 이 과일에 대해 물어본 후 과일가게 주인이 후행하는 맥락에서 자몽(grapefruit) 대신 *trái*(과일)라는 명사를 사용하여 대답할 수 있다. 이 경우 핵 명사 '자몽'이 생략되고 *trái*(과일)가 분류사의 기능을 하게 된다. Tran(2011)이 이러한 베트남어 분류사의 조응적(anaphoric) 사용을 베트남어의 특성으로 보았다. 한국어에도 수 분류사의 'Q-CL'형 구성이 가능하다.

(73) 가. 두어 참을 쉬었다.
　　　나. 무더위 속에 네 참이나 되는 산길을 올라갔다.

(우형식 2001 : 328)

(73가)의 '참'은 '일을 하다가 일정하게 쉬는 번수나 몇 번 쉬었다가 가야 하는 거리'를 뜻하고 (73나)에서는 분류사의 구실을 한다(우형식 2011 : 328).

이상에서 살펴본 바와 같이 한국어와 베트남어의 수 분류사는 'Q-CL-N'(수량사-분류사-명사)과 'Q-CL'(수사-분류사) 두 가지 유형이 모두 나타난다는 점에서 유사하다고 볼 수 있다.

8.3.3.2. 수 분류사의 의미적 분류와 대응관계

표국남(2014 : 53-54)에서 우형식(2001)의 분류사의 의미적 부류에 따라 한국어와 베트남어의 수 분류사를 다음과 같이 세분화하였다.[30)]

(74)

구분		한국어	베트남어
[+유정성] 수 분류사	[+인간성] 수 분류사	명, 사람, 인, 분, 놈, 년, 구	존대 : dăng, vi(분)
			하대(남녀) : dưa(낮춤, 친밀감) 하대(남성) : gă, thăng, tên(-호감, 경시하는 남자); 하대(여성) : â
			người(명, 사람)[31)]
			친족 호칭어 : ông(할아버지), bâ(할머니), cụ(고조부모), cậu(외삼촌), chú(숙부), dì(이모), thím(숙모), cô(고모), bác(백부모), anh(형), chị(누나), cháu(조카), em(남·여동생)[32)]
	[+동물성] (-인간성) 수 분류사	두, 필, 수, 미, 마리	con(동물)
[-유정성] 수 분류사	[+식물성] 수 분류사	그루, 주, 포기, 송 이, 뿌리, 잎	gơc(나무의 아랫동아리), bui(잎과 가지가 서로 얽혀서 바짝 붙어 자라는 초목의 무리), hoa, bông, dơa(꽃, 송이), cư(뿌리), lâ(잎)
[+형상성] (모양) 수 분류사	[1차원]	가닥, 가 락, 개비, 자루	sơi(가닥, 가락, 가늘고 긴 형상), que(개비), thanh, cây(자루)
	[2차원]	장, 매	tâm(얇고 편평한 물질), bưc(그림이나 사진, 글자, 종이류), tờ(정해진 양식을 따라서 그 안에 일정한 내용을 인쇄하거나 쓴 종이 : 영수증, 지폐)

---

30) 베트남어 분류사에 대한 연구로 Emeneau(1951), Nguyễn Đình Hòa(1957), Thompson(1965), Hoàng Tất Thắng(1996), Lý Toàn Thắng(1998), Bisang(1999), Nguyễn Phú Phong(2002), Lê Ni La(2008), Trân(2011) 등이 있다.

	〔3차원〕	알, 톨, 모, 방울	viên, hòn (둥글고 고체 작은 물질), quâ, trái(과일류, 둥근 모양 과일), bia(두부), giọt(방울)
〔-형상성〕 (기능) 수 분류사	〈운송수단〉 〈기계류〉 〈악기류〉	대, 척, 기	chiêc(대)
	〈무기류〉	정, 문	khâu(문)
	〈건축물〉	채, 동	cân(작읍 집), ngôi(절 같은 삼각형의 뾰족한 지붕이 있는 건물), tøa(큰 건물)
	〈도서류〉	권, 편	quyên, cuôn(책), thiên(소설, 신문 기사), bái(시), bô(영화)
〔포괄〕 수 분류사		개	cái(개)

(표국남 2014 : 53-54)

(74)에서는 우형식(2001)에서 제시한 것으로 양 언어의 분류사를 〔±유정성〕, 〔±형상성〕과 포괄 분류사 기준으로 분류화하였다. 우선 위의 표를 통해 알 수 있듯이 한국어의 유정성 분류사의 경우 〔인간성〕과 〔존대/하대〕가 주요 분류 기준이 되고 베트남어의 경우 〔남성/여성〕 의미 자질에 따라 분류사가 구별된다(표국남 2014 : 57-58). 베트남어에서는 다음과 같이 분류사를 통해 지시 대상에 대한 존대와 하대를 표시할 수 있다.

---

31) 한국어의 인간성 분류사 '명'과 '사람'에 해당하는 베트남어 분류사 *người*에 대해 표국남(2014)에서는 언급한 바 없지만 Nguyen(1957)과 안수정(2006)의 연구에 기반을 두어 논의의 편의를 위해 이 분류사까지 다룬다.

32) 친족 호칭어의 경우 ông(할아버지), cậu(외삼촌), anh(형) 등이 남성을 가리키는 분류사가 되고 bà(할머니), dì(이모), chị(누나) 등이 여성을 세기 위해 사용된다. 이를 (76)과 (77)을 통해 확인할 수 있다.

(75) 가. đăng　　　　　　{cứu tinh, thánh nhân, tạo hóa}

　　　CL : PERSON　　{Messiah, saint, creator}

　　　"분 {구세주, 성인(聖人), 창조자}"

　　나. Tiền thân của Quân đội Nhân dân Việt Nam là đội Việt
　　　Nam ẻn Giải phóng quân, được thành lập ngày 22 tháng
　　　ưới sự che chở của anh linh

　　　<u>2　　đăng　　　　　　anh hùng</u> dân tộc.

　　　two　CL : PERSON　hero

　　　"'베트남인민군대'의 전신은 민족 <u>영웅 두 분</u>의 보호 아래
　　　1944년 12월 22일에 창립된 '베트남선전해방군'이다."

　　다. Đám cưới hôm nay có <u>một　　vị　　　　　　khách</u> đặc biệt
　　　là ông Đoàn Phú　　one　　CL : PERSON　guest
　　　Tứ, nhà thơ nổi tiếng.

　　　"오늘 결혼식에 특별한 <u>손님 한 분</u>이 참석하셨는데 유명한 시
　　　인이신 Đoàn Phú Tứ 씨이다."

　　라. 490　　　　　　　　　vị　　　　　　đại biểu Quốc hội
　　　four hundred ninety　CL : PERSON　member of Congress

　　　"국회의원 490명"

(표국남 2014 : 58-59)

(75가)～(75라)에서 보듯이, 존대를 나타내는 인간성 분류사 *dăng*과
*vi*가 한국어 수 분류사 '분'에 대응된다. 또 *dăng*은 구세주, 성인(聖人), 창
조자 등의 '높은 공적을 남기거나 훌륭한 업적을 세운 사람 또는 탁월한
능력이 있는 사람'을 가리키기 위해 사용된다. *vi*는 손님, 국회의원 등 '명
예로운 칭호를 가지고 있거나 높은 직위에 있는 사람'을 지칭할 때 쓰인다
(표국남 2014).

　다음은 낮춤의 의미 자질을 갖는 수량표현의 예이다.

(76) 가. một   đứa   trẻ

       one   CL : PERSON   kid

       "아이 한 명"

    나. một   đứa   bạn   thân

       one   CL : PERSON   friend   close

       "친한 친구 한 놈"

    다. một   thằng   nô lệ

       one   CL : PERSON   slave

       "노예 한 놈"

(표국남 2014 : 59-60)

(77) 가. một   tên   trộm

       one   CL : PERSON   robber

       "도둑 한 놈"

    나. ba   tên   địch

       three   CL : PERSON   enemy

       "세 놈의 적"

(안수정 2006 : 58)

(76가)~(76나)의 예들에서 볼 수 있는 *đứa*는 〔+낮춤〕의 의미 자질을 표시하지만 〔+친밀감〕도 나타낼 수 있고 남녀 모두에게 사용될 수 있다. (76다)의 *thằng*는 남성 명사에 결합하고 〔-호감〕의 속성을 갖는다. 이 외에도 (77가)와 (77나)의 *tên*은 한국어의 '놈'에 해당하고 도둑, 적 등을 치칭할 때 쓰인다.

또한 베트남어의 분류사 중에 친족 호칭어에서 기원한 것들이 있다. 이를 다음과 같이 제시할 수 있다(Nguyễn Tài Cán 1975, 안수정 2006, 표국남 2014).

(78) 남자 : ông(할아버지), cậu(외삼촌), chú(숙부), anh(형)

　　여자 : bà(할머니), dì(이모), thím(숙모), cô(고모), chị(누나)

　　남녀 : cụ(고조부모), bác(백부모), cháu(조카), em(남 · 여동생)

(Nguyễn Tài Cẩn 1975 : 139, 표국남 2014 : 62 재인용)

(78)에서 제시된 친족 호칭어는 존대의 의미를 나타내기 위해서만 사용된다. 이에 관한 몇 가지 예를 제시하면 다음과 같다.

(79) Có ba　　ông　　　　thầy tu đã tu luyện gần được 20 năm rồi.

　　　three CL : PERSON monk

　　"20년 가까이 수행한 수행승 세 분이 있다."

(표국남 2014 : 61)

(80) một　　cô gái

　　one　　CL : PERSON

　　"아가씨 한 명"

(안수정 2006 : 58)

바로 위의 (79)에서 봤듯이 ông이 '할아버지'의 의미를 지니지만 수 분류사로 사용될 때에는 한국어의 인간성 분류사 '분'에 대응된다. 이 외에도 cậu가 '외삼촌'이라는 뜻을 갖지만 수 분류사로 실현될 경우 '중년남자'를 가리키는 분류사가 된다. (80)의 cô는 '고모'를 의미하지만 젊은 여자를 나타낼 때 사용될 수 있다.

또한 베트남어의 người가 한국어의 인간성 분류사 '명', '사람'과 대응된다(Nguyen 1957, 안수정 2006).

(81) 가. một　　　người　　　　　cha
　　　　　one　　　CL : PERSON　　father
　　　　"아버지 한 명"

　　나. một　　　người　　　　　bếp
　　　　　one　　　CL : PERSON　　cook
　　　　"요리사 한 명"

　　다. một　　　người　　　　　lạ
　　　　　one　　　CL : PERSON　　stranger
　　　　"타인 한 명"

　　라. một　　　người　　　　　điếc
　　　　　one　　　CL : PERSON　　deaf man
　　　　"청각 장애인 한 명"

(Nguyen 1957 : 133)

(81)의 *người*에 대해 Nguyen(1957)이 *người*가 인간성 분류사이지만 친족 호칭어, 직업 명사와 지시 대상의 나이, 사회적 지위, 생김새 등 가리키기 위해 사용된다고 하였다. 이를 (81가)의 *cha*(아버지), (81나)의 *bếp*(요리사), (81다)의 *lạ*(타인), (82라)의 *điếc*(청각 장애인)과 *người*의 결합을 통해 확인할 수 있다. 한국어의 예는 다음과 같다.

(82) 가. 아홉 살에 초등학교에 들어간 나는 <u>형님 두 분</u>과 <u>누님 두 분</u>
　　　　밑에서 어린 시절을 보냈다.

　　나. 날마다 우리 동네 젊은 <u>선생님들 다섯 분</u>과 승용차를 함께 타
　　　　고 출근하고 있다.

　　다. 저의 <u>친구 한 {명, 사람}</u>-을 소개하겠습니다.

　　라. 그러자 <u>농부 세 {명, 사람}</u>-이 함께 물속으로 들어갔다.

(우형식 2001 : 197-200)

미얀마어와 한국어의 인간성 분류사를 대조분석했을 때 이미 언급했듯이 한국어의 인간성 분류사는 친족 관계, 나이, 사회적 지위에 따라 '분', '명', '사람'으로 선택할 수 있다. (82다)와 (82라)에서 볼 수 있듯이 분류사 '명'과 '사람' 모두 사용이 가능하다.

또한 양 언어의 동물성 분류사를 비교해보면 베트남어의 경우 분류사 con이 동물을 셀 때 사용되고 이를 다음과 같이 제시할 수 있다.

(83) 가. một   con   gà
       one   CL : animal   hen
       "닭 한 마리"

나. ba chục   con   bò
       thirty   CL : animal   ox
       "삼십 마리의 황소"

(안수정 2006 : 59)

(84) 가. Trong chuồng nuôi <u>hai   con   lợn</u>.
                         two   CL : ANIMAL   pig
       "우리 안에 돼지 두 마리를 기른다."

나. Huy và Thắng phát hiện một bao tải trong đó có
       <u>một   con   chó</u> chết.
       one   CL : ANIMAL   dog
       "Huy와 Thắng은 포대 안에 <u>죽은 개 한 마리</u>가 있는 것을 발견했다."

(표국남 2014 : 66-67)

(83)~(84)에서 볼 수 있듯이, 베트남어의 동물성 분류사 con이 한국어

동물성 분류사 '마리'와 대응되고 일대다의 관계를 보인다.

(85) 가. {고양이, 소, 말, 닭, …} 두 마리
나. {고등어, 가재, 나비, 개미, …} 두 마리

(우형식 2001 : 62)

(85)를 통해 알 수 있듯이, 한국어의 동물성 분류사 '마리'가 모든 종류
의 동물을 셀 때 사용되고 베트남어의 *con*도 같은 기능을 한다.

이 외에도 앞서 (75)에서 살펴봤듯이, 한국어의 경우 비형상성 도서류
수 분류사 '편'이 베트남어의 *thiên, bái, bô*와 비교할 경우 '편'이 일대다
의 관계를 보이지만 베트남어 분류사와 다른 양상을 보인다.

(86) 가. 그 작가는 장편 소설 한 편과 단편 소설 열 편을 썼다.
나. 잘 쓴 기사 한 편은 사회를 바꾸는 힘이 있다.
다. 잔잔한 감동을 주는 영화 두 편이 오는 14일 나란히 개봉된다.

(87) 가. <u>một thiên tiểu thuyết</u> nổi tiếng
one CL : PIECE novel
"유명한 <u>소설 한 편</u>"
나. Giá trị của <u>một thiên</u> phóng sự thể hiện ở cả hai mặt.
one CL : PIECE article
"<u>기사 한 편</u>의 가치는 두 가지 면에서 나타난다."
다. Những khán giả có thể xem <u>hai bộ</u> phim vào
two CL : FILM movie
19h các ngày : 5-4 (phim "Giải thưởng") và 6-4 (phim
"Ánh sáng thầm lặng") ại Viện Goethe.
"관객들은 괴테 학술원에서 4월 5일(영화 "포상"), 6일(영화

"침묵의 빛") 양일에 걸쳐 7시에 <u>영화 두 편</u>을 볼 수 있다."

(표국남 2014 : 96)

(86)과 (87)을 보면 한국어의 '편'에 해당하는 베트남어 수 분류사 *thiên, bộ*가 용법의 차이를 보이고 있다. 앞서 살핀 바와 같이 소설, 기사, 영화 등을 셀 때 사용되는 비형상성 분류사가 한국어에서 '편'이지만 이에 해당하는 베트남어 분류사가 3가지로 실현된다. 즉 *thiên*이 소설과 신문 기사를 셀 때 사용되기 때문에 분류사와 명사 간의 일대다의 관계에 해당되지만 *bộ*는 영화만의 수량을 나타낼 때 쓰이기 때문에 일대일의 관계를 보인다.

또한 베트남어에서는 운송수단, 기계, 도구를 세기 위해 사용되는 수 분류사 *chiếc*(대)와 *cái*(개)의 사용은 한국어 수 분류사와 비슷하다(표국남 2014 : 91).

(88) 가. hai chiếc　　　　　{xe đạp, xe máy, xe ô tô, taxi, xe buýt, tàu hỏa}

　　　　two CL : VEHICLE {bicycle, motorbike, car, taxi, bus, train}

　　　　"{자전거, 오토바이, 자동차, 택시, 버스, 기차} 두 대"

　나. hai　　chiếc　　　　{thuyền, tàu ngầm}

　　　　two　　CL : VEHICLE　{boat, submarine}

　　　　"{배, 잠수함} 두 대"

　다. hai chiếc　　　　　{tủ lạnh, lò vi sóng, máy phát điện, rô bốt}

　　　　two CL : ENGINE　{refrigerator, gas stove, robot}

　　　　"{냉장고, 전자레인지, 로봇} 두 대"

라. hai   chiếc   {piano, viôlông}
    two   CL : MUSICAL INSTRUMENT   {piano, violin}
    "{피아노, 바이올린} 두 개"

(표국남 2014 : 91)

(89) 가. 저는 <u>카메라 몇 대</u>는 챙겨 두었어요.
     나. 차 안에는 <u>두 개의 TV 방송 카메라</u>가 준비되어 있었다.

(우형식 2001 : 273)

위의 (88)의 예들에서 볼 수 있듯이 *chiếc*(대)이 운송수단, 기계, 악기를 셀 때 다 사용된다. 한국어의 경우 카메라를 지시할 때 분류사 '대'와 '개'의 사용이 가능하다. (89가)에서 보듯이 '카메라 몇 대'라는 표현에서 카메라의 기능이 초점이 되고 (89나)에서는 '두 개의 TV 방송 카메라'라고 할 때 카메라의 '사물로서의 속성'에 초점을 둔다(우형식 2001 : 273). 그 예를 (89가)와 (89나)에서 확인할 수 있다.

이상으로 살핀 바와 같이, 인간성 분류사의 경우 베트남어와 한국어 분류사는 상대방에 따라 [높임]이나 [낮춤]을 표시하는 것이 유사하지만 성별에 따라 차이를 보인다. 남성과 여성을 가리키는 인간성 분류사는 베트남어의 특징이다. 그 중에도 친족 호칭어에 기반을 둔 베트남어 인간성 분류사가 [하대]의 자질을 지니지 않는다. 또한 동물성, 운송수단, 기계, 도구, 악기를 세기 위해 사용되는 양 언어의 비형상성 분류사가 비슷하게 일대다의 관계를 보인다는 사실이 흥미롭다.

8.3.4. 한국어와 태국어의 수 분류사

8.3.4.1. 수 분류사의 통사적 구성

태국어 분류사는 수량을 뜻하는 표현에서 필수적으로 나타나기 때문에 분류사 언어(classifier language)에 속한다(Allan 1977 : 286). Hundius 외 (1983)에 의하면 태국어에는 200개의 분류사가 존재한다.[33] 언어 유형론 적인 관점에서 태국어 분류사가 'N-Q-CL'형 언어에 해당되고 이러한 유형 이 한국어 분류사와 유사하다고 볼 수 있다(Nguyen 1957, Allan 1977, Bisang 1999, 우형식 2001, 쭈타맛 분추 2007, Simpson 2008, 김유진 2012). 이를 다음과 같이 태국어와 한국어의 수량 표현 예시를 통해 확인할 수 있다.

(90) 가. na´krian   sɔɔˇŋ   kon
      student   two   CL : PERSON
      "학생 두 명"

   나. maˇ   saam   tua
      dog   three   CL : ANIMAL
      "개 세 마리"

   다. kapaoˇ   sɔɔˇŋ   bai
      bag   two   CL : THING
      "가방 두 개"

(쭈타맛 분추 2007 : 28)

(91) 가. 친구 한 {명, 사람}
   나. 개가 세 마리 있었다.

(우형식 2001 : 70)

---

33) Aikhenvald, 2000 : 103 재인용.

(90)과 (91)은 인간성 분류사 '명'과 동물성 분류사 '마리'가 사용된 'N-Q-CL'형 수량사 구성이다.

한편 김유진(2012)에서 한국어와 태국어 분류사의 결합 방식의 차이를 다음과 같이 제시하였다.[34]

(92)

한국어	태국어
명사-수량사	x
명사-수량사-분류사	명사-수량사-분류사
수량사-분류사(의)-명사	x
수사-명사	x
x	명사-분류사-수량사
x	명사-분류사-서수사
x	명사-분류사-지시형용사
x	명사-분류사-형용사

(김유진 2012 : 19)

(92)에서 볼 수 있듯이 한국어와 태국어의 수 분류사가 가장 보편적인 수량사구 '명사-수사-분류사'에 속하므로 한국어와 태국어의 어족과 문장 구조는 다르지만 분류사 기본 통사 구조는 같다고 볼 수 있다(쭈타맛 분추 2007 : 21). 태국어의 또 다른 분류사 결합방식은 다음과 같다.

(93) 가. **명사-분류사-수량사**[35]

     kraadaaˋt   phɛɛˊn   nɯˋŋ

---

34) Wattanaprasert(1983)와 쭈타맛 분추(2007)에서도 태국어 수량사구의 결합방식을 비슷하게 언급한 바 있다.

35) 한국어에도 이러한 수 분류사 결합방식이 가능하지만 이 경우 분류사의 통사적 구성이 달라진다. 예를 들어, 한국어에서 성립할 수 있는 '학생 둘'이라는 수량 표현이 'N-Q'(명사-수량사) 구성으로 배열된다(안수정 2006 : 33).

        paper   CL : SHEET   one
        "종이 한 장"

  나. **명사-분류사-서수사**

        rooˊt   kan   tiiˆsɔɔˇŋ
        car   CL : VEHICLE   second
        "두 번째 자동차"

  다. **명사-분류사-지시형용사**

        nueaˊ   chiˊn   niiˊ
        meat   CL : LUMP   this
        "이 고기 덩어리"

  라. **명사-분류사-형용사**

        baˆn   laˇŋ   yai
        house   CL : BUILDING   big
        "큰 집"

                                        (쭈타맛 분추 2007 : 28-30)

    위의 (92)와 (93)을 통해 알 수 있듯이 태국어 분류사의 결합 방식에
있어 명사가 분류사에 선행하고 수량사, 서수사, 지시형용사, 형용사 등이
분류사에 후행한다.

    우형식(2001)은 태국어 수 분류사의 지시사 수식 구성이 가능함을 언급
한 바가 있는데 태국어 수 분류사가 부류화 기능이 풍부하게 나타는 것이
다. 김유진(2012 : 11)에 의하면 고립어로서의 태국어의 문장 어순과 어휘
사이의 상호 관계를 통해 수 분류사가 명사의 의미 분류만을 표시할 수
있다는 점을 시사한다.

    또한 위에서 살핀 (92)의 내용과 달리 한국어와 태국어가 공통적으로
가지는 수 분류사의 결합 방식으로는 'Q-CL'형 구성이 있다. Aikhenvald

(2000 : 103-104)에서는 라오어와 태국어를 비롯한 동아시아와 동남아시아 어에서는 명사가 분류사처럼 쓰일 수 있다고 지적했다.

> (94) 가. Hnùng   pī
>   one   CL : YEAR
>   "일 년"
>   나. si   tua
>   four   CL : BODY
>   "네 마리"

(Allan 1977 : 307)

(94)에 관해 Allan(1977 : 307)은 이러한 결합 방식은 'Q-N' 즉 수량사 와 명사의 결합이지만 'Q-CL' 배열 순서로 다루어지기 때문에 학자들은 분류사를 자립 명사(noun-free)로 보았다. 'Q-CL' 구성의 분류사가 거리, 지속성, 빈도 등을 나타내는 부사의 기능을 한다. (94)와 마찬가지로 한 국어 수 분류사에서도 'Q-CL' 결합 방식이 가능하다.

> (95) 가. 두 사람이 있다.
>   나. 두 여자가 길을 걷는다.
>   다. *세 연필이 있다.
>   라. *세 토끼가 깡충 뛰어다닌다.

(김유진 2012 : 13)

(95가)와 (95나)에서 보듯이 명사가 사람일 경우 가장 자연스러운 문 장이 되지만 (95다)와 (95라)에서처럼 명사가 사람이 아닌 경우에는 어색 한 문장이 된다.

다음으로는, 태국어와 한국어에서 수 분류사가 'N-Q-CL(repeater)'로 성립되는 방법이다(Iwasaki et al. 2005, Simpson 2008).

(96) hoong   saam   hoong
      room   three   CL : ROOM
      "방 3개"

(Simpson 2008 : 20)

(96)에서는 명사 *hoong*(방)이 반복적으로 나타나고 Simpson(2008)에 의하면 이러한 결합 방식에 나타나는 두 번째 명사를 self-classifiers 또한 반복소(repeater)라고 한다. 한국어의 예는 다음과 같다.

(97) 가. 급히 올 <u>사람 한 사람</u>이 더 필요하다.
     나. 급히 올 <u>사람 한 명</u>이 더 필요하다.

(김지홍 1997)[36]

(97)에서 보듯이 '사람 한 사람'이 'N-Q-CL(반복소)형 구성으로 성립되지만 '사람 한 명'으로 대체가 가능하고 수 분류사의 통사적 구성이 'N-Q-CL'으로 변형된다. 우형식(2001 : 68)에 따르면 'N-Q-CL(반복소)형 구성은 표현의 구체성을 높이기 위해 쓰인다. 한국어에는 반복소(repeater)가 분류사로 사용되는 것은 제한적이다.

한국어와 태국어가 언어 유형론적 측면에서 상이한 어족과 문법구조를 보이지만 양 언어 수 분류사 'N-Q-CL', 'Q-CL', 'N-Q-CL(repeater)'형 구성이 모두 가능하다는 점에서 공통점을 보인다.

---

36) 우형식(2001 : 67) 재인용.

8.3.4.2. 수 분류사의 의미적 분류와 대응관계

앞서 (92)와 (93)에서 살펴봤듯이 태국어 수 분류사의 통사적 구성의
결합 방식이 5가지가 있고 의미적 분류의 기준도 그 만큼 다양하다. 태국
어 수 분류사의 의미적 범주에 관해 김유진(2012)에서 앞서 제시된 우형식
(2001)의 명사 범주화에 따른 분류사의 분류를 기준으로 한국어와 태국어
의 분류사를 다음과 같이 정리하였다.

(98)

구분		한국어	태국어
유정성	인간성	명, 분, 사람	khoon(명, 사람), thaanˆ(분)
	동물성	마리	tua(동물), chuak(코끼리)
비유정성 (식물성)		그루, 포기, 뿌리	ton(그루) hua(포기),rāk(뿌리)
형상성		개비, 장, 알	muan(개비), phaen(장), hna(장), meˊt(알)
비형상성		권, 대, 자루	khaan, lam(대), khbwn(대), kheruxng(대), thaeˆŋ(자루)
비개체성		벌, 켤레	chuut(벌), khuu(켤레)

(김유진 2012 : 26)

태국어 수 분류사는 한국어, 미얀마어, 베트남어의 수 분류사의 용법과
많이 유사하다. 이는 각 언어를 기존연구의 동일한 의미 분류 기준으로
수 분류사를 부류화시킨 결과일 가능성이 높다.

한편 태국어의 경우 국왕, 여왕, 왕비, 부처님, 승려 등을 높일 때 높임
이 실현되고(쭈타맛 분추 2007)[37] 이는 특히 미얀마어의 스님과 부처님에

---

37) Croft(1994 : 153)에서는 태국어의 경우 친족 관계(kinship)와 사회적 지위(status)에
따라 인간성 분류사 지시 대상의 사회적 지위가 분류 기준이 된다고 주장하였다. 그
러나 그는 동남아시아 언어에서는 수 분류사뿐만 아니라 문법 자체가 존대를 나타낼

대한 인간성 분류사의 용법과 비슷하다고 볼 수 있다.

(99) 가. phramahaakasat nɯɯˋŋ {phraʔoŋ, *thaanˆ, *khoon, *ʔan}
     king   one   CL : PERSON
     "국왕 한 분"

    나. phraphutachaoˆ nɯɯˋŋ {ʔoŋ, *thaanˆ, *khoon, *ʔan}
     Buddha   one   CL : PERSON
     "부처님 한 분"

    다. phrasooˇŋ nɯɯˋŋ {ruup, *phraʔoŋ, *thaanˆ, *ʔan}
     Buddhist monk one   CL : PERSON
     "승려 한 분"

    라. ʔachaan nɯɯˋŋ {thaanˆ, *ruup, *phraʔoŋ, *ʔan}
     teacher   one   CL : PERSON
     "선생님 한 분"

(쭈타맛 분추 2007 : 36)

(99)에서 보듯이 지시 대상에 따라 수 분류사가 다르게 나타난다. 국왕을 가리킬 땐 *phraʔoŋ*, 부처님을 가리킬 땐 *ʔoŋ*, 승려를 가리킬 땐 *ruup*이 사용된다. 이에 관해 Bartz et al.(1985 : 173)에서는 태국어와 베트남어의 인간성 부류(human classification)에서 존대나 권력에 근거를 둔 분류사의 속성이 나타난다고 하였다. 태국어를 비롯한 동남아시아 언어에서는 인간성 분류사를 통해 지시 대상과의 친족 관계(kinship), 지시 대상의 사회적 지위(status) 등에 따라 존대를 표시할 수 있다고 밝힌 바가 있다.

한국어에는 스님이나 장로님을 가리키기 위해 인간성 분류사 '분'이 사용될 수 있지만 이는 태국어 분류사와 다르다. 한국어에는 국왕, 스님, 장

수 있다고 보았다.

로님 등을 가리키는 별도의 분류사가 존재하지 않는다.

(100) 가. 아직도 옛 <u>스승님</u>이 <u>한 분</u> 은거하고 계시다는 소식을 들었다.
　　　 나. 제가 섬기던 교회의 <u>네 분</u> 장로님들이 교회의 전통과 사회에
　　　　　 대한 어떤 문제를 가져와서 이야기를 나눴다.

(우형식 2001 : 199)

(100)에서 보듯이 '분'을 사용한 것은 화자가 '스승님'과 '장로님'에 대한 친밀감이 높기 때문이다(우형식 2001).

　한국어와 태국어의 수 분류사가 대응 관계에서 여러 유사점과 차이점을 보이는데 이와 관련해서 김유진(2012)에서는 다음과 같이 대조 분석하여 제시하였다.

(101)

구분	한국어	태국어
다대일	명 사람	khoon(일반 사람)
일대일	그루	ton(나무, 야채 (긴 야채))
	알	me´t(씨, 동그라미 식품 (쌀, 곡식, 콩))
	벌	chuut[38](옷 (정장, 원피스, 드레스 등 한 가지의 종류)) 세트 (옷, 상품 등)
	켤레	khuu(짝, 신발, 양말, 슬리퍼)
	권	lee^m(책, 잡지, 노트)
	분	thaan^(일반 사람)
		phra?oŋ(국왕, 여왕, 왕비)
		?oŋ(왕실, 왕자, 공주, 왕세자, 왕세자비, 스님(동상)
		ruup(승려, 바구니, 스님(사람))
일대다	마리	tua(동물)
		chuak(코끼리)
	포기	ton(땅 위에 나무, 밖의 뿌리)

	hua(동그라미 야채, 땅 속에 있는 야채, 감자, 양파 등)
뿌리	raak(뿌리 (땅 속))
개비	muan(카세트 테이프, 담배 (옛날 담배))
	khaˇn(가지, 야채 줄기 (부드러운 것))
장	phun(카페트, 스카프, 실크, 손수건, 식보, 천)
	bai(잎, 태국 전통 밥그릇 모양 (개별적 사용))
	phaen(종이, 신문 쪽, 명함, 책 쪽)
	hna(쪽)
대	khaan(자동차, 버스, 자전거 : 사람이 타고 운송하는 교통 수단)
	lam(비행기, 우주선, 선박류 : 하늘이나 바다에서 운송수단)
	khbwn(열차)
	kheruxng(엔진, 컴퓨터, 핸드폰, TV, 전제레인지)
자루	leeˆm(음식이나 물이 들어갈 수 있는 긴 용기, 칼)
	krabɔɔ`k(초, 가위, 텀블러, 대나무, 긴 물건, 물 들어갈 수 있는 긴 용기, 총)
	thaeˆŋ(연필, 볼펜)

(김유진 2012 : 42)

위의 표는 한국어 분류사를 기준으로 삼아 수 분류사의 다대일, 일대일 과 일대다 관계를 선정한 것으로 보인다. (101)에서 주목할 만한 것 중의 하나는 태국어 동물성 분류사 중에 코끼리를 세기 위해 사용되는 별도의 분류사가 존재한다는 사실이다.

(102) 가. {maaˊ, maaˇ, noˊk, praa, *chaaˊŋ}　　nɯɯ`ŋ {tua, *ʔan}
　　　　　{horse, puppy, bird, fish, elephant}　　one　CL : ANIMAL
　　　　　"{말, 강아지, 새, 물고기, *코끼리} 한 {마리}"

---

38) Aikhenvald(2000 : 407)에서는 *chuut*는 외래어이고 영어의 'suit'를 차용한 것이라고 하였다. 'suit'가 서양의 의류, 잠옷, 수영복 등을 가리키기 위해 사용되었다.

　나. {chaaᐟŋ, *maaᐟ}　　　nɯɯˋŋ　　chuak

　　　{elephant, horse}　one　　　CL : ANIMAL

　　　{코끼리, *말} 한 마리

(쭈타맛 분추 2007 : 42)

(102)를 보면 태국어는 동물을 셀 때 코끼리를 가리키기 위해 동물성 분류사 *chuak*이 사용된다. Iwasaki et al.(2005 : 75)에서 태국에서는 코끼리가 성스러운 동물(saint animal)로 여겨지기 때문에 수 분류사 *chuak*을 사용하여 코끼리를 셀 때 다른 동물과 변별성을 둔다. 태국에서 코끼리는 나라를 대표하는 동물이기 때문에 코끼리를 가리키는 동물성 분류사가 별도로 존재한다. 특이한 점은 왕이나 국가업무를 위해 사용되는 코끼리의 경우, 동물성 분류사 *chang*이 사용된다. 쭈타맛 분추(2007 : 42)에 의하면 과거 전쟁 시 왕이 코끼리를 타고 싸웠으며 이로 인해 오늘날까지도 코끼리가 왕의 상징으로 여겨져 왔다. 그 외 나머지 동물을 세거나 분류하기 위해 수 분류사 *tua*를 사용한다. 이러한 설명을 통해 코끼리가 태국 문화에서 특별한 가치를 지닌다고 볼 수 있다.

또한 한국어와 태국어 수 분류사 중에 '장', '대'와 '자루'가 일대다의 관계를 보인다.

(103) 가. 예쁜 <u>티셔츠 한 장</u> 정도는 따로 준비해 가는 게 좋겠다.

　　　나. <u>스카프 한 장</u>이 마음을 이토록 환하게 해주는 줄을 몰랐다.

　　　다. <u>김 한 장</u> 구워 이리 가져와.

(안수정 2006 : 22)

(104) 가. 책상 위에는 <u>편지 한 장</u>과 열쇠가 놓여 있었다.

　　　나. 이렇게 가치와 호랑이 <u>그림 한 장</u>을 족자로 만들었다.

다. 그의 안주머니에서 접혀 있는 <u>종이 몇 장</u>이 나왔다.

라. 지갑에서는 만 원짜리 <u>다섯 장</u>과 천 원짜리 <u>열 장</u>이었다.

(우형식 2001 : 242–243)

(105) 가. p̄h̄aꞥm   ꞥnừng   p̄hǖn

　　　blanket   one   CL : BED LINEN

　　　"이불 한 장"

나. rūp   t̄hai   ⁻xng

　　　photo   two   CL : PAPER

　　　"사진 두 장"

다. kradāȳ' k̄heīyn cd̄hmāy   īsib   p̄hæ̀

　　　writing paper   ten   CL : SHEET

　　　"편지지 열 장"

라. xek̄sār   īsām   ꞥñā

　　　document   three   CL : PAPER

　　　"서류 세 장"

(김유진 2012 : 34–35)

(103)과 (104)의 예를 통해 알 수 있듯이 한국어의 분류사 '장'이 이불, 사진, 편지지, 서류, 옷, 김, 멍석, CD, 유리, 디스켓 등을 셀 수 있다. 이 경우 지시 대상의 모양이 얇고 평평해야 한다(안수정 2006, 김유진 2012). 이에 비해 (105가)~(105라)에서 보듯이 태국어의 수량 표현에는 각각 다른 수 분류사 *p̄hǖn, ⁻xng, p̄hæ̀, ꞥñā* 등이 사용된다.

태국어에도 교통수단, 기계, 도구를 나타내기 위해 한국어의 '대'에 대응되는 수 분류사 몇 개가 있다. 이는 미얀마어와 베트남어 수 분류사와 유사하다.

(106) 가. rᶿhynt   ḥnùng   khạn
　　　 car   one   CL : VEHICLE
　　　 "자동차 한 대"

　　 나. kherǚxng bin   s̄ām   lám
　　　 plane   three   CL : VEHICLE
　　　 "비행기 세 대"

　　 다. rᶿhfị   ḥnùng   k̄hbwn
　　　 train   one   CL : VEHICLE
　　　 "열차 한 대"

　　 라. khxmphiwtexṙ   s̄xng   kherū
　　　 computer   two   CL : ENGINE
　　　 "컴퓨터 두 대"

(김유진 2012 : 36-37)

바꿔 말하면 태국어, 미얀마어, 베트남어의 운송수단을 셀 때 여러 분류사를 사용하는데 한국어에는 이를 대별해서 사용하는 것이 일반적이다. 한국어는 분류사 '대'만을 사용하는데 이것을 한국어의 특성이라고 말할 수 있다.

Aikhenvald(2000 : 408)은 수 분류사의 하위 유형에서 의미 확대가 일어날 수 있다고 하였는데 특히 태국어의 경우 서양 문물의 도입으로 태국어 수 분류사의 독특한 개념들이 추가되었다. 앞서 (106가)의 "자동차 한 대"에 해당하는 태국어 수량 표현 *rᶿhynt ḥnùng khạn*에서 교통수단의 분류사는 *khan*(대)이다. 이것의 사전적 의미가 '긴 손잡이(long handle), 논 사이의 제방(dyke between rice paddies)'이고 긴 손잡이를 갖는 사물을 세기 위해 주로 사용되었다. 현대 태국어에서는 *khan*은 자동차, 자전거, 오토바이, 버스를 셀 때 사용되고 숟가락, 포크, 우산, 전통악기, 기구 등 가리킬 땐 쓰인다. 이는 태국에 소개된 최초의 운송수단이었던 자전거의 손잡이를 가리키는 것에서 유래되었고 의미 확대를 통해 수 분류사로 자리잡았다고 유추할 수 있다.

또한 한국어의 형상성 수 분류사 '자루'에 관련해서는 다음과 같은 용법이 있다.

    (107) {칼, 총, 호미, 연필} 한 자루

(우형식 2001 : 91)

    (108) 연필 한 자루만 사 오너라.

(우형식 2001 : 79)

    (109) 도끼 자루가 부러졌다.

(우형식 2001 : 106)

(107)~(109)를 통해 알 수 있듯이 분류사가 전체-부분의 위계 조직으로 설정될 수 있다. '자루'는 손 도구 부류를 지칭할 때 사용되는 것으로 손으로 다룰 수 있는 도구의 지시어로 사용되면서 분류사로도 쓰일 수 있다(우형식 2001 : 90-91). 따라서 (107)과 (108)의 '자루'가 분류사이면서 의존 명사이고 (109)의 '자루'는 지시어이면서 자립 명사가 된다. 이에 대응하는 태국어 예시는 다음과 같다.

    (110)가. mīd   s̄ām   leèm
              knife   three   CL; TOOL
              "칼 세 자루"
      나. pin   ħnừng   krabɔɔ`k
              gun   one   CL : WEAPON

"총 한 자루"

다. dinːx   ːxng   thaê̂ŋ

pencil   two   CL : WRITING TOOL

"연필 두 자루"

(김유진 2012 : 37-38)

(107)~(109)를 보면 한국어에서 칼, 총, 연필 등의 도구를 세기 위해 수 분류사 '자루'를 사용할 수 있는데 이는 일대다의 관계이다. 이에 반면에 태국어 '자루'에 대응되는 비형상성 분류사가 3가지로 실현될 수 있고 서로 다른 분류사를 통해 도구와 용기 등을 가리킨다. (110가)의 *leêm*이 칼, (110나)의 *krabɔɔ'k*이 총, (110다)의 *thaê̂ŋ*이 연필을 세기 위해 쓰인다.

이상으로 살핀 바와 같이 태국어의 인간성 분류사의 경우 한국어, 미얀마어, 베트남어와 마찬가지로 친족 관계와 사회적 지위에 따라 여러 분류사가 사용된다. 동물성 분류사의 경우 코끼리가 지닌 위상과 역사적 가치에 있어 코끼리를 세는 동물성 분류사가 따로 존재하지만 나머지 동물들을 한국어의 '마리'처럼 포괄 분류사로 셀 수 있다. 이는 태국문화가 지닌 문화적 특성에 기인한다. 또한 분류사 중에 '대', '장'과 '자루'가 한국어에서 일대다의 관계에 놓이지만 태국어에서는 지시 대상마다 별도의 분류사가 쓰인다. 한국어 분류사가 태국어 분류사보다 일대다 용법이 비교적 많다는 것을 알 수 있다.

8.4. 나가기

본 장에서는 언어유형론적 관점에서 한국어의 수 분류사를 동아시아어에 속하는 일본어와 중국어, 또한 동남아시아어에 속하는 미얀마어, 베트남어, 태국어와 대조 분석하였다. 구체적으로 위와 같은 여섯 가지 언어의 수 분류사를 품사 지위와 범위, 통사적 구성, 그리고 의미적 분류의 3 가지 측면에서 검토하였다.

한국어를 동아시아에 속하는 중일 양 언어와 관련시켜 비교해 봤을 때 다음과 같은 공통점과 차이점을 밝혔다. 우선 수 분류사의 품사 지위에 관해서 세 나라의 학교문법을 기준으로 봤을 때 수 분류사가 독립된 품사 유형 중 하나로 간주되는 경우는 중국 학교문법에서뿐이다. 그러나 이러한 차이는 세 언어에서 품사 분류 기준이 다르게 설정되기 때문에 초래된 결과이다. 수 분류사는 세 언어에서 모두 발달된 언어 형식이므로 수 분류사의 품사 지위를 확보하는 것이 더 적절하다고 본다. 또한, 수 분류사의 범위에 있어 세 언어 간에 약간의 차이가 있으나 유형론적으로 봤을 때 표준화된 도량 분류사를 제외하고 동작이나 사건의 단위를 표시해주는 분류사는 수 분류사의 범주에 포함시켜 다루는 것을 제안할 수 있다.

통사적 구성에 대해서 한일 양 언어는 기본적으로 'N-Q-CL형'과 'Q-CL-N형' 구성이 성립된다. 이에 비해 중국어는 일반적으로 'Q-CL-N형'만 가능하나 뉴스 등과 같은 특수한 경우, 'N-Q-CL형'도 가능한데 이러한 경우, 수량에 대한 내용이 강조되면서 보도가 더 명확해지는 효과가 있다. 그 외에, 한중일 세 언어에서 'Q-CL'형도 모두 가능하다. 또한, 한국어에서는 'N-CL'형 구성이 제한적으로 가능하나 중국어에서는 수사가 '일'인 경우 'N-CL'형이 성립된다. 수 분류사 구성을 확장해서 봤을 때 한

일 양 언어는 '지시사-수식어-명사-수사/수 관형사-수 분류사', 또는 '지시사-수사/수 관형사-수 분류사-수식어-명사'의 순서로 배열되는 데에 비해, 중국어는 항상 '지시사-(수사)-수 분류사-수식어-명사'의 순서로 배열된다. 그 외에 중국어에서는 '서수사-CL-(N)형'이나, 부사 '每(měi)'자와 결합하여, '每-CL-(N)'형, '每-Q-CL-(N)'형도 가능하다.

의미적 측면에서는 명사 지시물의 의미적 자질에 초점을 두어 우선 '사물'과 '사태'로 양분화되며 '사물'의 경우, [+개체]와 [-개체]로 분류한 다음, [+개체]의 경우, 보편적 분류사, 인간성 분류사, 동물성 분류사, 식물성 분류사, 형상성 분류사, 기능성 분류사의 여섯 가지로 분류할 수 있으며, [-개체]의 경우, [+짝], [-짝], [+용기], [-용기], [-집단]의 다섯 가지로 나눌 수 있다. '사태'의 경우, 사건 분류사와 사태 분류사의 두 가지로 세분화하였다.

한국어의 수 분류사를 미얀마어, 베트남어, 태국어의 수 분류사와 대조 분석하여 4가지 언어에 있어서 수 분류사의 공통점과 차이점을 밝혔다. 분류사의 문법적 범주에 있어서 미얀마어의 분류사가 수사 보조 접사 (auxiliary affix)로 다루어졌지만 한국어, 베트남어, 태국어에서는 분류사를 명사의 하위 유형이나 개별 품사로 처리한 연구 결과가 있었다.

각각 언어에 대한 기존 논의에서 수 분류사의 통사적 구성이 한국어는 6가지(N-Q-CL, Q-CL-N, N-Q, Q-N, Q-CL, N-CL), 미얀마어는 9가지 (N-Q-CL이나 SO(specific object)-N(numeral)-CL, N-Q-CL(repeater)이나 SO-N(numeral)-CL(repeater), N-'a'(morpheme)-Q-CL, N(numeral)-CL, SO-MCL(modified classifier)-N(numeral)-T(ten, multiple ten), SO-N(numeral)-T, CL-N(numeral)-T, MCL-N(numeral)-T, SO-'pauŋ(total)'-N(numeral)-T/CL), 베트남어는 2가지(N-Q-CL, Q-CL), 태국어는 7가지(N-Q-CL, N-CL-Q, N-CL-

Card.Num., N-CL-Dem.Adj., N-CL-Adj., Q-CL, N-Q-CL(repeater))가 가능하다는 관점에서 연구가 이루어져 왔다. 이 언어들에서 공통적으로 나타나는 수 분류사의 4가지 통사적 구성은 N-Q-CL, Q-CL-N, Q-CL, N-Q-CL(repeater) 구성이 있었다.

또한 한국어와 동남아시아의 3가지 언어를 의미적 분류에 따라 대조 분석하여 기존 연구의 기준(Adams & Conklin 1971, Allan 1977, Aikhenvald 2000, 우형식 2001)을 바탕으로 수 분류사를 인간성, 모양, 그리고 기능에 따라 분류화된 하위 유형을 제시하였고 추상 명사를 논의에서 제외시켰다. 수 분류사의 의미적 속성과 기능에 있어 높임과 낮춤을 가리키는 인간성 분류사, 대응관계를 비교하는 과정에서 동물성과 비형상성 분류사의 일대다와 다대일의 관계를 검토하였다. 4가지 언어에 높임 표현이 있었지만 특히 미얀마어와 태국어에서는 불교 이념의 영향에 따라 현대 언어에서도 부처님, 부처님과 관련된 것들, 스님, 불상 등을 세기 위해 특정 높임 인간성 분류사가 쓰이는 것을 확인할 수 있었다.

이 외에도 흥미로운 것은 미얀마어, 베트남어, 태국어는 동물, 식물, 교통수단, 기계, 도구 등을 세기 위해 사용되는 수 분류사의 기준과 체계가 비슷하다는 점이다. 3국의 수 분류사와 한국어의 수 분류사를 비교하게 되면 동물, 운송수단, 도구 등 표현하는 분류사가 다르게 나타남을 확인할 수 있다. 한국어의 동물성 분류사는 다대일과 일대일의 관계를 보였지만 동남아시아어 3가지 언어에는 유사하게 일대다의 관계를 보였다. 특히 태국어의 동물성 분류사의 경우 코끼리를 세기 위한 특칭 분류사가 있다는 것이 주목할 만하다. 교통수단, 기계, 도구를 가리키는 수 분류사의 경우 한국어에는 '대'를 통해 셀 수 있지만 나머지 3가지 언어에는 교통수단의 기능과 성격에 따라 서로 다른 분류사가 쓰이는 것을 확인할 수 있었다.

마지막으로, 한국어의 경우 수 분류사 '편', '자루', '장'이 3국에 비해 일대
다 관계에 배열되는 점을 검토하였다.

본 장은 위와 같이, 유형론적 관점에서 한국어를 다른 여러 언어들과
관련시켜 대조·비교함으로써 세계 많은 언어 중 한국어가 가지는 보편성
과 특수성을 부각시키고 보다 넓은 시야에서 한국어의 특징을 조명할 수
있는 작업이 되기를 바라며 논의를 마무리하고자 한다.

참고문헌

곽 옥(2015), 「한·중 분류사 대조 연구」, 전남대학교 박사학위논문.

곽추문(1996), 「韓國語 分類詞 硏究」, 성균관대학교 박사학위논문.

김선효(2005), 「국어의 분류사와 문법화」, 한국어학, Vol.27 No., 107-123.

김유진(2012), 「한국어와 태국어의 분류사 대조 연구」, 부산외대 석사학위논문.

김지홍(1994), 「수량사를 가진 명사구의 논항구조」, 『배달말』 19, 1-48.

남기심·고영근(1985/2014), 『표준국어 문법론』, 박이정.

박정구(2012), 「유형론적 관점에서 본 중국어 분류사의 발전 및 그와 한국어의 관련성」, 『국어학』 63, 391-412.

박호관(2003), 「국어 수량 명사 구문의 통사 구조」, 『어문학』 81, 1-23.

배영환(2015), 「언간에 나타난 분류사의 분포와 의미 연구」, 『언어학연구』 36, 137-159.

석주연(2009), 「국어 분류사의 수량화 기능에 대한 일고찰-'뭉치류' 분류사의 기능과 발달을 중심으로」, 『우리말글』 47, 25-46.

안수정(2006), 「수 분류사(數分類詞)의 유형적 특성 연구 : 한국어와 중국어, 일본어, 베트남어의 비교를 중심으로」, 경희대학교 대학원 석사학위논문.

오상룡(1995), 「Korean Numeral Classifiers : Semantics and Universals」, 『담화와 인지』 1, 231-259.

우형식(1997), 「국어 분류사의 의미 범주화 분석」, 『한국어학의 이해와 전망-김응모 교수 화갑기념논총-』, 박이정.

우형식(2001), 『한국어 분류사의 범주화 기능 연구』, 박이정.

우형식(2002), 「한국어 인간성 분류사의 대조언어학적 검토」, 比較文化硏究, Vol.13 No.-, 105-124.

우형식(2003), 「동아시아 주요 언어에 나타나는 수 분류사 구성 형식의 대조」, 『언어』

28-3, 427-449.

우형식·정기영·서민정·배도용·최판림(2005), 『한·일 양어 수 분류사의 명사 분류화 기능에 관한 대조적 연구』, 제이앤씨.

유정정(2015), 「말뭉치 기반 한·중 분류사 대조 연구」, 연세대 박사학위논문.

이연화(2000), 「한국어 수분류사의 의미 분석」, 건국대학교 석사학위논문.

이익섭·채완(1999), 『국어문법론강의』, 학연사.

진려봉(2012), 「유형론적 관점에서 본 한국어 분류사 연구」, 서울대 박사학위논문.

쭈타맛 분추(2007), 「한국어와 태국어의 분류사 비교 연구」, 충남대학교 대학원 석사학위논문.

채 완(1983), 「국어 수사 및 수량사구의 유형적 고찰」, 語學硏究, Vol.19 No.1, 19-34.

채 완(1990), 「국어 분류사의 기능과 의미」, 진단학보(70), 167-180.

표국남(2014), 「한국어와 베트남어의 수 분류사 대조 연구」, 동국대 석사학위논문.

퓨퓨민(2011), 「한국어와 미얀마어 분류사의 대비 연구」, 원광대 석사학위논문.

최형용(2013), 『한국어 형태론의 유형론』, 박이정.

崔炯龍·劉婉瑩(2015), 「韓·中·日 品詞 對照를 위한 品詞 分類 基準 設定」, 『語文研究』 (43-2), 117-149.

홍사만(2008), 「한·일어 분류사의 대조 연구」, 『언어과학연구』 44, 1-27.

何潔(2001), 『現代漢語量詞研究(修訂版)』, 民族出版社.

胡裕樹(2009), 「數詞和量詞」, 『〈20世紀現代漢語語法八大家〉 胡裕樹、張斌選集』, 117-160, 東北師範大學出版社.

Aikhenvald, A. Y.(2000), *Classifiers : A Typology of Noun Categorization Devices*, New York : Oxford University Press.

Allan, K.(1977), Classifiers, *Language,* Vol. 53, No. 2, 285-311.

Barz, R.K. & Diller, A.(1985), Classifiers and Standardization : Some South and South-East Asian Comparisons, *Papers in Southeast Asian Linguistics* No.9, Bradley, D.(ed.), Vol. 9, Pacific Linguistics, the Australian National University. 155-184.

Becker, A.(1986), A Linguistic Image of Nature : the Burmese Numerative Classifier System, *Noun Classes and Categorization*, Craig, C. (ed.), John Benjamins Publishing Company, Amsterdam, Philadelphia, 327-344.

Bisang, W.(1999), Classifiers in East and Southeast Asian Languages : Counting and Beyond, *Numeral Types and Changes Worldwide*, Gvozdanović, J. (ed.), Mouton de Gruyter Berlin New York. 113-186.

Cinque, G.(2006), Are All Languages 'Numeral Classifier Languages'?, *Rivista di Grammatica Generativa*, 31, 119-122.

Comrie, B.(1989), *Language Universals and Linguistic Typology : Syntax and Morphology*, The University of Chicago Press.

Croft, W.(1994), Semantic Universals in Classifier Systems, *Word*, 145-171.

Dixon, R. W. & Aikhenvald, A. Y.(2002), *Word : a Cross-Linguistic Typology*, Cambridge : Cambridge University Press.

Haas, M. R.(1942), The Use of Numeral Classifiers in Thai, *Language* Vol. 18, No. 3, 201-205.

Hla Pe(1965), A Re-evaluation of Burmese 'Classifiers', *Lingua 15*, 163-185.

Iwasaki, Sh. & Ingkaphriom, P.(2005), *A Reference Grammar of Thai*, Cambridge University Press.

Gil, D.(2005a), Distributive Numerals, In Haspelmath et al.(eds.), *The World Atlas of Language Structure*, Oxford : Oxford University Press, 222-223.

Gil, D.(2005b), Numeral Classifiers, In Haspelmath et al.(eds.), *The World Atlas of Language Structure*, Oxford : Oxford University Press, 226-227.

Gil, D. (2013), Numeral Classifiers. In Dryer, Matthew S. & Haspelmath, Martin (eds.) *The World Atlas of Language Structures Online*. Leipzig : Max Planck Institute for Evolutionary Anthropology.

Greenberg, J.(1972), Numeral Classifiers and Substantival Number : Problems in the Genesis of a Linguistic Type. *Working Papers in Language Universals*, Stanford University, 9.1-39.

Jones, R. B.(1970), Classifier Constructions in Southeast Asia, *Journal of the American Oriental Society,* Vol. 90, No.1. 1-12.

Lee, Y.(2014), *Classifiers in Korean*, München : Lincom Europa.

Nguyen, D. A.(1957), Classifiers in Vietnamese, *Word* Vol.13. 1. 124-152.

Simpson, A.(2008), Classifiers and DP structure in Southeast Asia, *The Oxford Handbook of Comparative Syntax, Guglielmo Cinque and Richard Kayne* (eds.), Oxford University Press : Oxford, 806-838.

Stoltz, T. & Veselinova, L. N.(2005), Ordinal Numerals, In Haspelmath et al.(eds.), *The World Atlas of Language Structure*, Oxford : Oxford University Press, 218-219.

Tran, J.(2011), *The Acquisition of Vietnamese Classifiers,* University of Hawaii, Mānoa.

Vittrant, A. (2002), Classifier Systems and Noun Categorization Devices in Burmese, *Proceedings of the Twenty Eighth Annual Meeting of the Berkeley Linguistics Society : Special Session on Tibeto-Burman and Southeast Asian Linguistics*, 129-148.

부록

[부록 1] 의존 명사에서의 분류사 목록(262개)

표제어	빈도수	뜻풀이
가마04	41	「1」가마니01「1」. 「2」((수량을 나타내는 말 뒤에 쓰여)) = 가마니01「2」.
가지04	4899	「1」사물을 그 성질이나 특징에 따라 종류별로 낱낱이 헤아리는 말. 「2」제기차기에서, 제기를 차기 시작해서 땅에 떨어뜨리기까지의 동안을 세는 단위.
가호03(家戶)	0	〔Ⅱ〕 어떤 지역에 있는 집이나 가구 따위를 세는 단위.
갈-이02	0	〔Ⅱ〕 ((주로 '하루, 이틀, 사흘' 따위의 시간을 나타내는 명사 뒤에 쓰여))논밭 넓이의 단위. 소 한 마리가 하루에 갈 만한 넓이로, 지방마다 다르나 약 2,000평 정도이다.
갓04	0	굴비, 비웃 따위나 고비, 고사리 따위를 묶어 세는 단위. 한 갓은 굴비·비웃 따위 열 마리, 또는 고비·고사리 따위 열 모숨을 한 줄로 엮은 것을 이른다.
강다리02	0	쪼갠 장작을 묶어 세는 단위. 한 강다리는 쪼갠 장작 백 개비를 이른다.
개10(個/箇/介)	9022	「1」낱으로 된 물건을 세는 단위. 「2」『광업』 무게의 단위. 한 개는 지금(地金) 열냥쭝이다.
개국01(個國)	434	나라를 세는 단위.
개년03(個年)	151	((한자어 수 뒤에 쓰여)) 해를 세는 단위. 주로 어떤 계획의 한정된 기간을 가리킬 때에 쓴다.
개소01(個所)	124	〔Ⅱ〕 =군데. '군데'로 순화.
개월(個月)	1586	((한자어 수 뒤에 쓰여)) 달을 세는 단위.≒삭03(朔)〔Ⅱ〕.
개조04(個條)	29	낱낱의 조목을 세는 단위.
거듭01	0	팔 따위로 한 몫에 거두어들일 만한 분량을 세는 단위.
거리02	0	「2」((주로 시간의 길이를 나타내는 명사 뒤에 쓰여)) 제시한 시간 동안 해낼 만한 일. 「3」((주로 수를 나타내는 말 뒤에 쓰여)) 제시한 수가 처리할만한 것.
거리03	0	오이나 가지 따위를 묶어 세는 단위. 한 거리는 오이나 가지 오십 개를 이른다.
거리04	9	「1」『민속』 탈놀음, 꼭두각시놀음, 굿 따위에서, 장(場)을 세는 단위. 「2」『음악』 음악, 연극 따위에서 단락, 과장, 마당을 이르는 말.

건04(件)	650	〔Ⅱ〕 사건, 서류, 안건 따위를 세는 단위.
격01(格)	0	〔Ⅱ〕 「3」『운동』 화투나 윷놀이 따위에서 끗수를 세는 단위.
결12(結)	57	논밭 넓이의 단위. 세금을 계산할 때 썼다. 1결은 1동의 열 배로, 그 넓이는 시대에 따라 달랐다. 늑목03.
고랑01	4	〔Ⅱ〕 밭 따위를 세는 단위.
고랑-배미	0	〔Ⅱ〕 밭고랑이나 논배미를 세는 단위.
고리04	0	소주를 사발에 담은 것을 묶어 세는 단위. 한 고리는 소주 열 사발을 이른다.
곤05(梱)	0	포장한 화물, 특히 생사(生絲)나 견사(絹絲)의 개수 또는 수량을 나타내는 단위.
관04(貫)	29	〔Ⅱ〕 「1」무게의 단위. 한 관은 한 근의 열 배로 3.75kg에 해당한다. 「2」=쾌01「2」.
괘03(掛)	44	누에고치의 판매 가격을 나타내는 단위.
괴01	0	창호지를 세는 단위. 한 괴는 2천 장이다.
교02(校)	1	인쇄 교정의 횟수를 세는 단위.
교06(絞)	0	끈이나 새끼줄 따위의 가닥을 세는 단위.
교시03(校時)	47	학교의 수업 시간을 세는 단위. 흔히 40분 또는 45분, 50분 따위로 정한다.
구09(具)	30	시체 따위를 세는 단위.
국04(局)	5	바둑이나 장기 따위에서, 승부를 내는 판을 세는 말.
군데	346	낱낱의 곳을 세는 단위. 늑개소01〔Ⅱ〕.
권01(卷)	960	「1」책을 세는 단위. 「2」여럿이 모여 한 벌을 이룬 책에서 그 순서를 나타내는 말. 「4」주로 고서(古書)에서 책을 내용에 따라 구분하는 단위. 「5」한지를 묶어 세는 단위. 한 권은 한 지 스무 장을 이른다.「6」=릴02(reel)〔Ⅱ〕.
궤02(几)	0	〔Ⅱ〕 바둑을 둘 때 판을 세는 단위.
그루01	221	〔Ⅱ〕 「1」식물, 특히 나무를 세는 단위.늑주24(株)〔Ⅱ〕. 「2」한 해에 같은 땅에 농사짓는 횟수를 세는 단위.
근02(斤)	74	「1」무게의 단위. 한 근은 고기나 한약재의 무게를 잴 때는 600그램에 해당하고, 과일이나 채소 따위의 무게를 잴 때는 한 관의 10분의 1로 375그램에 해당한다.
근03(听)	0	무게의 단위. 한 근은 양지(洋紙) 500장의 무게이다.
근쭝(斤重▽)	0	무게의 단위. 한약재 따위의 무게를 잴 때 쓴다. 1근쭝은 한 근쯤 되는 무게이나 흔히 한 근의 무게로 쓴다.

급04(級)	0	〔Ⅱ〕「1」전쟁에서 죽인 적군의 머리를 세는 단위. 「2」=두름 01〔Ⅱ〕「1」. 「3」=두름01 〔Ⅱ〕「2」. 「4」『출판』사진 식자에 서 자체(字體)의 크기를 나타내는 단위.
기19(基)	97	「1」무덤, 비석, 탑 따위를 세는 단위. 「2」원자로, 유도탄 따 위를 세는 단위.
기29(器)	0	음식을 그릇에 담아 그 분량을 세는 단위.
기33(騎)	0	말을 탄 사람을 세는 단위.
길06	30	((흔히 고유어 수 뒤에 쓰여))「1」길이의 단위. 한 길은 여 덟 자 또는 열 자로 약 2.4미터 또는 3미터에 해당한다. 「2」 길이의 단위. 한 길은 사람의 키 정도의 길이이다.
꼭지01	1	〔Ⅱ〕「1」모숨을 지어 잡아 맨 물건을 세는 단위. 「2」길이의 단위. 실의 길이를 잴 때 쓴다. 한 꼭지는 스무 자로 약 6.66 미터에 해당한다. 「3」일정한 양으로 묶은 교정쇄를 세는 단 위.
끗02	1	「1」접쳐서 파는 피륙의 길이를 나타내는 단위. 한 끗은 피륙 을 한 번 접은 만큼의 길이이다. 「2」화투나 투전과 같은 노 름 따위에서, 셈을 치는 점수를 나타내는 단위.
나절01	7	「1」하룻낮의 절반쯤 되는 동안.
날01	68	〔Ⅱ〕((고유어 수 뒤에 쓰여)) 지구가 한 번 자전하는 동안 을 세는 단위.
냥(兩)	17	「1」예전에, 엽전을 세던 단위. 한 냥은 한 돈의 열 배이다. 「2」무게의 단위. 귀금속이나 한약재 따위의 무게를 잴 때 쓴 다. 한 냥은 귀금속의 무게를 잴 때는 한 돈의 열 배이고, 한 약재의 무게를 잴 때는 한 근의 16분의 1로 37.5그램에 해 당한다.
냥쭝(兩重▽)	0	무게의 단위. 귀금속이나 한약재 따위의 무게를 잴 때 쓴다. 한 냥쭝은 한 냥쯤 되는 무게이나 흔히 한 냥의 무게로 쓰인다.
년02(年)	29681	((주로 한자어 수 뒤에 쓰여)) 해를 세는 단위. 1년은 약 365.25일이다.
놈01	252	〔Ⅰ〕「3」사물이나 동물을 홀하게 이르는 말. 「5」'사람'을 홀 하게 이르는 말.
님02	0	바느질에 쓰는 토막 친 실을 세는 단위.
닢01	40	납작한 물건을 세는 단위. 흔히 돈이나 가마니, 멍석 따위를 셀 때 쓴다.
다스01(〈일〉dâsu)	2	물건 열두 개를 묶어 세는 단위. '12개', '타03(打)'로 순화.

단07(段)	59	〔Ⅰ〕「명사」「2」((수량을 나타내는 말 뒤에 쓰여)) 인쇄물의 지면을 나눈 구획을 세는 단위. 「4」((수량을 나타내는 말 뒤에 쓰여)) 바둑이나 장기 또는 태권도, 유도, 검도 따위의 실력에 따라서 매기는 등급을 세는 단위. 「6」((수량을 나타내는 말 뒤에 쓰여)) 사다리, 계단 따위의 하나하나의 층을 세는 단위. 〔Ⅱ〕「1」땅 넓이의 단위. 한 단은 한 정(町)의 10분의 1, 한 묘(畝)의 열 배, 곧 300평으로 약 991.74㎡에 해당한다. 「2」 자동차 따위의 변속 단계를 나타내는 단위.
단보01(段步)	2	땅 넓이의 단위. 단(段)으로 끝나고 우수리가 없을 때 쓴다. 1단보는 남한에서는 300평으로 991.74㎡에 해당하나 북한에서는 30평으로 99.174㎡에 해당한다.
달05	604	〔Ⅱ〕((주로 고유어 수 뒤에 쓰여)) 한 해를 열둘로 나눈 것 가운데 하나의 기간을 세는 단위.
담불02	0	〔Ⅱ〕벼를 백 섬씩 묶어 세는 단위.
대01	280	〔Ⅱ〕「1」화살 따위와 같이 가늘고 긴 물건을 세는 단위. 「2」 이나 갈비를 세는 단위. 「3」담배통에 채워 넣는 담배의 분량이나 담배를 피우는 횟수를 세는 단위. 「4」때리는 횟수를 세는 단위. 「5」주사를 놓는 횟수를 세는 단위.
대07(代)	2165	〔Ⅱ〕「1」(('십', '이십', '삼십' 따위의 수 뒤에 쓰여)) 사람의 나이를 십 년 단위로 끊어 나타내는 말. 「2」가계나 지위를 이어받은 순서를 나타내는 단위.
대12(對)	0	〔Ⅱ〕「1」두 짝이 합하여 한 벌이 되는 물건을 세는 단위. 「2」사물과 사물의 대비나 대립을 나타내는 말.
대16(臺)	920	차나 기계, 악기 따위를 세는 단위.
대곡02(大斛)	0	〔Ⅱ〕부피의 단위. 곡식이나 액체의 부피를 잴 때 썼다. 1대곡은 스무 말에 해당한다.≒대괵〔Ⅱ〕·전석01〔Ⅱ〕.
도05(度)	593	「1」『물리』섭씨 또는 화씨 온도의 단위. 「2」『수학』각도의 단위. 1도는 직각의 90분의 1이다. 보통 숫자 뒤 어깨에 '°'를 두어 나타낸다. 「3」『음악』음정의 단위. 보표 위에서 같은 선이나 같은 칸이다. 「4」『지리』위도나 경도를 나타내는 단위. 「5」『화학』물질의 경도(硬度), 비중, 농도를 나타내는 단위.
돈01	2	〔Ⅱ〕「1」무게의 단위. 귀금속이나 한약재 따위의 무게를 잴 때 쓴다. 한 돈은 한 냥의 10분의 1, 한 푼의 열 배로 3.75

		그램에 해당한다. 「2」예전에, 엽전을 세던 단위. 한 돈은 한 냥의 10분의 1이고 한 푼의 열 배이다.
돈사01	0	예전에, 돈을 냥 단위로 세고 남은 몇 돈을 세던 단위.
돈-쭝(-重▽)	0	무게의 단위. 귀금속이나 한약재 따위의 무게를 잴 때 쓴다. 1돈쭝은 한 돈쯤 되는 무게이나 흔히 한 돈의 무게로 쓴다.
돌01	37	〔Ⅱ〕「1」생일이 돌아온 횟수를 세는 단위. 주로 두세 살의 어린아이에게 쓴다. 「2」특정한 날이 해마다 돌아올 때, 그 횟수를 세는 단위.
동01	7	〔Ⅱ〕「1」물건을 묶어 세는 단위. 한 동은 먹 열 정, 붓 열 자루, 생강 열 접, 피륙 50필, 백지 100권, 곶감 100접, 볏짚 100단, 조기 1,000마리, 비웃 2,000마리를 이른다. 「2」『역사』논밭 넓이의 단위. 세금을 계산할 때 썼다. 한 동은 한 짐의 열 배로, 그 넓이는 시대에 따라 달랐다.≒총05(總).
동06	0	「1」윷놀이에서, 말이 첫 밭에서 끝 밭을 거쳐 나가는 한 차례를 세는 단위. 「2」윷놀이에서, 말을 세는 단위.
동15(棟)	103	〔Ⅱ〕집채를 세거나 차례를 나타내는 단위.
동무니	0	윷놀이에서, 한 개의 말에 어우른 말을 세는 단위.
되01	63	〔Ⅱ〕「1」부피의 단위. 곡식, 가루, 액체 따위의 부피를 잴 때 쓴다. 한 되는 한 말의 10분의 1, 한 홉의 열 배로 약 1.8리터에 해당한다.≒승02(升). 「2」((곡식, 가루, 액체 따위를 나타내는 명사 뒤에 쓰여)) 약간의 그것이라는 뜻을 나타내는 말.
되-지기02	0	논밭 넓이의 단위. 한 되지기는 볍씨 한 되의 모 또는 씨앗을 심을 만한 넓이로 한 마지기의 10분의 1이다.
두05(斗)	13	=말03〔Ⅱ〕.
두09(頭)	19	소나 말 따위의 짐승을 세는 단위. '마리01'로 순화.
두락01(斗落)	3	=마지기01「1」.
두름01	2	〔Ⅱ〕「1」조기 따위의 물고기를 짚으로 한 줄에 열 마리씩 두 줄로 엮은 것을 세는 단위. ≒급04(級)〔Ⅱ〕「2」. 「2」고사리 따위의 산나물을 열 모숨 정도로 엮은 것을 세는 단위. ≒급04〔Ⅱ〕「3」.
등04(等)	217	〔Ⅱ〕등급이나 석차를 나타내는 단위.
등급(等級)	65	〔Ⅰ〕「명사」「2」((수량을 나타내는 말 뒤에 쓰여)) 여러 층으로 구분한 단계를 세는 단위. 〔Ⅱ〕별의 밝기를 나타내는 단위.≒등성02(等星).

마당	61	〔Ⅱ〕「2」판소리나 탈춤 따위의 단락을 세는 단위.
마력01(馬力)	1	동력이나 단위 시간당 일의 양을 나타내는 실용 단위. 말 한 마리의 힘에 해당하는 일의 양이다. 1마력은 1초당 746줄(joule)에 해당하는 노동량으로 746와트의 전력에 해당한다. 기호는 hp. 늑에이치피·피에스02(PS).
마력-시(馬力時)	0	일의 양을 나타내는 단위. 1마력시는 1마력의 힘으로 1시간에 할 수 있는 일이다.
마리01	1316	「1」짐승이나 물고기, 벌레 따위를 세는 단위.늑수17(首)「2」.
마장01	7	거리의 단위. 오 리나 십 리가 못 되는 거리를 이른다.
마-지기01	103	「1」논밭 넓이의 단위. 한 마지기는 볍씨 한 말의 모 또는 씨앗을 심을 만한 넓이로, 지방마다 다르나 논은 약 150~300평, 밭은 약 100평 정도이다.늑두락01(斗落).
막05(幕)	59	〔Ⅱ〕연극의 단락을 세는 단위. 한 막은 무대의 막이 올랐다가 다시 내릴 때까지로 하위 단위인 장(場)으로 구성된다.늑액트.
말03	93	〔Ⅱ〕부피의 단위. 곡식, 액체, 가루 따위의 부피를 잴 때 쓴다. 한 말은 한 되의 열 배로 약 18리터에 해당한다.늑두05(斗).
매04	0	〔Ⅱ〕맷고기나 살담배를 작게 갈라 동여매어 놓고 팔 때, 그 덩어리나 매어 놓은 묶음을 세는 단위.
매07	1	젓가락 한 쌍을 세는 단위.
매15(枚)	31	「1」종이나 널빤지 따위를 세는 단위. '장21'으로 순화.「2」한 방에서, 열매를 세는 단위.
명03(名)	11548	사람을 세는 단위.
모04	0	모시실을 묶어 세는 단위. 한 모는 모시실 열 올을 이른다.
모11(毛)	0	〔Ⅰ〕「1」비율을 나타내는 단위. 1모는 전체 수량의 10,000분의 1로, 1리(釐)의 10분의 1이다.늑호10(毫)〔Ⅰ〕「1」,「2」=호10〔Ⅰ〕「2」,「3」=호10〔Ⅰ〕「3」.
모금01	182	액체나 기체를 입 안에 한 번 머금는 분량을 세는 단위.
무08(無)	52	〔Ⅱ〕운동 경기에서, 비긴 횟수를 세는 단위.
문07(門)	5	포나 기관총 따위를 세는 단위.
뭇02	1	「1」짚, 장작, 채소 따위의 작은 묶음을 세는 단위.늑속03(束)「1」,「2」볏단을 세는 단위.「3」생선을 묶어 세는 단위. 한 뭇은 생선 열 마리를 이른다.늑속03「2」.「4」미역을 묶어

		세는 단위. 한 뭇은 미역 열 장을 이른다. 「5」『역사』세금을 계산할 때 쓰던, 논밭 넓이의 단위. 한 뭇은 한 줌의 열 배로, 그 넓이는 시대에 따라 달랐다.≒속03「4」.
미13(尾)	0	물고기나 벌레 따위를 세는 단위.
미터02(meter)	359 -645	미터법에 의한 길이의 단위. 1미터는 빛이 진공 중에서 2억 9979만 2458분의 1초 동안 이동한 길이이다. 기호는 m.
바람03	0	길이의 단위. 한 바람은 실이나 새끼 따위 한 발 정도의 길이이다.
바퀴01	228	〔Ⅱ〕어떤 둘레를 빙 돌아서 제자리까지 돌아오는 횟수를 세는 단위.
바탕02	268	「1」길이의 단위. 한 바탕은 활을 쏘아 살이 미치는 거리 정도의 길이이다. 「2」어떤 일을 한 차례 끝내는 동안을 세는 단위.
박02	0	〔Ⅱ〕노름에서 여러 번 지른 판돈을 세는 단위.
박10(泊)	213	객지에서 묵는 밤의 횟수를 세는 단위.
발07	14	「1」길이의 단위. 한 발은 두 팔을 양 옆으로 펴서 벌렸을 때 한 쪽 손끝에서 다른 쪽 손끝까지의 길이이다.
발09(發)	93	「1」총알, 포탄, 화살 따위를 세는 단위. 「2」(비유적으로) 야구 경기에서 홈런을 친 횟수를 세는 단위.
발-짝01	169	발을 한 번 떼어 놓는 걸음을 세는 단위.
방11(放)	84	「1」총포를 쏘거나 남포 따위를 터뜨리는 횟수를 세는 단위. 「2」주먹, 방망이 따위로 치는 횟수를 세는 단위. 「3」사진을 찍는 횟수나 필름의 장수(張數)를 세는 단위. 「4」방귀를 뀌는 횟수를 세는 단위.
배05(杯)	-	「1」술이나 음료를 담은 잔을 세는 단위.
번04(番)	3051	〔Ⅱ〕「1」일의 차례를 나타내는 말. 「2」일의 횟수를 세는 단위. 「3」어떤 범주에 속한 사람이나 사물의 차례를 나타내는 단위.
번수02(番手)	-	섬유나 실의 굵기를 나타내는 단위. 실의 표준 중량에 대한 실의 길이가 단위 길이의 몇 배가 되는가에 따라 표시되는데, 주로 영국식과 공통식을 쓴다. 영국식은 면사의 경우 실 1파운드 곧 453.6그램의 길이가 약 768미터일 때에 1번수라 하고 'S'로 나타내며, 길이가 두 배가 되면 2번수, 열 배가 되면 10번수라 하는데, 숫자가 클수록 실은 가늘어진다. 공통식은 실 1kg의 길이가 1km일 때에 1번수라 하고 'N'으로

		나타낸다.
번-째(番-)	2220	차례나 횟수를 나타내는 말.
벌02	205	〔Ⅱ〕「1」옷을 세는 단위. 「2」옷이나 그릇 따위가 두 개 또는 여러 개 모여 갖추는 덩어리를 세는 단위.
벌04	-	상투를 짤 때에 고를 돌려 감는 가닥을 세는 단위.
벌05	-	같은 일을 거듭해서 할 때에 거듭되는 일의 하나하나를 세는 단위.
범04(犯)	-	형벌을 받은 횟수를 세는 단위.
병01	-	사냥에서, 매를 세는 단위.
보03	-	응답이나 저답 따위를 세는 단위.
보04(步)	-	「1」거리의 단위. 1보는 한 걸음 정도의 거리이다. 「2」거리의 단위. 1보는 주척(周尺)으로 여섯 자 되는 거리이다. 「3」=평02(坪)「1」.
보루03(〈일〉bôru)	6	「1」담배를 묶어 세는 단위. 한 보루는 담배 열 갑을 이른다. 줄', 포'로 순화.
본02(本)	-	초목 따위를 세는 단위.
부12(負)	-	〔Ⅱ〕=짐03.
부15(部)	163	〔Ⅱ〕「1」몇 차례로 이루어지는 일의 한 차례. 「2」신문이나 책을 세는 단위.
분01	-	「2」높이는 사람을 세는 단위.
분08(分)	-	〔Ⅰ〕「1」한 시간의 60분의 1이 되는 동안을 세는 단위. 「2」=푼01〔Ⅰ〕「3」. 「3」=푼01〔Ⅰ〕「4」. 「4」=푼01〔Ⅰ〕「5」. 「5」『수학』 각도의 단위. 1분은 1도의 60분의 1이다. 「6」『지리』 위도나 경도를 나타내는 단위. 1분은 1도의 60분의 1이다.
뼘02	-	〔Ⅱ〕길이의 단위. 비교적 짧은 길이를 잴 때 쓴다. 한 뼘은 엄지손가락과 다른 손가락을 한껏 벌린 길이이다.
사이클(cycle)	-	〔Ⅱ〕주파수의 단위. 전기나 소리의 진동 현상으로 1초 동안에 같은 위상이 돌아오는 횟수를 나타내며, 헤르츠(Hertz)로 표시한다.
살04	-	((주로 고유어 수 뒤에 쓰여)) 나이를 세는 단위.
새05	-	피륙의 날을 세는 단위. 한 새는 날실 여든 올이다. 늑승03(升).
석09(席)	-	좌석을 세는 단위.
선15(選)	-	〔Ⅱ〕여럿 가운데 뽑힌 횟수나 차례를 세는 단위.

섬01	-	〔Ⅱ〕 부피의 단위. 곡식, 가루, 액체 따위의 부피를 잴 때 쓴다. 한 섬은 한 말의 열 배로 약 180리터에 해당한다.≒석07(石)·점08(苫)〔Ⅱ〕.
섬-지기	-	논밭 넓이의 단위. 한 섬지기는 볍씨 한 섬의 모 또는 씨앗을 심을 만한 넓이로 한 마지기의 열 배이며 논은 약 2,000평, 밭은 약 1,000평이다.
세07(世)	-	((한자어 수 뒤에 쓰여)) 가계나 지위의 차례, 또는 왕조의 임금 순위를 나타내는 단위.
세13(歲)	-	((한자어 수 뒤에 쓰여)) 나이를 세는 단위.
소곡02(小斛)	-	〔Ⅱ〕 부피의 단위. 민가에서 곡식이나 액체의 부피를 잴 때 썼다. 1소곡은 열다섯 말에 해당한다.≒소괵〔Ⅱ〕·평석01〔Ⅱ〕.
손05	-	한 손에 잡을 만한 분량을 세는 단위. 조기, 고등어, 배추 따위 한 손은 큰 것 하나와 작은 것 하나를 합한 것을 이르고, 미나리나 파 따위 한 손은 한 줌 분량을 이른다.
수04(手)	-	〔Ⅱ〕 바둑이나 장기 따위에서, 한 번씩 번갈아두는 횟수를 세는 단위.
수17(首)	-	「1」시나 노래를 세는 단위. 「2」=마리01「1」.
술06	-	밥 따위의 음식물을 숟가락으로 떠 그 분량을 세는 단위.
승11(乘)	-	수레 따위를 세는 단위.
승12(勝)	-	〔Ⅱ〕 운동 경기에서, 이긴 횟수를 세는 단위.
시10(時)	-	〔Ⅱ〕「1」차례가 정하여진 시각을 이르는 말.「3」예전에, 주야를 12지(支)에 따라 12등분한 단위. 자시(子時), 축시(丑時), 인시(寅時), 묘시(卯時), 진시(辰時), 사시(巳時), 오시(午時), 미시(未時), 신시(申時), 유시(酉時), 술시(戌時), 해시(亥時)가있다.
시간04(時間)	-	〔Ⅱ〕 하루의 24분의 1이 되는 동안을 세는 단위.
실05(室)	-	〔Ⅱ〕 방을 세는 단위.
쌈03	-	「1」바늘을 묶어 세는 단위. 한 쌈은 바늘 스물네 개를 이른다.「2」옷감, 피혁 따위를 알맞은 분량으로 싸 놓은 덩이를 세는 단위.「3」금의 무게를 나타내는 단위. 한 쌈은 금 백 냥쭝이다.
아름01	-	〔Ⅱ〕「1」둘레의 길이를 나타내는 단위.「2」((수량을 나타내는 말 뒤에 쓰여)) 두 팔을 둥글게 모아 만든 둘레 안에 들 만한 분량을 세는 단위.

알01	-	〔Ⅱ〕「1」작고 둥근 모양의 물건을 세는 단위. 「2」작고 둥근 열매나 곡식의 낱개를 세는 단위.
엽03(葉)	-	종이, 잎 따위를 세는 단위.
영11(令)	-	가죽을 세는 단위.
옥타브(octave)	-	〔Ⅱ〕음정을 나타내는 단위. 1옥타브는 진동수의 비율이 2가 될 때까지의 음정이다. 기호는 Oc.
옴큼	-	한 손으로 옴켜쥘 만한 분량을 세는 단위.
우리02	-	기와를 세는 단위. 한 우리는 기와 2천 장이다.
움큼	-	손으로 한 줌 움켜쥘 만한 분량을 세는 단위.
월02(月)	10015	〔Ⅱ〕((흔히 한자어 수 뒤에 쓰여)) 달을 세는 단위. 기수(基數) 뒤에서는 주로 형을 선고하거나 구형할 때 쓴다.
위05(位)	-	「1」일정한 기준에 의하여 매겨진 등급이나 등수를 나타내는 단위. 「2」신주(神主), 또는 위패(位牌)로 모신 신을 세는 단위.
인06(引)	-	무게의 단위. 소금의 무게를 잴 때 쓴다. 1인은 소금 200근을 이른다.
일07(日)	-	〔Ⅱ〕((한자어 수 뒤에 쓰여)) 날을 세는 단위.
입평(立坪)	-	부피의 단위. 흙, 모래 따위의 부피를 잴 때 쓴다. 1입평은 가로, 세로, 높이를 각각 여섯 자로 쌓아 올린 더미의 부피이다.
잎02[입]	-	「1」명주실의 한 바람을 세는 단위. 「2」→닢01. 「3」『북한어』 '닢01'의 북한어.
자03	-	길이의 단위. 한 자는 한 치의 열 배로 약 30.3cm에 해당한다. 늑척06(尺).
자15(字)	-	무게의 단위. 한약의 무게를 잴 때 썼다. 한 자는 2푼 5리로 1그램에 해당한다.
자17(者)	-	'놈' 또는 '사람'이라는 뜻을 나타내는 말. 사람을 좀 낮잡아 이르거나 일상적으로 이를 때 쓴다.
자루02	-	〔Ⅰ〕「명사」「3」((수량을 나타내는 말 뒤에 쓰여)) 기름하게 생긴 필기도구나 연장, 무기 따위를 세는 단위. 〔Ⅱ〕『북한어』「1」일을 하는 데 드는 품이나 노력 공수(工數)를 세는 단위. 「2」한 번 엎드려 하는 절을 세는 단위.
자밤	-	나물이나 양념 따위를 손가락을 모아서 그 끝으로 집을 만한 분량을 세는 단위.

자식01(子息)	-	〔Ⅱ〕 남자를 욕할 때 '놈01〔Ⅰ〕「1」'보다 낮추어 이르는 말.
자옥02	-	「1」형편이나 처지 또는 어떤 조건을 내세우는 경우. 「2」기회, 자리 또는 무엇이 이루어진 경우.
작03(勺)	-	「1」부피의 단위. 액체나 씨앗 따위의 양을 잴 때 쓴다. 한 작은 한 홉의 10분의 1로 18mL에 해당한다. 「2」땅 넓이의 단위. 한 작은 한 평의 100분의 1로 0.0330579m²에 해당한다.
작은-술	53	「1」음식물을 숟가락에 담아 그 분량을 세는 단위 가운데 하나. 1작은술은 대략 2.5cc이다. 「2」작게 한 번 뜨는 술. 또는 이에 해당하는 양.
잡이01	-	〔Ⅱ〕 ((어미 '-을' 뒤에 쓰여)) 무엇을 할 만한 상대.
장03	-	무덤을 세는 단위.
장08(丈)	-	「1」길이의 단위. 한 장은 한 자(尺)의 열 배로 약 3미터에 해당한다. 「2」((주로 한자어 수 뒤에 쓰여)) 길이의 단위. 1장은 사람의 키 정도의 길이이다.
장10(杖)〔장 : 〕	-	〔Ⅱ〕 곤장, 태장, 형장 따위를 세는 단위.
장21(張)	1366	「1」종이나 유리 따위의 얇고 넓적한 물건을 세는 단위. 「2」활, 쇠뇌, 금슬(琴瑟)을 세는 단위. 「3」얇은 구름의 덩이를 세는 단위. 「4」『북한어』 누에의 씨를 세는 단위. 무게로 10그램인데, 알의 수로는 1만 5000알 정도이다. 종이나 천에 풀을 칠하고 알을 받은 데서 생긴 말이다.
장29(場)	-	연극의 단락을 세는 단위. 막(幕)의 하위 단위로 무대 장면이 변하지 않고 이루어지는 사건의 한 토막을 이른다.
장-도막(場—)	-	한 장날로부터 다음 장날 사이의 동안을 세는 단위.
장벌01	-	벽돌 따위를 한 장 쌓은 높이나 두께를 나타내는 단위.
쟁기02	-	쟁기고기를 세는 단위. 한 쟁기는 돼지 한 마리를 잡아 여덟 덩이로 나누었을 때 그 한 덩이이다.
적03	-	((일부 명사나 어미 '-은', '-을' 뒤에 쓰여)) 그 동작이 진행되거나 그 상태가 나타나 있는 때, 또는 지나간 어떤 때.
전02〔전 : 〕	-	〔Ⅰ〕「명사」 갈퀴와 손으로 한 번에 껴안을 정도의 땔 나무의 양. 〔Ⅱ〕 땔 나무를 갈퀴와 손으로 한 번에 껴안을 만한 분량을 세는 단위.
전22(戰)〔전 : 〕	-	운동 경기에서, 싸운 횟수를 세는 단위.

점10(點)	-	〔Ⅱ〕「1」성적을 나타내는 단위. 「2」그림, 옷 따위를 세는 단위. 「3」((주로 수 관형사 '한' 뒤에 쓰여)) 아주 적은 양을 나타내는 말. 「4」잘라 내거나 뜯어낸 고기 살점을 세는 단위. 「5」떨어지는 물방울 따위를 세는 단위. 「6」예전에, 시각을 세던 단위. 괘종시계의 종 치는 횟수로 세었다. 「7」『운동』 바둑에서, 수가 낮은 사람이 더 놓는 돌이나 따낸 돌을 세는 단위. 「8」『음악』 국악에서, 북편이나 채편 따위의 장구를 치는 횟수를 나타내는 단위.
접02	-	채소나 과일 따위를 묶어 세는 단위. 한 접은 채소나 과일 백 개를 이른다.
정22(梃)	-	총(銃), 노(櫓), 먹, 호미, 삽, 양초 따위를 세는 단위.
정33(錠)	-	알약을 세는 단위.
제15(劑)	-	한약의 분량을 나타내는 단위. 한 제는 탕약(湯藥) 스무 첩. 또는 그만한 분량으로 지은 환약(丸藥) 따위를 이른다.
조15(組)	-	〔Ⅰ〕「명사」「1」일정한 목적을 위하여 조직된, 적은 사람들의 집단. 「2」((수량을 나타내는 말 뒤에 쓰여)) 적은 수의 사람들이 모인 집단을 세는 단위. 「3」((일부 명사 뒤에 붙어)) 특정한 임무나 역할을 맡아 수행하기 위하여 조직하는 작은 집단을 나타내는 말. 〔Ⅱ〕두 개 이상의 물건이 갖추어 한 벌을 이룰 때, 그 한 벌의 물건을 세는 단위.
조20(調)	-	〔Ⅱ〕「1」((주로 '-는 조로' 구성으로 쓰여)) '말투'나 '태도' 따위의 뜻을 나타내는 말. 「2」시가나 노래의 음수(音數)에 의한 리듬을 나타내는 단위.
조짐01	-	쪼갠 장작을 세는 단위. 한 조짐은 사방 여섯 자 부피로 쌓은 분량의 쪼갠 장작더미를 이른다.
족04(足)	-	〔Ⅱ〕버선, 양말 따위의 짝이 되는 두 개를 한 벌로 세는 단위.
좌05(座)〔좌 : 〕	-	〔Ⅱ〕집, 거울, 불상 따위를 세는 단위.
주11(周)	-	〔Ⅱ〕어떤 것의 둘레를 돈 횟수를 세는 단위.
주24(株)	-	〔Ⅰ〕「명사」『경제』「1」=주식03(株式)「1」. 「2」=주권02(株券). 「3」((수량을 나타내는 말 뒤에 쓰여)) 주권이나 주식을 세는 단위. 「4」((고유 명사의 앞에 쓰여)) '주식회사'의 뜻을 나타내는 말. 「5」((일부 명사 뒤에 붙어)) '주식'의 뜻을 나타내는 말.

		〔Ⅱ〕 =그루01〔Ⅱ〕「1」.
주26(週)	-	〔Ⅱ〕 =주일03〔Ⅱ〕.
주간05(週間)	-	〔Ⅱ〕 한 주일 동안을 세는 단위. 주로 한정된 기간을 가리킬 때 쓴다.
주기08(周忌/週忌)	-	사람이 죽은 뒤 그 날짜가 해마다 돌아오는 횟수를 나타내는 말.
주년02(周年/週年)	-	일 년을 단위로 돌아오는 돌을 세는 단위. ≒주세02(周歲).
주일03(週日)	-	〔Ⅱ〕 이레 동안을 세는 단위.≒주26〔Ⅱ〕.
줄01	-	〔Ⅰ〕「명사」「1」노. 새끼 따위와 같이 무엇을 묶거나 동이는 데에 쓸 수 있는 가늘고 긴 물건을 통틀어 이르는 말. 「2」길이로 죽 벌이거나 늘여 있는 것. 「3」((수량을 나타내는 말 뒤에 쓰여)) 길이로 죽 벌이거나 늘여 있는 것을 세는 단위. 「4」글을 가로나 세로로 벌인 것.≒행01(行)「1」. 「5」((수량을 나타내는 말 뒤에 쓰여)) 글을 가로나 세로로 벌인 것을 세는 단위.≒행01「2」. 「6」길게 쳐진 선이나 무늬. 「7」사회생활에서의 관계나 인연. 「8」'현05「1」'을 일상적으로 이르는 말. 「9」『광업』=광맥(鑛脈). 「10」『물리』 길이가 지름의 몇 배가 넘도록 길고 강성(剛性)이 없는 물체. 〔Ⅱ〕「1」((일정한 수준이나 정도를 나타내는 명사 다음에 쓰여)) 그것과 거의 비슷한 수준이나 정도를 나타내는 말. 「2」푸성귀나 잎담배 따위를 모숨모숨 엮어 묶은 두름을 세는 말.
중발01(中鉢)	-	〔Ⅰ〕「명사」조그마한 주발. 〔Ⅱ〕((수량을 나타내는 말 뒤에 쓰여)) 물 따위를 〔Ⅰ〕에 담아 그 분량을 세는 단위.
질06(帙)	-	〔Ⅱ〕 여러 권으로 된 책의 한 벌을 세는 단위.
집03(輯)	-	시가나 문장 따위를 엮은 책이나 음악 앨범 따위를 낼 때 그 발행 차례를 나타내는 단위.
집매	-	((대여섯 미만의 수 뒤에 쓰여)) 몇 집들이 이웃하여 모인 것을 세는 단위.
짝02	-	「1」(('무슨'이나 '그' 뒤에 쓰여)) '꼴'의 뜻을 나타내는 말. 「2」→ 쪽05.
짝03	-	「1」소나 돼지 따위의 한쪽 갈비 여러 대를 묶어 세는 단위. 「2」상자, 짐짝 따위를 세는 단위. 「3」소나 말에 지운 한 바리의 짐 가운데 한쪽 편을 세는 단위. 「4」북어나 명태를 묶

		어 세는 단위. 한 짝은 북어나 명태 600마리를 이른다. 「5」 『북한어』 소나 말 따위를 세는 단위.
쪽03	-	〔Ⅱ〕 쪼개진 물건의 부분을 세는 단위.
쪽05	-	「1」방향을 가리키는 말. 늑녘「1」·편04〔Ⅱ〕「1」. 「2」서로 갈라지거나 맞서는 것 하나를 가리키는 말. 늑편04〔Ⅱ〕「2」.
차03(次)	-	「1」((주로 한자어 수 뒤에 쓰여)) '번', '차례'의 뜻을 나타내는 말. 「2」(('-던 차에', '-던 차이다' 구성으로 쓰여)) 어떠한 일을 하던 기회나 순간. 「3」『수학』방정식 따위의 차수를 이르는 말. 「4」((일정한 기간을 나타내는 명사구 뒤에 쓰여)) 주기나 경과의 해당 시기를 나타내는 말.
참03〔참 : 〕	-	〔Ⅱ〕「1」((어미 '-은', '-던' 뒤에 쓰여)) 무엇을 하는 경우나 때. 「2」((어미 '-는', '-을' 뒤에 쓰여)) 무엇을 할 생각이나 의향.
창03	-	얼레를 세는 단위.
채08	-	「1」집을 세는 단위. 「2」큰 기구, 기물, 가구 따위를 세는 단위. 「3」이불을 세는 단위. 「4」가공하지 아니한 인삼을 묶어 세는 단위. 한 채는 인삼 100근이다.
채09	-	이미 있는 상태 그대로 있다는 뜻을 나타내는 말.
척08(隻)	-	배를 세는 단위.
첩02	-	반상기 한 벌에 갖추어진 쟁첩을 세는 단위.
첩05(貼)	-	약봉지에 싼 약의 뭉치를 세는 단위.
초07(秒)	-	「1」한 시간의 3,600분의 1이 되는 동안을 세는 단위. 「2」『수학』각도를 나타내는 단위. 1초는 1분의 60분의 1이다. 기호는 ˝. 「3」『지리』위도나 경도를 나타내는 단위. 1초는 1분의 60분의 1이다. 기호는 ˝.
촌02(寸)〔촌 : 〕	-	「1」친족 관계의 멀고 가까움을 나타내는 단위. 「2」=치04.
추06(錘)	-	〔Ⅱ〕 방추(紡錘)를 세는 단위.
축02	-	「1」오징어를 묶어 세는 단위. 한 축은 오징어 스무 마리를 이른다. 「2」『북한어』일정한 횟수나 차례를 나타내는 단위.
축11(軸)	-	「1」책력을 묶어 세는 단위. 한 축은 책력 스무 권을 이른다. 「2」종이를 세는 단위. 한 축은 한지는 열 권, 두루마리는 하나를 이른다. 「3」예전에 과거를 볼 때, 답안을 묶어 세던 단위. 한 축은 답안지 열 장이다.
춤04	-	〔Ⅱ〕 가늘고 기름한 물건을 한 손으로 쥐어 세는 단위.

치04	-	길이의 단위. 한 치는 한 자의 10분의 1 또는 약 3.03cm에 해당한다. ≒촌02(寸)「2」.
칭02(秤)	-	무게의 단위. 1칭은 1근의 100배이다.
칸통	-	넓이의 단위. 한 칸통은 집의 몇 칸쯤 되는 넓이이다.
켜	-	〔Ⅰ〕「명사」「1」포개어진 물건의 하나하나의 층. 「2」((수량을 나타내는 말 뒤에 쓰여)) 포개어진 물건 하나하나의 층을 세는 단위. 〔Ⅱ〕노름하는 횟수를 세는 단위.
켤레02	-	신, 양말, 버선, 방망이 따위의 짝이 되는 두 개를 한 벌로 세는 단위.
쾌01	-	「1」북어를 묶어 세는 단위. 한 쾌는 북어 스무 마리를 이른다. 「2」예전에, 엽전을 묶어 세던 단위. 한 쾌는 엽전 열 냥을 이른다.≒관04(貫)〔Ⅱ〕「2」.
큰-술	220	「1」음식물을 숟가락에 담아 그 분량을 세는 단위 가운데 하나. 1큰술은 대략 15cc이다. 「2」크게 한번 뜨는 술. 또는 이에 해당하는 양.
타03(打)	-	물건 열두 개를 한 단위로 세는 말.
타04(朶)	-	꽃송이나 꽃가지를 세는 단위.
탄04(彈)〔탄 : 〕	-	〔Ⅱ〕시리즈의 차례를 나타내는 단위.
탕01	-	「1」무엇을 실어 나르거나 일정한 곳까지 다녀오는 횟수를 세는 단위. 「2」어떤 일을 하는 횟수를 나타내는 단위.
테02	-	서려 놓은 실의 묶음을 세는 단위.
템	-	((수량을 나타내는 명사 뒤에서 주로 '템이나' 꼴로 쓰여)) 생각보다 많은 정도라는 뜻을 나타내는 말.
톨	-	밤이나 곡식의 낱알을 세는 단위.
톳02〔톤〕	-	김을 묶어 세는 단위. 한 톳은 김 100장을 이른다.≒속03(束)「3」.
통06	-	((명사나 어미 '-은', '-는' 뒤에서))((흔히 '통에' 꼴로 쓰여)) 어떤 일이 벌어진 환경이나 판국.
통12(通)	-	편지나 서류, 전화 따위를 세는 단위.
틈01	-	〔Ⅰ〕「명사」「1」벌어져 사이가 난 자리.≒극공01(隙孔)·극혈02(隙穴)·혈극·흔극「1」. 「2」모여 있는 사람의 속.≒틈새「2」·흔극「2」. 「3」어떤 행동을 할 만한 기회.≒틈새「3」. 「4」사람들 사이에 생기는 거리.≒틈새「4」.

		〔Ⅱ〕 =겨를.
판01	-	〔Ⅱ〕『1』'처지', '판국', '형편'의 뜻을 나타내는 말. 『2』승부를 겨루는 일을 세는 단위. 『3』『북한어』((일부 명사 뒤에 쓰여)) 그 명사가 나타내는 대상이 많음을 이르는 말.
패01(敗)〔패 : 〕	-	〔Ⅱ〕 운동 경기에서, 진 횟수를 세는 단위.
편04(便)	-	〔Ⅱ〕『1』=쪽05『1』. 『2』=쪽05『2』. 『3』((주로'-은/는 편이다' 구성으로 쓰여)) 대체로 어떤 부류에 속함을 나타내는 말.
편09(篇)	-	『1』형식이나 내용, 성질 따위가 다른 글을 구별하여 나타내는 말. 『2』책이나 영화, 시 따위를 세는 단위. 『3』책의 내용을 일정한 단락으로 크게 나눈 한 부분을 나타내는 말.
편-거리(片—)	-	인삼을 한 근씩 골라 맞출 때 그 개수를 세는 단위.
평02(坪)	-	『1』땅 넓이의 단위. 한 평은 여섯 자의 제곱으로 3.3058㎡에 해당한다.≒보04(步)『3』. 『2』부피의 단위. 흙이나 모래의 부피를 잴 때 쓴다. 한 평은 여섯 자세 제곱으로 6.013㎡에 해당한다. 『3』헝겊, 유리, 타일 따위의 넓이를 나타내는 단위. 한 평은 한 자 제곱이다. 『4』조각, 동판 따위의 넓이를 나타내는 단위. 한 평은 한자 제곱이다.
포인트(point)	-	〔Ⅱ〕『출판』 포인트 활자의 크기를 나타내는 단위. 공목(空木)과 활자 또는 인테르(inter) 따위의 규격을 정하는 데 쓴다. 1포인트는 1인치의 약 72분의 1에 해당한다. ≒포18.
푼01〔푼 : 〕	-	〔Ⅰ〕『1』예전에, 엽전을 세던 단위. 한 푼은 돈 한 닢을 이른다. 『2』돈을 세는 단위. 스스로 적은 액수라고 여길 때 쓴다. 『4』길이의 단위. 한 푼은 한 치의 10분의 1로, 약0.3cm에 해당한다.≒분08〔Ⅰ〕『3』. 『5』무게의 단위. 귀금속이나 한약재 따위의 무게를 잴 때 쓴다. 한 푼은 한 돈의 10분의 1로, 약 0.375그램에 해당한다.≒분08〔Ⅰ〕『4』.
필02(疋)	-	일정한 길이로 말아 놓은 피륙을 세는 단위. ≒끝01〔Ⅱ〕.
필03(匹)	-	말이나 소를 세는 단위.
필07(筆)	-	구획된 논이나 밭, 임야, 대지 따위를 세는 단위.≒필지03(筆地).
하07(夏)〔하 : 〕	-	〔Ⅱ〕『불교』 승려가 된 뒤로부터의 나이를 세는 말.
할02(割)	-	비율을 나타내는 단위. 1할은 전체 수량의 10분의1로 1푼의 열 배이다.
합01(合)	-	〔Ⅱ〕 칼이나 창으로 싸울 때, 칼이나 창이 서로 마주치는 횟수를 세는 단위.

해01	-	〔Ⅱ〕((주로 고유어 수 뒤에 쓰여)) 지구가 태양을 한 바퀴 도는 동안을 세는 단위.
호04(戶)〔호 : 〕	-	〔Ⅱ〕집을 세는 단위.
호14(號)〔호 : 〕	-	「1」같은 번지 내에 집이 여럿 있을 때 일정하게 순서를 매겨 쓰는 말. 「2」어떤 순서나 차례를 나타내는 말. 「3」신문이나 잡지 따위의 정기간행물이 간행된 차례나 그 성격을 나타내는 말. 「4」활자의 크기를 나타내는 단위. 초호부터 시작하여 숫자가 커질수록 활자가 작아진다. 「5」캔버스의 크기를 나타내는 단위. 1호부터 시작하여 숫자가 커질수록 캔버스도 커진다.
홉01	-	「1」부피의 단위. 곡식, 가루, 액체 따위의 부피를 잴 때 쓴다. 한 홉은 한 되의 10분의 1로 약 180mL에 해당한다. 「2」땅 넓이의 단위. 1홉은 1평의 10분의 1이다.
활02	-	돛을 세는 단위.
홰01	-	〔Ⅱ〕새벽에 닭이 올라앉은 나무 막대를 치면서 우는 차례를 세는 단위.
회08(回)〔회/훼〕	1118	「1」횟수를 나타내는 말. 「2」돌아오는 차례를 나타내는 말.
회전03(回戰)〔회-/ 훼-〕	58	동일한 상대와 겨루는 경기에서, 대전의 수효나 순서를 세는 단위.

[부록 2] 명사 중 분류사로 사용될 수 있거나 분류사로 발전 가능한 목록(238개)

표제어	뜻풀이
가구03(家口)	「4」『법률』 ((수량을 나타내는 말 뒤에 쓰여)) 현실적으로 주거 및 생계를 같이하는 사람의 집단을 세는 단위.≒세대03「2」.
가닥	「3」((수량을 나타내는 말 뒤에 쓰여)) 한군데서 갈려 나온 낱낱의 줄이나 줄기 따위를 세는 단위.
가락01	「4」((수량을 나타내는 말 뒤에 쓰여)) 가늘고 길게 토막이 난 물건을 세는 단위.
가래02	「2」((수량을 나타내는 말 뒤에 쓰여)) 토막 낸 떡이나 엿 따위를 세는 단위.
가래03	「2」((수량을 나타내는 말 뒤에 쓰여)) 흙을 떠서 세는 단위. 【가래 <훈몽>】
가리04	「1」삼을 벗길 때에 넣어 말리려고 몇 꼭지씩 한데 묶은 것. 「2」((수량을 나타내는 말 뒤에 쓰여)) 삼을 넣어 말리려고 몇 꼭지씩 한데 묶은 것을 세는 단위.
가마니01	「2」((수량을 나타내는 말 뒤에 쓰여)) 곡식이나 소금 따위를 '「1」'에 담아 그 분량을 세는 단위. ≒가마04「2」.
각07(刻)	「2」((수량을 나타내는 말 뒤에 쓰여)) 국악에서, 장단을 세는 단위.
갈래	「2」((수량을 나타내는 말 뒤에 쓰여)) 갈라진 낱낱을 세는 단위.
갈-이02	=경운01(耕耘)
감03	「3」((수량을 나타내는 말 뒤에 쓰여)) 옷감을 세는 단위. 한 감은 치마 한 벌을 뜰 수 있는 크기이다.
갑05(匣)	「1」물건을 담는 작은 상자. 「2」((수량을 나타내는 말 뒤에 쓰여)) 작은 물건을 '「1」'에 담아 그 분량을 세는 단위.
강15(綱)	생물 분류학상의 한 단위. 문(門)의 아래, 목(目)의 위에 해당한다.
개비01	「2」((수량을 나타내는 말 뒤에 쓰여)) 가늘고 짤막하게 쪼갠 토막을 세는 단위.
개안01(個眼)	곤충을 비롯한 대부분의 절지동물의 겹눈을 이루는 하나하나의 단위가 되는 눈. ≒낱눈.
개표-구02(開票區)	개표를 관리하기 위하여 정해 놓은 단위 구역.
걸음	「6」((수량을 나타내는 말 뒤에 쓰여))두 발을 번갈아 옮겨 놓는 횟수를 세는 단위.
겁04(劫)	어떤 시간의 단위로도 계산할 수 없는 무한히 긴 시간. 하늘과 땅이

	한 번 개벽한 때에서부터 다음 개벽할 때까지의 동안이라는 뜻이다. 늑겁파(劫簸).
게임(game)	「3」((수량을 나타내는 말 뒤에 쓰여)) 경기의 횟수를 세는 단위.
경12(景)	「4」((수량을 나타내는 말 뒤에 쓰여)) 연극이나 그림 따위에서 장면을 세는 단위.
계단04(階段)	「3」((수량을 나타내는 말 뒤에 쓰여)) 오르내리기 위하여 건물이나 비탈에 만든 층층대의 낱낱의 단을 세는 단위.
고개02	「2」일의 중요한 고비나 절정을 비유적으로 이르는 말. 「3」중년 이후 열 단위만큼의 나이를 비유적으로 이르는 말
고팽이01	「3」((수량을 나타내는 말 뒤에 쓰여)) 새끼나 줄 따위를 사리어 놓은 돌림을 세는 단위. 「5」((수량을 나타내는 말 뒤에 쓰여)) 두 지점 사이의 왕복 횟수를 세는 단위.
곡02(曲)	「4」『음악』((수량을 나타내는 말 뒤에 쓰여)) 악곡이나 노래를 세는 단위.
곡조(曲調)	「2」((수량을 나타내는 말 뒤에 쓰여)) 음악적 통일을 이루는 음의 연속이나 노랫가락을 세는 단위. 늑가락02「2」·자락01「6」.
곳01	「2」((수량을 나타내는 말 뒤에 쓰여)) 일정한 자리나 지역을 세는 단위. 【<곧<용가>】
공기07(空器)	「3」((수량을 나타내는 말 뒤에 쓰여)) 밥 따위를 「2」에 담아 그 분량을 세는 단위.
과04(科)	「1」학과나 전문분야를 구분하는 단위.
과10(課)	「2」((주로 순서를 나타내는 말 뒤에 쓰여)) 교과서나 강의록 따위에서 내용에 따라 차례로 구분하여 놓은 제목의 단위.
관항(款項)	「1」조항이나 항목. 「2」예산서나 결산서 따위의 내용 구분 단위인 관(款)과 항(項)을 아울러 이르는 말. 가장 큰 부류로 관이 있고 다음이 항이며 그다음이 목(目)이다.
광주리01	「1」대, 싸리, 버들 따위를 재료로 하여 바닥은 둥글고 촘촘하게, 전은 성기게 엮어 만든 그릇. 일반적으로 바닥보다 위쪽이 더 벌어졌다. 「2」((수량을 나타내는 말 뒤에 쓰여)) 물건을 「1」에 담아 그 분량을 세는 단위.
교구06(敎區)	「2」『가톨릭』 가톨릭교회를 지역적으로 구분하는 한 단위. 주교(主敎)를 중심으로 하여 대주교구, 주교구 따위가 있다.
구15(區)	「1」((숫자를 나타내는 말 뒤에 쓰여)) 넓은 범위의 것을 일정한 기준에 따라 몇으로 나눈 하나하나의 구획. 「2」『법률』 특별시, 광역시 및 인구 50만 이상의 대도시에 두는, 동(洞) 위의 행정 구역 단위. 「3」『법률』((일부 명사 뒤에 붙어)) '법령 집행을 위하여 정한 구획'의 뜻을 나타내는 말. 「4」『종교』 =교구06「1」.

구기01	「1」술이나 기름, 죽 따위를 풀 때에 쓰는 기구. 자루가 국자보다 짧고, 바닥이 오목하다.≒작자02(杓子). 「2」((수량을 나타내는 말 뒤에 쓰여)) 술이나 기름, 죽 따위를 'ㄱ1」'에 담아 그 분량을 세는 단위. 【구기<훈몽>】
구럭	「1」새끼를 드물게 떠서 물건을 담을 수 있도록 만든 그릇. 「2」((수량을 나타내는 말 뒤에 쓰여)) 물건을 'ㄱ1」'에 담아 그 분량을 세는 단위. 【구럭<두시-초>】
구역04(區域)	「2」『기독교』한 교회의 신자들을 지역에 따라 일정 수로 나누어 놓은 단위.
국자01	「2」((수량을 나타내는 말 뒤에 쓰여)) 국이나 액체 따위를 'ㄱ1」'에 담아 그 분량을 세는 단위.
군단01(軍團)	육군에서, 사단 이상의 병력으로 편성되는 전술 단위 부대. 군과 사단의 중간에 해당한다.
굽-이	「2」((수량을 나타내는 말 뒤에 쓰여)) 굽어진 곳을 세는 단위. 【<구븨<영가>←굽-+-의】
권질(卷帙)	책을 낱개로 세는 단위인 권과 여러 책으로 된 한 벌을 세는 단위인 질을 아울러 이르는 말.
궤04(櫃)	「2」((수량을 나타내는 말 뒤에 쓰여))쌀이나 돈 따위의 물건을 'ㄱ1」'에 담아 그 분량을 세는 단위.
그릇01	「1」음식이나 물건 따위를 담는 기구를 통틀어 이르는 말. 세는 단위는 개, 벌, 죽 따위가 있다. 「3」((수량을 나타내는 말 뒤에 쓰여)) 음식이나 물건을 'ㄱ1」'에 담아 그 분량을 세는 단위.
급04(級)	「3」((수량을 나타내는 말 뒤에 쓰여)) 주산, 태권도, 바둑 따위의 등급을 나타내는 단위.
기21(期)	「2」((수량을 나타내는 말 뒤에 쓰여)) 일정한 기간씩 되풀이되는 일의 하나하나의 과정을 세는 단위.
꺼풀01	「2」((수량을 나타내는 말 뒤에 쓰여)) 여러 겹으로 된 껍질이나 껍데기의 층을 세는 단위. ≒까풀01「2」. 【<거플<석상>】
꼬치01	「3」((수량을 나타내는 말 뒤에 쓰여)) 꼬챙이에 꿴 물건을 세는 단위. 【←곶<월석>】
꾸러미	「2」((수량을 나타내는 말 뒤에 쓰여)) 꾸리어 싼 물건을 세는 단위. 「3」((수량을 나타내는 말 뒤에 쓰여)) 달걀 열 개를 묶어 세는 단위.
꾸리01	「2」((수량을 나타내는 말 뒤에 쓰여)) 둥글게 감아 놓은 실 따위를 세는 단위.
꿰미	「2」((수량을 나타내는 말 뒤에 쓰여)) 끈 따위로 꿰어서 다루는 물건을 세는 단위. 【←꿰-+-ㅁ+-이】

끼01	「2」((수량을 나타내는 말 뒤에 쓰여)) 밥을 먹는 횟수를 세는 단위.≒끼니「2」.【<뻬<번노>】
낱	「2」((수량을 나타내는 말 뒤에 쓰여)) 여럿 가운데 따로따로인, 아주 작거나 가늘거나 얇은 물건을 하나하나 세는 단위. 【낱<용가>/낯<능엄>】
다랑-이	「1」산골짜기의 비탈진 곳 따위에 있는 계단식으로 된 좁고 긴 논배미.≒논다랑이. 「2」((수량을 나타내는 말 뒤에 쓰여)) '「1」'을 세는 단위.
다래끼01	「1」아가리가 좁고 바닥이 넓은 바구니. 대, 싸리, 칡덩굴 따위로 만든다. ≒요라01(料蘿). 「2」((수량을 나타내는 말 뒤에 쓰여)) 물건을 '「1」'에 담아 그 분량을 세는 단위. ≒영성03.
다발01	「2」((수량을 나타내는 말 뒤에 쓰여)) 꽃, 푸성귀, 돈 따위의 묶음을 세는 단위.
단01	「2」((수량을 나타내는 말 뒤에 쓰여)) 짚, 땔나무, 채소 따위의 묶음을 세는 단위.
단07(段)	「2」((수량을 나타내는 말 뒤에 쓰여)) 인쇄물의 지면을 나눈 구획을 세는 단위. 「3」바둑, 장기, 태권도, 유도, 검도 따위의 실력에 따라서 매기는 등급. '급(級)'보다 위이며, 초단부터 9단까지 있다. 「4」((수량을 나타내는 말 뒤에 쓰여)) 바둑이나 장기 또는 태권도, 유도, 검도 따위의 실력에 따라서 매기는 등급을 세는 단위. 「6」((수량을 나타내는 말 뒤에 쓰여)) 사다리, 계단 따위의 하나하나의 층을 세는 단위.
단별(段別)	어떠한 단계나 단락을 단위로 나눈 구별.
단원01(單元)	「1」『교육』 어떤 주제나 내용을 중심으로 묶은 학습 단위. 내용에 따라 교재 단원, 경험 단원, 문제 단원, 작업 단원 따위로 나눈다.
대접01	「1」위가 넓적하고 운두가 낮으며 뚜껑이 없는 그릇. 국이나 물 따위를 담는 데 쓴다. 「2」((수량을 나타내는 말 뒤에 쓰여)) 국이나 물 따위를 '「1」'에 담아 그 분량을 세는 단위.
덩어리	「2」((수량을 나타내는 말 뒤에 쓰여)) 부피가 큰 것이나 크게 뭉쳐서 이루어진 것을 세는 단위.
덩이	「2」((수량을 나타내는 말 뒤에 쓰여)) 작게 뭉쳐서 이루어진 것을 세는 단위.
도막01	「2」((수량을 나타내는 말 뒤에 쓰여)) 짧고 작은 동강을 세는 단위.
돌기01	「2」((수량을 나타내는 말 뒤에 쓰여)) 로프나 실 따위를 둥그렇게 포개어 감은 뭉치를 세는 단위.
돌림01	「2」((수량을 나타내는 말 뒤에 쓰여)) 차례대로 돌아 전체를 돈 횟수를 세는 단위.

동강01	「2」((수량을 나타내는 말 뒤에 쓰여)) 짤막하게 잘라진 것을 세는 단위.
동이01	「1」질그릇의 하나. 흔히 물 긷는 데 쓰는 것으로 보통 둥글고 배가 부르고 아가리가 넓으며 양옆으로 손잡이가 달려 있다. 「2」((수량을 나타내는 말 뒤에 쓰여)) 물 따위를 「1」'에 담아 그 분량을 세는 단위. 【<동히<구간>】
되-들이	「2」((수량을 나타내는 말 뒤에 쓰여)) 곡식이나 물, 술 따위를 되에 담아 그 분량을 세는 단위.
됫-박	「2」되 대신 쓰는 바가지. 「3」((수량을 나타내는 말 뒤에 쓰여)) 곡식 따위를 「2」'에 담아 그 분량을 세는 단위.
두둑01	「2」논이나 밭을 갈아 골을 타서 두두룩하게 흙을 쌓아 만든 곳. 물갈이에는 두 거웃이 한 두둑이고 마른갈이나 밭에서는 네 거웃이 한 두둑이다. ≒묘배(畝背)·반묘01(畔畝)·이랑01「1」. 「4」,「2」를 세는 단위.
두레01	「2」((수량을 나타내는 말 뒤에 쓰여)) 둥근 켜로 된 덩어리를 세는 단위.
드럼02	「1」=드럼통「1」. 「2」((수량을 나타내는 말 뒤에 쓰여)) 기름 따위를 「1」'에 담아 그 분량을 세는 단위.
등급(等級)	「2」((수량을 나타내는 말 뒤에 쓰여)) 여러 층으로 구분한 단계를 세는 단위.
등분02(等分)	「3」((수량을 나타내는 말 뒤에 쓰여)) 똑같은 분량으로 나누어진 몫을 세는 단위.
땀02	「2」((수량을 나타내는 말 뒤에 쓰여)) 실을 꿴 바늘로 한 번 뜬 자국을 세는 단위.
때01	「8」((수량을 나타내는 말 뒤에 쓰여)) 끼니를 세는 단위. 【<째<쌔<월곡>】
떨기01	「2」((수량을 나타내는 말 뒤에 쓰여)) 무더기가 된 꽃이나 풀 따위를 세는 단위.
뙈기01	「2」((수량을 나타내는 말 뒤에 쓰여)) 일정하게 경계를 지은 논밭의 구획을 세는 단위. 【<뙤야기<소언>】
마름01	「2」((수량을 나타내는 말 뒤에 쓰여)) 이엉을 엮어서 말아 놓은 단을 세는 단위. 【←말-+-음】
마신01(馬身)	「2」((수량을 나타내는 말 뒤에 쓰여)) 경마에서, 말과 말 사이의 거리를 나타내는 단위.
매끼01	「2」((수량을 나타내는 말 뒤에 쓰여)) 곡식 섬이나 곡식 단 따위를 묶을 때 쓰는 새끼나 끈을 세는 단위. ≒매04〔Ⅰ〕「2」.
면05(面)	「6」((수량을 나타내는 말 뒤에 쓰여)) 책이나 신문 따위의 지면을 세

	는 단위.
모03	「9」((수량을 나타내는 말 뒤에 쓰여)) 두부나 묵 따위를 세는 단위.
모숨	「2」((수량을 나타내는 말 뒤에 쓰여)) 길고 가느다란 물건의, 한 줌안에 들어올 만한 분량을 세는 단위.
모태01	「2」((수량을 나타내는 말 뒤에 쓰여)) 안반에 놓고 한 번에 칠 만한 분량의 떡 덩이를 세는 단위.
목기04(木器)	「1」나무로 만든 그릇. '나무 그릇'으로 순화. 「2」((수량을 나타내는 말 뒤에 쓰여)) 떡이나 두부 따위를 '「1」'에 담아 그 분량을 세는 단위.
목판01(木板)	「1」음식을 담아 나르는 나무 그릇. 모양이 여러 가지이나 보통 얇은 널빤지로 바닥을 대고 조붓한 전을 엇비슷하게 사방으로 대었으며 정사각형이다. 늑목반(木盤). 「2」((수량을 나타내는 말 뒤에 쓰여)) 음식 따위를 '「1」'에 담아 그 분량을 세는 단위.
무더기	「2」((수량을 나타내는 말 뒤에 쓰여)) 한데 수북이 쌓였거나 뭉쳐 있는 더미나 무리를 세는 단위. 【<무들기<번노>】
묶음	「2」((수량을 나타내는 말 뒤에 쓰여))묶어 놓은 덩이를 세는 단위.
문단01(文段)	글에서 하나로 묶을 수 있는 짤막한 단위. 한 편의 글은 여러 개의 문단으로 구성된다.
문장02(文章)	「3」『언어』 생각이나 감정을 말과 글로 표현할 때 완결된 내용을 나타내는 최소의 단위. 주어와 서술어를 갖추고 있는 것이 원칙이나 때로 이런 것이 생략될 수도 있다. 글의 경우, 문장의 끝에 '.', '?', '!' 따위의 마침표를 찍는다. '철수는 몇 살이니?', '세 살.', '정말?' 따위이다. 늑문02(文)「2」·월01·통사06(統辭).
뭉치	「2」((수량을 나타내는 말 뒤에 쓰여)) 한데 뭉치거나 말거나 감은 덩이를 세는 단위.
바가지01	「1」박을 두 쪽으로 쪼개거나 또는 나무나 플라스틱으로 그와 비슷하게 만들어 물을 푸거나 물건을 담는 데 쓰는 그릇. 「2」((수량을 나타내는 말 뒤에 쓰여)) 물 따위의 액체나 곡식을 '「1」'에 담아 그 분량을 세는 단위.
바구니	「1」대나 싸리 따위를 쪼개어 둥글게 결어 속이 깊숙하게 만든 그릇. 테두리에 대나무를 서너 겹 둘러 손잡이가 달린 형태로도 쓸 수 있다. 「2」((수량을 나타내는 말 뒤에 쓰여)) 작은 물건을 '「1」'에 담아 그 분량을 세는 단위.
바리01	「2」((수량을 나타내는 말 다음에 쓰여)) 마소의 등에 잔뜩 실은 짐을 세는 단위.
박자(拍子)	「2」『음악』 음악적 시간을 구성하는 기본적 단위. 보통 마디와 일치한

	다. 늑박09(拍)「2」.
반10(班)	「4」학년을 학급으로 나눈 단위. 「5」((수량을 나타내는 말 뒤에 쓰여)) 학급을 세는 단위. 「6」동(洞) 아래의 통(統)보다 작은 지방 행정 단위.
발01	「6」((수량을 나타내는 말 뒤에 쓰여)) 걸음을 세는 단위.
발-자국	「2」((수량을 나타내는 말 뒤에 쓰여)) 발을 한 번 떼어 놓는 걸음을 세는 단위.
방울01	「2」((수량을 나타내는 말 뒤에 쓰여)) 작고 둥근 액체 덩어리를 세는 단위.
밭01	「6」((수량을 나타내는 말 뒤에 쓰여)) 장기판·고누판·윷판·바둑판 따위에서, 말이 머무르는 자리를 세는 단위.
배01	「6」((수량을 나타내는 말 뒤에 쓰여)) 짐승이 새끼를 낳거나 알을 까 는 횟수를 세는 단위
배미01	「2」((수량을 나타내는 말 뒤에 쓰여)) 구획진 논을 세는 단위.
병05(甁)	「1」주로 액체나 가루를 담는 데에 쓰는 목과 아가리가 좁은 그릇. 「2」 ((수량을 나타내는 말 뒤에 쓰여)) 액체나 가루 따위를 「1」에 담아 그 분량을 세는 단위.
보-따리(褓—)	「3」((수량을 나타내는 말 뒤에 쓰여)) 보자기에 꾸린 뭉치를 세는 단위.
보시기01	「1」김치나 깍두기 따위를 담는 반찬 그릇의 하나. 모양은 사발 같으 나 높이가 낮고 크기가 작다. 늑보아01(甫兒)·소완「1」. 「2」((수량을 나타내는 말 뒤에 쓰여)) 김치나 깍두기를 「1」에 담아 그 분량을 세 는 단위. 【←보ᄉᆞ<구방>】
봉08(封)	「4」((수량을 나타내는 말 뒤에 쓰여)) 물건을 봉지 따위에 담아 그 분 량을 세는 단위.
봉지06(封紙)	「1」종이나 비닐 따위로 물건을 넣을 수 있게 만든 주머니. 늑지대12 (紙袋). 「2」((수량을 나타내는 말 뒤에 쓰여)) 작은 물건이나 가루 따 위를 「1」에 담아 그 분량을 세는 단위.
부족05(部族)	「1」『사회』 같은 조상·언어·종교 등을 가진, 원시 사회나 미개 사회 의 구성 단위가 되는 지역적 생활 공동체.
분과03(分課)	업무를 분담하기 위하여 몇 개의 과로 나눔. 또는 그렇게 나누어진 과.
분단02(分團)	「1」하나의 단체를 몇 개의 작은 단위로 나눔. 또는 그 집단. 「2」『교육』 한 학급을 보다 작은 단위로 나누는 일. 또는 그 단위.
분대03(分隊)	「1」보병 부대 편성의 가장 작은 단위.
분절-음(分節音)	음절을 더 쪼개어 나오는, 음절보다 한 단계 작은 언어학적 단위. 자 음과 모음을 이르는데, 음절 '말'은 'ㅁ', 'ㅏ', 'ㄹ'로 나눌 수 있다.

블록02(block)	「2」시가지, 주거 지대 따위의 작은 단위들을 몇 개 합친 일정한 구획. '구역04'으로 순화. 「4」『컴퓨터』 하나의 단위로서 다룰 수 있는 문자, 워드, 레코드의 집합. 이것을 단위로 하여 주기억 장치와 입출력 장치 사이에 데이터 전송이 이루어진다.
사단07(師團)	군대 편성 단위의 하나. 군단(軍團)의 아래, 연대(聯隊) 또는 여단(旅團)의 위이다. 여러 병과(兵科)가 모여 있으며 이를 지휘하는 사령부가 있어 어느 정도 독립적인 작전을 수행할 수 있다.
사람[사 : -]	「1」생각을 하고 언어를 사용하며, 도구를 만들어 쓰고 사회를 이루어 사는 동물. 늑인간01「1」. 「10」((수량을 나타내는 말 뒤에 쓰여)) 「1」'을 세는 단위. 주로 고유어 수와 함께 쓴다.
사리01	「2」((수량을 나타내는 말 뒤에 쓰여)) 국수, 새끼, 실 따위의 뭉치를 세는 단위.
사리02	「3」((수량을 나타내는 말 뒤에 쓰여)) '모'나 '윷'을 던진 횟수를 세는 단위.
사발01(沙鉢)	「1」사기로 만든 국그릇이나 밥그릇. 위는 넓고 아래는 좁으며 굽이 있다. 「2」((수량을 나타내는 말 뒤에 쓰여)) 국이나 밥을 '1」'에 담아 그 분량을 세는 단위.
삼태기	「1」흙이나 쓰레기, 거름 따위를 담아 나르는 데 쓰는 기구. 가는 싸리나 대오리, 칡, 짚, 새끼 따위로 만드는데 앞은 벌어지고 뒤는 우긋하며 좌우 양편은 울이 지게 엮어서 만든다. 늑양람02. 「2」((수량을 나타내는 말 뒤에 쓰여)) 흙이나 쓰레기, 거름 따위를 '1」'에 담아 그 분량을 세는 단위.
삽01	「1」땅을 파고 흙을 뜨는 데 쓰는 연장. 「2」((수량을 나타내는 말 뒤에 쓰여)) 흙이나 모래 따위를 '1」'에 퍼 담아 그 분량을 세는 단위. 【<삷<두시-초>】
상04(床)	「1」음식을 차려 내거나 걸터앉거나 책을 올려놓고 볼 수 있게 만든 가구를 통틀어 이르는 말. 소반, 책상, 평상 따위가 있다. 「2」((수량을 나타내는 말 뒤에 쓰여)) '1」'에 음식을 그득하게 차린 것을 세는 단위.
상자09(箱子)	「1」물건을 넣어 두기 위하여 나무, 대나무, 두꺼운 종이 같은 것으로 만든 네모난 그릇. 늑박스「1」. 「2」((수량을 나타내는 말 뒤에 쓰여)) 물건을 '1」'에 담아 그 분량을 세는 단위. 늑박스「2」.
샛-수(-數)	피륙의 날을 세는 단위인 새의 수.
선거-구(選擧區)	의원을 선출하는 단위 구역. 대선거구·중선거구·소선거구의 구별이 있다.

성상06(星霜)	「2」((수량을 나타내는 말 뒤에 쓰여)) 햇수를 비유적으로 나타내는 단위.
세06(世)	지질 시대를 구분하는 단위. 기(紀)보다 작은 단위로 갱신세, 최신세, 충적세 따위가 있다.
세기03(世紀)	「2」((수량을 나타내는 말 뒤에 쓰여)) 백 년 동안을 세는 단위.
세이브(save)	야구에서, 선발 투수의 승리를 지켜 냄. 또는 그런 경기의 수를 세는 단위.
송아리01	「2」((수량을 나타내는 말 뒤에 쓰여)) 꽃이나 열매 따위가 잘게 모여 달려 있는 덩어리를 세는 단위.
송이01	「2」((수량을 나타내는 말 뒤에 쓰여)) 꼭지에 달린 꽃이나 열매 따위를 세는 단위. 【<송이<능엄>】
쇄02(刷)	((한자어 수 뒤에 쓰여)) 같은 책의 출간 횟수를 세는 단위.
수04(手)	〔Ⅰ〕 바둑이나 장기 따위를 두는 기술. 또는 그 기술 수준.
수동이	「2」((수량을 나타내는 말 뒤에 쓰여)) 광석의 무게를 나타내는 단위. 37.5kg에 해당한다.
순배(巡杯)	「1」술자리에서 술잔을 차례로 돌림. 또는 그 술잔. 「2」((수량을 나타내는 말 뒤에 쓰여)) 「1」의 분량을 세는 단위.
숟-가락	「1」밥이나 국물 따위를 떠먹는 기구. 은·백통·놋쇠 따위로 만들며, 생김새는 우묵하고 길둥근 바닥에 자루가 달려 있다. 늑반비04(飯匕)·반시07(飯匙). 「2」((수량을 나타내는 말 뒤에 쓰여)) 밥 따위의 음식물을 「1」로 떠 그 분량을 세는 단위.
숭어리	「2」((수량을 나타내는 말 뒤에 쓰여)) 꽃이나 열매 따위가 굵게 모여 달린 덩어리를 세는 단위.
스텝01(step)	볼링 따위의 운동 경기나 댄스에서, 동작의 단위가 되는 발과 몸의 움직임.
스푼(spoon)	「1」서양식 숟가락. 테이블 스푼, 티스푼 따위가 있다. '숟가락', '양숟가락'으로 순화. 늑사시12(沙匙)「2」·양숟가락·양시02(洋匙). 「2」((수량을 나타내는 말 뒤에 쓰여)) 음식물을 「1」에 담아 그 분량을 세는 단위.
시가05(時價)	음표 또는 쉼표로 나타낸 길이. 1박을 단위로 하여 재는데, 1박의 길이는 1박의 빠르기에 따라 결정되므로 일정하지 않다.
시간04(時間)	「6」『물리』 지구의 자전 주기를 재서 얻은 단위. 이론적으로 고전 물리학에서는 공간에서 독립한 변수 곧 절대 시간으로 다루어졌으나, 아인슈타인의 상대성 원리에서는 양자가 물리적 사건을 매개로 하여 사차원의 시공 세계를 형성하는 것으로 다루고 있다.

시절02(詩節)	시에서, 운율이나 억양 따위의 특징에 의하여 구분한 몇 개의 시행들로 이루어진 단위.
식기01(食器)〔	「1」음식을 담는 그릇. '밥그릇', '음식 그릇'으로 순화. 「2」((수량을 나타내는 말 뒤에 쓰여)) 「1」에 담은 음식의 분량을 세는 단위.
신14(scene)	「1」영화를 구성하는 극적 단위의 하나. 같은 장소, 같은 시간 내에서 이루어지는 일련의 행동이나 대사가 이루어지는 부분이다. 「2」연극 또는 영화의 순간 광경. '장면04'으로 순화.
쌈지	「1」담배, 돈, 부시 따위를 싸서 가지고 다니는 작은 주머니. 가죽, 종이, 헝겊 따위로 만든다. 「2」((수량을 나타내는 말 뒤에 쓰여)) 담배나 바늘 따위를 '「1」'에 담아 그 분량을 세는 단위.
쌍02(雙)	「2」((수량을 나타내는 말 뒤에 쓰여)) 둘을 하나로 묶어 세는 단위.
악단02(樂段)	선율의 흐름이 리듬 위에서 끊어지는 곳. 또는 그런 단위. 보통 큰악절을 가리키며, 여덟 개의 센박을 지니는 것이 기본 꼴이다.
악절(樂節)	두 개의 악구(樂句)로 이루어져 하나의 악상(樂想)을 나타내는 단위. 대개 여덟 소절이 한 악절을 이룬다.
알갱이02	「3」((수량을 나타내는 말 뒤에 쓰여)) 열매나 곡식 따위의 낱알을 세는 단위. 「4」((수량을 나타내는 말 뒤에 쓰여)) 작고 동그랗고 단단한 물질을 세는 단위.
어절(語節)	문장을 구성하고 있는 각각의 마디. 문장 성분의 최소 단위로서 띄어쓰기의 단위가 된다. ≒말마디「2」·문절(文節).
억양-구(抑揚句)	억양에 의하여 묶어지는 소리 단위. 일반적으로 문장을 그 단위로 한다.
연20(聯)	「2」시에서, 몇 행을 한 단위로 묶어서 이르는 말. 서양시는 압운이나 어세(語勢)에 의하여 연 구분을 하지만, 우리나라 시는 통일된 하나의 시상(詩想)을 단위로 하여 연 구분을 한다.
열06(列)	「2」((수량을 나타내는 말 뒤에 쓰여)) 사람이나 물건이 죽 벌여 늘어선 줄을 세는 단위.
오라기	「2」((수량을 나타내는 말 뒤에 쓰여)) 실, 헝겊, 종이, 새끼 따위의 길고 가느다란 조각을 세는 단위. 【←올+-아기】
오리01	「2」((수량을 나타내는 말 뒤에 쓰여)) 실, 나무, 대 따위의 가늘고 긴 조각을 세는 단위.
올01	「2」((수량을 나타내는 말 뒤에 쓰여)) 실이나 줄의 가닥을 세는 단위. 【올<원각>】
올-새	「3」((수량을 나타내는 말 뒤에 쓰여)) 피륙의 날을 세는 단위.
운율-구(韻律句)	문장 안에서 어절 또는 구절에 해당하는 발음 단위.

음보01(音步)	「2」((수량을 나타내는 말 뒤에 쓰여)) 시에 있어서 운율을 이루는 기본 단위를 세는 단위.
음소02(音素)	더 이상 작게 나눌 수 없는 음운론상의 최소 단위. 하나 이상의 음소가 모여서 음절을 이룬다. 늑낱소리.
음절(音節)	「1」『언어』 하나의 종합된 음의 느낌을 주는 말소리의 단위. 몇 개의 음소로 이루어지며, 모음은 단독으로 한 음절이 되기도 한다. '아침'의 '아'와 '침' 따위이다. 늑낱내·소리마디.
인02(人)	「2」((수량을 나타내는 말 뒤에 쓰여)) 사람을 세는 단위. 한자어 수와 함께 쓴다.
입	「5」((수량을 나타내는 말 뒤에 쓰여)) 한 번에 먹을 만한 음식물의 분량을 세는 단위.
잎01	「2」((수량을 나타내는 말 뒤에 쓰여)) 이파리를 세는 단위.
자14(字)	「2」((수량을 나타내는 말 뒤에 쓰여)) 글자를 세는 단위.
자래01	「2」((수량을 나타내는 말 뒤에 쓰여)) 쌍으로 된 생선의 알상자를 세는 단위.
자루01	「2」((수량을 나타내는 말 뒤에 쓰여)) 물건을 「1」에 담아 그 분량을 세는 단위. 【<쟈릭<훈몽>/쟐<구간>】
자루02	「3」((수량을 나타내는 말 뒤에 쓰여)) 기름하게 생긴 필기도구나 연장, 무기 따위를 세는 단위.
잔03(盞)	「1」차나 커피 따위의 음료를 따라 마시는 데 쓰는 작은 그릇. 손잡이와 받침이 있다. 「2」=술잔「1」. 「3」((수량을 나타내는 말 뒤에 쓰여)) 음료나 술을 「1」이나 「2」에 담아 그 분량을 세는 단위.
장24(章)	「2」((수량을 나타내는 말 뒤에 쓰여)) 글의 내용을 구분한 것을 세는 단위.
접시	「1」운두가 낮고 납작한 그릇. 반찬이나 과일, 떡 따위를 담는 데 쓴다. 「2」((수량을 나타내는 말 뒤에 쓰여)) 음식이나 요리를 「1」에 담아 그 분량을 세는 단위.
젓-가락	「2」((수량을 나타내는 말 뒤에 쓰여)) 음식을 집어 그 분량을 세는 단위. 【<젓가락<구방>←져+-ㅅ+가락】
정신09(艇身)	「2」((수량을 나타내는 말 뒤에 쓰여)) 보트와 보트 사이의 거리를 나타내는 단위. 보트 경주를 할 때 쓴다. 1정신은 보트 전체의 길이이다.
조15(組)	「2」((수량을 나타내는 말 뒤에 쓰여))적은 수의 사람들이 모인 집단을 세는 단위.
조각01	「3」((수량을 나타내는 말 뒤에 쓰여)) 떼어 내거나 떨어져 나온 부분

	을 세는 단위. 【조각<석상>】
조사-구(調査區)	통계 조사를 할 때에, 그 대상이 되는 집단의 전체 단위 및 전체 지역을 적당히 구획한 단위 수와 면적. 조사의 기초 단위가 된다.
종09(種)	「3」((수량을 나타내는 말 뒤에 쓰여)) 종류를 세는 단위.
종구라기	「1」조그마한 바가지. 「2」((수량을 나타내는 말 뒤에 쓰여)) 물이나 술 따위의 액체를 '「1」'에 담아 그 분량을 세는 단위.
종류(種類)	「2」((수량을 나타내는 말 뒤에 쓰여)) 갈래의 수를 세는 단위.
종발03(鍾鉢)	「1」중발보다는 작고, 종지보다는 조금 넓고 평평한 그릇. 「2」((수량을 나타내는 말 뒤에 쓰여)) 음식을 '「1」'에 담아 그 분량을 세는 단위.
종지01	「1」간장·고추장 따위를 담아서 상에 놓는, 종발보다 작은 그릇. 늑소완「2」. 「2」((수량을 나타내는 말 뒤에 쓰여)) 간장이나 고추장 따위를 '「1」'에 담아 그 분량을 세는 단위. 【<죵즈<천자-석><鍾子】
주24(株)	「3」((수량을 나타내는 말 뒤에 쓰여)) 주권이나 주식을 세는 단위.
주먹	「3」((수량을 나타내는 말 뒤에 쓰여)) 한 손에 쥘 만한 분량을 세는 단위.
죽02	「2」((수량을 나타내는 말 뒤에 쓰여)) 옷, 그릇 따위의 열 벌을 묶어 세는 단위.
줄01	「3」((수량을 나타내는 말 뒤에 쓰여)) 길이로 죽 벌이거나 늘여 있는 것을 세는 단위. 「5」((수량을 나타내는 말 뒤에 쓰여)) 글을 가로나 세로로 벌인 것을 세는 단위. 늑행01「2」.
줄기01	「5」((수량을 나타내는 말 뒤에 쓰여)) 불, 빛, 연기 따위가 길게 뻗어 나가는 것을 세는 단위.
중대03(中隊)	「1」『군사』 군대 편성 단위의 하나. 소대의 위, 대대의 아래이다. 대개 4개 소대로 이루어진다.
지게01	「1」짐을 얹어 사람이 등에 지는 우리나라 고유의 운반 기구. 두 개의 가지 돋친 장나무를, 위는 좁고 아래는 벌어지게 나란히 세우고 그 사이를 세장으로 가로질러 맞추고 아래위로 밀삐를 걸었다. 「2」((수량을 나타내는 말 뒤에 쓰여)) 물이나 땔감 따위를 '「1」'에 실어 그 분량을 세는 단위.
지역-구(地域區)	일정한 지역을 한 단위로 하여 설정된 선거구.
직01	「2」((수량을 나타내는 말 뒤에 쓰여)) 학질 따위의 병이 발작하는 차례를 나타내는 단위.
짐01	「4」((수량을 나타내는 말 뒤에 쓰여)) 한 사람이 한 번 지어 나를 만한 분량의 꾸러미를 세는 단위.

집01	「2」((수량을 나타내는 말 뒤에 쓰여)) 사람이나 동물이 살기 위하여 지은 건물의 수효를 세는 단위. 「7」『운동』((수량을 나타내는 말 뒤에 쓰여)) 바둑에서, 자기 돌로 에워싸 상대편 돌이 들어올 수 없게 한 빈 자리를 세는 단위.
짝01	「2」((수량을 나타내는 말 뒤에 쓰여)) 둘이 서로 어울려 한 벌이나 한 쌍을 이루는 것의 각각을 세는 단위.
쪽02	「2」((수량을 나타내는 말 뒤에 쓰여)) 책이나 장부 따위의 면을 세는 단위. ≒페이지「2」.
차05(車)	「1」바퀴가 굴러서 나아가게 되어 있는, 사람이나 짐을 실어 옮기는 기관. 자동차, 기차, 전차, 우차, 마차 따위를 통틀어 이른다. 「2」((수량을 나타내는 말 뒤에 쓰여)) 화물을 '「1」'에 실어 그 분량을 세는 단위.
차례01(次例)	「3」((수량을 나타내는 말 뒤에 쓰여)) 일이 일어나는 횟수를 세는 단위.
차선03(車線)	「2」((수량을 나타내는 말 뒤에 쓰여)) 도로에 그어 놓은 선을 세는 단위.
차원01(次元)	「1」사물을 보거나 생각하는 처지. 또는 어떤 생각이나 의견 따위를 이루는 사상이나 학식의 수준. 「2」『물리』물리량의 성질을 나타내는 것. 또는 물리량의 기본 단위와 유도 단위의 관계. 「3」『수학』기하학적 도형, 물체, 공간 따위의 한 점의 위치를 말하는 데에 필요한 실수의 최소 개수. 직선은 1차원, 평면은 2차원, 입체는 3차원이지만 n차원이나 무한 차원의 공간도 생각할 수 있다.
책01(冊)	「3」((수량을 나타내는 말 뒤에 쓰여)) 옛 서적이나 여러 장의 종이를 하나로 묶은 것을 세는 단위.
처03(處)	「1」중앙 행정 관서의 분류 단위의 하나. 「2」육군의 사단급 이상 사령부의 참모 부서를 분류하는 단위. 「3」어떤 조직에서 일정한 사무를 맡아보는 부서를 분류하는 단위의 하나.
촉01	「2」((수량을 나타내는 말 뒤에 쓰여)) 난초의 포기를 세는 단위.
층02(層)	「5」((수량을 나타내는 말 뒤에 쓰여)) 위로 포개어 지은 건물에서, 같은 높이의 켜를 세는 단위. 「6」『지리』지층을 구분하는 단위 가운데 가장 기본이 되는 단위. 층은 한 종류 또는 두 종류 이상의 암석으로 이루어지며 지질도에 표시할 수 있을 정도의 두께를 가진다. 「7」『지리』퇴적물 알갱이의 크기·색·성분 따위가 서로 달라서 위아래의 암석과 구분되는, 가장 작은 단위의 지층. 두께는 수 mm에서 수 미터에 이른다.
칸01	「3」((수량을 나타내는 말 뒤에 쓰여)) 집의 칸살의 수효를 세는 단위. 【<간<번노><間】
캔(can)	「1」양철 따위로 만든 통. 「2」((수량을 나타내는 말 뒤에 쓰여)) 주로

	음식물을 「1」'에 담아 그 분량을 세는 단위.
컵(cup)	「1」물이나 음료 따위를 따라 마시려고 만든 그릇. 「2」((수량을 나타내는 말 뒤에 쓰여)) 음료 따위를 '「1」'에 담아 그 분량을 세는 단위.
켜	「2」((수량을 나타내는 말 뒤에 쓰여)) 포개어진 물건 하나하나의 층을 세는 단위.
코02	「2」((수량을 나타내는 말 뒤에 쓰여)) 뜨개질할 때 눈마다 생겨나는 매듭을 세는 단위.
타래01	「2」((수량을 나타내는 말 뒤에 쓰여)) 사리어 뭉쳐 놓은 실이나 노끈 따위의 뭉치를 세는 단위.
탕기01(湯器)	「1」국이나 찌개 따위를 떠 놓는 자그마한 그릇. 모양이 주발과 비슷하다. 「2」((수량을 나타내는 말 뒤에 쓰여)) 국이나 찌개 따위를 '「1」'에 담아 그 분량을 세는 단위.
텍스트(text)	「2」『언어』 문장보다 더 큰 문법 단위. 문장이 모여서 이루어진 한 덩어리의 글을 이른다.
토리01	「2」((수량을 나타내는 말 뒤에 쓰여))실몽당이를 세는 단위.
토막01	「4」((수량을 나타내는 말 뒤에 쓰여)) 덩어리가 진 도막 또는 말, 글, 생각, 기간 따위에서 잘려지거나 떼어 낸 한 부분을 세는 단위.
통02	「2」((수량을 나타내는 말 뒤에 쓰여)) 배추나 박 따위를 세는 단위.
통03	「2」((수량을 나타내는 말 뒤에 쓰여)) 광목이나 옥양목, 당목 따위를 일정한 크기로 끊어 놓은 것을 세는 단위.
통10(桶)	「1」무엇을 담기 위하여 나무나 쇠, 플라스틱 따위로 깊게 만든 그릇. 「2」((수량을 나타내는 말 뒤에 쓰여)) 물건을 '「1」'에 담아 그 분량을 세는 단위.
통화04(通話)	「2」((수량을 나타내는 말 뒤에 쓰여)) 통화한 횟수를 세는 말.
퉁구리	「2」((수량을 나타내는 말 뒤에 쓰여)) 일정한 크기로 묶은 덩어리를 세는 단위.
틀01	「7」((수량을 나타내는 말 뒤에 쓰여)) 가마, 상여 따위와 기계를 세는 단위.
판08(板)	「4」((수량을 나타내는 말 뒤에 쓰여)) 달걀을 묶어 세는 단위. 한 판은 달걀 삼십 개를 이른다. 「5」((수량을 나타내는 말 뒤에 쓰여)) 조각을 내어 먹는 음식을 자르기 전의 큰 덩어리로 묶어 세는 단위.
판10(版)	「5」((한자어 수 뒤에 쓰여)) 책을 개정하거나 증보하여 출간한 횟수를 세는 단위. 1판은 초판, 2판은 중판 또는 재판이라고도 한다.
패03(牌)	「2」((수량을 나타내는 말 뒤에 쓰여)) 무리를 세는 단위.
편03(片)	「2」((수량을 나타내는 말 뒤에 쓰여)) 저울에 달아 파는 인삼의 낱개

	를 세는 단위.
포05(包)	「2」((수량을 나타내는 말 뒤에 쓰여)) 일정한 양으로 싼 인삼을 세는 단위.
포기01	「2」((수량을 나타내는 말 뒤에 쓰여)) 뿌리를 단위로 한 초목의 낱개를 세는 단위. 【<퍼기<능엄>】
포대03(布袋)	「1」=베자루. 「2」((수량을 나타내는 말 뒤에 쓰여)) 물건을 '「1」'에 담아 그 분량을 세는 단위.≒포06(包).
폭06(幅)	「4」((수량을 나타내는 말 뒤에 쓰여)) 하나로 연결하려고 같은 길이로 나누어 놓은 종이, 널, 천 따위의 조각 또는 그림, 족자 따위를 세는 단위.
표04(票)	「3」((수량을 나타내는 말 뒤에 쓰여)) 선거를 할 때에, 유권자가 투표한 쪽지를 세는 단위.
품02	「3」((수량을 나타내는 말 뒤에 쓰여)) 어떤 일에 필요한 일꾼을 세는 단위.
품종(品種)	「3」『생물』 생물 분류학상, 종(種)의 하위 단위. 아종, 변종 또는 식물에서 유전적 개량을 통하여 생긴 새로운 개체군을 이른다.
학급(學級)	한 교실에서 공부하는 학생의 단위 집단. 같은 학년의 학생으로 편성되는 단식 학급이 보통이지만, 소규모 학교나 특별한 사정이 있는 경우는 두 학년 이상에 걸치는 복식 학급을 편성하는 수도 있다. ≒학반01(學班).
학년(學年)	「1」일 년 간의 학습 과정의 단위. 「2」수업하는 과목의 정도에 따라 일 년을 단위로 구분한 학교 교육의 단계.
학점(學點)	「1」대학 또는 대학원에서 학생의 학과 이수를 계산하는 단위. 「2」대학 또는 대학원에서 한 학과에 대한 성적을 표시하는 단위. 보통 A에서 F까지 있으며, D 이상을 받아야 인정을 받는다.
항08(項)	「1」내용을 체계적으로 나누어 서술하는 단위의 하나. 법률이나 문장 따위의 각개의 항목을 구분할 때 쓴다.
형태-소(形態素)	「1」뜻을 가진 가장 작은 말의 단위. '이야기책'의 '이야기', '책' 따위이다.
호동03(號棟)	「2」((수량을 나타내는 말 뒤에 쓰여)) 호수에 따라 나누는 집채를 세는 단위.
호봉02(號俸)	「2」((수량을 나타내는 말 뒤에 쓰여)) 급여의 등급을 나타내는 단위.
화소03(畫素)	텔레비전이나 사진 전송에서, 화면을 전기적으로 분해한 최소의 단위 면적. 영상 전체의 화소 총수는 화질을 비교하는 데 유용하다.
획02(劃)	「2」((수량을 나타내는 말 뒤에 쓰여)) 글씨나 그림에서, 붓 따위를 한 번 그은 줄이나 점을 세는 단위.
획지(劃地)	도시의 건축용지를 갈라서 나눌 때 한 단위가 되는 땅.

찾아보기